对外经济贸易大学国际贸易教材编写组
经济管理类课程教材·国际贸易系列

国际货物运输与保险

第六版

主 编 栗 丽
副主编 周 迎
主 审 薛荣久

中国人民大学出版社
·北京·

总 序

在经济全球一体化的大背景之下，尽快培养出我国国际贸易的专业化、国际化人才，已经成为当前市场经济发展迫在眉睫的任务。

本着加强国际贸易学科建设、努力培养适应社会需要的贸易人才的理念，由对外经济贸易大学牵头，中国人民大学等校鼎力合作，联合攻关，编写了这套力图适应新时期教学需要的国际贸易教材。

纵观本套教材，其特点主要有三：

第一，内容前瞻新颖。本套教材立足于市场经济发展的前沿，借鉴了国际领先水平的贸易工作经验，新结构、新内容、新观点、新方法，紧跟时代发展的步伐。

第二，知识丰富实用。本套教材对国际贸易工作从理论到操作的方方面面作了介绍，它以实务为中心，将应掌握的知识和技能贯穿于每一个案例中，使学生明确在工作中应做什么，怎样才能做好，怎样不断提高工作效率。

第三，架构系统全面。该系列是由每本教材组成的相互关联、衔接有序的动态系统，囊括了国际贸易的全部内容。

总之，我们在教材的先进性、实用性、规范性等方面做了集思广益的工作。真诚地期待广大师生和其他读者提出宝贵的意见和建议。

对外经济贸易大学国际贸易教材编写组

第六版前言

栗丽，中国人民大学经济学博士。河南财经政法大学教授，俄罗斯中亚研究所所长。河南省跨世纪学术带头人，中国 WTO 研究会常务理事，中国服务贸易学会专家委员会专家。

国际货物运输与保险是国际贸易的派生需求。从第二次世界大战以后，国际货运业与国际贸易得以相辅相成地迅速增长。近 40 年来，中国国际货运市场突飞猛进地增长令世界瞩目。目前，我国和美、欧、日以及“一带一路”沿线国家之间的国际贸易和货物运输周转量已经占据全球的五分之四强。

理论来自实践，又反过来指导实践。国际货运业既精彩纷呈又跌宕起伏的特征，极大地繁荣了世界市场，也有力地推动了国际货运理论的发展与完善。目前，国际货运领域研究和实践方面的探索领域日趋全面和深入，经验的积累也日趋丰满。我们这些从事国际物流教学与研究的工作者，则始终未敢懈怠地关注着这些新动向，以便把新的实践融入教科书中，以求不断创新和完善“国际物流管理”的教学内容和学科动向。实践表明：经济全球化的客观进程对国际贸易学、国际营销学、管理学等相关专业的教学实践已经产生了并正在继续产生着巨大的影响；国际货运业由“运输时代”迈向“物流时代”的转变进程正在加速进行中。从而，国际货运已上升为国际贸易实务的核心课程。

以国际货运与保险业的新发展、新市场为基础，《国际货物运输与保险》（第六版）的修订无论在理论上，还是在实务操作上都作了较大的变动。具体体现在：更加突出了理论与实际的联系、可操作性强的特点。在理论体系上精简为十七章。第一至十一章，讲述的是国际货物运输。主要论述当代各主要国际货运方式的基本规律、原则、业务操作。把“一带一路”新线路新方式的货运及物流内容补充进来。在“国际货运代理”一章里，增加了现代国际物流的一些新观点、新理论。第十二至十七章，讲述了国际货物运输保险。这一部分在介绍了国际货物运输保险的保障范围的基础上，重点讲述了保险条款和保险单证的制作。因而，本书的实务性和可操作性也尤为明显地体现在这一部分的内容上。

《国际货物运输与保险》一书以马克思主义的经济学、哲学原理为理论基础和方法论，对马克思的运输经济思想作了概括；对现代物流业作了定义；对各种运输方式的实际操作，以及统计和财务核算作了详细的论述。由此构成本书的理论特色。

为了便于掌握所学的内容，把握每一部分内容的知识点，本书在每章的结尾都提供了小结、关键术语和思考题；书后还附有世界范围以及我国现行的海商法、保险法、各种附加条款、伦敦保险协会货物保险 A、B、C 条款，及部分重要单证的规范格式。

鉴于本书的语言通俗易懂，内容深入浅出，本书既适合作为高等院校国际经贸、商务专业，物流管理专业，保险专业及相关涉外经济管理专业的本、专科生的教材，也可以作为业内工作人员的岗位培训教材或业务工具书。

全书由栗丽教授主编。具体参加撰写的人员为：栗丽（第一、二章），张后乐（第四、五、六、八章），李佳倩（第三、七、九、十二章），张文茂（第十、十一章），张溢木（第十四、十五章），周迎（第十三、十六、十七章）。全书由栗丽统撰。

教材撰写过程中，王乐承担了本书的英文翻译工作。张海霞、张远达、石红芦、张娟、张东辉、郭靖、巩学毅等同志在资料调研、数据收集与处理，以及文字翻译与整理等方面给予了一定的帮助。在此一并感谢。

尽管《国际货物运输与保险》一书是作者 30 多年从事国际物流实践与教研的成果结晶，并且几年来的教学创新与探索给了作者自信，但是，由于“国际物流管理”学科的“年轻性”，书中内容涉及范围的广泛性，研究对象的瞬息万变，不妥和舛误之处在所难免，恳请同行和莘莘学子提出宝贵的意见。事实上，直至第六版完稿，自觉仍有不少缺憾，同时也更加坚定了奉行“自强不息，止于至善”“实事求是”校训之初心。对那些编者未能发现的错误或纰漏，敬请广大读者不吝指教。

栗　丽

第一版前言

改革开放以来，伴随着我国国民经济总量持续、稳定的高速增长，对外经贸事业的发展更是突飞猛进。特别是加入了WTO以后，我国的有形商品贸易进出口总额，在2004年已跃居世界第三位。国际贸易依存度在连续不断高位提升的基础之上，2000年以来持续攀升，2005年已处在69%的高水平。实践证明，对外经贸活动已经成为我国国民经济的一台发动机。

国际货物运输是货物跨越国界的运送，在国际的货物位移中，国际货物运输与保险犹如进出口商品的一双翅膀，既是必不可少的环节，又相辅相成，密切关联。货物进出口带动了国际货物运输业，反过来，国际货运业的发展又为进出口贸易提供了有力的保障。而在国际货运中，起到转嫁风险作用的运输保险，是国际货物运输的必然衍生物。

基于作者对国际货物运输与保险的以上认识，同时，更重要的一点是，当今，以第三次科技革命为背景，基于世界经济一体化、区域经济集团化的时代特征，国际货运业正处在由“运输时代”越入“物流时代”的转变过程之中，因而，总结我国对外贸易运输的经验教训，探索不断变化的国际货运的客观规律，这一工作的理论与实践意义不言而喻。

《国际货物运输与保险》集作者二十几年来从事国际贸易理论与实务的实践、教学及科研的经验，同时参阅了大量当代最新的文献资料，最终完成了书稿。

本书的最大特点是理论性和实践性突出，创新性和可操作性强。全书共分为十九章：第一至十二章，讲的是国际货物运输，主要论述当代各主要国际货运方式的基本规律、原则、业务操作和管理核算等等。这一部分内容的特色是，以马克思的经济学原理为理论基础和方法论，对马克思的运输经济思想作了概括；对现代物流业下了定义；对各种运输方式的实际操作及统计和财务核算作了详细的论述。对海港、空港及其航线的介绍采用了第一手的资料和数据，所有数据力争采用2006年底公布的。而“国际货运代理”“对外贸易运输业务核算”等章节，集中体现了本书的创新性和实务性。这两章是根据新的国际货运惯例增加的新内容。特别是在“国际货运代理”这一章，增加了现代国际物流的一些新观点、新理论，由于内容新颖，是本书的一个重点内容。第十三至十九章，讲的是国际货物运输保险。在这一部分，介绍了保险的基本原理和规则，是学习国际货物运输保险的基础；重点介绍了国际货物运输保险的保障范围、保险条款和实务操作。本书的实务性和可操作性也同时体现在这一部分内容上。

为了便于读者掌握所学的内容，把握每一部分内容的知识点，本书在每章的结尾都提供了小结、关键术语和思考题；本书的网络资源包括世界范围以及我国现行的海商法、保险法、各种附加条款、伦敦保险协会货物保险 A、B、C 条款，及部分重要单证的规范格式。

鉴于本书的理论性与实践性突出，创新性和可操作性强，本书既适合作为高等院校国际经贸专业、保险专业、物流专业，及相关涉外经济专业学生的教材，也可以作为高等院校涉外专业教师的教学参考书，同时，也可以作为从事外贸运输与保险工作人员的岗位培训教材和业务工具书。

由于本书的内容涉及范围广，研究对象变化快，更限于编者的水平、时间和精力，不妥和错误之处在所难免，恳请使用和阅读本书的学生、教师、研究人员和广大读者提出宝贵的意见，以便进行修改完善。

《国际货物运输与保险》由栗丽教授主编，各篇章的分工如下：栗丽（第一、三、五、十二章），魏华（第二、十一章），康东亮（第七至九章），何惠（第六、十章），付晓丹（第四章、第十三至十九章），全书由栗丽负责修改定稿。

栗　丽

目　录

第一章 国际货物运输概述

学习目标

- 掌握马克思对交通运输业的定义
- 掌握国际物流业、物流市场的内涵
- 了解国际货运业的发展史
- 掌握我国对外贸易运输的发展历程
- 熟知国际货运代理的种类和作用
- 掌握国际货运三方当事人的职能

第一节　国际货物运输的性质

一、国际货物运输的定义

从原始意义上讲，运输就是对人和物的承载和运送。人类社会的基础是生产劳动，人们在劳动过程中，必然会发生劳动工具、劳动产品及劳动者自身位置的移动。这种“位移”活动构成了运输。

在人类的早期活动中，生产和运输是融为一体的。随着社会生产力的发展，人类社会大分工的出现，运输业才逐渐从生产活动中分离、独立出来，成为一个单独的部门。运输，就其性质来说，是一种特殊的物质资料生产活动。

运输是一种特殊的生产活动，交通运输业构成了一个特殊的物质资料生产部门，具有区别于其他产业部门的自身特点。交通运输业的特点，首先表现为生产过程在流通过程中的继续。运输业的生产是在生产过程结束之后的物的流通中进行的。其次，作为一个物质资料生产部门，在运输业的生产过程中，不会产出任何新的、有形的物质产品。运输并不能改变劳动产品的性质和形态，运输劳动所改变的只能是产品的位置。所以，“位移”就是运输业这个物质资料生产部门的产品。最后，交通运输业产品的特殊性还表现在运输产品既不能存入仓库，也不能储存。

马克思在指出交通运输业是一个物质资料生产部门的时候，强调了运输过程的生产性质。马克思指出，运输业所出售的东西，就是场所的变动，也就是运输业所进行的生产过程。商品在空间上的流动，即通过运输使商品的位置发生了移动，改变了商品使用价值的位置，从而使商品的交换价值增大。被位移的商品可以按高于原来价格的价格出售。由运输业的劳动追加到商品中的价值，等于使商品的使用价值发生位移所需要的劳动量。运输业的劳动，也同样具有两重性质，即一部分是物化的劳动量，指运输手段的价值转移；另一部分是活劳动，指运输业劳动者的活劳动形成的运送商品的价值增值。运输业劳动的价值增值过程同其他产业部门的价值增值过程，在本质上是相同的。

交通运输按照承载和运送的对象划分，可以分为物的运输和人的运输。货物运输是生产过程在流通领域的延续，货物在需要的时候运往需要的地点，运输劳动在使货物发生位移的同时，因运输活劳动量的凝结而增加了货物的价值。而对于货物的运输，如果按照地域划分，又可以分为国内货物运输和国际货物运输两大类。

从理论上讲，国际货物运输是指使用车、船、机乃至管道、邮政（火车、轮船、飞机、汽车）等交通运输手段和方式，对货物进行的跨越国界的运送活动。从实践上讲，国际货物运输是指交通运输部门、进出口商和对外经贸行政管理部门，为履行进出口合同所从事的方方面面的工作，这些部门共同工作的全部过程使对外贸易货物的空间发生位移，即对外贸易的具体目的得以实现。所以，国际货物运输通常也被称为国际贸易运输。从一国的角度，就是对外贸易运输。

这里需要指出的一点是，我们通常所说的“对外贸易运输”是一个特定的概念，专指国际货运代理所从事的工作，与广义的对外贸易运输有所不同。实际上，中国对外贸易运输（集团）总公司自创立以来，所从事的经营活动就是对“对外贸易运输”这一概念最贴切的注释。

国际货运代理（freight forwarder）是整个外贸运输活动的设计师和组织者，是在国际货物运输市场发展到一定阶段，从国际货物运输领域分离出来的一个独立的专门行业。鉴于国际货运代理在国际货物运输中的地位，本书将它作为单独的一章（第四章）加以详述。

二、国际货物运输的特点

国际贸易作为国与国之间的商品交换，买卖双方远隔两地，需要进行国际运输。相比之下，国际运输较国内运输又有其独特之处。国际货物运输的特殊性具体表现在以下几个方面：

（一）国际货物运输政策性强

国际货物运输是一项涉外经济工作，无论是运力组织，还是航线安排，都是在国家的宏观调控下，在平等互利的基础上，与国际法规和国际惯例，以及有关国家的法律、管理条例相适应。在组织国际货物运输的过程中，需要经常同国外客商发生联系。而世界政治、经济形势的变化，也会间接地影响国际货物运输。

所以，在处理各种国际货物运输业务和日常业务时，经常会涉及国际关系问题，因而也决定了国际货物运输是一项政策性很强的工作。

（二）国际货物运输距离长，环节多

国际货物运输是国家与国家、国家与地区之间的跨越国界的运输，因而，运输距离、运输时间一般都比较长。在跨越国界的运输过程中，往往需要使用多种运输工具；变换不同的运输方式；经过不同的国家和地区；中间环节很多，交接手续繁杂。在整个运输过程中，有一个环节脱节将会打乱全盘，影响这一单货物的运输质量。例如：上海—伦敦，海运航线长达 20 000 公里，这段距离几乎等于从我国最北端的黑龙江主航道中心线，到最南端的南沙群岛的曾母暗沙的两个来回。

外贸运输过程往往还要经历不同的气候带，更换不同的运输方式，使用不同的运输工具。有的还需要经过多次装卸、搬运，环节多且复杂。在这些工作过程中，稍有不慎，就会打乱全程运送，最终影响货物安全、迅速、准确、节省、方便地运达目的地。

（三）国际货物运输涉及面广，情况复杂多变

国际货物运输直接涉及国内外海运、河运、公路、铁路、航空、邮政、车站、机场等交通运输部门，并且与银行、保险、海关及下属司局（如动植物检疫、卫生检疫等）、港务监督、边防检查站、生产部门、用货部门、国外客商等，方方面面密切相连。例如，从管理体制上，我国对外贸易铁路运输计划编制工作由商务部相关部门统一负责［中国对外贸易运输（集团）总公司、租船公司］。但是，同时还需要经贸办、口岸办、铁路部门、交通部加以协调和配合。

（四）国际货物运输时间性强

无论是出口货物还是进口货物，都必须严格按照合同规定的时间运出或运入。机器设备、原辅材料到货时间与工程安装、施工进度或加工生产安排关系密切。而那些日用生活必需品，鲜活冷冻、易腐烂变质的商品，季节性商品对运输及时性的要求更高、更严格。例如，供港、澳地区的“三趟快车”的鲜活冷冻食品的运输。

（五）国际货物运输风险大

就现代科技水平而言，每年因沉没、碰撞、海盗或失踪而损失的船舶达 300 艘之多。跨越国界的航空运输、铁路运输、公路运输也同样存在不同程度的风险。所以，无论是运输工具，还是承载运送的货物，都需要投买货物运输保险，以转移和分摊由这种风险性极大的国际货运造成的损失。

三、国际货物运输的产生与发展

人类的生产活动离不开运输，早在远古时期，人们就已开始使用极其简单的运输工具。

伴随着人类社会大分工和社会生产力的发展，交通运输业逐渐独立出来，成为一个特殊的物质资料生产部门。所以，马克思指出，除了采矿业、农业和加工制造业以外，还有第四个物质资料生产部门。这个部门也经历了手工业、工场手工业和机器大

工业三个不同的发展阶段。这个物质资料生产部门就是运输业，不论是客运业还是货运业。

运输业的发展是同社会生产力的发展相适应的。在资本主义产生以前相当长的一段历史时期内，由于当时生产力水平低下，因而只能依靠驮力、畜力、人力车和木帆船等运输工具进行承载和运送。伴随着社会生产力的发展，以及商品交换市场的扩大，社会对运输的需求日益增加。这时，便出现了以运输工具作为生产手段的小生产者，这些人专门从事运输活动。

运输业作为一个物质资料生产部门，在其独立以后，为了解决运载能力与运载需求不相适应的矛盾，人们除了不断改进运输工具以外，还致力于开河、造桥和筑路。于是，交通手段的革命很自然地就成为第一次产业革命的三大内容之一。

第一次产业革命使机器大工业代替了手工作坊的手工劳动。用于交换的商品日趋增多，商品交换的市场规模日趋增大。而科技革命的迅猛发展，也为运输手段的革命，从而带动交通运输业的发展，提供了物质技术基础。自英国的斯蒂芬逊发明了火车头、美国的福尔顿发明了轮船以来，人类从事的运输活动便从简单的自然力、畜力动力进入机器动力时代。1807 年第一艘轮船“克莱特号”在美国下水，以及 1825 年世界上第一条铁路在英国正式办理货运业务，标志着机器运输业的开始。在机器运输时代，整个国际货运市场形成了以海运为主的格局，同时，铁路运输业也获得了飞速发展。

在 20 世纪 30 年代，伴随着第二次产业革命的兴起，汽车运输业、航空运输业以及管道运输业相继崛起，并且发展迅速。这样，在第三次科技革命之前，就形成了一个包括水运（海运、内河运输）、陆运（铁路运输、公路运输）、空运以及管道运输等多种运输方式的现代化的运输体系。

20 世纪 40—50 年代，人类社会的第三次产业革命爆发，把人类社会带入了以新材料、新能源、宇宙航天、生物工程、信息工程为标志的科学技术的崭新时代。

人类的第三次科技飞跃，极大地推动了运输业的发展。而运输工具的新发明和新改革，又引起了运输业向大型化、高速化、专门化和自动化的方向发展。集装箱运输方式的出现和广泛运用，一方面，促进了水、陆、空等各种运输方式的配合和合作；另一方面，引起了运输组织技术和经营管理方式的巨大变化：由单件运输发展成为成组运输；由传统的单一运输发展为多式联运；“门到门”（door to door）运输取代了“港到港”（port to port）和“站到站”（station to station）运输。因此，被称为集装箱运输革命。在运输单证和业务交接手续上，也日趋简化和统一规范，特别是电子提单的出现，极大地提高了国际货物运输的质量和效率。

伴随着世界经济一体化、区域经济集团化，以及经济制度和政策多元化、协同化的大趋势，在《服务贸易总协定》的运作框架下，当今的国际货物运输业正在逐渐被一个新的行业，即国际物流业和国际物流市场所取代。如果说国际物流业是现代运输服务业的一个新的发展阶段，那么，国际物流市场则是一个按照全球统一规范的服务标准和流程运作的运输网络体系；是一个综合了海、陆、空国际货运代理业务，囊括了海上运输、航空运输、航空快递、铁路运输、国际多式联合运输、汽车运输等运输方式；集仓储、船舶经营和管理、船舶租赁、船务代理等运输衍生部门的航运市场于一体的，国际化、巨型的现代综合运输服务空间。

国际物流业和国际物流市场的出现，标志着交通运输业进入了一个新的发展阶段。

第二节 国际货物运输组织

一、国际货物运输的三方当事人

国际上从事外贸运输的机构繁多，但是，基本上可以归纳为三个方面：交通运输部门；对外经贸部门或进出口商；货运代理人。三方当事人的业务构成对外贸易运输工作的主体。交通运输、对外经贸部门或进出口商、货运代理三个方面，虽然工作性质有别，但业务上是紧密联系在一起的。

（一）交通运输部门

交通运输部门（carrier），是国际货物运输工作的承运人，是专门从事水上、陆地、空中等货物运输的机构，例如轮船公司、铁路或公路运输公司、航空公司等，这些公司一般都拥有大量的运输工具，为社会提供专门的运输服务。

（二）对外经贸部门或进出口商

对外经贸部门或进出口商（cargo owner），是货物运输工作中的托运人或收货人。它们专门经营进出口商品业务，统称货主。为履行外贸合同，货主必须办理进出口商品的运输，或者委托交通运输部门托运货物。

（三）货运代理人

货运代理人（freight forwarder），是指根据委托人的要求，代办货物运输的机构。它们有的代理承运人向货主揽取货物，有的代理货主向承运人办理托运，有的兼营两方面的代理业务。货运代理人属于运输中间人的性质，在承运人和托运人之间起着桥梁或媒介作用。

除了以上三个方面的当事人之外，国际货物运输还与海关、保险、银行以及包装、仓储等部门有着极为密切的关系。

二、我国国际贸易货物运输的组织机构

我国办理国际贸易货物运输的组织机构，基本上也是由交通运输部门、外贸部门或进出口商和货运代理人这三个主要的方面构成。目前，这三个方面的主要管理体制结构如下：

（一）交通运输部门

交通运输部门主要包括交通部门、铁路部门、民航部门、邮政部门等等，及其下属的各专业运输机构。

1. 交通部门

交通部门主要包括水运方面的中国远洋运输（集团）总公司、地方轮船公司、长江航

运公司等，以及中外合资经营、合作经营和外商独资经营的轮船公司等。公路方面主要由各地公路局和运输公司组成。

2. 铁路部门

铁路部门主要从事铁路运输，由铁路管理总局和各地分局、中国铁路公司组成。

3. 民航部门

民航部门主要从事航空运输，包括中国民航总局所属各航空公司、地方民航公司，以及中外合资经营、合作经营的航空公司。

4. 邮政部门

邮政部门主要进行数量不大的邮政包裹的运输，包括中国邮政总局和各地分局。

（二）对外经贸部门和工农贸易公司

主要包括：

（1）对外经贸部门所属的各专业总公司及地方外经贸专业公司。

（2）国家各部委所属的工业品、农产品贸易公司。

（3）集体性质的企业、公司和生产厂家。

（4）中外合资经营、中外合作经营以及外商独资经营的企业。

（三）货运代理人

主要包括：

（1）中国对外贸易运输（集团）总公司及各地分公司。

（2）中国租船公司。

（3）交通运输部所属中国外轮代理公司及各港口分公司。

（4）中外合资经营、中外合作经营以及外商独资经营的代理公司。

（5）其他种类的货运代理公司。

从广义上说，国际货物运输的范畴包括交通运输业，以及进出口商为履行进出口合同所从事的所有工作，这些部门共同工作的结果便是对外贸易货物的空间位移，也就是对外贸易的具体目的得以实现的整个过程。

但是，我们通常所说的“对外贸易运输”是一个特殊的概念，它专指国际货物运输代理所从事的工作。

国际货物运输代理是整个对外贸易运输的设计师和组织者，它是在社会分工日趋细化的基础上从国际货运业分离出来的一个具有独立特征的专门行业。货物运输代理在承运人和交通运输部门之间起着桥梁和媒介作用。货物运输代理的主要职责是为委托人降低成本、简化手续，把进出口货物安全、迅速、准确、节省、方便地运往目的地。

国际货物运输代理业在欧洲已有五百多年的历史。目前，国际货运代理已经有了自己的行业组织——国际货运代理协会联合会（FIATA），其会员已从欧洲扩展到了全世界。中国对外贸易运输（集团）总公司于1985年正式加入该协会。

三、对外贸易运输在我国外贸事业中的地位

（一）我国对外贸易运输事业的产生和发展

我国是世界上水陆交通发展最早的国家之一。我国古代劳动人民利用自己的智慧和勤

劳的双手创造出了各种运输工具，修桥筑路，兴建港口，开辟了陆地上的“丝绸之路”。郑和七下西洋的壮举，不仅丰富了世界航海的历史，更重要的是开辟了我国同许多亚、非国家的贸易市场。

然而，鸦片战争之后，帝国主义列强利用其攫取的特权，控制了我国的交通运输命脉。列强通过对我国海关和交通运输的控制，在向我国大量倾销过剩的工业品的同时，疯狂掠夺我国的原料。对外贸易运输业务由洋行买办一手包办。那时的运输手段十分落后，管理体制极端混乱，运输效率极其低下。中华人民共和国成立前对外贸易运输业打着深深的殖民地、半殖民地的印记。

中华人民共和国成立以后，我国的对外贸易运输事业获得了新生，改革开放 40 多年来，我国的水运、陆运、空运发展迅猛，迈上了一个新台阶。

20 世纪 50—60 年代，我国同苏联和东欧等社会主义国家的贸易占主导地位。当时的进出口货物主要使用铁路运输方式。20 世纪 50 年代初期，我国同苏联、东欧、朝鲜等国家和地区相继开通了国际铁路联运。而这些东欧国家同时也加入了包括一些欧洲经济合作与发展组织国家在内的《铁路货物运输公约》，这样一来，我国铁路联运的规模不断扩大。

中华人民共和国成立之初，我国既没有远洋货轮，也没有班轮航线。当时的海运货物主要通过外轮运输。我国曾经与波兰共同组建了中波海运公司。1956 年，我国用租用的期租船开辟了自己的班轮航线。1963 年，我国海运进出口的货运量，已占进出口货运总量的 70%。20 世纪 70 年代以后，上升到 80%强。20 世纪 80 年代以来，海运货运量占进出口货运总量的比重一直保持在 90%以上。与此同时，我国的远洋船队也从无到有，发展壮大。1961 年，中国远洋运输（集团）总公司成立时，远洋运输船仅 4 艘、2.26 万载重吨。2018 年，中国远洋海运集团船队规模达到 1 296 艘，综合运力超 1 亿载重吨，世界排名第一。其中，干散货船队、油轮船队、杂货特种船队、集装箱码头吞吐量和船员管理均为世界第一；集装箱租赁、集装箱船队、燃油供应、船舶代理、海工制造位居世界前列；集装箱船队全球第三。

改革开放以来，我国国民经济总量持续、稳定增长，而其中对外贸易额的增长速度又大大超过了国民生产总值的增长速度。国际贸易量的增长直接拉动了外经贸货运量和运力突飞猛进的发展。

作为后起之秀的集装箱运输形成了北（大连港、天津港、青岛港为主）、东（上海港、宁波港为主）、南（香港港、深圳港、广州港为主）三大集装箱主枢纽港群。2018 年底，全国港口拥有生产用码头泊位 23 919 个，其中万吨级及以上泊位 2 444 个；全国沿海港口拥有生产用码头泊位 5 734 个；内河港口拥有生产用码头泊位 18 185 个；完成货物吞吐量 143.51 亿吨，比上年增长 2.5%，其中沿海港口完成 96.43 亿吨，增长 4.5%；内河港口完成 48.88 亿吨，下降 1.3%，完成集装箱吞吐量 2.51 亿 TEU[①]，比上年增长 5.3%。

到 2018 年底，我国亿吨港口数量已经达到 41 个，一跃成为世界上拥有亿吨大港最多

① TEU 是 twenty equivalent unit 的缩写，是以长 20 英尺的集装箱为国际计量单位，也称国际标准箱单位。通常用来表示船舶装载集装箱的能力，也是集装箱和港口吞吐量的重要统计、换算单位。

的国家。

中国的民航业是在中华人民共和国成立后创办起来的。中华人民共和国成立前，虽曾有中美合营的中国航空公司和中德合办的欧亚航空公司，但是，航空运输一直未能得到发展，中华人民共和国成立后，才逐渐由小到大，初具规模。目前，已形成了一个以北京为中心的四通八达的航空运输网络。

2004 年 10 月 2 日，在国际民航组织第 35 届大会上，中国以高票首次当选该组织一类理事国。2018 年，民航行业完成运输总周转量 1 206.4 亿吨公里，同比增长 11.4%；完成旅客运输量 6.1 亿人，同比增长 10.9%；完成货邮运输量 738.5 万吨，同比增长 4.9%；运输航空安全飞行 1 153 万小时，同比增长 8.9%。

截至 2018 年底，我国定期航班航线达到 4 206 条，其中国内航线 3 420 条，国际航线 786 条。全国颁证运输机场 235 个，其中，旅客吞吐量千万级机场共 37 个，三千万级机场 10 个。形成了以北京、上海、广州机场为中心，以省会、旅游城市机场为枢纽，其他城市机场为支干，联结国内 230 个城市，联结 60 多个国家 170 多个城市的航空运输网络。民航机队不断扩大，截至 2018 年底，中国民航拥有运输飞机 3 638 架，均为世界上最先进的飞机。

（二）我国对外贸易运输的任务和方针

概括地讲，我国对外贸易运输的任务有三个：

(1) 认真贯彻执行“安全、迅速、准确、节省、方便”的十字方针，使用各种合适的运输工具和运输方式，选择最佳的运输路线和最优的运输方案，按时、按质、按量地把进口的物资运进来，把出口的货物运出去。

1) 安全，要求在运输过程中做到商品和运输工具的安全，尽量避免发生运输事故；

2) 迅速，要求把进出口的货物及时运进来或运出去；

3) 准确，要求在发运、单证手续、计收费用等各个环节中都做到不出差错；

4) 节省，要求降低运输成本，节省各项运费和杂费；

5) 方便，要求简化手续，减少层次，为货主着想，提高服务质量。

我国现行的外贸运输工作的十字方针是一个有机整体。操作过程中，可以根据市场供求情况的缓急、商品的特性以及运输路线与运力的不同情况，全面考虑，适当安排，有所侧重。

(2) 我国对外贸易的货物运输，是对外经贸活动的一个重要方面，需要在平等互利的原则上，密切配合外交活动，认真贯彻各项外交政策。

(3) 对外贸易运输是我国经济建设的一个重要方面，事关改革开放的基本国策。因此，必须不断改善管理，提高经济效益。

四、我国外贸运输的组织机构

我国外贸运输的组织机构，基本上由交通运输部门（承运人）、对外经贸部门或进出口公司（货主、托运人、收货人）、自营出口权企业以及运输代理三个方面构成。这三个方面的主要机构如图 1-1 所示：

- 货主（托运人、收货人）
  - 商务部所属各专业总公司
  - 地方外贸专业公司
  - 从事外经贸业务的其他企业
- 货运代理人
  - 商务部所属中国对外贸易运输（集团）总公司及其分支机构
  - 商务部批准的其他货运代理公司
- 承运人
  - 水上运输：中国远洋物流有限公司，中国经贸船务公司，地方轮船公司，长江航运公司，珠江航运公司，以及中外合资、合营轮船公司
  - 铁路运输：铁路管理总局和各地分局、中国铁路公司
  - 公路运输：公路局和运输公司
  - 航空运输：中国民航总局所属各航空公司及地方民航公司
  - 邮政运输：中国邮政总局和各地分局

图 1－1　我国外贸运输主要机构

第三节　对外贸易运输方式

国际货物贸易运输方式很多，根据使用的工具不同，可以分为以下几种，如图 1－2 所示：

- 国际货物运输方式（以下各种方式均可采用集装箱运输）
  - 水上运输
    - 内河运输
    - 海上运输
      - 沿海运输
      - 近海运输
      - 远洋运输
    - （内河运输与海上运输合为：河海运输）
  - 陆上运输
    - 铁路运输
    - 公路运输
  - 航空运输
  - 管道运输
  - 邮政运输
  - 集装箱运输

图 1－2　国际货物运输方式

目前，国际贸易货运总量的 2/3 是由海运完成的。我国对外贸易的进出口货物，90％左右也都是通过海洋运输完成的。因此海洋运输是我国对外贸易中最主要的运输方式。近年来，虽然航空运输的货运量增长迅猛，但是，国际货物运输市场以海运为主的格局并未被动摇。

各种运输方式都有各自的特点，在外贸工作中，应该根据进出口货物的性质、运量的大小、运输距离的远近、货物需要的缓急、运输费用的高低、装卸地的条件、法律法规与惯例、气候与自然条件以及国际政治形势的变化等因素，慎重地选择运输方式，这对于完成进出口货物运输任务而言是很重要的。

第四节 对外贸易的合理运输

一、对外贸易运输的统计

统计，是国家实行科学决策和科学管理的一项重要基础工作，是认识国情国力、决定政策、制订计划的重要依据。没有统计，就没有管理。统计在经济的调控、监督、管理体系中的重要性不言而喻。

我国的外贸运输统计，贯彻准确、及时、全面、方便的原则，充分发挥信息、咨询的监督作用。用统计数据来反映外贸运输活动的实际成果，研究外贸运输的现象和过程，监督、检验外贸运输计划的执行。所以，统计是管理对外贸易运输的一种必不可少的重要手段。

（一）对外贸易运输统计的主要作用

（1）外贸运输统计，既是监督实施外贸运输计划的重要手段，也是检验考核外贸运输计划质量的唯一尺度，同时，也是制订外贸运输计划的重要依据。

（2）外贸运输统计，既是领导机关制定外贸运输方针政策、处理外贸运输重大问题的依据，也是企业经营管理的重要工具。

（3）外贸运输统计，是阐明和探索外贸运输客观规律的重要方法。

（二）对外贸易运输统计的基本原则

（1）必须坚持统计为领导机关、为计划和业务部门服务的主导思想。因为收集外贸运输的资料进行综合汇总、分析情况、编制报表，都是为了加强外贸运输管理，以便更好地完成外贸运输任务，而这些报表只有通过机关和业务部门的工作才能起作用。

（2）必须坚持实事求是的原则。统计资料的搜集、分组、整理、加工、综合、分析、推论等等，必须如实反映客观情况，不允许有任何主观臆测，更不允许弄虚作假。

（三）对外贸易运输统计的基本要求

（1）统一性。它是统计工作的核心，没有这种统一性，外贸运输统计工作就无法进行。统一性主要表现在统一领导、统一制度、统一报表格式、统一指标概念、统一报表时间五个方面。

（2）准确性。统计数字如果不准确，就不能客观地反映实际情况，更不能据此了解情况、处理问题、制定对策、编制计划。而统计上的任何疏忽，都会影响数字的真实性。

（3）及时性。统计资料如果不能及时上报，错过使用时间，往往就会降低它的使用价值，不能发挥应有的作用。

（四）对外贸易运输统计的基本内容

1. 外贸运输计划执行统计

（1）年度计划执行情况统计，用于检查年度进出口运输计划的执行进度和结果，督促按期完成全年的运输任务。

（2）月度计划执行情况统计，用于检查各项月度进出口计划的执行进度和结果，包括国际铁路联运出口统计，铁路供应香港、澳门的统计，海运出口的统计，海运进口的统计及其电讯快报等几个种类。

2. 外贸运输业务情况统计

(1) 铁路口岸统计，是铁路口岸外贸进出口货物交接情况的统计。

(2) 海岸港的装卸统计，是反映海运港口外贸进出口货物装卸情况的统计。

(3) 进口运输库存统计，是反映海运港口外贸进口货物疏运和库存的情况，督促加快疏运进度的统计。

(4) 期、程租船在港时间，是反映我国租赁的外籍船舶在我国沿海港口的停留时间，督促快装快卸的统计。

(5) 外贸专用汽车营运统计，是反映外运公司和基层车队对汽车运输八项经济指标执行情况的统计。

(五) 统计分析

统计分析是利用已经掌握的丰富的统计信息，运用科学的分析方法和先进的技术手段，深入开展综合分析，既使其灵敏地反映外贸运输的运行状态，也对其实行全面、系统的定量检查、监测和预报。目的是促使外贸运输按照客观规律的要求，持续、稳定、协调地发展。

统计分析的任务，就是监督检查计划的执行情况；监督检查有关部门对企业各项方针政策的执行情况；为宏观决策和微观管理提供依据；对企业的发展前景进行科学预测。

通过统计分析，可以更好地发挥统计的信息、咨询和监督功能，提高统计的优质服务水平。做好统计分析工作是整个统计工作的最终成果的重要方面，所以，在整个统计过程中，统计分析处于十分重要的地位。

二、我国对外贸易的合理运输

(一) 合理与不合理运输

运输的合理与否是两个对称的概念。所谓合理运输，就是按照货物的特点和合理流向，以及交通运输条件，走最少的里程，经最少的环节，用最少的运力，花最少的费用，以最少的时间，把货物运到目的地。所谓不合理运输，就是在各种运输方式间，或在同一运输方式内部的各条线路或航道上，发生相同产品（或替代产品）的对流或相向运输、重复运输，以及过远运输、迂回运输和违反各种运输合理分工原则的运输，其结果是造成不必要的货物周转或装卸工作量，浪费运输能力，增加运输费用。

外贸运输是中间环节很多、涉及面很广、情况复杂多变的长途运输，组织合理运输是贯彻“安全、迅速、准确、节省、方便”的十字方针，完成外贸运输任务，提高经济效益必不可少的有力的科学管理手段。

(二) 决定合理运输的五个因素

1. 运输距离

运输距离的远近，是决定合理运输与否诸因素中的一个基本因素。应尽可能就近运输，避免舍近求远，浪费运输吨公里。尤其是我国幅员辽阔，要尽量避免过远、迂回运输。

2. 运输环节

围绕着运输业务活动，还要进行装卸、搬运、包装等工作，多一道环节，需要多花许多劳动。所以，应尽可能组织直达、直拨运输，使货物越过一切不必要的中间环节，减少二次运输。

3. 运输工具

要根据不同货物的特点，分别利用海运、陆运或空运，选择最佳路线。如该走海运的不要走陆运，该用火车的不要用汽车等等。同时，还要不断提高装载技术。

4. 运输时间

“时间就是金钱，速度就是效益”，运输不及时，容易失去销售机会，造成商品的积压或脱销，尤其是国际贸易市场瞬息万变，时间问题更为尖锐。

5. 运输费用

它是衡量运输经济效益的一项重要指标，也是组织合理运输的主要目的之一。运输费用的高低，不仅关系到运输企业的经济核算，也会影响商品的销售成本。

上述五个要素既相互联系，又相互影响，有时甚至是矛盾的。这就要求我们进行综合比较分析，选择最佳运输方案。在一般情况下，运输时间快，运输费用节省，是考虑合理运输的两个主要因素，它们集中体现了运输的经济效益。但是，在任何情况下，安全运输都必须是居首位的。

（三）不合理运输的类型

外贸进出口物资包括各种商品、生产加工原料和包装物料，由于流通环节较多，运距较长，起运站点分散，为了满足贸易上的特殊需要，或者受到现有运输条件的限制，在运输过程中难免存在一些不合理的运输现象。但是，从主观上找原因，由于经营管理水平不高、经济核算思想不强而造成的不合理运输并不少见。根据各方面收集的实例，归纳起来，主要有下列几种情况：

（1）生产、加工、包装、仓储选点布局不合理，造成迂回、过远运输。

（2）在收购和集运货物时，按照行政区划，经县、地区、省（自治区）层层中转，增加不必要的储运环节，造成迂回、往返和重复运输。

（3）各种运料和物料管理不统一，自管自拨，分配无计划而增加储运环节，造成迂回、对流和过远运输。

（4）对外签订的进口合同，或信用证规定的运输条款不合理，如选择港口不当而造成运输路线不合理或派船不当造成的不合理。

（5）按照出口商品的经营分工，将货物调到经营口岸所在港口出口，舍近求远造成的迂回运输。

（6）出口货物在产地的检验不严，盲目发运或单证不齐，货到海运港口或陆运口岸后不能出口，以致压车、压船、压库，结果只能就地处理，或原货退回所形成的无效运输、往返运输。

（7）选择的运输方式和运输工具不当。如，弃水走陆，长途汽车运输，没有充分利用直达船、快运列车、集装箱、航空运输等等。

(8) 计划调度不当，增加了不必要的中转环节，造成迂回运输。

(9) 由于车船调配不当，一方面有货无车（船），另一方面有车（船）无货，造成货等车船或车船等货，使车船的非生产时间增加，其运力效能不能高效地发挥。

(10) 出口商品包装不合理、装运时配载不当而造成的车船吨位和容积的浪费。

上述种种类型的不合理运输，不仅存在于外贸运输工作中，在国内运输中也时有发生。这不仅增加了不必要的运输路程和中转环节，延长了在途时间，浪费了运输能力，影响到商品的质量，增加了经营成本，甚至影响了出口商品的对外成交、合同履行和商品及时供应市场，是发展对外贸易的障碍。

(四) 组织合理运输的措施

造成不合理运输的原因是多方面的，组织合理运输的措施也是多种多样，要由生产、交通运输和流通等各个部门共同协作组织实施。从外贸运输的角度，要从以下几个方面去努力：

1. 合理选择运输方式和工具

各种运输方式有着各自的适用范围和不同的技术经济特征，选择时必须进行比较和综合分析。首先要考虑运输成本的高低和运输速度的快慢，此外，还要考虑商品的性质、数量的大小、运输距离的远近、市场需要的缓急、风险的程度、国际政治经济形势的变化等等。

在选择运输工具上，统一运输方式如铁路、公路运输，可根据不同商品选择不同的车辆，海运可选班轮或不定期租船，内河运输可选轮船、木帆船等等。发展多式联运和充分利用运输工具，回空运输货物也是组织合理运输的有效措施。

2. 正确选择运输路线和装卸中转港口

运输路线的选择，一般来说，应尽量安排直达运输，以减少装卸、转运环节，缩短运输时间，节省运输费用。出口商品就地加工、就地包装、就地检验、直接出口的“三就一直”工作法，供港澳地区的“三趟快车”，以及各条海运直达航线的开辟，是组织合理运输的重要措施。必须中转的进出口货物，也应选择适当的中转港、中转站。

进出口货物的装卸港，一般应尽量选择班轮航线经常挂靠、自然条件好、装卸设备好、费用较低的港口。进口货物的卸港，还应根据货物流向和大宗货物用货部门所在地情况综合考虑。出口货物的装港，则应考虑靠近物产地或供应地的原则，以减少国内运输里程，节约运力。

3. 提高包装质量，改进包装办法

进出口货物运输线路长，装卸操作次数多，必须根据不同的运输方式、运输距离和商品的属性，合理地选择包装物，以提高包装质量，保护商品安全。

在大力发展集装箱运输的今天，对包装标准化也提出了更高的要求。包装方法也要大力改进，如轻泡货物用机器打包较用人力打包可缩小体积；石油改桶装为大油轮散装，可提高自动化水平；其他许多货物包装的改进，也都有利于减少货损、降低运费、提高商品价格。这些都是组织合理运输的必要措施。

4. 提高装载技术

(1) 采用零担货物拼整车发运的办法，减少运输费用、节约运力。主要有零担货物拼整车直达运输、零担货物拼整车接力直达，或中转分运、整车分卸（二三站分卸）、整车零担等具体做法。

（2）一方面最大限度地利用车船载重吨位，另一方面充分使用车船载重容积，以提高装载量，充分利用运力，降低费用。主要做法有三种：一是组织轻、重配载，即把实重货物和轻泡货物组装在一起；二是实行解体运输，即对一些体大笨重、不易装卸又容易碰撞致损的货物，将其拆卸装车，分别包装；三是改进堆码的方法，即根据车船的货位情况和不同货物的包装形状，采取各种有效的堆码方法。如，平装、补装、顺装、立装、叠装、骑装、套装、扣装、架装等等。

组织合理运输的效益必须立足于全局，要考虑客观现实条件的可行性。最优的运输方案也有一定的相对性，只在一定条件下、一定时间段和一定范围内适用，随着时间、地点、范围和其他条件的变化，合理的程度也会发生变化。所以，要求我们必须不断研究新情况，采用新措施，以达到持续、有效地开展合理运输的目的。

小 结

1. 运输是一种特殊的生产活动，交通运输业是一个特殊的物质资料生产部门，它具有自身的特点。从理论上讲，国际货物运输是指使用车、船、机乃至管道、邮政（火车、轮船、飞机、汽车）等交通运输手段和方式，对货物进行的跨越国界的运送活动；从实践上讲，是指交通运输部门、进出口商和对外经贸的行政管理部门，为履行进出口合同所从事的方方面面的工作。这些部门共同工作的全部过程，使对外贸易货物实现空间位移，即对外贸易的具体目的得以实现。所以，国际货物运输通常也称为国际贸易运输，从一国的角度，就是对外贸易运输。

2. 国际货物运输具有政策性强、距离长、环节多、涉及面广、时间性强和风险大的特点。

3. 运输业的发展是同社会生产力的发展相适应的。在资本主义产生以前相当长的一段历史时期内，运输业比较落后。第一次产业革命的结果是，机器代替了手工劳动，用于交换的商品日趋增多。而科技革命的迅猛发展，也为交通运输业的发展提供了物质技术基础。伴随着第二次产业革命的兴起，汽车运输业、航空运输业以及管道运输业相继崛起，并获得了迅猛发展。这样，在第三次科技革命之前，就形成了包括海运、陆运（铁路运输、公路运输、管道运输）、空运等多种运输方式的现代化运输体系。第三次产业革命进一步推动了运输业的发展。在运输单证和业务交接手续上，也日趋简化和统一，特别是电子提单的出现，极大地提高了国际货物运输的效率。

4. 国际贸易运输的组织机构，由交通运输部门、外贸部门或进出口商和国际货运代理这三个主要的方面构成。

5. 对外贸易运输的统计管理是对外贸易运输的一种必不可少的重要手段。对外贸易运输统计的基本内容，包括外贸运输计划执行统计和外贸运输业务情况统计。前者包括年度计划执行情况统计和月度计划执行情况统计，后者包括铁路口岸统计、海岸港的装卸统计、进口运输库存统计、期租船和程租船在港时间统计、外贸专用汽车营运统计。

6. 对外贸易的合理运输，就是按照货物的特点和合理流向，以及交通运输条件，走最少的里程，经最少的环节，用最少的运力，花最少的费用，以最少的时间，把货物运到目的地。

7. 组织合理运输的措施包括：合理选择运输方式和工具；正确选择运输路线和装卸中转港口；提高包装质量，改进包装办法；提高装载技术。

关键术语

中国对外贸易运输（集团）总公司	国际货运代理
国际货运代理协会联合会	国际货运三方当事人
十字方针	水运
陆运	空运
多式联运	管道运输
集装箱运输	邮政运输
对外贸易运输统计	合理运输

思考题

1. 运输作为一个特殊的物质资料生产部门具有哪些特点?
2. 为什么马克思把运输业作为一个物质资料生产部门，而西方经济学却把它列为第三产业?
3. 国际货物运输的地位和作用有哪些?
4. 国际货物运输的工具有哪些特点?
5. 当今的国际货物运输主要有哪几种方式?
6. 国际货物运输代理的种类有哪几个? 各发挥什么作用?
7. 国际货物运输的组织机构有哪些? 各具有什么职能?
8. 我国外贸运输统计工作的作用和要求是什么?
9. 我国对外贸易运输的任务是什么?
10. 如何理解国际物流市场的内涵?
11. 简述我国海运、空运的发展历程。

第二章 国际货运地理

学习目标

- 掌握世界主要海、陆、空航线的分布现状
- 熟悉世界主要航空港的名称和所属国
- 能够列举主要的海峡和运河
- 熟悉我国海运、铁路运输的主要港、站情况
- 掌握世界和我国集装箱的海运路线和港口
- 掌握世界各地的时差规律

第一节　海运系统

一、世界大洋、国际运河及海峡

(一) 世界大洋

地球上广阔连续的水体总称为海洋，其边缘部分叫海，中心部分叫洋。地球表面总面积约 5.1 亿平方公里，其中海洋面积约 3.61 亿平方公里，占地球表面总面积的 71%。全球共有以下四个大洋：

1. 太平洋

太平洋（Pacific Ocean）是世界上最深的大洋，位于亚洲、大洋洲、南北美洲和南极洲之间，约占世界大洋总面积的一半，平均深度为 3 957 米。太平洋上有岛屿 1 万多个，沿岸有 30 多个国家和地区，拥有世界 1/6 的港口，海运量占世界海运量的 20%以上，仅次于大西洋。但是，其海运量的发展速度超过其他几个大洋，第二次世界大战以后，呈现出明显的航运中心东移的趋势。

2. 大西洋

大西洋（Atlantic Ocean）是世界第二大洋，平均深度为 3 627 米，拥有世界约 3/4 的港口、3/5 的货运吞吐量。北大西洋两侧是西欧、北美两个全球经济最发达的地区，国际贸易、货物运输繁忙。大西洋的航运量一直居世界首位。20 世纪 80—90 年代，大西洋的海运量占世界海运总量的 2/3。

3. 印度洋

印度洋（Indian Ocean）的平均水深为 3 872 米，为世界第三大洋。当前，在印度洋的经济活动中，起突出作用的是中东的石油。海上油船众多，油轮运输十分繁忙。

4. 北冰洋

北冰洋（Arctic Ocean）的平均深度是 1 200 米，冬季洋面 80%冻结，夏季近 2/3 的洋面覆盖着浮冰。因而，其航运意义不大，仅挪威海和巴伦支海西南由于受北大西洋暖流影响，全年可以通航。在北极海域，夏季之前，原苏联沿岸有不定期航线至远东的港口。但是，需要破冰船开辟航道。

（二）国际海运中的运河和海峡

1. 苏伊士运河

苏伊士运河（Suez Canal），连接大西洋和印度洋，是一条具有全球重要战略意义和经济意义的水道。苏伊士运河北起塞得港，南到陶菲克港，全长 190 公里，最窄的地方宽 195 米，为海平式运河。1956 年经埃及人民修复，1985 年又经扩建。目前，已可通行吃水 20.4 米、载重 25 万吨级的巨型油轮。

船舶通过苏伊士运河平均需要 10 小时。运河的开凿使西欧、北美至印度洋和太平洋西岸的航程，比绕过好望角缩短了 5 500 公里～8 000 公里。

2. 巴拿马运河

巴拿马运河（Panama Canal）是沟通太平洋和大西洋各港口的重要捷径。运河全长 81.3 公里，水深 13.5 米～26.5 米，为水闸式运河。巴拿马运河有水闸 5 座，大部分河段水面高出海面 26 米，货运量 1.8 亿吨。目前，全世界 5%的贸易货运经过该运河。

3. 马六甲海峡

马六甲海峡（Malacca Strait）位于亚洲东南部的马来西亚半岛和苏门答腊岛之间，是沟通太平洋和印度洋的重要海上通道。该海峡可通过 25 万吨满载海轮，每年约有 10 万艘次船只通过。由于船多拥挤，为了避免事故，一般 20 万吨以上级别的海轮，就绕道龙目—望加锡海峡航行。绕道航行约增加 1 000 海里的航程。

4. 英吉利海峡

英吉利海峡（English Channel）地处英、法两国之间的狭窄处，水深 25 米～55 米，连同它在北部的多佛尔海峡，总长约 600 公里。英吉利海峡是连接西北欧与北美的主要航线，海峡货物运输繁忙。任何时候，海峡上总有 40 艘左右的船舶在行驶，每天通过海峡的船舶 600 余艘，英吉利海峡是世界上通过船只最多的海峡。

1990 年 12 月 1 日，英吉利海底隧道工程中的服务隧道正式凿通，并在 1994 年 5 月正式通车。英吉利海底隧道由两条直径 7.6 米的火车隧道和一条直径 4.8 米的服务隧道组成，三条隧道均长 53 公里。隧道里每隔 12 分钟，就有一列高速火车穿梭往返。英吉利海底隧道竣工通车后，英国与欧洲大陆间的大批进出口货物，不再经过装船海运，而是直接使用隧道铁路运送。

5. 霍尔木兹海峡

霍尔木兹海峡（Strait of Hormuz）位于亚洲西部的阿曼半岛和伊朗之间，海峡呈人字形，东西长约150公里，平均水深70米以上。海峡西接波斯湾，东连阿曼湾。波斯湾沿岸产油国的石油，绝大多数通过这里输往西欧、日本和美国等地。因此，该海峡是世界著名的“石油海峡”，在国际海运地理上占有重要的地位。进出霍尔木兹海峡的油轮每年有2.5万余艘，年油运量为6亿吨～8亿吨。

除了上述两大运河和三大海峡之外，全球较为重要的运河、海峡和较为重要的海运通道还有：基尔运河（Kiel Canal）、圣劳伦斯海道（St. Lawrence Waterway）、直布罗陀海峡（Strait of Gibraltar）、曼德海峡（Bab El Mandeb）、黑海海峡（Black Sea）、龙目海峡（Lombok）、望加锡海峡（Macassar）等等。

二、海运港口

（一）世界主要港口简介

目前，世界上进行国际贸易的海港共2 500余个，其中，吞吐量不足100万吨的占3/4；吞吐量超过100万吨的有100多个；5 000万吨以上的有20多个。下面介绍几个主要港口。

1. 鹿特丹港

鹿特丹港（Rotterdam）位于东经4°30′，北纬51°55′，1961年，货物吞吐量首次超过纽约港（1.8亿吨），成为世界第一大港，此后一直到2003年均保持世界第一大港地位，目前仍为欧洲第一大港口。

鹿特丹港年吞吐欧盟国家30％的外贸产品，以及莱茵河75％的货物转运。运往西欧各国的原油、石油制品、谷物、煤炭、矿石等都要经过这里。

该港口2018年集装箱吞吐量1 450万TEU，居世界第12位。

2. 纽约港

纽约港（New York）位于美国海岸哈德逊河口，是美国第一大港。港口宽深隐蔽，冬季不冻。港口海岸线总长1 200多公里，是世界上最大的集装箱码头。港区库场、装卸设备齐全、优良，运输系统发达，计有200条水运航线，14条铁路线，3个现代化航空港，数百个汽车站。

3. 新奥尔良港

新奥尔良港（New Orleans）位于西经90°02′，北纬29°58′，是密西西比河汇入墨西哥湾的河口上源。它既是远洋深水港，又是内河航运集散地，是美国和世界最大的河海港，也是美国的粮食和煤炭出口港。

4. 神户港

神户港（Kobe）位于东经135°12′，北纬34°40′，大阪湾北岸。泊地面积5 668万平方米，水深13米。港口岸线长3.8万米，其中水深9米以上的码头岸线长1.5万米，现有泊位270余个，一次可容纳多达170艘大型船舶。长期以来，神户港稳居日本第一大港口。

5. 安特卫普港

安特卫普港（Antwerp）是比利时最大的港口，也是世界著名港口之一。位于东经4°23′，北纬51°14′，斯海尔德河下游。该港有泊位400多个，港区水深7米～16.8米，可同时停泊万吨以上船舶400艘。港口每年接纳海轮1.7万余艘次。2018年，该港口集装箱吞吐量1 110万TEU，位居世界第14位。

6. 新加坡港

新加坡港（Singapore）位于东经103°50′，北纬1°16′，港口接近赤道，很少受台风袭击，潮差小，是世界海、空交通枢纽和著名的自由港。该港水深在10.4米～13.4米。油港区可泊35万吨级油轮。2018年货运吞吐量达6.3亿吨，集装箱吞吐量3 660万TEU。

7. 马赛港

马赛港（Marseille）位于地中海利翁湾，东经5°24′，北纬43°18′，为地中海沿岸最大港，欧洲第二大港。港阔水深，潮差小，不淤不冻，水深8米～24米，为地中海沿岸一天然港。

8. 横滨港

横滨港（Yokohama）位于东经139°40′，北纬35°27′，为日本第二大贸易港。港口水深12米，公用泊位97个，私用泊位105个，木材堆场面积63万平方米。

9. 汉堡港

汉堡港（Hamburg）是德国第一大港，位于东经9°58′，北纬53°33′，距北海入海口110公里，是一个河海兼用的开敞式潮汐港。航道水深16米，10万吨级船舶可长驱直入。全港分为7大港区，共700余港位。

10. 伦敦港

伦敦（London），既是英国的首都所在地，又是英国最大的港口所在地。位于英格兰东南部，泰晤士河下游，西经0°5′，北纬51°30′。与世界各主要港口都有船舶来往。

（二）我国对外贸易主要港口

经过40多年对外贸易的迅猛增长，在我国漫长的水网地带已形成多种特色的港口模式，即国际型、效益型、创新型、政府型、民营型的现代港口物流市场。

目前，全国港口拥有生产用码头泊位23 919个，其中万吨级及以上泊位2 444个，全国沿海港口拥有生产用码头泊位5 734个；货物吞吐量143.51亿吨。2018年全国港口完成集装箱吞吐量2.51亿TEU。

1. 上海港

上海港控江襟海，地处长江三角洲水网地带，水路交通发达。目前，上海市内河港区共有3 250个泊位，最大靠泊能力为2 000吨级。改革开放以来，上海港的发展步入了快车道。20世纪90年代新建了罗泾、外高桥一期、外高桥二期等新港区。港口经营业务主要包括装卸、仓储、物流、船舶拖带、引航、外轮代理、外轮理货、海铁联运、中转服务以及水路客运服务等。1996年1月，上海国际航运中心建设正式启动。

2002年6月洋山深水港区开工建设，上海港开始从河口港向真正的海港跨越。2003年完成货物吞吐量3.16亿吨，完成集装箱吞吐量1 128.2万TEU，是我国内地首个突破

1 000 万 TEU 大关的港口。

2018 年，上海港货物吞吐量达 6.3 亿吨，集装箱吞吐量达 4 200 万 TEU，集装箱吞吐量连续九年保持世界港口第一位。

2. 宁波舟山港

舟山港是中国浙江省宁波市、舟山市港口，位于中国海岸线中部、“长江经济带”的南翼，为中国对外开放一类口岸，中国沿海主要港口和中国国家综合运输体系的重要枢纽，中国国内重要的铁矿石中转基地、原油转运基地、液体化工储运基地和华东地区重要的煤炭、粮食储运基地；该港作为上海国际航运中心的重要组成部分，是服务长江经济带、建设舟山江海联运服务中心的核心载体，浙江海洋经济发展示范区和舟山群岛新区建设的重要依托。宁波舟山港成立于 2015 年 9 月，是由宁波市、舟山市境内的港口合并重组而来，宁波舟山港由北仑、洋山、六横、衢山、穿山等 19 个港区组成，共有生产泊位 620 多个，其中万吨级以上大型泊位近 160 个，5 万吨级以上的大型、特大型深水泊位 90 多个。截至 2018 年，宁波舟山港共有集装箱航线数近 250 条，其中远洋干线 120 余条，月均航班约1 500 班。2018 年宁波舟山港吞吐量超过 10 亿吨，继续保持世界唯一的超 10 亿吨超级大港地位，全球货运港口排名实现“十连冠”。

3. 天津新港

天津新港地处渤海海岸，是我国首都的出海门户，其腹地是华北、西北的广大地区。

天津新港拥有各类泊位 140 余个，其中公共泊位 76 个，岸线总长 14.5 公里，万吨级以上泊位 55 个。天津新港是中国最早开展国际集装箱运输业务的港口。1973 年 9 月，天津新港成功开辟了我国第一条国际集装箱航线。1980 年，天津新港建成中国第一个集装箱码头。2018 年，天津新港实现货物吞吐量突破 4.46 亿吨、集装箱吞吐量超过 1 600 万 TEU，在中国北方居第一位。

4. 广州港

广州港是广州的深水港，位于珠江三角洲北部，地处我国外向型经济最活跃的珠江三角洲地区中心。港区分为虎门港区、新沙港区、黄埔港区和广州内港港区。广州港国际海运通达 80 多个国家和地区的 300 多个港口，并与国内 100 多个港口通航，是我国华南地区最大的对外贸易口岸，主要从事石油、煤炭、粮食、化肥、钢材、矿石、集装箱等货物装卸（包括码头、锚地过驳）和仓储、货物保税业务以及国内外货物代理和船舶代理；代办中转、代理客运；国内外船舶进出港引航、水路货物和旅客运输、物流服务等。

2018 年，广州港货物吞吐量快速增长，全年达到 6.25 亿吨，位居我国第四、世界第七；集装箱吞吐量 2 322 万 TEU，位居我国第四、世界第五。

5. 青岛港

青岛港港宽水深，冬季不冻，为一天然良港。该港腹地包括山东、河北、山西等，是国家特大型港口，由青岛老港区、黄岛油港区、前湾新港区三大港区组成。港口拥有码头 15 座，泊位 73 个，主要从事集装箱、煤炭、原油、铁矿、粮食等各类进出口货物的装卸服务和国际国内客运服务，与世界上 130 多个国家和地区的 450 多个港口有贸易往来，是太平洋西海岸重要的国际贸易口岸和海上运输枢纽。

2018 年，青岛港货物吞吐量快速增长，全年达到 4.86 亿吨，位居我国第五、世界第八；集装箱吞吐量 1 932 万 TEU，位居我国第六、世界第八。

6. 唐山港

唐山港位于河北省唐山市东南沿海，是我国沿海的地区性重要港口，能源、原材料等大宗物资专业化运输系统的重要组成部分，河北省、北京市、华北及西北部分地区经济发展和对外开放的重要窗口之一，唐山市经济社会发展的重要依托，曹妃甸循环经济示范区、唐山海港经济开发区开发建设的重要基础设施及战略资源。

唐山港毗邻京津冀城市群，曹妃甸距韩国仁川 400 海里，日本长崎 680 海里、神户 935 海里，与矿石出口国澳大利亚、巴西、秘鲁、南非、印度等国海运航线也十分顺畅。

2019 年，唐山港全港完成货物吞吐量 63 710 万吨，同比增长 11.14%，港口货物吞吐量世界排名第三。

7. 大连港

大连港为一四季通航的天然良港，承担我国东北地区外贸进出口的任务，位居西北太平洋的中枢，是转运远东、南亚、北美、欧洲货物最便捷的港口。大连港水域面积 346 平方千米，陆域面积 15 平方千米，保税港面积 6.88 平方千米。大连港拥有集装箱、原油、成品油、散矿、粮食、煤炭、滚装等现代化专业泊位 100 多个，万吨级以上泊位 70 多个，拥有 35 万吨专业矿石码头和 15 万吨转水码头，55 万平方米后方堆场，一次性可堆存矿石 850 万吨，主要从事原油、成品油及液体化工品装、卸、储运服务、客运服务等方面业务。

2018 年大连港货物吞吐量达到 4.67 亿吨，排名全国第八。

8. 深圳港

深圳港位于广东省珠江三角洲南部、珠江入海口伶仃洋东岸，毗邻香港，是华南地区优良的天然港湾。深圳港的直接腹地为深圳、惠阳、东莞和珠江三角洲的部分地区。货物以集装箱为主，兼营化肥、粮食、饲料、糖、钢材、水泥、木材、砂石、石油、煤炭、矿石等。

深圳港作为国家确定的华南地区集装箱枢纽港，广泛服务于珠江三角洲地区、广东省内外其他地区，为这些地方对外开放和发展外向型经济做出了重要贡献。2018 年，深圳港完成集装箱吞吐量 2 573 万 TEU，位居全国第三。

9. 高雄港

高雄港是一座位于中国台湾南部的海港，毗邻高雄市市区，也是中国台湾地区最大的港口，属大型综合性港口，有铁路、高速公路作为货物集运与疏运手段。港口内有 10 万吨级矿砂码头、煤码头、石油码头、天然气码头和集装箱码头，共有泊位 80 多个，岸线长 18 千米，另有系船浮筒 25 组。港口设有百万吨级大型干船坞和两座 25 万吨级单点系泊设施。

高雄港是世界集装箱运输的大港之一。1989 年集装箱吞吐量曾高居世界第四位。2018 年，高雄港集装箱吞吐量 1 045 万 TEU，全球排名第 15。

10. 香港港

香港位于我国华南珠江口东侧，南邻东南亚，东邻太平洋，西通印度洋，是两洋之航运要冲，东西方交通之枢纽，是我国进出口贸易和对外交往的主要通道，远东地区的贸易中心，国际自由贸易港，世界著名金融、贸易、旅游、信息中心之一。

香港原为我国广东省的一部分，后被英国占领，我国已于1997年7月1日恢复对香港行使主权。

香港港有15个港区，分别为香港仔、青山（屯门）、长洲、吉澳、流浮山、西贡、沙头角、深井、银矿湾、赤柱（东）、赤柱（西）、大澳、大埔、塔门和维多利亚。其中维多利亚港区最大，条件最好，其平均超过10米深的港内航道使大型远洋货轮可随时进入码头和装卸区，为世界各地船舶提供了方便而又安全的停泊地。与此相匹配的是，香港还拥有优良的港口设施和高效的作业流程，港口管理先进。香港的货物装卸作业素以高效见称，货柜船在港内的周转时间平均约为10小时，可容纳上百艘船舶靠泊和进行装卸作业。

香港港不仅拥有集装箱码头，而且拥有石油、煤炭、水泥等专用码头，其港口费率在世界上属于最低的。2004年之前，香港连续几年位居世界集装箱吞吐量第一。

香港港是内地出口货物的最大转口港，内地在香港转口货物占香港转口货物总值的30%以上。

（三）海峡两岸客货直接通航开放85港

2008年海运直航为海峡两岸的“大三通”打了头阵。根据《海峡两岸海运协议》，双方同意两岸资本并在两岸登记的船舶，经许可从事两岸间客货直接运输，大陆方面开放包括48个海港、15个河港在内的63个港口（含港区），台湾方面开放6个本岛港口和5个“小三通”港口。从2009年开始，两岸分别又追加了潍坊港、安庆港、铜陵港、石岛港、莱州港、台州港大麦屿港区、宁波—舟山港沈家门港区、烟台港蓬莱港区、深圳港大铲湾港区、台湾苏澳港及花莲和平港等11个港口（港区）开放两岸直航。

从港口分布来看，大陆方面的港口从南到北，遍及大陆沿海和重要河流，台湾方面开放的港口也涵盖了其目前主要通商港口。双方相互开放的港口完全能够满足当前和未来一个时期两岸经贸交流的需要，并将视情况增加开放港口。

海峡两岸海运直航港口（港区）为：

大陆：丹东、大连、营口、唐山、锦州、秦皇岛、天津、黄骅、威海、烟台、龙口、岚山、日照、青岛、连云港、大丰、上海、宁波、舟山、台州、嘉兴、温州、福州、松下、宁德、泉州、肖厝、秀屿、漳州、厦门、汕头、潮州、惠州、蛇口、盐田、赤湾、妈湾、虎门、广州、珠海、茂名、湛江、北海、防城、钦州、海口、三亚、洋浦、太仓、南通、张家港、江阴、扬州、常熟、常州、泰州、镇江、南京、芜湖、马鞍山、九江、武汉、城陵矶、潍坊港、安庆港、铜陵港、石岛港、莱州港、台州港大麦屿港区、宁波—舟山港沈家门港区、烟台港蓬莱港区、深圳港大铲湾港区。

台湾：基隆（含台北）、高雄（含安平）、台中、花莲、麦寮、布袋、金门料罗、水头、马祖福澳、白沙、澎湖马公、苏澳、花莲和平。

2008年起航当天，两岸有20艘船舶同时首航。大陆有包括天津、上海、太仓、福州、厦门、泉州6个港口启动15艘船舶分别直航到达高雄、基隆、台北和澎湖。台湾则有5艘船舶分别从高雄、基隆和台中直航到达天津、上海、太仓和厦门。

三、海运航线

(一) 航线的概念和分类

航线是船舶运输路线的简称，是决定航线分布的最基本因素，是货物的流向和流量。世界海运航线像蛛网般纵横于各大洋。从不同角度出发，海运航线有不同的分类方法。

1. 按船舶营运方式分

(1) 定期航线。是指用固定的船舶，按固定的船期和港口航行，并以相对固定的运价，经营客、货运输业务的航线。又称班轮航线，主要装运件为杂货物。

(2) 不定期航线。是临时根据货运的需要而选择的航线。船舶、船期、挂靠港口均不固定，是经营大宗、低价货物运输业的主航线。

2. 按航程的远近分

(1) 远洋航线。是指船舶航行跨越大洋的运输航线。

(2) 近洋航线。是本国各港口至邻近国家港口的海上运输航线的总称。我国习惯于把航行在亚丁港以西地区的亚洲和大洋洲的航线称为近洋航线。

(3) 沿海航线。指本港沿海各港间的海上运输航线。

3. 按航行的范围分

(1) 大西洋航线。

(2) 太平洋航线。

(3) 印度洋航线。

(4) 环球航线。

(二) 世界主要大洋航线

1. 太平洋航线

(1) 远东—北美西海岸航线。

该航线包括从中国、韩国、日本等远东海港到加拿大、美国、墨西哥等北美西海岸港的贸易运输线。从我国的沿海各港出发，偏南的经大隅海峡出东海；偏北的经对马海峡穿日本海后，或经清津海峡进入太平洋，或经宗谷海峡，穿过鄂霍次克海进入北太平洋。

(2) 远东—加勒比、北美东海岸航线。

该航线经夏威夷群岛，过巴拿马运河后到达美国东海岸。从我国北方沿海港口出发的船只，多半经大隅海峡或经琉球奄美大岛出东海。

(3) 远东—南美西海岸航线。

从我国北方沿海各港出发的船只，多经琉球奄美大岛、硫黄列岛、威克岛、夏威夷群岛之南的莱恩群岛，穿越赤道进入南太平洋，至南美西海岸各港。

(4) 远东—东南亚航线。

该航线是中、韩、日货船去东南亚各港，以及经马六甲海峡去印度洋、大西洋沿岸各港的主要航线。东海、台湾海峡、巴士海峡、南海是该航线船只的必经之路，航运繁忙。

（5）远东—澳大利亚、新西兰航线。

远东至澳大利亚海岸分两条航线：中国北方沿海港口及韩国、日本到澳大利亚东海岸和新西兰港口的船只，须走琉球久米岛、加罗林群岛的雅浦岛进入所罗门海、珊瑚海；中澳之间的集装箱船在香港加载，或转船后经南海、苏拉威西海、班达海、阿拉弗拉海，后经托雷斯海峡进入珊瑚海。中国、日本去澳大利亚西海岸航线，从菲律宾的民都洛海峡、望加锡海峡以及龙目海峡进入印度洋。

（6）澳大利亚、新西兰—北美东西海岸航线。

由澳大利亚、新西兰至北美海岸多经苏瓦、火奴鲁鲁等太平洋上的重要航站到达。至北美东海岸则到达坐落在波利尼西亚群岛上的最大岛屿——塔希提岛上的帕皮提市，过巴拿马运河而至（帕皮提市是法属波利尼西亚群岛的首都，波利尼西亚群岛位于波利尼西亚南部，由土阿莫土群岛、社会群岛、土布艾群岛、马克萨斯群岛和甘比尔群岛等多个群岛组成，陆地面积约 4 000 平方公里，总人口 20 多万）。

2. 大西洋航线

（1）西北欧—北美东海岸航线。

此航线是西欧、北美两个世界经济最发达地区之间能源、原材料和产品交换的运输线，两岸拥有世界 2/5 的重要港口，运输极为繁忙，船舶大多走偏北大圆航线。该航区冬季风浪大，并有浓雾、冰山，对航行安全有威胁。

（2）西北欧、北美东海岸—加勒比海航线。

西北欧—加勒比海航线，多半出英吉利海峡后横渡北大西洋。它同北美东海岸各港出发的船舶一起，一般都经莫纳、向风海峡进入加勒比海。除去加勒比海沿岸各港外，还可经巴拿马运河到达北美太平洋沿岸港口。

（3）西北欧、北美东海岸—地中海—苏伊士航线。

西北欧、北美东海岸—地中海—苏伊士航线属世界最繁忙的航段，它是北美、西北欧与亚太、海湾地区间贸易往来的捷径。该航线一般途经亚速尔、马德拉群岛上的航站。

（4）西北欧、地中海—南美东海岸航线。

此航线一般都经西非大西洋岛屿—加那利、佛得角群岛上的航站。

（5）西北欧、北美东海岸—好望角—远东航线。

该航线一般是巨型油轮的油运线。佛得角群岛、加那利群岛是过往船只停靠的主要航站。

（6）南美东海岸—好望角—远东航线。

这是一条以石油、矿石为主的运输线。该航线处于西风漂流海域，风浪较大。一般西航偏北行，东航偏南行。

3. 印度洋航线

印度洋航线以石油运输为主，此外有不少是大宗货物的过境运输。

（1）波斯湾—好望角—西欧、北美航线。

该航线主要由超级油轮经营，是世界上最主要的海上石油运输线。

（2）波斯湾—东南亚—日本航线。

该航线经马六甲海峡（20 万载重吨以下的船舶可通行）或龙目、望加锡海峡（20 万载重吨以上的超级油轮可通行）至日本。

（3）波斯湾—苏伊士运河—地中海—西欧、北美航线。

该航线目前可通过载重 30 万吨级的超级油轮。

除了上述三条油轮运线之外，位于印度洋的其他航线还有：远东—东南亚—东非航线；远东—东南亚—地中海—西、北欧航线；远东—东南亚—好望角—西非、南美航线；澳大利亚、新西兰—地中海—西北欧航线；印度洋北部地区—亚太航线；印度洋北部地区—欧洲航线。

4. 世界集装箱海运干线

目前，世界集装箱海运干线主要有：

（1）远东—北美航线；

（2）北美—欧洲、地中海航线；

（3）欧洲、地中海—远东航线；

（4）远东—澳大利亚航线；

（5）澳大利亚、新西兰—北美航线；

（6）欧洲、地中海—西非、南非航线。

围绕上述干线，又分出若干支线，形成运输网络。

（三）我国对外贸易主要海运航线

目前，我国和世界 160 多个国家和地区有着贸易往来关系，中国对外贸易运输（集团）总公司和中国远洋运输（集团）总公司已开辟了我国至世界各地的几十条海上航线。

1. 近洋航线

（1）中国—朝鲜航线。该航线包括朝鲜的南浦、清津等港，韩国仁川、釜山等港。1983 年 4 月，中、朝、日三国达成协议，利用清津港转运中日进出口货物。

（2）中国—日本航线。包括神户、横滨、大阪、名古屋、东京、门司、川崎、四日市等港。日本诸港每年 6—7 月为多雨期，8—10 月为台风季节。

（3）中国—越南航线。包括海防、胡志明市等港。

（4）中国—香港航线。

（5）中国—俄罗斯航线。包括纳霍德卡、东方、符拉迪沃斯托克等港。纳霍德卡、东方港是俄罗斯西伯利亚大陆桥海陆联运线的重要转口港之一。

（6）中国　菲律宾航线。包括马尼拉、宿务等港。

（7）中国—新马航线。该航线是新加坡和马来西亚航线的简称。包括新加坡、巴生、马六甲、槟城等港。

（8）中国—北加里曼丹航线。包括文莱、诗巫、古晋等港。

（9）中国—泰国湾航线。包括曼谷、磅逊等港。

（10）中国—印度尼西亚航线。包括雅加达、泗水、三宝垄等港。

（11）中国—孟加拉湾航线。包括仰光、吉大、加尔各答、马德拉斯等港。

（12）中国—斯里兰卡航线。至科伦坡港。该港每年 5 月中旬至 8 月中旬、12 月至次年 2 月的季风期，雨量多，货物易受潮。

（13）中国—波斯湾航线。该航线包括波斯湾沿岸 8 国的港口以及巴基斯坦、印度西海岸的港口。主要有孟买、卡拉奇、班达阿巴斯、科威特、霍拉姆萨赫尔、麦纳麦、多哈、迪拜、巴士拉等港。

（14）中国—澳大利亚、新西兰航线。包括澳大利亚东南岸的布里斯班、悉尼、墨尔本、阿德莱德等港，西岸的弗里曼特尔港，以及新西兰的奥克兰、惠灵顿港。悉尼港每年1—3月期间常有飓风。

2. 远洋航线

（1）中国—红海航线。该航线包括亚丁港、荷台达、亚喀巴、阿萨布、苏丹、吉达等港。

亚丁港是北美、西欧至远东、澳大利亚、新加坡间船舶往来的中途要站。

吉达港所属国沙特阿拉伯是伊斯兰教国家，每年在开斋节、朝圣节、斋月等节日期间去吉达港的除了油轮、装牲畜的船外，均不作业。因此，装船应避开上述时间，同时，应注意阿拉伯年与公历的不一致性。

（2）中国—东非航线。包括自索马里以南的非洲东岸，以及马达加斯加、毛里求斯各港口，主要有：摩加迪沙、蒙巴萨、桑给巴尔、达累斯萨拉姆、路易港等。毛里求斯的路易港是印度洋上的重要航站、好望角航路的必经之地。

摩加迪沙港每年6—9月的季风季节里，风浪很大，影响装卸作业，交货时应避开这段时间。

（3）中国—西非航线。包括直布罗陀以南的非洲西岸各港口。主要有马塔迪、黑角、拉格斯、塔科腊迪、阿比让、蒙罗维亚、弗里敦、科纳克里、达喀尔、努瓦克肖特、达尔贝达（卡萨布兰卡）等港。塞内加尔的达喀尔港，地处大西洋航线的交通要冲，是西非的主要门户，历来是欧洲至南美洲、南非至北美洲之间来往船舶的重要中转站。

（4）中国—地中海航线。地中海航线可分为地中海南岸航线、地中海北岸航线及黑海航线。

1）地中海南岸航线：包括亚历山大、的黎波里、阿尔及尔等港。

2）地中海北岸航线：该航线主要有巴塞罗那、马赛、热那亚、威尼斯、里耶卡、贝鲁特、拉塔基亚等港。

3）黑海航线：主要港口有康斯坦察、敖德萨以及沿途靠泊的比雷埃夫斯、伊斯坦布尔等港。

（5）中国—西欧航线。西欧航线是我国主要的对外贸易货物运输航线之一，主要港口有伦敦、利物浦、勒阿弗尔、敦刻尔克、鹿特丹、阿姆斯特丹、安特卫普、汉堡、不来梅等港。安特卫普港每年秋末春初之际雨量较多，并伴有强风。伦敦港冬季多雾。

（6）中国—北欧、波罗的海航线。本航线经西欧航线延伸经北海或基尔运河入波罗的海沿岸北欧各国，主要靠泊的港口有：哥本哈根、哥德堡、斯德哥尔摩、赫尔辛基、奥斯陆、卑尔根、格但斯克、格丁尼亚等。

北欧地处高纬，气候比较寒冷，北纬63°24′以北港口每年11月中旬至次年5月底为结冰期，有的港口封冻停航，有的则需依靠破冰船开航，以保持全年开放。

（7）中国—北美航线。北美地区是中国的主要贸易地区之一，下面分北美东、西两岸分别介绍与我国通航的主要港口。

1）北美西海岸航线。

该航线包括温哥华、西雅图、波特兰、旧金山、洛杉矶、火奴鲁鲁。

火奴鲁鲁又名檀香山，位于美国夏威夷州的瓦胡岛上，是太平洋航线上的重要中继站。

2）北美东海岸航线。

本航线包括美国、加拿大的大西洋及墨西哥湾沿岸港口。主要有蒙特利尔、魁北克、多伦多、哈利法克斯、圣约翰、波士顿、纽约、费城、巴尔的摩、诺福克、查尔斯顿、萨凡纳、新奥尔良、休斯敦等港口。

加拿大的蒙特利尔、多伦多、魁北克等圣劳伦斯河沿岸和五大湖沿岸港口因冬季封冻，港口停航，每年1—3月去加拿大东海岸的船只，大多停靠不冻港哈利法克斯和圣约翰。纽约港每年9—11月为暴雨季节，海上多巨浪。新奥尔良港每年6—11月常受暴风雨袭击。

（8）中国—中南美航线。该地区指美国以南的美洲地区。包括墨西哥、中美洲、西印度群岛、南美洲。本航线的港口主要有：马萨特兰、巴尔博亚、克里斯托巴尔、哈瓦那、圣多斯、里约热内卢、蒙得维的亚、布宜诺斯艾利斯、卡亚俄、安托法加斯塔、瓦尔帕莱索等。

目前，我国已有40多条集装箱班轮航线，通往欧洲、美洲、澳大利亚、东南亚、波斯湾、地中海、日本等国家和地区。

第二节 陆运系统

一、国际铁路货物运输线的分布

目前，世界铁路运输总里程保持在115万公里左右。欧洲、美洲各占1/3左右，其他洲之和约占1/3。目前，拥有营业铁路3万公里以上的国家有10个，其中美国25万公里，居世界第一位；中国13.1万公里；俄罗斯8.6万公里；印度6.7万公里；加拿大4.6万公里；德国4.3万公里；巴西3.8万公里；阿根廷3.7万公里；澳大利亚3.3万公里；南非3.1万公里。具有国际贸易运输意义的国际铁路干线主要有：

（一）西伯利亚铁路

该铁路有两条，一条东起俄罗斯远东地区的符拉迪沃斯托克，经伯力、赤塔、伊尔库茨克、新西伯利亚，止于莫斯科，全长9 300多公里。

第二条东起苏维埃港，经共青城等，止于莫斯科。

（二）欧洲铁路网

欧洲铁路网密度居各洲之首，纵横交错，十分发达。既可联系洲内各国，又沟通国际。主要铁路线有：伦敦—巴黎—慕尼黑—维也纳—布达佩斯—贝尔格莱德—索非亚—伊斯坦布尔，与亚洲铁路相连接；伦敦—巴黎—科隆—柏林—华沙—莫斯科，接俄罗斯西伯利亚铁路，可接远东地区；由里斯本—马德里—巴黎—科隆—柏林—华沙—圣彼得堡—赫尔辛基，可达斯堪的纳维亚半岛各国。

（三）北美横贯东西铁路线

加拿大境内有两条：鲁珀特王子港—埃德蒙顿—温尼伯—魁北克；温哥华—卡尔加里—温尼伯—蒙特利尔—圣约翰—哈利法克斯。美国境内有三条：西雅图—斯波坎—圣保罗—芝加哥—底特律；奥克兰—奥格登—奥马哈—芝加哥—匹兹堡—费城—纽约；洛杉矶—图森—帕索—休斯敦—新奥尔良。

（四）西亚—欧洲铁路线

由西亚的巴士拉—巴格达—伊斯坦布尔至保加利亚的首都索非亚之后连上欧洲铁路网。

此外，在印度半岛、东南非、南美洲等也都有较重要的国际铁路线。

二、我国通往邻国及地区的铁路线及国境口岸

我国幅员辽阔，陆上邻国和地区超过 14 个。目前，与我国铁路相连的国家和地区主要有：俄罗斯、朝鲜、蒙古、越南。其中，哈萨克斯坦、吉尔吉斯斯坦、塔吉克斯坦、朝鲜、蒙古、越南，以及东欧的部分国家原来都是国际铁路货物联运组织《国际铁路货物联运协定》的成员。

我国铁路办理国际集装箱运输业务发展迅速，全铁路系统有 40 多个国际集装箱办理站，近 30 条可以办理国际集装箱的专用线。中国外运从 1980 年开始办理中国经蒙古或俄罗斯到伊朗和往返西欧、北欧各国的“大陆桥”集装箱运输业务。

目前，我国主要的国际货物运输铁路干线及国境口岸有：

（1）滨洲线。自哈尔滨起向西北至满洲里，全长 935 公里。该线经满洲里出境后，可接俄罗斯贝加尔国境站，与西伯利亚铁路相连接。

（2）滨绥线。自哈尔滨站起，与俄罗斯远东地区相连接，全长 548 公里。该线终点站是绥芬河东站。目前，该线及车站在全国铁路年进出口货运总量的比重中名列前茅。

（3）集二线。从京包线的集宁站，向西北到二连浩特，全长 364 公里。二连浩特站为该线的终点站。该口岸承担的铁路进出口货运量居全国第二位。

（4）沈丹线。从沈阳到丹东，越过鸭绿江与朝鲜铁路相连，全长 274 公里，是我国对朝鲜进出口货物的主要国境口岸。

（5）长图线。西起吉林长春，东至图们，横过图们江与朝鲜铁路相连，全长 527 公里。

（6）梅集线。自梅河口至集安，全长 245 公里。

（7）湘桂线。从湖南衡阳起，经广西柳州、南宁到达终点站凭祥，全长 1 013 公里。

（8）昆河线。从云南昆明经碧色寨到河口，全长 177 公里。

（9）北疆线。从新疆乌鲁木齐向西到达阿拉山口。

内地对香港地区的铁路货运，由内地各车站装车运至深圳，深圳站是我国广九铁路段的终点站，罗湖桥为深圳通往香港的铁路口岸。

由于中国、俄罗斯、蒙古铁路轨距不同，对外贸易货物均须在上述国境口岸换装或更换轮对后才能运行。

第三节 空运系统

一、国际航空站和航空线的分布

目前，世界航空货运已形成一个全球性的运输网和若干运输枢纽。

（一）世界各大洲主要的航空站

（1）亚洲：北京、上海、东京、香港、马尼拉、曼谷、新加坡、雅加达、仰光、加尔各答、孟买、新德里、卡拉奇、德黑兰、贝鲁特、吉达。

（2）欧洲：伦敦、巴黎、法兰克福、苏黎世、罗马、维也纳、柏林、哥本哈根、华沙、莫斯科、布加勒斯特、雅典、里斯本。

（3）北美洲：纽约、华盛顿、芝加哥、蒙特利尔、亚特兰大、洛杉矶、旧金山、西雅图、温哥华及位于太平洋上的火奴鲁鲁（檀香山）。

（4）非洲：开罗、喀土穆、内罗毕、约翰内斯堡、布拉柴维尔、拉各斯、阿尔及尔、达喀尔。

（5）拉丁美洲：墨西哥城、加拉加斯、里约热内卢、布宜诺斯艾利斯、圣地亚哥、利马。

（6）大洋洲：悉尼、奥克兰、楠迪、帕皮提。

（二）世界上主要的货运机场

法国的戴高乐机场、德国的法兰克福机场、荷兰阿姆斯特丹的希普霍尔机场、英国的希思罗机场、美国的芝加哥机场、日本的成田机场、香港的启德机场等，都是现代化、专业化程度较高的大型国际货运空中枢纽，每年货运量都在数十万吨以上。

（三）世界上最繁忙的航空线

（1）西欧—北美间的北大西洋航空线。该航线主要连接巴黎、伦敦、法兰克福、纽约、芝加哥、蒙特利尔等航空枢纽。

（2）西欧—中东—远东航空线。该航线连接西欧各主要机场至香港、北京、东京等机场，并途经雅典、开罗、德黑兰、卡拉奇、新德里、曼谷、新加坡等重要航空站。

（3）远东—北美间的北太平洋航线。这是北京、香港、东京等机场，经北太平洋上空至北美西海岸的温哥华、西雅图、旧金山、洛杉矶等机场的航空线，并可延伸至北美东海岸的机场。太平洋中部的火奴鲁鲁是该航线的主要中继加油站。

此外，还有北美—南美，西欧—南美，西欧—非洲，西欧—东南亚—澳大利亚、新西兰，远东—澳大利亚、新西兰，北美—澳大利亚、新西兰等重要国际航空线。

二、我国的国际贸易航空货运线和机场

截至2018年底，我国的定期航班航线达到4 206条。其中，国内航线（包括香港、澳门）3 420条，国际航线786条，境内民航定期航班通航机场235个（不含香港、澳门）。形成了以北京、上海、广州机场为中心，以省会、旅游城市机场为枢纽，其他城市机场为

支干（天津、沈阳、大连、哈尔滨、青岛、广州、南宁、昆明和乌鲁木齐等机场都可接办国际航空货运业务），连接国内 230 个城市，联结 60 多个国家 170 多个城市的航空运输网络。

三、世界的时区和区时

由于地球不停地自西向东转，地球上不同经度的地方时间不同，承担外贸货运的船舶、火车、飞机去往世界各地，均会受到时差的困扰。尤其是飞机，时速高达几百或者上千公里，只在很短的时间就已经跨越了若干经度，若不及时调整时差，到达目的地后，会发现自己的时间与当地的时间相差甚远。下面介绍有关世界时区的知识。

（一）时区的划分

由于地球自西向东转，形成太阳每天东升西落的现象，人们按太阳在天空中的位置确定的时间叫做“地方时间”，显然只要经度不同，地方时间就不同，于是地球上就有了无数的“地方时间”。随着社会的发展，国际交往日益频繁，按“地方时间”计时，在交通、通信方面造成了很大的混乱和不便。因此，自 1884 年以来，大多数国家共同商定采用以时区为单位的标准时间。

国际上规定，以经过英国格林尼治天文台原址的本初子午线（即 0°经线）为标准线，分别向东、向西各 7.5°包含的范围为 0 时区，向东依次为东 1 区，东 2 区，……，东 12 区；向西依次为西 1 区，西 2 区，……，西 12 区。东 12 区和西 12 区各占经度 7.5°，它们之间的经线为 180°经线，东西 12 区合为一个时区。这样，全球划分为 24 个时区，每个时区占经度 15°。

（二）理论时区与实际时区

时区常指时区的时间。国际上规定，每个时区内使用相同的时间，即以本时区中央经线的“地方时间”为本区共同的标准时间。不同的时区有不同的时间，相邻时区相差 1 小时，相隔几个时区就相差几个小时。时区越往东，时间越早。

时区是一种理论上的标准时制度，实际上世界各地的时区界限不完全按照经度划分，有的沿着曲折的政治疆界划分，有的因海陆分布而弯曲。此外，许多国家还按照自己的需要来确定本国时间，有的与理论上的时区相差半小时、1 小时、2 小时。如法国、西班牙等国均采用比理论时区快 1 小时的标准时，加拿大的纽芬兰省、澳大利亚部分地区及阿富汗、缅甸、斯里兰卡、伊朗、印度则采用半时区的标准时。我国实际采用的时间也与标准时间不同。我国疆域辽阔，东西跨经度 60 多度，包括理论上的 5 个标准时区（东 5 区到东 9 区）。为了利于社会主义建设和使用方便，从实际需要出发，全国统一采用首都北京所在的东 8 区时间。

（三）日期变更线

地球不停地自转，子夜、黎明、中午、黄昏由东向西依次周而复始地在地球上各地循环出现。地球上新的一天由哪里开始，旧的一天到哪里结束，简称日界线。日界线两侧的时刻相同而日期相差一天。航行在太平洋上的轮船或飞机由东向西越过此线，日期要推后一天（如将星期一改为星期二）；相反，则日期要提前一天（如将星期二改为星期一）。为了照顾同一行政区域内日期的统一，日界线略有曲折。

北京与世界主要航空港之间的时差，见表 2-1。

表 2-1　北京与世界主要航空港时差表

航空港名称	时差数（小时）
亚　洲：香港、马尼拉	0:00
东京	+1:00
新加坡	-0:30
曼谷、雅加达	-1:00
仰光	-1:30
孟买、新德里、加尔各答	-2:30
卡拉奇	-3:00
德黑兰	-4:30
吉达	-5:00
贝鲁特	-6:00
欧　洲：莫斯科	-5:00
布加勒斯特、雅典	-6:00
巴黎、法兰克福、苏黎世、罗马	-7:00
维也纳、柏林、哥本哈根、华沙	-7:00
里斯本	-8:00
伦敦	-8:00
北　美：纽约、蒙特利尔、亚特兰大	-13:00
芝加哥	-14:00
洛杉矶、旧金山、温哥华	-16:00
火奴鲁鲁	-18:00
非　洲：内罗毕	-5:00
开罗、喀土穆、约翰内斯堡	-6:00
布拉柴维尔、拉各斯	-7:00
阿尔及尔、达喀尔	-8:00
拉　美：里约热内卢、布宜诺斯艾利斯	-11:00
加拉加斯、圣地亚哥	-12:00
利马	-13:00
墨西哥城	-14:00
大洋洲：悉尼	+2:00
奥克兰、楠迪	+4:00
帕皮提	-18:00

说明：北京零点时与世界主要航空港相比，“+”表示比北京时间早，“-”表示比北京时间晚。

案　例

一、大洋“水桥”——巴拿马运河

在中南美蔚蓝的大西洋与太平洋之间，有一座“水桥”，宛如一条飘逸的蓝色绸带，把北美洲与南美洲连在一起，这就是闻名遐迩的巴拿马运河。

巴拿马运河是利用特殊地形修建的，属闸式运河，是在巴拿马城西北开挖的一条水平运河，再在靠科隆附近的加通筑一座大坝，拦截河水形成了一个水位高26米、蓄水量达500亿立方米的加通湖。再由加通湖向南北各修三座水闸，使之与开挖的水平运河相连。于是，大船沿着水平运河驶入第一道船闸后，第二道闸门打开，船只便上升到与加通湖水面相等的高度。然后船只在加通湖航行一段距离，又开始以同样的方式下降到水平运河中。就这样大船在60公里的距离内，靠水闸的帮助爬上26米，又下降26米，最后通过巴拿马运河。所以，当地人形象地把巴拿马运河比喻为大洋“水桥”。

巴拿马运河与苏伊士运河相比，既有相同之处，又有不同之处。两条运河都是经人工开凿形成的：巴拿马运河是沟通大西洋和太平洋的长81.3公里的运河，而苏伊士运河则是沟通大西洋和印度洋的长达190公里的运河；巴拿马运河属闸式运河，而苏伊士运河是靠加深扩建的运河；巴拿马运河直到1999年才由巴拿马人民从美国手中夺回，而苏伊士运河早在1956年就被埃及人民收复。

巴拿马运河有“世界桥梁”之美称。它像一把利剑，把一条南北绵延1.5万平方公里的大陆带拦腰截断，从而沟通了大西洋和太平洋。现有60多条国际航线经过这里，在巴拿马注册的商船总吨位达3 000多万吨，居世界第二位。每年平均有14 000艘船通过运河。巴拿马也是国际航运中心之一，20多个国家的航班在巴拿马机场起降。

然而，巴拿马运河也是一条凝结着巴拿马人民苦难和欢乐的运河。

相传在16世纪初，西班牙殖民者巴波亚，在巴拿马东部靠近大西洋的地方攀登一个山头时，从山顶向南方远眺，惊异地发现又一片无垠的大地呈现在眼前。

随着航海事业的发展，1879年一家法国公司开始进行勘探和设计，并于1880年动工开凿运河，但不久美国就迫使这家公司破产，同时又排挤了英、德等国的势力，取得了运河的开凿权并霸占了运河的永久租让权。1914年运河正式通航。美国在此驻有重兵，享有司法权。

巴拿马人民从此为捍卫运河而进行的斗争可谓风起云涌。1977年9月，以托里霍斯将军为首的巴拿马政府签订了新的运河条约，美国许诺1999年将运河和运河的全部主权归还巴拿马。

二、“过赤道仪式”

舰船在大洋上航行，通过赤道的时候，要举行“过赤道仪式”，这在国际航海界由来已久，已逐渐形成惯例。

古时，航行不发达。人们扯篷扬帆过赤道，为了祈求平安，举行“赤道洗礼仪式”。老水手用绳索把年轻水手捆起来，从船的一舷抛下海，再从另一舷拉上来，意思是“赤道龙王”来了，今后航海就没有危险了。

此外，船员还要穿着短裤，光着脊梁，站在甲板上，由“魔鬼医生”拿着碗口大的听诊器，为船员检查身体。还要把船上的通风筒拿下来，船员依次钻进去，这叫“脱胎换骨”。然后，把船员的脸抹上黝黑的烟灰，这叫“改头换面”；随之用海水灌顶浇下，这叫“冲洗灵魂”。

经过以上洗礼，“龙王”宣布在“生死簿”上勾掉了受洗礼者的名字，船员们就可放心大胆地闯大洋了。

现在，舰船穿过赤道已不再搞这种带有迷信色彩的洗礼了，但仍举行各种各样有纪念意义的仪式。

例如，1997年，我国海军112舰访问美洲四国的舰艇编队，过赤道时，当纬度出现“0°0′0″”时，舰船汽笛齐鸣，112舰鸣放了17响礼炮，军乐队奏起国歌。船员在甲板列队，由指挥员发表激励斗志的讲话。接着，大家在甲板上跑一圈，标志着从北半球进入南半球；一些官兵脱去上衣，享受赤道阳光的沐浴。

通过举行“过赤道仪式”，抒发了全体官兵跨越大洋的自豪感，激励了战风斗浪、征服大洋的斗志，活跃了海上生活。总之，“过赤道仪式”是富有意义、令人难以忘怀的仪式。

三、亚丁城得名于亚丁港

也门古城亚丁位于阿拉伯半岛的西南端，扼守红海通向印度洋的门户，素有“欧、亚、非三洲海上交通要冲”之称，是世界著名的港口。

与亚丁相距约160公里的曼德海峡，堪称红海咽喉，自古以来就是连接欧洲、亚洲和非洲的“水上走廊”。曼德海峡中的丕林岛地处海路要道，是也门西部的海防前哨。阿拉伯海西南部的索科特拉岛，把守着印度洋通向红海和东部非洲的海上交通要冲，具有十分重要的战略地位。

据说，亚丁城得名于亚丁港。“亚丁”是阿拉伯语的一个词根，意为“马鞍”，这是因为亚丁湾是由两个死火山熔岩形成的半岛组成的。由于昔日火山爆发，火山熔岩形成了两个酷似马鞍形的火山口，伸进了印度洋，海水平静、温顺地躺在一个近似椭圆形的海湾里。

得天独厚的自然条件使得亚丁湾形成了一个天然良港，加上地理位置十分重要，自古以来它就是世界上重要的港口之一。

古代东西方之间的贸易往来，一般都要经过亚丁，溯红海而上，经埃及到达地中海各国。在火轮取代帆船的时代，亚丁就是一个加煤站。

近代的亚丁港始建于1888年。20世纪以来，随着内燃机逐渐取代蒸汽机，燃料油逐渐取代煤，世界航海事业得到迅速发展，而亚丁处在欧、亚、非航线上，是离波斯湾大油田最近的国际驰名港口，过往船只都在这里停泊。随着港口不断扩大，亚丁城不断获得新的发展。由此可见，亚丁城不仅得名于亚丁港，而且随着亚丁港的发展而发展。

从海上进入亚丁，首先映入人们眼帘的是那些光秃秃的、似乎刚被熊熊烈火烧焦了的嶙峋山岩。最早的亚丁城是现在的亚丁半岛东部的克雷特区。克雷特原意为“火山口”，历史上的亚丁城恰好修建在沙姆桑山的死火山的山口上。亚丁新城位于“老亚丁”西面，靠着深水港湾，随着装卸业务的发展而逐渐建设起来。由于处在火山口附近，因而这座城市又被称为“火山口上的城市”。

亚丁是一座拥有2 000年历史的古老城市，最初这里是一个荒凉的渔村。据阿拉伯历史学家考证，修建在城市附近山头上的古城堡，可追溯到公元11—13世纪，这说明亚丁自古便是一个重要的军事要塞。

四、马尼拉港

马尼拉港位于菲律宾吕宋岛西南沿海巴石河口两岸，濒临马尼拉湾，是菲律宾最大的海港。

马尼拉是菲律宾的首都和全国政治、经济、文化、交通中心。早在16世纪就成为著名的商港，别称“小吕宋”。这里集中了菲律宾半数以上的工业企业，主要工业有：制糖、榨油、碾米、纺织、肥皂、印刷、食品加工、制药、卷烟以及卡车制造和小型钢厂等。此外，这里还集中了菲律宾1/4的高等院校，包括菲律宾大学、圣托马斯大学，以及远东大学等。港口离国际机场仅约8公里。

马尼拉港属热带季风气候，盛行东北风。年平均气温为27摄氏度，最高达32摄氏度，最低为23摄氏度。年雾日有15天。夏、秋多台风。雷雨日有46天。全年平均降雨量约20米。属日潮港，平均潮差为1米。

该港有南港、北港及国际集装箱港3个港区。主要码头泊位有26个，岸线长达2 931米，最大水深11.6米。装卸设备有各种岸吊、龙门吊、浮吊。另有海上泊位、系船浮筒6个。港区库存面积达64万平方米。20世纪90年代，在全世界100个集装箱大港中名列第40位。该港主要出口货物为食糖、椰油、烟叶、酒精、椰干、皮张、菜油、木材及三合板等，进口货物主要有机械、食品、药品、石油、水泥、大米及杂货等。马尼拉的进口货物约占全国进口货物的4/5。

小 结

1. 地球上广阔连续的水体总称为海洋，全球共有四个大洋：太平洋、大西洋、印度洋和北冰洋。

2. 国际海运中的运河和海峡主要有：(1) 苏伊士运河；(2) 巴拿马运河；(3) 马六甲海峡；(4) 英吉利海峡；(5) 霍尔木兹海峡。

3. 世界十大主要港口：(1) 鹿特丹港；(2) 纽约港；(3) 新奥尔良港；(4) 神户港；(5) 安特卫普港；(6) 新加坡港；(7) 马赛港；(8) 横滨港；(9) 汉堡港；(10) 伦敦港。

4. 太平洋的六条主要航线：(1) 远东—北美西海岸航线；(2) 远东—加勒比、北美东海岸航线；(3) 远东—南美西海岸航线；(4) 远东—东南亚航线；(5) 远东—澳大利亚、新西兰航线；(6) 澳大利亚、新西兰—北美东西海岸航线。

5. 大西洋的六条主要航线：(1) 西北欧—北美东海岸航线；(2) 西北欧、北美东海岸—加勒比海航线；(3) 西北欧、北美东海岸—地中海—苏伊士航线；(4) 西北欧、地中海—南美东海岸航线；(5) 西北欧、北美东海岸—好望角—远东航线；(6) 南美东海岸—好望角—远东航线。

6. 印度洋的三条主要航线：(1) 波斯湾—好望角—西欧、北美航线；(2) 波斯湾—东南亚—日本航线；(3) 波斯湾—苏伊士运河—地中海—西欧、北美航线。

7. 世界海运集装箱航线主要有：(1) 远东—北美航线；(2) 北美—欧洲、地中海航线；(3) 欧洲、地中海—远东航线；(4) 远东—澳大利亚航线；(5) 澳大利亚、新西兰—北美航线；(6) 欧洲、地中海—西非、南非航线。

8. 具有国际贸易运输意义的国际铁路干线主要有：(1) 西伯利亚铁路；(2) 欧洲铁路网；(3) 北美横贯东西铁路线：加拿大境内有两条，美国境内有三条；(4) 西亚—欧洲铁路线。

9. 我国主要的国际货物运输铁路干线及国境口岸有：(1) 滨洲线；(2) 滨绥线；

（3）集二线；（4）沈丹线；（5）长图线；（6）梅集线；（7）湘桂线；（8）昆河线；（9）北疆线。

关键术语

海洋	航站	大洋“水桥”	苏伊士运河
马六甲海峡	英吉利海峡	英法海底隧道	鹿特丹港
海上石油运输线	欧洲铁路网		

思考题

1. 当今国际货物运输的主要海、陆、空航线的分布现状如何？

2. 列举世界十大港口的港名、所属国名、所临海域和所在航线。

3. 列举在世界航运上有重要地位的海峡和国际运河，简述其状况。

4. 自北向南简述我国的主要外贸大港的地理位置、自然条件、港口腹地和进出口货运情况。

5. 我国对外贸易的海运航线主要有哪几条？

6. 我国铁路外贸货运口岸有哪几个？

7. 用于国际贸易运输的主要大陆桥有哪几个？并简述欧亚大陆桥的意义。

8. 世界主要的集装箱海运路线和港口有哪些？

9. 我国东北地区现有一批货物需运往德国，走海、陆均可，若按照快速、便捷、安全的要求，应选择什么方式和路线？若从海上运往纽约，应如何走？

第三章 国际航运

学习目标

- 了解市场、国际航运政策、航运交易所等基本概念
- 了解国际航运政策理论和国际航运政策分类
- 理解国际航运政策的目的
- 认识伦敦等世界知名的航运市场
- 能够对我国现行的航运政策做出客观的评价

第一节 国际航运市场

一、市场的概念

市场是商品和劳务交换的领域，也是商品生产顺利进行的必要条件。哪里有社会分工和商品生产，哪里就有市场。市场的容量和社会分工、社会劳动的专业化程度有着密切的联系。随着社会分工和商品生产的发展，市场也逐步发展起来。社会分工的发展和技术的发展一样，是没有止境的，因此，市场也有着充分、广阔发展的可能性。

市场和世界市场的产生与发展，是资本主义的代表性特征。

社会经济的发展经历了三个时期，即地方经济时期、民族经济或国民经济时期、世界经济时期。与此相适应，市场的发展也经历了三个阶段，即地方市场、民族市场和世界市场。在垄断资本主义时期，世界市场还处于萌芽和发展的早期阶段。只是到了帝国主义时期，随着资本主义世界经济体系的形成，统一的世界市场才最终形成。

二、国际航运市场的概念及主要航运市场

（一）国际航运市场的概念

在世界市场的建立和发展过程中，国际航运市场不仅起到了支持和推动作用，而且是世界市场的重要组成部分。国际航运市场同其他类型的世界市场一样，从市场形态、市场格局到市场的运作机制，同样受制于价值规律。所以国际航运市场是指，在不同国家和地区之间，一般航运需求和航运供给之间调整、结合、运作的场所。

世界各大航运中心都有航运交易所，这就是有形的航运市场。其中历史最悠久也最重要的航运市场是波罗的海航运交易市场。波罗的海航运交易市场具有一般贸易市场的所有特点：

（1）为货主、船东、经纪人提供航运交易等经济活动的场所；

（2）船东、货主和经纪人根据在交易所掌握的市场动向进行磋商，并签订运输合同；

（3）交易所公布交易情况，市场参与者得到有关的信息。

随着航运业的发展，航运相关工业（造船工业、修船工业、集装箱工业、机械工业、拆船工业等）和技术（如船舶驾驶、引航、导航、通信等）也得到了相应发展。航运相关工业的发展，一方面，对航运业的规模扩大、服务质量和安全系数的提高起到了保证作用；另一方面，又形成了一个以该工业领域为主体的市场。

为航运提供服务的行业，如船舶代理、报关代理、理货业务、船舶供应、船舶管理等业务也都逐渐成为国际航运市场不可或缺的一部分，促进了国际航运市场规模的扩大，以及现代物流综合服务体系的形成。

与此相关的航运劳务市场（经营船员劳务交易）、航运金融市场（船舶融资）、航运信息咨询市场也逐渐发展，成为国际航运市场体系的有机组成部分。

（二）当今世界主要的航运市场

当代国际航运市场已经从传统的海上运输服务的交易场所，拓展成了不同国家和地区之间的航运业务、航运贸易服务、航运资源供需相结合，集调整和运作等交易活动为一体的现代化的物流网络体系。

在这个现代化的物流网络体系中，航运市场（海运交易市场）是市场的核心。

航运交易市场，是从事租船交易活动的当事人，即需要船舶的承租人和提供船舶运力的船舶所有人进行船舶交易的场所。通常，船舶所有人和货主不必亲自到租船市场上洽谈，而是委托航运市场的租船经纪人去和船舶所有人或货主直接磋商。或者，在市场之外，由经纪人以电报或电传的形式磋商，签订租船合同。

目前世界主要的航运市场有：伦敦、纽约、香港、上海、鹿特丹、奥斯陆、汉堡、东京等。

1. 伦敦航运市场

伦敦是世界上历史最悠久、情报和询价最多的租船市场，居于世界租船市场的中心地位，是当今世界最大的租船市场。

伦敦航运市场中心地位的取得，是多种原因综合的结果。

伦敦地处大西洋海上运输的要冲，在 19 世纪末 20 世纪初，英国作为世界经济的中

心，其航海业也是世界上最发达的。坐落在伦敦，成立于1823年的波罗的海航运交易所，是世界上历史最悠久的唯一一家世界性航运交易所。

英国海上保险业十分发达。波罗的海航运交易所的前身，是一家叫“弗吉尼亚和波罗的海”的咖啡馆，贸易商人和船舶所有者经常在这里聚会，1810年改为现名。1869年苏伊士运河通航后取得了现在的地位。

波罗的海航运交易所的交易，每天上午9：30—10：00进行。等级为会员的经纪人，在交易所底层大厅进行自由洽谈，原则是“言而有信”，即洽谈的内容是合同的依据。双方洽谈时备忘的记载就是真正的口头合同，事后再签订书面合同。

波罗的海航运交易所的交易活动是完全公开的，交易规模是世界最大的，从而交易大厅的商务洽谈内容能反映出世界各地的供求状况，洽谈的结果则能反映世界航运市场的现状。由于世界主要航运媒体都对该交易所的行情进行报道，于是，波罗的海航运交易所的交易状况，就成了国际航运市场的晴雨表。

2. 纽约航运市场

在第二次世界大战之前，纽约航运市场仅仅是一个地方性市场。战后，随着世界经济中心的转移，纽约一跃成为世界重要的航运市场。

纽约航运市场汇集了美国、加拿大、阿根廷的大宗谷物出口商，美国煤炭出口商，以及世界各地的铁矿石出口商。此外，纽约发达的金融保险业，也为航运市场中心地位的确立提供了基础条件。

由于纽约市场和伦敦市场存在时差，在一个市场没来得及成交的订货单，可以转到另一个市场。伦敦收市恰逢纽约开市，由此纽约市场得以进一步确立其国际航运市场的地位。

纽约市场和伦敦市场的不同之处在于，纽约市场没有伦敦那样的专门交易市场。纽约市场的交易活动，几乎都是通过电话或电传的方式进行的。

3. 鹿特丹、奥斯陆、汉堡航运市场

这三个市场都是地方性市场，是主要船舶所有人汇集的地方。其特点是船东把注意力放在第三国货载而不是本国货载上，因此，鹿特丹、奥斯陆、汉堡三个航运市场都与伦敦和纽约航运市场保持着密切的联系。

4. 香港航运市场和东京航运市场

香港航运市场是一个区域性的国际航运市场，以服务东南亚和日本的货主和船东（二船东）为主，与东京航运市场保持着密切的联系。

东京航运市场也是一个地方性市场，是日本船舶所有人和货主汇集的地方。随着日本航运业的发展，东京航运市场已经成为一个影响日本和东南亚的重要市场。

5. 上海航运市场

近代以来，上海成为我国五个通商口岸之一。上海港凭借黄浦江的优良航道而日益壮大。到20世纪30年代前后，上海已成为亚洲重要的港口城市之一。此后一直到改革开放前，上海港都是我国重要的国际贸易口岸，为我国经济发展做出了重要贡献。改革开放后，在上海城市和长江三角洲经济快速发展的推动下，上海港在八九十年代掀起了以建设集装箱码头和老港区改造、外移为重点的高潮，上海港也从黄浦江逐渐向长江迁移。

1996年1月，国务院召开上海国际航运中心建设专题会议，正式决定加快推进以上海为中心、以江浙为两翼的上海国际航运中心建设。这一重大战略决策，使上海港逐步从黄浦江内河走入长江，再走向深海。上海国际航运中心建设启动以来，上海港集装箱吞吐量快速增长，到2006年达到2 171.8万箱，而在1996年这一数字仅为200万箱。经过十年发展，至2016年达到了3 713.3万箱，从2010年到2016年，上海港集装箱吞吐量连续7年世界第一。

上海航运交易所经国务院批准、由交通运输部和上海市人民政府共同组建，于1996年11月28日成立，是我国唯一一家国家级航运交易所，现已成为国际班轮运价备案受理中心、国际航运信息中心、航运运价交易中心、船舶交易信息平台和鉴证中心、航运业资信评估中心和上海口岸航运服务中心。美国联邦海事委员会称赞上海航交所是“世界海运大国市场监管的风向标”，国际权威航运媒体《劳氏日报》也称其为“中国航运信息的源头”。

第二节 国际航运政策概述

一、航运政策的性质和目的

一个国家的航运政策是该国经济政策的重要组成部分。航运政策阐明的是一国对航运业的方略、方针、政策、措施。航运政策的内容包括经济的、法律的以及国家行政措施。

航运业具有国际性，它以国际航运市场为活动场所，与世界经济环境密切相关。所以，航运政策又是由国际经济和国内经济结合产生的，既要反映各国航运业之间的差距，也要反映国家之间经济实力的差距。一国的航运政策会影响到该国船队在国民经济中，特别是在国际航运市场上所处的地位和作用。通常来说，一个国家的航运政策能直接反映出该国对他国船队所采取的立场，因而航运政策一般具有两个方面：对外航运政策，体现该国对他国商船队所持的态度；国内航运政策，体现国家对本国运输业的大政方略。

航运政策多数是作为经济政策出台的，但有时也作为社会政策、政治政策，甚至作为国防安全、军备政策来制定。所以，航运政策的目的具有双重性，既有经济性，也有政治性。前者的职能是保护和促进一国的对外经济贸易活动，改善本国的国际收支平衡；后者的职能是加强国防，保障国家的安全。因此，从经济利益和政治角度考虑，往往是发达国家与发展中国家持有完全不同的航运政策。发展中国家即使制定了与发达国家相似的航运政策，其政策的目的性，以及对他国的影响，与发达国家相比也具有本质性的区别。

国际航运政策同国际贸易政策一样，也存在两大对立的政策取向，即“保护”的性质，或主张服务贸易自由化的“自由”性质。这里的核心问题是，一国航运市场的对外开放度。

一般来说，各国制定航运政策都力图实现下列目的：

（1）通过制定航运政策来指导本国航运业的发展，以求航运业创造丰厚的收入。

（2）为国民提供更多的就业机会。

（3）为本国资本提供更多的增值机会。

（4）借助航运业带动其他行业的发展，实现国家的工业化、后工业化。

（5）保障和促进本国对外经济贸易事业的顺利发展。

（6）借助航运业赚取的外汇，作为无形商品贸易的收入来平衡国际收支。

（7）预防战争冲突或政治性动荡之不测，确保国防安全。

以上这些目的是综合而言的，在不同时期、不同的国际和国内环境下，各国航运政策的主要目的也不同，有的带有经济色彩，有的带有政治或军事色彩。

正是由于航运业的国际性特征，以及航运业在国民经济中的重要地位和作用，同时，还因为航运业是一个资本密集型和技术密集型部门，因此，各国政府均不遗余力地制定各种各样的政策来保护和扶植本国的航运事业。航运业发达的国家为保持既得利益是如此，发展中国家为创建船队、发展航运更是理所当然。不仅沿海国家，不少内陆国家，如瑞士、奥地利、捷克、斯洛伐克和匈牙利等国，也都在大力发展本国的商船队，有的已经具备了相当的规模。

总之，一国的航运政策，无论是“保护”性质的，还是“自由”性质的，其政策的实践必然会造成两个结果：一是直接作用于本国的航运业；二是影响到国外的航运业。例如，对本国航运业予以补贴（补贴政策），提高其竞争力，其结果是缩小了他国航运市场的占有率，或相对削弱了他国船队的国际竞争力。这势必会引起外国的强烈反应，有时甚至会招致对抗性的影响。所以，一国的航运政策，往往间接地影响他国的利益，继而引起外国相应政策的对抗，从而部分或可能全部抵消自己的政策效果，造成“政策的对立”。这种由于“国际性矛盾”引起的航运政策的对立性，需要依靠国际航运政策来协调解决。消除各国间航运政策的对立性，使世界服务贸易市场中的航运市场秩序正常化，这便是国际航运政策的任务。可见，国际航运政策的对抗性矛盾，是制定本国航运政策的动因。

联合国通过的《班轮公会行动守则公约》规定了“4∶4∶2 原则”或“再分配原则”，这是站在发展中国家的立场上，照顾到航运落后的发展中国家利益的规则，是一个调整国际航运市场旧秩序的规则。

在一定程度上，双边协定、多边协定以及国家集团条约（EEC 航运协定）等就是以消除两国间或多国间航运政策的对立为目标，可以作为国际航运政策的一种形态，包括在国际航运政策的范畴内。

二、中国的航运政策

（一）中国航运政策的性质

航运政策指对待本国航运企业、外国航运企业态度的总称。目前世界各国的航运政策按照其开放性程度大致可以划分为保护主义航运政策和自由主义航运政策。

中国的航运政策，基本上应当属于“偏自由化航运政策”这一类。采取自由主义航运政策是由我国的基本国情决定的：我国拥有 18 000 公里的海岸线，12.3 万公里的内河航运线，航运条件得天独厚。中国拥有“世界工厂”的地位，2017 年，我国进出口货物量 42.7 亿吨，通过海运完成的货物量 40 亿吨，占比超过 90%。因此，从理论上讲，采用偏自由化航运政策符合中国的国情。

中国偏自由化航运政策的形成始于 1992 年，这一年签署了《中美航运备忘录》。从 1995 年起，中国开始对航运政策进行改革，改革包括从宏观到微观两个方面的多个层次。经过二十多年的改革实践，在 21 世纪初期，中国的航运政策基本上形成了自身特色：与中国国情相适应，由计划经济向市场经济过渡的具有鲜明中国特色的自由航运政策。在乌拉圭回合时期，中国提出恢复（加入）关税与贸易总协定的漫长谈判期内，中国自觉按照"非歧视原则""最惠国待遇"原则对待外国航运企业，自觉选择了偏自由化的航运政策，以期引进竞争，促进本国航运事业发展。

经过多年改革，目前中国基本上形成了一个由计划经济向市场经济过渡，与中国经济相适应，具有明显中国特色的航运政策，主要体现在造船融资、货载保留（从1998年起，中国在国际航运中的货载保留政策基本取消了，只有与巴西、泰国、孟加拉国、扎伊尔、阿尔及利亚、阿根廷和美国等七国签订的双边海运协定中尚有部分残留的货载分配条款）以及海运补贴上。

(二) 我国航运市场继续扩大开放应注意的问题

目前，中国航运市场的准入水平，已在逐步兑现我们的"入世"承诺。中国的航运政策具有开放、自由的性质。但是，今后，中国航运服务市场的继续扩大开放，既要视中国与各国双边、多边谈判的进展情况而定，又要充分考虑和注意以下几个方面的问题：

1. 加强行业政策指导，转变政府职能，建立高效、有序的管理体制

由于我国长期实行计划管理体制，因此在开放航运服务市场中必然会遇到市场经济条件下诸多管理上的矛盾。改革的目标是：应根据我国航运的实际情况制定行业管理和发展政策。在转变政府职能中，发挥部门的协调管理作用，强化现代科学管理手段。同时应参照国际惯例制定《中国国际货运代理行业管理规定》，依法实施严格的管理，从制度建设上保障我国航运服务贸易的管理机制高效、有序。

2. 加强法律建设，发挥行业协会的作用，维护公平、合理竞争的航运市场秩序

当前我国航运市场秩序混乱，监督不力，主要是有关航运服务及货运代理管理的法规不完善，缺乏明确的行业规范，这种状况有继续发展的趋势。当前，我国货运代理及航运主管部门应借鉴欧盟等经济体制定有关自由提供航运服务、航运公平竞争等法规的经验，加速我国货运代理管理及航运法规的体系建设。今后大量的航运利益和损失的纠纷处理权，将落到诸如船东协会、港口协会等行业组织协会的肩上。

3. 遵照国际规范，建立航运服务贸易运行机制，继续适度开放中国航运市场

建立符合国际规范的中国航运贸易服务运行机制，主要包括：一是借助中国多边体制的框架规范；二是运用国际先进EDI（电子数据交换）技术，加强我国航运服务市场的信息系统建设。

4. 适度调节有关政策，在创造公平竞争环境的基础上，合理保护航运企业

目前我国航运服务贸易面临有关政策调整问题，为国外航运企业创造公平竞争的环境。可参照国外的做法，对航运业实行适当的补贴政策。实施政策调整，是为了合理保护本国航运企业继续开放航运市场的权益，增强市场竞争力，以维护国家利益。

第三节 国际航运政策的类型

现行国际航运政策可以分为自由主义和保护主义两大类型。

一、航运自由主义政策

经济自由主义主张的是贸易自由、投资自由和市场竞争自由，是排除一切抑制经济主体自主性限制的经济主张。

历史上，和自由竞争的商品经济时期相适应，某些海运强国坚持自由选择承运人的原则，曾实施过自由主义政策。当代，和资本垄断时期相适应，这种传统意义上的航运自由主义政策已不复存在。那些提倡航运自由的国家（英国、希腊等）的目的在于，使他国放弃自己的市场保护，按照自由竞争原则发展航运市场。

传统海上强国的海运历史悠久，船队规模庞大，航海经验丰富，可以轻而易举地挤垮承运本国货物的同行对手，因而坚持自由选择承运人的原则。其实，这些国家都是通过采用形形色色的保护政策，对本国的航运业进行保护。考虑到航运业的自由放任会导致诸如贸易货物运输困难、船员失业增加、航运业衰落等不利情况日趋恶化，因而，目前在国际航运市场上，还没有哪一个国家的商船队是在没有本国政府的扶植和资助下经营的。

二、航运保护主义政策

航运保护主义政策是指国家对本国航运业采取优惠扶植的保护措施。国家对本国航运业的干预日趋强化，不仅是因为航运业的巨大经济意义，而且也基于这样一个事实，即没有国家的援助，要发展航运业是较为困难的。发展中国家尤其如此，所以发展中国家的航运保护主义立场，在一定程度上被认为是合理的。

事实上，当今发达国家的航运保护主义政策更为猖獗，表现在保护的范围更广、政策花样更多。以美国为例，美国是一个航运大国，但是，由于其船队的营运成本偏高，不能与欧洲、日本的船队相匹敌，美国船队所承运的本国贸易份额日趋下降，于是，政府采取各种保护主义措施，以维持其本国船队在国际市场的地位，进而排挤他国船队。

发展中国家的保护主义与发达国家的层次截然不同。发展中国家的船队多数处于初建阶段，并且把建设船队作为发展国民经济的一个重要组成部分。在这种情况下，国家对航运政策的扶植至关重要。因此，保护主义政策是发展中国家发展航运业的一个重要措施。

案 例

中国对外贸易运输（集团）总公司

一、集团简介

中国对外贸易运输（集团）总公司成立于1950年，是以海、陆、空国际货运代理业务为主，集海上运输、航空运输、航空快递、铁路运输、国际多式联运、汽车运输、仓储、船舶经营和管理、船舶租赁、船务代理、综合物流于一体的国际化大型现代综合物流企业集团，2009年以前，是国资委直属管理的166家中央企业集团之一。

二、发展历程

1950年，中国对外贸易运输（集团）总公司（以下简称中国外运）成立，是国家对外贸易进出口货物运输的总代理。

1973年，中国外运与日本班轮公司合作，开辟了我国首条集装箱运输试运航线，开创了我国集装箱运输的先河。

1977年，中国外运与铁道部和香港华夏公司合作，首次推出海铁联运服务，实现了铁路运输货物经香港中转，海运至世界各地的铁海联运业务。

1980年，中国外运开辟了经西伯利亚铁路大陆桥通往欧洲、中东等地区的大陆桥运输方式。

从1980年开始，中国外运先后在美国组建了华运公司、华美航务公司；在加拿大组建了中国外运加拿大公司；在香港组建了香港宏光发展有限公司、威林行业有限公司等4家独资子公司。建立的合资公司共有19家，在国外注册的控股公司有8家。

1980年，中国外运率先在我国开办了国际多式联运业务，首次实现了“一票到底”的“门到门”服务。

1980年，中国外运与日本OCS合作，在我国率先引进航空快件业务。1986年，中国外运与国际上著名的跨国公司DHL建立了合资公司，这是我国第一家中外合资的航空快递企业。其后又相继与UPS等国际知名快递企业建立了合资公司，形成了遍布全国的国际空运网络。

1980年，中国外运在我国进行了挂式集装箱的首次试行，在满足货主的个性化需求方面迈出了第一步。

1994年，中国外运开始贯标认证工作，截至2002年底，包括集团总公司在内的90家企业先后获得ISO 9000族质量体系认证。

1996年，中国外运贯彻外经贸部关于加强中国外运集团化管理的决策，将国内各省市子公司的人事管理权上收，实现了人、财、物集中统一管理。

1997年，中国外运开始尝试资本运营，1999年10月中外运空运发展股份有限公司正式成立。

1997年6月19日，中国外运成为大陆首批参与海峡两岸直航的运输企业，并成为海峡两岸航运交流协会的副理事长单位。

1997年，中国外运被批准为国家120家试点企业集团之一，同年底，正式注册成立了中国对外贸易运输（集团）总公司。

1997年12月8日，中国外运重组，进行了集团结构调整、业务整合、资产重组、人员分流等改革工作。

1999年底，制定了《中国外运集团发展战略纲要》，确立了在21世纪初叶外运集团发展的总定位、总目标和总方向。同年被确定为中央直属的180家重要国有企业之一。

2000年12月28日，中外运空运发展股份有限公司A股上市成功，募集资金10亿元人民币。

2001年6月，中国外运与中国奥组委签订了为期四年的合作协议，成为中国奥组委货运代理及物流独家高级赞助商。

2002年11月20日，中国外运将沿海沿江11家省市子公司的主营业务和优良资产剥离出来，和四家专业子公司一起，共同组建成立了中国外运股份有限公司。

2003年2月13日，中国外运股份有限公司在香港成功挂牌上市，融资总额5.03亿美元。

2009 年 3 月，中国对外贸易运输（集团）总公司与中国长江航运（集团）总公司重组成立中国外运长航集团有限公司（简称中国外运长航），总部设在北京。中国外运长航是国务院国有资产监督管理委员会直属管理的重要国有骨干企业之一。中国外运长航是中国物流标准委员会审定的，中国唯一的集团整体 5A 级（中国最高级）综合服务型物流企业。

2015 年 12 月 29 日，中国外运长航整体并入招商局集团，成为其全资子企业。

小　结

1. 市场是商品和劳务交换的领域，也是商品生产顺利进行的必要条件。哪里有社会分工和商品生产，哪里就有市场。市场的容量与社会分工、社会劳动的专业化程度有着密切的联系。随着社会分工和商品生产的发展，市场也逐步发展起来。

2. 国际航运市场，指在不同国家和地区之间，一般航运需求和航运供给之间的调整、结合、运作的场所。当代的国际航运市场已经从传统的海上运输服务的交易场所，拓展成了不同国家和地区之间的航运业务、航运贸易服务、航运资源供需相结合，集调整和运作等交易活动为一体的现代化的物流网络体系。

3. 世界主要的航运市场有：伦敦、纽约、东京、香港、上海、鹿特丹、奥斯陆、汉堡等。

4. 一个国家的航运政策是该国经济政策的重要组成部分。航运政策阐明的是一国对航运业的方略、方针、政策、措施。航运政策的内容包括经济的、法律的以及国家行政措施。

5. 国际航运政策可以分为航运自由主义政策和航运保护主义政策两种类型。前者属经济自由主义范畴，主张的是贸易自由、投资自由和市场竞争自由，是排除一切抑制经济主体自主性限制的经济主张；后者属于贸易保护主义范畴。航运保护主义是指，一国政府对本国在世界航运市场上处于劣势的航运业，通过采取各种优惠扶植的政策措施，或者是通过各种限制措施、同行国际联盟条约等手段，加强对本国航运市场的保护。

关键术语

市场	世界市场	国际航运市场	航运交易所
航运劳务市场	伦敦航运市场	纽约航运市场	香港航运市场
4∶4∶2 原则	航运保护主义	航运自由主义	

思考题

1. 什么是国际航运政策？国际航运政策可以分为哪几类？
2. 制定国际航运政策的目的是什么？
3. 简述世界上四大主要航运市场。
4. 国际航运市场的分类标准是什么？
5. 依据 WTO《服务贸易总协定》，对我国现行的航运政策做一客观评价。

第四章 国际货运代理

学习目标

- 了解国际货运代理行业的由来及其国际组织
- 了解运输代理的种类，以及国际货运代理的地位和作用
- 了解我国国际货运代理的组织机构，掌握我国目前货运代理企业的类型
- 掌握我国国际货运代理企业的业务范围及市场准入资格

国际货运代理是整个外贸运输活动的设计师和组织者，是国际货物运输市场发展到一定阶段，从国际货物运输领域分离出来的一个独立的专门行业。事实上，中国对外贸易运输（集团）总公司自创立以来近 70 年的业务实践，所从事的一切经营活动就是国际货物运输代理。

20 世纪 50 年代以来，随着世界经济一体化快速发展，国际经贸往来日益频繁，国际货运代理行业在世界范围内迅速发展，国际货运代理公司不断壮大，已经成为促进国际经贸发展、繁荣运输经济、满足国际贸易服务需求的一支重要力量，并成为现代第三方物流的主要形式。

第一节 国际货运代理概述

一、国际货物代理行业的由来及其国际组织

国际货物买卖双方必须借助海、陆、空等不同的运输方式和不同的交通工具才能实现货物的流动。货主为了货物安全、运输便捷、节省费用、降低成本，需要广泛收集交通运

输信息，选择最佳承运人和支付最便宜的费用。但是，事实上绝大多数单纯经营国际贸易的货主，由于人力、物力所限，很难做到这一点，而且往往由于对某一环节的疏漏或不谙有关手续的办理而事倍功半，甚至造成经济损失。

公元10世纪，欧洲最早出现作为货运代理前身的关行，随着贸易的发展，逐渐生成一个专门行业。它们熟悉运输业务，了解不同交通工具的载货特点，掌握各条运输线路的动态，通晓有关规章制度，精通办理各种手续，深谙计算各种费用的门道，并与海关、商检、港口、码头、船公司、车站、机场、银行、仓库等部门有着经常不断的联系和业务密切关系，因而具有接受货主委托，代办各种货物国际运输的有利条件，它们往往要比货主亲自办理更为有效和方便。国际货运代理既能为货主提供周到的服务，使货物安全、迅速、廉价、及时地运达目的地，又能为承运人源源不断地揽来大批货载，逐渐成为货主和承运人之间不可缺少的中介，因此，在国际上被人们誉为“国际贸易运输的设计师和组织者”。目前，世界上80%左右的空运货物、70%以上的集装箱运输货物、75%的杂货运输业务，均由国际货运代理人完成。

目前，国际货运代理不仅仅是中介性的服务行业，它已经发展成为一个世界性的行业。它的国际性组织叫“国际货运代理协会联合会”（International Federation of Freight Forwarders Associations），是本行业在世界范围内最具权威性的组织，也是世界贸易运输领域内最大的非政府、非营利性组织，现有130多个国家和地区的3 500多家国际货运代理企业加入。中国对外贸易运输（集团）总公司于1985年加入该联合会。

国际货运代理协会联合会对国际货运代理所下的定义是：“国际货运代理是根据客户的指示，并为客户的利益而揽取货物运输的人，其本身并不是承运人，但可以依这些条件，从事与运输合同有关的活动，如仓储、报关、验收、收款等事项。”

二、国际货运代理种类、地位和作用

（一）运输代理的种类

根据代理业务的性质和范围的不同，运输代理可分为四种：

1. 租船代理

租船代理又称租船经纪人，是以船舶为商业活动对象而进行船舶租赁业务的人，它的主要业务是在市场上，以中间人的身份，使船舶双方达成租赁交易，从中赚取佣金。即为租舶人寻找合适的运输船舶或为船主寻找合适的对象。因此根据它所代理的委托身份不同，又分为两种：

（1）船东代理人，为船东寻找运输对象。

（2）租船代理人，为货主寻找合适的运输船舶。

租船代理佣金按惯例是由运输费或租金收入方支付，也就是由船东支付，代理佣金一般为租金的1%～2.5%，在租船租约中明确规定。有的租船代理还兼办船舶买卖、船舶代理业务。

中国租船公司是我国对外贸易公司货方的总代理人，是我国最大的货运代理。该公司根据货方的委托，统一通过我国最大的租船代理向国际租船市场洽租所需船位。中国租船公司在世界主要租船市场如伦敦、纽约都有自己的代表或代理关系，在对外租船订舱工作中，中国租船公司是以代理身份出现的。

2. 船务代理

船务代理是指接受承运人的委托，代办与船舶有关的一切业务的人。其业务范围很广，主要包括以下几个方面：

（1）船舶进出港业务，包括拖轮、靠泊、报关、船舶检验、修理、洗舱、熏舱等。

（2）货运业务，包括安排组织货物装卸、检验、储存、转运、订舱等。

（3）供应工作，代办船用燃料、淡水、物料、食品供应等。

（4）其他服务性业务，包括办理船员登岸、出境手续，安排船员医疗、住宿、交通、参观等。

船务代理人一般按规定的收费标准向委托人收取船舶和货物的代理费。船舶代理费一般规定按船舶登记净吨计数，如我国外轮代理公司按船舶登记净吨每吨计收船舶代理费人民币 0.2 元，进出各收一次。船舶来港如不装卸货物，进出合并为一次计收。货物代理费一般规定按船舶装卸货物吨数和货物大类计收。

根据委托方式不同，船务代理一般分为两种：

（1）航次代理。是指逐船逐航次代理，每船一次为限。船东在船舶到港前一定时间用书信或电报或 E-mail 提出委托，当代理人复电同意接受代理后，航次代理关系即告成立。在船务代理人按照委托人指示办妥该船在港一切业务并在该船驶离该港时，航次代理关系即告终止。该船在港的费用和代理费均由代理人以航次结算单与委托人一次结清。当船舶去往不是经常挂靠的港口时，船方往往采取航次代理方式进行委托。

（2）长期代理。船方和代理人之间签订有长期（1～5 年或更长时间）的代理协议。班轮公司与某些港口的船务代理人之间多数签订有较长期的代理协议，也有些长期代理不签协议，而是根据长期业务合作关系形成的。如我国港口的船务代理工作主要是由中国外轮代理公司——船务代理负责，凡出入我国港口的本国远洋船和外国籍船舶的港口代理业务，均由中国外轮代理公司设在各港口的分公司代理并按照规定的收费规则收取一切费用。它与大多数外国轮船公司的长期代理关系一般都不签订协议。

多数班轮公司和拥有船舶较多的船东，在船舶经常挂靠的港口，往往采用长期代理的方式。

3. 咨询代理

咨询代理是指专门从事咨询工作，按委托人的需要，提供有关咨询情况、情报、资料、数据和信息服务并收取一定报酬的人。这类代理不仅拥有研究人员和机构，而且与世界各贸易运输研究中心有广泛的联系，所以消息十分灵通，对于设计经营方案，选择合理、经济的运输方式和路线，核算运输成本，调查有关企业的财务信誉等，都可进行委托，提供专项报告和资料情报。

4. 货运代理

货运代理（以下简称货代）是指接受货主的委托，代表货主进行有关货物报关、交接、仓储、调拨、检验、包装、转运、订舱等业务的人，它与货主是委托和被委托的关系。在办理代理业务的过程中，它是以货主的代理人身份对货主负责并按代理的业务项目和提供的劳务向货主收取代理费。

上述各类代理之间的业务往往相互交错，如不少船务代理也兼营货运代理，有些货运代理也兼营船务代理等。

（二）国际货运代理的地位和作用

国际货运代理的工作性质决定了从事这项业务的人必须具有有关国际贸易运输方面广博的专业知识、丰富的实践经验和卓越的办事能力。他们熟悉各种运输方式、运输工具、运输路线、运输手续和各种不同的社会经济制度、法律规定、习惯做法等。

他们具有的这些优势使得他们在国际货物运输中起着任何其他人都无法取代的作用。这些作用大致可归纳为以下几个主要方面：

（1）能够为委托人办理国际货物运输中每一个环节的业务或全程各个环节的业务，手续简单、方便。

（2）能够把小批量的货物集中成为成组货物进行运输。

（3）能够根据委托人托运货物的具体情况，综合考虑运输中的安全、时耗、运价等各种因素，使用最适合的运输工具和运输方式，选择最佳的运输路线和最优的运输方案，把进出口货物安全、迅速、准确、节省、方便地运往目的地。

（4）能够掌握货物的全程运输信息，使用最现代化的通信设备随时向委托人报告货物在运输途中的状况。

（5）能够就运费、包装、单证、结关、领事要求、金融等方面向进出口商提供咨询，并对国外市场以及在国外市场销售的可能性提出建议。

（6）不仅能够组织和协调运输，而且能够创造开发新的运输方式、新的运输路线以及制定新的费率。

第二节　我国国际货运代理

一、我国国际货运代理发展简况

中华人民共和国成立前，我国沿海的一些国际通商港口都设有私营的报关行和运输行，主要从事国际货运代理方面的业务。中华人民共和国成立后，20 世纪 50 年代初期，这些报关行和运输行仍存在，当时的私营进出口公司都与报关行或运输行签订长期或临时的办理报关和国际货运的合同。但自 1956 年我国对私营工商业实行社会主义改造后，私营贸易行均与国营的进出口公司合营，报关行与运输行均并入各地外运公司。从此各口岸的国际货运代理业务统一由中国外运独家经营，中国外轮代理公司代理外籍船公司向中国外运揽货，中国外运根据外贸各专业进出口公司的要求向中国外轮代理公司订舱，或向国际租船市场租船，以完成我国对外贸易的运输任务。

改革开放以来，我国对外贸易额不断增长，货运量不断扩大，运量与运力的矛盾日益突出。1984 年 11 月我国颁布了《国务院关于改革我国国际海洋运输管理工作的通知》，明确指出：中远、外代可向货主直接承揽部分货物，对外也可以根据需要进行小量租船，改变了由中国外运独家经营国际货运代理的局面。1988 年 3 月，国务院又明文规定："船舶运输、港口、装卸、货运代理网点设置要适应运输和方便用户的需要，在加强管理、统一对外的前提下，允许多家经营和互相兼营。”随后，我国经营国际货运代理的企业发展到了100余家，这对开展竞争、方便货主、解决瓶颈问题的确起到了很大的作用。1992年国务院为进一步深化改革又发布了《国务院关于进一步改革国际海洋运输管理工作的通知》，明确了对国际货运代理业实行放开经营的政策，这对我国的国际货运代理业迅速发展、改进服务质量、提高企业管理水平起到了积极的作用。到1992年底，经批准的国际货运代理企业近455家。1995年6月6日，国务院批准了《中华人民共和国国际货物运输代理业管理规定》（以下简称《管理规定》），并由外经贸部于同年6月29日以第五号令发布施行。《管理规定》的颁布实施，标志着我国国际货运代理行业进入了规范化、法制化的轨道，结束了长期无章可循、无法可依的局面，这对于促进国际货运代理市场健康、有序的发展，保障从事进出口贸易的货主和货运代理企业的合法权益，进一步扩大我国对外贸易具有重大意义。

截至2016年底，经商务部备案的国际货运代理企业已经超过1.1万家，国内各省、自治区、直辖市大都成立了国际货运代理协会。

二、中国国际货运代理协会

中国国际货运代理协会（China International Freight Forwarders Association，CIFA）接受商务部的业务指导和民政部的监督管理。2000年9月6日，中国国际货运代理协会在北京正式宣告成立。2000年11月1日，协会经民政部批准登记注册，它是由中国境内的国际货运代理企业自愿组成的非营利性的、以民间形式代表中国货运代理业参与国际经贸运输并开展国际商务往来的全国性行业组织。CIFA拥有会员近700家，其中理事会成员89家，各省市团体会员27家。全国国际货运代理企业在会数量计6 000多家。

同时，中国国际货运代理协会与国际货运代理协会联合会保持着极为密切的关系。中国国际货运代理协会于2001年初被国际货运代理协会联合会接纳为国家级会员，罗开富会长为国际货运代理协会联合会副主席。中国国际货运代理协会不断扩大并加深我国与世界各国同行业组织、企业的交流与合作。中国国际货运代理协会的宗旨是：维护我国国际货运代理行业的利益，保护会员企业的正当权益，促进货运代理行业健康发展，更好地为我国对外经济贸易事业服务。中国国际货运代理协会以行业服务为中心，围绕“沟通政府、服务企业、协调利益、促进发展”的工作方针，在加强行业自律与协调管理、营造平等竞争的市场秩序、推动我国货运代理业同国际接轨、提高我国货运代理业的整体发展水平、促进我国货运代理行业的繁荣发展等方面做出了很大贡献。

三、目前我国货运代理企业的类型

国际货代的业务重点不同，有的专门从事海运货代，有的专门从事陆运货代，有的专门从事国际多式联运，有的侧重集装箱，有的侧重仓储，有的则兼而有之。根据它们的规模、经营特点和企业背景大体可分为以下五种类型：

1. *以外运公司为背景的货代企业*

2012年，中国外运长航集团的营业收入为1 066.78亿元，截至2012年底，资产总额为 1 229.33 亿元，企业员工总数 7 万余人。中国外运长航集团自有车辆 5 700 余辆，仓库堆场占地面积 1 200 余万平方米，铁路专用线 47 条、55 千米，自有码头 90 余个、泊位 300 余个、岸线 75 千米，拥有和控制各类船舶运力达 1 300 余万载重吨。中国外运长航控股三家 A 股上市公司（外运发展、长航油运、长航凤凰），两家香港上市公司（中国外运、中外运航运），下属境内外企业 730 余家，网络范围覆盖了全国 30 个省、自治区、直辖市，以及中国香港地区、中国台湾地区，韩国、日本、加拿大、美国、德国等 50 余个国家和地区，与 400 多家知名的境外运输与物流服务商建立了业务代理和战略合作伙伴关系。它不仅承办海、陆、空多式联运，报关，仓储，中转等货代业务，还经营班轮、船代、航空快件、集装箱租赁、信息咨询等业务，是我国分支机构及控股公司或合资企业遍布国内外各大港口城市的专业化、网络化、规模化程度较高的国际货运代理。其经营特点是：一业为主，多元经营，资产雄厚，不断开拓国内外市场。

2. 以航运公司、航空公司和铁路为背景的货代企业

此类货代中具有代表性的是中远国际货运有限公司、中国外轮代理公司、中海集团控股的中海国际货运有限公司、中国铁路对外报务总公司等。其经营特点是：可凭借运价优势和灵通的运输信息，以方便货主，揽取货源。

3. 以外贸专业公司、工贸公司的报运部门为背景组建的货代企业

如中粮、中土畜、中纺、中艺等系统所属的国际货运有限公司。其经营特点是：在货源、审核信用证、议付结汇、制单等方面有优势，但规模较小，报关功能欠完善，缺乏网络化的经营条件。

4. 以仓储业为背景的货代企业

例如天津渤海石油运输公司、北京华协国际珍品货运服务公司、上海国际展览运输有限公司等。其经营特点是：以其从事仓储的丰富经验，擅长承办特种货物，如展品、珍品、超大、超重和保税货物等方面的代理。

5. 中外合资经营的货代企业

外商投资国际货运代理企业是指境外的投资者以中外合资、中外合作及外商独资形式设立的接受进出口货物收、发货人的委托，以委托人的名义或者以自己的名义，为委托人办理国际货物运输及相关业务并收取服务报酬的外商投资企业。其经营特点是：资本雄厚，管理水平较高，服务质量较好。

四、我国国际货运代理企业的业务范围

根据《中华人民共和国国际货物运输代理业管理规定》《中华人民共和国国际货物运输代理业管理规定实施细则（试行）》的规定，国际货物运输代理企业（以下简称“国际货运代理企业”）可以作为进出口货物收货人、发货人的代理人，也可以作为独立经营人从事国际货运代理业务。

国际货运代理企业作为代理人从事国际货运代理业务，是指国际货运代理企业接受进出口货物收货人、发货人或其代理人的委托，以委托人名义或者以自己的名义办理有关业务，收取代理费或佣金的行为。

国际货运代理企业作为独立经营人从事国际货运代理业务，是指国际货运代理企业接

受进出口货物收货人、发货人或其代理人的委托，签发运输单证、履行运输合同并收取运费以及服务费的行为。

国际货运代理企业可以作为代理人或者独立经营人从事经营活动。其经营范围包括：

(1) 揽货、订舱（含租船、包机、包舱）、托运、仓储、包装；

(2) 货物的监装、监卸、集装箱装拆箱、分拨、中转及相关的短途运输服务；

(3) 报关、报检、报验、保险；

(4) 缮制签发有关单证、交付运费、结算及交付杂费；

(5) 国际展品、私人物品及过境货物运输代理；

(6) 国际多式联运、集运（含集装箱拼箱）；

(7) 国际快递（不含私人信函）；

(8) 咨询及其他国际货运代理业务。

各个国际货运代理企业实际经营的国际货运代理业务范围，应当以商务部及其他相关部门批准、登记、注册的经营范围为准。

五、中国国际货运代理企业的市场准入资格

国际货运代理企业必须依法取得中华人民共和国企业法人资格，其名称、标识应当符合国家有关法律、法规和规章，与业务性质和范围相符合，并能体现行业特点。其中，名称中应当含有“货运代理”、“运输服务”、“集运”或“物流”等相关字样。我国国际货运代理企业的组织形式仍然限于有限责任公司或股份有限公司。至少要有 5 名从事国际货运代理业务 3 年以上的业务人员。国际货运代理企业的注册资本最低限额应当符合下列要求：

(1) 经营海上国际货物运输代理业务的，注册资本最低限额为 500 万元人民币。

(2) 经营航空国际货物运输代理业务的，注册资本最低限额为 300 万元人民币。

(3) 经营陆路国际货物运输代理业务或者国际快递业务的，注册资本最低限额为 200 万元人民币。

经营前款两项以上业务的，注册资本最低限额为其中最高一项的限额。国际货运代理企业每申请设立一个从事货物运输代理业务的分支机构，应当相应增加注册资本 50 万元人民币。

六、中国国际货运代理业的发展趋势

随着经济全球化带来的挑战及入世后我国货运市场的进一步开放，我国国际货运代理业必将重组。在这种大背景下，我国国际货代企业将影响物流业的发展方向。据专家论断，物流将是 21 世纪最有发展前途的行业之一。具体来说，我国国际货代业的发展趋势有以下几点：

（一）经营的规模化

我国货代企业存在着“小、少、散、弱”的缺陷。入世后，随着货代市场的进一步开放，实力强的外资货代进入我国，一大批势单力薄的货代将被淘汰。进行规模化经营是货代行业的必然趋势。

（二）服务的专业化

第三方物流的核心竞争力来自信息优势和专业优势，应该说专业优势实际上是其他优势的综合表现。服务专业能力是指在物流方面具有高水平的运作技能。专业化运作是降低成本、提高物流水平的运作方式。货代的专业化就是要在空运、集装箱运输、租船、快递、仓储分拨、物流配送等业务中选择其中一两项作为主业，在市场开发、战略策划、人才选用、业务管理等方面采用密集型的战略，拓展核心专长，是企业具备竞争力的根本保证。随着市场竞争的加剧和客户需求的提高，货代企业应当完成向第三方物流的角色转换。

（三）系统的网络化

网络化有三层递进的含义：第一层含义是指货代企业首先建立国内外物流服务网络，扩大物流服务的范围、规模，建立全球化服务网络战略，这是企业未来参与竞争的根本保证；第二层含义是指货代企业对物流网点的资源能统一调配，通过网络运作追求规模效益，以形成和实现“一个利润中心，多个成本中心”的组织运作模式，形成真正意义上的网络资源；第三层含义是通过全球商务信息交换网络，比如 Internet、EDI 等信息传输方式，解决货代企业网点间的连接问题，通过电子商务实现内部资源网络化运作。

（四）物流的信息化

在国际货代企业活动中，信息是控制生产和销售系统相结合的物流作业系统的重要组成部分，信息化发展的最高境界是有价值信息有条件地高度共享。企业内部的各个子系统、功能模块之间的有效集成便构成了一个企业的神经中枢。物流信息系统是现代物流系统化提高物流效率必不可少的条件，是国际物流正常运转的基础和保障。

小　结

1. 货运代理，是指接受货主的委托，代表货主开展有关货物报关、交接、仓储、调拨、检验、包装、转运、订舱等业务的人，它与货主是委托和被委托的关系。国际货运代理不仅仅是中介性的服务行业，它已经发展成为一个世界性的行业。它的国际性组织叫作“国际货运代理协会联合会”。

2. 运输代理根据代理业务的性质和范围的不同可分为四种：租船代理、船务代理、咨询代理和货运代理。

3. 1984 年以前，我国的国际货运代理业务由中国外运独家经营；1984 年以后，中远、外代可向货主直接承揽部分货物，对外也可以根据需要进行小量租船。1988 年，国家开始允许多家企业经营和互相兼营国际货运代理业务。

4. 我国目前的货运代理按企业规模、经营特点和企业背景大体可分为以下五种类型：以外运公司为背景的货代企业；以航运公司、航空公司和铁路为背景的货代企业；以外贸专业公司、工贸公司的报运部门为背景组建的货代企业；以仓储业为背景的货代企业；中外合资经营的货代企业。

5. 中国国际货运代理业的发展趋势有：经营的规模化、服务的专业化、系统的网络化、物流的信息化。

关键术语

国际货运代理协会联合会　运输代理　租船代理
船务代理　咨询代理　货运代理
中国国际货运代理协会

思考题

1. 什么是国际货运代理人？其国际组织叫什么？
2. 运输代理的种类有哪些？
3. 国际货运代理的地位和作用是什么？
4. 国际货运代理的业务有哪些？
5. 中国国际货运代理企业的市场准入资格是什么？
6. 中国国际货运代理业的发展趋势是什么？

第五章 国际海上货物运输

学习目标

- 了解海洋运输在国际贸易中的地位
- 掌握我国海运业的发展现状
- 掌握海洋运输的特点
- 掌握现代船舶的分类和船舶规范
- 会计算排水吨、载重吨和容积吨
- 熟悉班轮运输和租船运输的业务操作
- 掌握程租和期租业务
- 会计算班轮运费
- 了解租船合同的主要条款

第一节 海运概述

一、海洋运输的含义

海洋运输是利用货船在国内外港口之间，通过一定的航线和航区进行货物运输的一种方式。

海洋运输是一种历史悠久的国际贸易运输方式。目前，在国际货物运输中，运用最广泛的就是海洋运输。海洋运输之所以占有如此重要的地位，是由国际贸易的特征以及海洋运输的特征决定的。

海洋运输具有运输量大、通过能力强、不受道路和轨道的限制、运费低廉的优点，所以许多国家，特别是沿海国家都乐于采用海洋运输。目前，世界贸易总运量的 2/3 是通过海洋运输进行的，海运运量在我国国际贸易货物运输总量中占80%以上。海洋运输已成为国际贸易中最重要的运输方式。

但是，海洋运输又具有航行速度慢、易受自然条件影响、风险大的缺点，因而对于一些易受气候条件影响，不能经受长途运输的货物以及急需的商品，一般不宜采用这种运输方式。

我国的海岸线长达18 000多公里，沿海拥有许多终年不冻的海港，具有发展海运的有利条件。但是，中华人民共和国成立前我国的远洋航运事业十分落后，沿海和内河的运输也都操纵在外国航商手里。中华人民共和国成立初期，我国的进出口货物主要依靠铁路运输。20世纪60年代初，我国对外贸易货物运输才逐渐转变为以海运为主。一方面，大力开发对外租船业务；另一方面，组建了自己的远洋船队。从20世纪70年代开始，国轮承运的进出口货物的比重逐年上升。截至2018年，全球最大的船主国（船舶数量方面）为中国，拥有6 125艘1 000总吨及以上的商船，其中本国船籍商船数为3 987艘，外国或国际船籍船舶数为2 138艘，中国船籍多从事国内贸易。运力方面，我国1 000总吨及以上海运船舶达到20 630.11万载重吨，其中本国船籍运力为9 093.04万载重吨，外国或国际船籍运力为11 537.07万载重吨，总运力位居世界第三。

我国对外贸易海运定期和不定期航线已发展到22条，其中，近洋14条，远洋8条。截至2017年底，我国港口货物和集装箱吞吐量已连续10多年保持世界第一。目前，全球排名前十的港口中有7个位于我国。水路国际运输航线和集装箱班轮航线往来100多个国家和地区的1 000多个港口。

自20世纪70年代开始，我国商船队的发展进入了快车道。据英国劳合社统计资料记载，我国（不包括台湾地区）商船在世界商船的名次已从20世纪70年代的第25位上升到2018年的第2位，拥有干散货船、液化天然气（LNG）船、集装箱船、滚装船、油轮等各类船舶7 744艘，1.7亿总吨，集装箱船数量位居世界第一。

集装箱运输是现代运输业一项重大的技术革命，无论是在全球还是在我国都得到了迅速发展。我国自1973年9月开始在天津、上海和日本神户、横滨之间开展集装箱运输之后，青岛、黄埔、大连、张家港等港口也相继开办了集装箱货物运输。1978年9月，我国在上海和澳大利亚港口之间建立了一条自营的集装箱班轮航线。到目前为止，已初步形成了以我国港口为中心的通往世界各主要港口的集装箱运输网络。

海上运输在我国的对外贸易货运中，正在起着且将要起到更加重要的作用。

二、海洋运输的特点与作用

（一）海洋运输的特点

（1）通过能力大。利用天然航道，不受道路或轨道的限制，如因政治、经济贸易条件变化，可随时改选最有利的航线。

（2）运输量大。世界石油运输中已出现50万吨～70万吨的巨型油轮，最大的散装船已达16万吨～17万吨。

（3）运费低廉。海上货物运价仅相当于铁路运价的1/5，公路运价的1/10，航空运价的1/30。

（4）对货物的适应性强。船舶由于运量大，基本上适合各种货物的运输，其他运载工具无法装运的，轮船一般都可以装运。

（5）速度较慢。商船体积大，水流阻力高，加之其他各种因素的影响，所以速度较慢。

（6）风险较大。易受自然气候影响，航期不易准确，遇险的可能性也较大。全世界每年遇险沉没的船舶在300艘左右。

（二）海洋运输的作用

国际海洋运输虽然存在速度较慢、风险较大的不足，但由于它的通过能力强、运力大、运费低廉以及对货物的适应性强等长处，加之全球特有的地理条件，海洋运输成为国际贸易中最主要的运输方式。

目前，国际贸易总运量的2/3以上，以及我国进出口货物货运总量的80%以上都是利用海洋运输。

此外，海洋运输业实际上也是一个国家的国防后备力量。一旦发生战争，商业船队往往用来运输军需，成为海、陆、空三军之外的“第四军”。正因为国际海洋货物运输占有如此重要的地位，发挥如此重大的作用，各国都很重视发展海运事业，通过立法加以保护，采取各种优惠政策，如从业务上加以扶植和补助，在货载方面给予优惠等等，以促进本国海洋运输业的发展。

三、“一带一路”与我国海运业发展

“一带一路”源于中国，属于世界。“21世纪海上丝绸之路”倡议的提出和实践，为各国海上运输的发展提供了解决方案。

“一带一路”倡议提出以来，我国与“21世纪海上丝绸之路”沿线国家建立起日趋完善的双边联合工作机制，研究推进“一带一路”建设的实施方案和行动路线图。强化多边合作机制作用，发挥上海合作组织、亚太经合组织、中国—海湾合作委员会战略对话、大湄公河次区域经济合作等现有多边合作机制作用。与马来西亚建立了中马港口联盟，与美国、欧盟、日本、东盟等建立了海运合作机制。截至2018年，中国与“一带一路”沿线3个国家新签署了海运协定，双边和区域海运协定总数达38个，覆盖沿线47个国家。目前我国港口已与世界200多个国家、600多个主要港口建立航线联系，海运互联互通指数保持全球第一，海运服务已覆盖“一带一路”所有沿海国家。

此外，我国积极参与海运业全球治理，在国际海事组织（IMO）年会上积极贡献中国智慧和中国方案，主动发出中国声音。我国与IMO签署了《关于通过“21世纪海上丝绸之路”倡议推动IMO文件有效实施的合作意向书》，帮助沿线发展中国家培养海运人才、加强能力建设。

海运企业优化沿线布局也取得良好成绩。招商局集团、中国远洋海运等国内航运公司在“一带一路”沿线国家的航线布局不断扩大。

（一）“强强联合”支撑“一带一路”

2016年2月，在国际航运市场持续低迷的背景下，中国两大航运巨头中国远洋和中国海运选择以重组的方式成立新的中国远洋海运集团（以下简称“中远海运”）。截至2017

年底，中远海运经营船队综合运力 8 635 万载重吨，共 1 123 艘，排名世界第一。除了集团总运力规模世界第一之外，在运力上，中远海运还拥有 3 个“世界第一”，即干散货、油轮和杂货特种船队运力排名世界第一，开始逐渐成为中国“海洋强国”和“一带一路”倡议实施的支撑。

一方面，以完善的航线网络构筑连接五大洲、畅通三大洋的“21 世纪海上丝绸之路”。近年来，中远海运相继开通了远东至欧洲、远东至地中海、远东至黑海、远东至中东、远东至红海等多条班轮航线。截至 2017 年底，中远海运集运在“一带一路”沿线投入约 180 艘船舶、114.8 万 TEU 运力，占集装箱总营运船队规模的 61.8%；涉及“一带一路”沿线的主要航线已有 133 条，每周舱位 13.2 万 TEU，占公司总舱位的 43.6%。

另一方面，中远海运聚焦“一带一路”沿线，先后入股青岛港国际、上港集团，收购了西班牙最大码头运营商 NPH 51%的股份，控股运营西班牙诸港，收购比利时泽布吕赫码头。自 2013 年“一带一路”倡议提出至 2017 年底，中远海运在“一带一路”沿线已完成投资约 170 亿元，其中码头项目股权及配套固定资产投资约 145 亿元。其中，该集团在境外共投资 18 个码头，“一带一路”沿线共投资 15 个码头，包括希腊比雷埃夫斯港、土耳其伊斯坦布尔 Kumport 码头等。

除海运外，中远海运也在加大陆上“丝绸之路”的综合物流业务，在海运基础上加强物流、仓储、配送等延伸业务的发展。“一带一路”倡议提出以来，中远海运加大了对欧亚海铁联运、欧亚国际班列业务的投入，包括先后开通渝深班列、蓉深班列、“连云港—哈萨克斯坦—欧洲”班列、“印度尼西亚—深圳—赣州”海铁联运通道、“西藏号”班列等近 10 条班列，为客户提供全程一揽子解决方案。

（二）沿海港口提升对外门户功能

2015 年，在国务院的授权下，国家发展改革委、外交部和商务部联合发布了《推动共建丝绸之路经济带和 21 世纪海上丝绸之路的愿景与行动》，明确将重点加强上海、天津等 15 个沿海港口建设。

如今，适应“一带一路”建设需要，这 15 个重点港口不断提升对外开放门户，并各自形成了更为清晰的港口定位。如大连港利用自身区位优势，将业务重点放在了东北亚地区；海口港则将重点放在了东南亚国家；而泉州港则定位为“海上丝绸之路的先行区”，依托自身历史底蕴、贸易基础、强大而活跃的民营经济等优势，将港口向外“延伸”。

（三）港口企业“走出去”

在全球经济复苏缓慢、我国经济发展进入新常态、运输需求增速放缓，传统港口经济增长动能减弱、吞吐量增速减缓的形势下，中国港口企业通过参与“一带一路”倡议实现了更为稳定的发展。据统计，中国企业已参与希腊比雷埃夫斯港、斯里兰卡汉班托塔港、巴基斯坦瓜达尔港等 34 个国家 42 个港口的建设经营。

在“走出去”的过程中，中国企业不仅仅建造一个港口，还会投资毗连的自由贸易（特别）经济区和一些其他的发展项目。与中国合作，“一带一路”沿线国家会获得一套完整的发展规划。招商局集团依托海外港口网络，推动“前港、中区、后城”综合开发模式（以下简称“PPC 模式”）在“一带一路”沿线国家落地，即以港口为龙头和切入点，以临港的产业园区为核心和主要载体，通过硬环境与软环境的打造，发展适合东道国资源禀赋的相关产业，然后通过产业发展带动后方的城市建设，推动项目在东道国落地生根、开花结果。PPC模式不仅能很好地融入当地经济发展，而且可以为中国的国际产能合作提供一站式服务平台，通过一揽子的解决方案，帮助众多的中小企业“走出去”。

港口给城市带来了繁荣，并改变一国的经济面貌，有效地支撑着国家经济的持续增长。随着“一带一路”倡议的深入推进，中国港口企业“走出去”迎来了新的发展机遇。同时，中国港口发展的红利，也将惠及“一带一路”沿线更多国家和人民。

第二节　船舶与配载

一、海洋货物运输的船舶分类

海洋货物运输的船舶种类很多，按照用途不同，具体可以分为以下几种：

1. 杂货船

杂货船（general cargo ship）是以箱装、袋装、桶装和捆装件杂货为主要承运对象。此类船都具有装卸设备，经营方式有班轮和不定期船两种。

2. 干散货船

干散货船（bulk cargo ship）以大宗粮谷、矿砂、煤炭、磷酸盐、木材、化肥、砂糖、工业盐、硫黄等为承运对象。这类船一般为单层甲板、尾机型。

3. 木材船

木材船（timber ship）是指专门用于运输木材或原木的船舶。

4. 油轮

油轮（oil tanker）是以散装原油为主要承运对象，此外还可运输鱼油、植物油和其他油类。油轮的吨位在世界商船船队中占很大的比重。

5. 集装箱船

集装箱船（container ship）是以集装箱为承运对象，具有换装方便、装卸率高、周转快、运输质量好、运输成本相对低的优点。这类船在我国航运市场上具有较强的竞争力。

6. 滚装船

滚装船（roll on/roll off ship）是把集装箱或者货物连同带轮子的底盘或装货的托盘作为一个货物单元，用拖车或者叉式装卸车搬运，直接进出货舱。

7. 冷藏船

冷藏船（refrigerated ship）是将肉、鱼或水果等时鲜食品冻结并维持在低温状态下进行运输的船。

8. 车辆运输船

车辆运输船（car ship）又称汽车船，是专门装运各种车辆如载重汽车、卡车和小轿车的船舶。它采取开上开下的装卸工艺，车辆按积载图的安排开到船上指定的位置，可以十分方便地固定和拆离。这种船在日本、欧洲和美国的使用比较普遍。

9. 重大件货物运输船

重大件货物运输船以火车头、成套设备、重大件为主要承载对象。一般船上有负荷

100 吨～500 吨的装卸设备，以及保持船舶的稳定性和紧固性的装置。

10. 载驳船

载驳船（barge carrier）又称子母船，专门用于装载货驳。其特点是技术先进、装卸速度快、母船周转迅速，曾一度在世界上广为流行。

11. 液化天然气船

液化天然气（LNG）船是专门用来装运天然气的船舶，普通容量可达 125 000 立方米。

12. 液化石油气船

液化石油气（LPG）船是专门用来运输石油气的船舶。因石油气是精制产品，船舶容量较液化天然气小，一般为 1 000 立方米～75 000 立方米。

二、船舶的规范

（一）船舶吨位

船舶吨位（ship's tonnage）是船舶大小的计量单位，可以分为重量吨位和容积吨位两种。其中，重量吨位包括排水量吨位和载重吨位，容积吨位包括注册总吨和注册净吨。

1. 排水量吨位

排水量吨位（displacement tonnage）是指船舶在水中所排开水的吨数，也就是船舶自身的重量。排水量吨位又可分为轻排水量、重排水量和实际排水量三种。排水量既可用于军舰大小及舰队的统计，也可以用于计算船舶的载重吨。

计算船舶排水量的公式如下：

$$\text{排水量（长吨）}=\frac{\text{长}\times\text{宽}\times\text{吃水}\times\text{方模系数（立方英尺）}}{\text{35（海水）或 36（淡水）（立方英尺）}}$$

$$\text{排水量（公吨）}=\frac{\text{长}\times\text{宽}\times\text{吃水}\times\text{方模系数（立方米）}}{\text{0.975 6（海水）或 1（淡水）（立方米）}}$$

例：假设一海上船舶长 500 英尺，宽 70 英尺，自甲板至龙骨深为 34 英尺，空船吃水水深为 8 英尺，满载吃水水深为 30 英尺，方模系数为 0.7。那么，

$$\text{空船排水量}=\frac{500\times70\times8\times0.7}{\text{35（海水）}}=\text{5 600（长吨）}$$

$$\text{满载排水量}=\frac{500\times70\times30\times0.7}{35}=\text{21 000（长吨）}$$

为便于计算实际排水量，船上一般都备有载重表。如已知船的吃水深度，从表上即可查出当时的实际排水量和总载重吨。

2. 载重吨位

载重吨位（dead weight tonnage）表示船舶在营运中能够使用的载重能力。载重吨位可分为总载重吨和净载重吨。

总载重吨是指船舶根据载重线标记的规定所能装载的最大限度的重量。它包括船舶所载运的货物，船上所需的燃料、淡水和其他储备物料重量的总和。

总载重吨＝满载排水量－空船排水量

净载重吨是指船舶所能装运货物的最大限度重量，又称载货重吨，即从船舶的总载重量中减去船舶航行期间需要储备的燃料、淡水及其他储备物料的重量所得的差。

船舶载重吨位可用于对货物的统计，作为期租船月租金计算的依据，表示船舶的载运能力，也可以用作新船造价及旧船售价的计算单位。

3. 容积吨位

容积吨位（registered tonnage）是表示船舶容积的单位，又称注册吨，是各海运国家为船舶注册而规定的一种以吨为计算和丈量的单位。以 100 立方英尺或 2.83 立方米为一注册吨。容积吨分为容积总吨和容积净吨两种。

容积总吨（gross registered tonnage，GRT），又称注册总吨，是指船舱内以及甲板上所有关闭的场所的内部空间（或体积）的总和，是以 100 立方英尺或 2.83 立方米为一吨折合所得的商数。容积总吨可用于国家对商船队的统计，表明船舶的大小，用于船舶登记，用于政府确定对航运业的补贴或造舰津贴，用于计算保险费用、造船费用以及船舶的赔偿等等。

容积净吨（net registered tonnage，NRT），又称注册净吨，是指从容积总吨中减去不能直接用作装载客、货部分容积后的余数，也就是船舶可以用来装载货物的容积折合成的吨数。容积净吨主要用于船舶的报关、结关，作为船舶向港口交纳的各种税收和费用的依据，作为船舶通过运河时交纳运河费的依据。

（二）船舶载重线

船舶载重线（ship's load line），就是船舶满载时的最大吃水线。它是绘制在船舷左右两侧船舶中央的标志，是根据航行的海域及季节性变化而确定的。这种制度在国际上得到各国政府的承认，以保障航行的船舶、船上承载的财产和船员的人身安全。

船舶载重线标志又称为普利姆索尔标志（Plimsoll mark），由甲板线、载重线圆盘和载重线标志三部分构成（见图 5－1）。

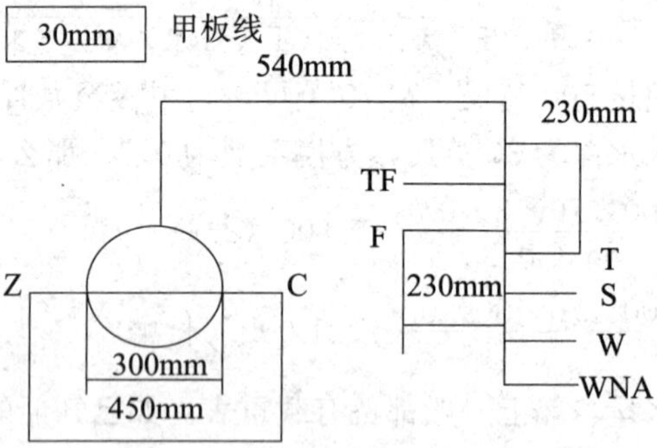

图 5－1　船舶载重线标志

图 5－1 中各条载重线的含义如下：

TF（tropical fresh water）表示热带淡水载重线，即船舶航行于热带地区淡水中最大吃水不得超过此线。

F（fresh water）表示淡水载重线。

T（tropical sea water）表示热带海水载重线。

S（summer sea water）表示夏季海水载重线，它与载重线圆盘上的水平直线处于同一高度。

W（winter sea water）表示冬季海水载重线。

Z—C 表示平均载重线。

WNA（winter North Atlantic）表示冬季北大西洋海水载重线。

在租船业务中，期租船的租金习惯上按船舶夏季载重线对应的夏季载重吨，每 30 天（或每日历月）每载重吨的若干金额来计算。

（三）船籍与船旗

船籍是指船舶的国籍。船籍由船主向本国或外国船舶管理部门办理所有权登记，取得本国或者登记国国籍的证书后获得。

船旗是指商船在航行中，悬挂的其所属国籍的国旗。船旗是船舶国籍的标志。按照国际法的规定，商船是船旗国浮动的领土，无论是在公海还是在他国海域航行，均需要悬挂船籍国的国旗。船舶有义务遵守船籍国法律的规定，并且享受船籍国法律的保护。

方便旗船是指在外国登记、悬挂外国国旗并在国际市场上进行营运的船舶。第二次世界大战后，方便旗船迅速增加，挂方便旗的船舶主要属于一些海运比较发达的国家和地区，如美国、希腊、日本、韩国和中国香港的船东。他们将船舶转移到外国进行登记，以逃避国家重税和军事征用。他们可以自由制定运价而不受政府的管制，自由处理船舶与运用外汇，自由雇用外国船员并支付较低的工资，降低船舶标准以节省修理费用，降低营运成本以增强竞争力等等。而公开允许外国船舶在本国登记的所谓“开放登记”的国家和地区，主要有利比里亚、巴拿马、塞浦路斯、新加坡以及百慕大等。通过这种登记可为“开放登记”的国家和地区增加一定的外汇收入。

（四）船级

船级（ship’s classification）是表示商船技术状况的一种标志，即指商船船壳构造及其机器设备应保持一定的标准而划分的等级。它是商船具有适航性的重要条件和标志。

船舶入级，在国外一般由公认的船级社办理，在我国则由交通运输部船舶检验局进行监造、检验并最后确定。船舶经船级社检验合格、确定等级后，才能颁发船级证书。船级证书有效期一般为四年，届满后须重新鉴定。船舶入级的作用在于：

（1）可以保证船舶的安全航行，防止船舶因技术状态不佳而引起航海事故。

（2）有利于国家对船舶进行技术监督，促进船舶技术管理水平的提高。

（3）便于租船人和托运人择优选择船只，以满足进出口货物运输的需要。

（4）便于保险人确定船、货的保险费率。

国际船级社协会（International Association of Classification Societies，IACS）是 1968 年在奥斯陆举行的主要船级社讨论会上正式成立的。IACS 成立的目标是促进海上安全标准的提高，与有关国际组织和海事组织进行合作，与世界海运业保持密切合作。

目前，国际船级社协会共有美国船舶检验局（ABS）、法国船级社（BV）、挪威船级社（DNV）、韩国船级社（KR）、英国劳氏船级社（LR）、德国劳氏船级社（GR）、日本海事协会（NK）、波兰船舶登记局（PRS）、意大利船级社（RINA）等 11 个正式成员和 2 个准会员。中国船级社于 1988 年加入国际船级社协会。

（五）船舶的主要文件

船舶文件是证明船舶所有权、性能、技术状况和营运必备条件的各种文件的总称。船舶必须通过法律登记和技术鉴定并获得有关正式证书之后，才能营运。国际航行船舶的船舶文件主要有：

（1）船舶国籍证书；

（2）船舶所有权证书；

（3）船舶船级证书；

（4）船舶吨位证书；

（5）船舶载重线证书；

（6）船员名册；

（7）航行日志。

此外，还有轮机日志、卫生日志和无线电日志等。根据我国现行规定，进出口船舶必须向港务管理机关（港监）呈验上述所有文件。

第三节　海运经营方式

国际贸易海洋运输按照船舶经营方式划分，主要可以分为班轮运输和租船运输两大类。

一、班轮运输

班轮运输（liner transport），又称定期船运输，是指船舶在固定的航线上和港口之间，按照事先公布的船期表航行，从事客、货运输业务，并且按照事先公布的费率收取运费的海运方式。

（一）班轮运输的特点

（1）“四固定”，即固定航线、固定港口、固定船期和费率的相对固定。“四固定”有利于货主掌握船期、核算运输费用、组织货源，最终有利于促进进出口贸易的成交。

（2）同一航线上的船型相似，各船舶之间保持一定的航班密度。

（3）运价内已经包括了装卸费用。

（4）承托双方的权利义务，以及责任豁免以签发的提单条款作为依据。

（二）班轮运输的作用

由于班轮运输承运的对象是件杂货，件杂货相对于大宗货物而言，具有批次多、批量小、货价高的特点，因此，班轮运输对港口的装卸作业要求较高。班轮运输的货物数量约占海运货物总量的20%，但价值占海运承载的国际贸易总量的80%左右，其运输的组织技术比较复杂。因此，一个国家有多少定期班轮航线，每月能开出多少班轮航班，是衡量一个国家对外贸易和航运发达程度的重要标志之一。

（三）班轮运价

1. 班轮运价和班轮运价表

班轮运费是承运人为承运货物而收取的报酬，而计算运费的单价（或费率）就称为班轮运价。班轮运价是按照班轮运价表的规定计算的，是垄断性价格。

不同的班轮公司或不同的轮船公司开列有不同的班轮运价表。班轮运价表可以分为等级运价表和单项费率运价表两种。班轮运价表一般包含的内容有：

（1）货物分级表。表中列明各种货物所属的运价和计费标准。

（2）航线等级费率表。表中列明不同等级货物的基本运费率。

（3）附加费率表。表中列明各种附加费按基本运费的一定百分比（相对数）或按每运费吨若干元（绝对数）计收。如货币附加费、直航附加费、燃油附加费等等。

（4）冷藏货费率表以及活牲畜费率表。

（5）说明及有关规定。主要是该运价表的适用范围、计价货币、计价单位以及其他有关规定。

（6）港口规定及条款。主要是将一些国家或地区的港口规定列入运价表。

我国目前使用的运价表主要有：

（1）中国远洋运输（集团）总公司的六号运价表，它属于等级运价表，该表把所有的货物分成 20 个等级，由交通运输部印发。

（2）中国租船公司二号运价表，适用于国外轮船公司或我国租船承运的货物。

（3）华夏公司三、四号运价表，适用于班轮公司承运或运往美国的货物。

另外，如果使用中波轮船公司、日本东方轮船公司、德国瑞克麦斯公司班轮运输或进出口货物，则必须分别使用这些公司自己制定的费率表。

2. 班轮运费的计算标准

（1）按货物的毛重计算，以“W”（weight）表示。如 1 公吨（1 000 公斤）、1 长吨（1 016 公斤）或 1 短吨（907.2 公斤）为一个计算单位，也称重量吨。

（2）按货物尺码或体积计算，以“M”（measurement）表示。如 1 立方米（约合 35.314 7 立方英尺）或 40 立方英尺为一个计算单位，也称尺码吨或容积吨。

（3）按货物毛重或尺码，选择其中收取运费较高者计算运费，以“W/M”表示。

（4）按货物合同的 FOB 价格，收取一定的百分比作为运费，称为从价运费，以“ADVALOREM”或“ad. val.”表示。这是拉丁文，按英文是“按照价值”的意思（即 according to value）。

（5）按货物毛重或尺码或价值，选择其中收费较高者计算运费，用“W/M or ad. val.”表示。也有按货物毛重或尺码选择较高者，再加上从价运费计算，以“W/M plus ad. val.”表示。

（6）按货物的件数计收。如活牲畜和活动物，按“每头”（per head）计收；车辆有时按“每辆”（per unit）计收；起码运费按“每提单”（per B/L）计收。

（7）大宗低值货物，按议价（open rate）计收运费。如粮食、豆类、煤炭、矿砂等。按承托双方临时议定的价格收取运费，比按等级运价计算的运费要低。

（8）起码费率（minimum rate）。是指按每一提单上所列的重量或体积计算的运费。如果未达到运价表中规定的最低运费金额，按最低运费计收。

应当注意的是，如果不同的商品混装在一个包装内（集装箱除外），则全部货物都须按其中收费最高的商品计收运费。同一种货物因包装不同而计费标准不同，但托运时如未申明具体包装形式，全部货物均要按运价高的包装计收运费。同一提单内有两种以上不同计价标准的货物，托运时如未分列货名和数量，计价标准和运价全部要按高者计算。这是在包装和托运时应该注意的。此外，对无商业价值的样品，凡体积不超过 0.2 立方米，重量不超过 50 公斤，可要求船方免费运送。

3. 班轮运费的计算

班轮运费包括基本运费和附加费两部分。基本运费是指班轮航线内基本港之间对每种货物规定的必须收取的运费。附加费是对一些需要特殊出口的货物或由于客观情况的变化使运费大幅度增加，为弥补损失而额外加收的费用。附加费的种类很多，并且随着客观情况的变化而变动，各种附加费是对基本运价的调节和补充，可以比较灵活地对各种外部不测因素的变化做出反应，所以班轮附加费是班轮运价的重要组成部分。以下是几种常见的附加费。

（1）燃油附加费（burner surcharge or bunker adjustment factor，B. A. F）。在燃油价格突然上涨时加收。按每一运费吨加收一绝对款或按基本运价的一定百分比加收。

（2）货币贬值附加费（devaluation surcharge or currency adjustment factor，C. A. F）。在货币贬值时，船方为保持实际收入不减少，按基本运价的一定百分比加收的附加费。

（3）转船附加费（transhipment surcharge）。凡运往基本港的货物，需转船运往目的港时，船方收取的附加费，包括转船费和二程运费。但有的船公司不收此项附加费，而是分别收转船费和二程运费。这种收取一、二程运费加转船费的做法，即通常所称的“三道价”。

（4）直航附加费（direct additional）。当运往基本港的货物达到一定的货量（500 运费吨～1 000 运费吨）时，船公司可安排直航该港而不转船时所加收的附加费。一般直航附加费较转船附加费低。

（5）超重附加费（heavy lift additional）。

（6）超长附加费（long length additional）。

（7）港口附加费（port additional or port surcharge）。有些港口由于设备条件差或装卸率低及其他原因，船公司加收的附加费一般按基本运价的一定百分比收取。

（8）港口拥挤附加费（port congestion surcharge）。有些港口由于拥挤导致船舶停泊时间增加而加收的附加费。这种附加费随港口条件的改善或恶化而变化，一般也按基本运价的一定百分比计收。

（9）选港附加费（optional surcharge）。货物托运时不能确定具体卸港，要求在两个或两个以上港口中选择一港卸货，船方加收的附加费。所选港口限定为该船次规定的转港，并按所选港中收费最高者计收运费及各种附加费。货主必须在船舶到达第一卸港前的规定时间内（一般规定为 24 小时或 48 小时前）通知船方最后选定的卸港。

（10）绕航附加费（deviation surcharge）。苏伊士运河 1967 年因战争关闭，欧亚间往来船舶均需绕道好望角，当时班轮运价规定加收 10%的绕航附加费，1975 年 6 月 5 日运河重新开放时，该附加费取消。由于正常航道受阻不能通行，船舶必须绕道才能将货物运至目的港时，加收附加费。

除以上十种附加费外，还有一些需船货双方临时议定的附加费、洗船费、熏蒸费、破冰费、加温费等。各种附加费是对基本运价的调节、补充。

班轮运费的基本计算公式为：

运费=运输吨（重量或尺码吨）×等级运费率×(1+附加费率)

即： $F = Fb + \sum S$

式中，F 为运费总额；Fb 为基本运费；S 为某一项附加费。

例如，以成本加运费价格向加拿大温哥华出售一批罐头水果汁，重量为 8 公吨，尺码为 10 立方米。求该批货物的总运价。

解：

(1) 先查出水果汁的准确译名为“fruit juice”。

(2) 从有关运价表的“货物分级表”中查找相应的货名，为 8 级，计算标准为 M，即按货物的尺码计算运费。

(3) 再查中国—加拿大航线等级费率表。温哥华位于加拿大西海岸，从该表温哥华一栏内查出 8 级货物相应的基本费率为每吨 219.00 美元。

(4) 另须查附加费率表，得知燃油附加费为 20%。

(5) 已知该货的基本费率和附加费，即可代入公式：

$$F = Fb + \sum S$$

$$\begin{aligned} F &= (219.00 + 219.00 \times 20\%) \times 10 \\ &= (219.00 + 43.80) \times 10 \\ &= 262.80 \times 10 \\ &= 2\,628 \text{（美元）} \end{aligned}$$

又例如，中国某港运往南斯拉夫里斯卡港的货物，需在马赛或热那亚转船，除去一程运费要加收 13%的燃油附加费以外，所加收的转船附加费（基本运价的 50%）还要加上 13%的燃油附加费。如果这批货重 2 公吨，尺码为 4 立方米，M8 级，一程运价为 213.50 港币，求全程运费。

解： 全程运费 $= 4 \times 213.50 \times (1 + 0.13 + 0.5 + 0.5 \times 0.13)$

$= 1\,447.53$（港币）

（四）班轮公会

班轮公会（freight conference），又称航运公会，它是由两家以上在同一航线上经营班轮运输的轮船公司，为维护共同利益，避免相互竞争，通过建立统一的运价和办法制度所组成的国际航运垄断组织。参加的会员可以分为两种：一种是参加班轮公会控制的全部航线的完全会员，另一种是只参加部分航线的副会员。

按照参加的条件划分，可以分为两种：一种是开放型公会，凡轮船公司申请参加均可获准；另一种是关闭型公会，只有具备一定资格和航行实绩的船公司，方可经过讨论通过加入。公会为维持其垄断地位，对非会员船公司进行排挤，使用战斗船，降低运价以揽货，迫使非会员船公司退出航线。对货主则采取延期回扣和双重费率制度。凡与公会签订合同的货主，可享受优惠费率，如下一期仍使用公会船载货，又可获得延期回扣。总之，公会采取这些手段，无非为了控制货载，以获取高额利润。

1974 年联合国《班轮公会行动守则公约》是发展中国家要求变更旧的世界经济体系，建立新的世界经济秩序，在斗争中取得胜利的产物。公约包括 7 个部分和 1 个附件，自 1983 年 10 月 6 日起正式生效。该公约规定了班轮公会的定义，阐述了其宗旨是为了便利世界海洋货运有秩序地扩展，促进班轮服务，保证班轮运输的提供者和使用者之间的利益均衡。其核心条款是 4∶4∶2 原则，也就是货载贸易双方所在国的船运公司可各占 4 成，其余 2 成可由第三国船运公司承运。班轮公会要提高运价时，至少需要在 5 个月前通知托运人或其组织。如托运人认为提价理由不充分，可由公会申诉。两次提价的时间间隔不得少于 10 个月等。

二、租船运输

租船运输（shipping by chartering），又称不定期船运输，是对外贸易运输中另一种重要的船舶经营方式。租船运输中，船舶没有预定的船期表、航线、港口。船舶按租船人和船东双方签订的租船合同规定的条款行驶。也就是说，根据租船合同，船东将船舶出租给租船人使用，以完成特定的货运任务，并按照商定的运价收取运费，在这一过程中船舶的所有权没有发生转移。

（一）租船运输的特点与作用

1. 租船运输的特点

（1）没有固定航线、装卸港及船期。租船运输的航线和装卸港的安排，根据租船人的需要或按合同而定。灵活是租船运输最大的优点。

（2）没有固定的运价。租船的运价受市场供求关系制约，船舶供大于求，价格低，反之则高。因此租船运价随租船市场行情的变化而经常变化，而班轮运价是按固定的费率，比较稳定。

（3）租船运输中的提单不是一个独立的文件。租船运输中船方出具的提单，一般为只有正面内容的简式提单，并注明“All Terms and Conditions as Per Charter Party, or Freight Payable as Per Charter Party”。这种提单要受租船契约约束，银行不愿意接受这类提单，除非信用证另有规定。而班轮提单则是承托双方的合同凭证，是一个完整的法律文件。

（4）租船运输中的船舶港口使用费、装卸费以及船期延误都按租船合同规定划分和计算，而班轮运输中船舶的一切正常营运支出均由船方负担。

（5）租船主要是用来运输国际贸易中的大宗货物。如工业原料、矿石、石油、硫黄、磷灰石、粮食、饲料及各种工业产品、化肥、水泥等。而班轮运输一般多装运杂货。

2. 租船运输的作用

（1）租船一般都通过租船市场，船东、租船人和船舶经纪人聚集在一起，互通情报，提供船舶和货源，进行租船活动。

（2）租船一般都是整船，国际大宗货物主要是以租船运输方式为主。由于租船运量大，运输成本较低。

（3）租船运价是竞争价格，一般比班轮运价低，有利于低值大宗货物的运输。

（4）只要是船舶能安全出入的港口，租船都可以进行直达运输。

(5) 一方面，一旦贸易增加，船位不足，而造船、买船又赶不上需要时，租船运输就可以起到弥补需要的作用。另一方面，如果舱位有余，为了避免停船损失，还可以租船揽货或转租。

(二) 租船市场

租船通常在租船市场进行。但是由于租船是国际性的业务活动，船东和租船人分布在世界各地，因此，现代租船市场并不一定要有固定的场所，只要是有船集中供租的地方，都可成为租船市场，现在大量的租船业务是通过电信完成的。

在租船市场上，大宗交易常常是通过经纪人进行的。船舶经纪人拥有广泛的业务联系渠道，能向船方提供寻租消息和向租船人提供船源情况，为双方提供适当的洽租对象供选择。若交易成功，经纪人可取得报酬。船舶经纪人除促成船舶租赁业务以外，还代办船舶买卖、船舶代理业务。船舶经纪人的主要作用是为委托人提供最合适、最有利的生意，提供市场行情，向当事人答复委托人的询问，为当事人双方斡旋并解决困难。

(三) 租船方式

国际上使用较为广泛的租船方式主要有定程租船和定期租船两种。

1. 定程租船

定程租船 (voyage charter)，又称航次租船或程租船，是以航程为基础的租船方式。定程租船是船舶所有人按双方事先议定的运价与条件向租船人提供船舶全部或部分舱位，在指定的港口之间进行一个或多个航次，运输指定货物的租船业务。

在程租船情况下，船舶的营运调度工作仍由船舶所有人负责，包括燃料费、港口费、拖轮费在内的一切营运费都由船舶所有人支付，租船人按合同规定将货物装上船后，即可在卸货港等待提货。

程租船的租赁取决于完成一个或数个航次实际所需的时间。航次结束，租赁合同关系即终止。在此方式下，缩短航次的时间直接关系到船方利益。而租船人关心的只是运费，对船舶装卸速度关心较少。因此，程租合同一般有每天装卸率或装卸总天数和计算延滞、速遣费的规定。

根据船东和租船人约定应该完成的航次数，程租又可以分为以下四种形式：

(1) 单航次程租。指只租一个航次的租船。船舶所有人负责将指定的货物由一个港口运往另一个港口，货物运抵目的港卸货完毕后，合同即告终止。

(2) 来回航次租船。指洽租往返航次的租船。一艘船在完成一个单航次后，紧接着在上一个航次的卸货港（或附近港口）装货，驶返原装货港（或附近港口）卸货，货物卸毕后，合同即告终止。

(3) 连续航次租船。指洽租连续完成几个单航次或几个往返航次的租船。在这种方式下，同一艘船舶在同方向、同航次上，连续完成规定的两个或两个以上的单航次，合同才告结束。

(4) 包运合同，又称大合同。这是一种只确定承运货物的数量及完成期限，不具体规定航次数和船舶艘数的租船方式。

2. 定期租船

定期租船 (time charter)，简称期租船，是船舶所有人把船舶出租给承租人使用一定时期的租船方式。在此期限内，承租人可以利用船舶的运载能力来安排货运。

租期内，船舶的燃料费、港口费用、拖轮费用等营运费用都由租船人负担。船东只负责船舶的维修、保险、配备船员和供给船员的给养，以及支付其他固定费用。期租船的租金在租期内不变。支付方法一般按船舶夏季载重线时的载重吨，每吨每月若干货币单位计算，每 30 天（每日历月）或每半月预付一次。期租船的租期一般为六个月、一年、两年甚至五年不等。期限确定后，双方都不能随意改变。

如果装货港和卸货港的条件较好或航线的航行条件较好，能够确定完成一个航次所需要的时间，那么对于租船人来说，采用期租船更有利。

除了程租、期租以外，在实践中，还有一种租船方式——光船租船（demise or bare boat charter）。光船租船是一种比较特殊的租船方式，也是按一定期限租船，但它与期租的不同之处在于，船东不提供船员，仅将一条船交给租船人使用，由租船人自行配备船员，负责船舶的经营管理和航行等各项事宜。在租赁期间，租船人实际上对船舶拥有支配权和公有权。从承租方式来说，一般货主都不可能采用这种方式，因为它比期租方式更复杂，仅雇用船员一项，就需要一个专门的部门来管理，所以只有具有一定规模的船公司，本身有一套船舶经营管理机构和人员，才有条件采用光船租船的方式。因此，光船租船在当前的国际贸易中很少使用。

三、租船合同

租船合同（charter party）又称租约，是载有租船订约双方权利和义务条款的一种运输合同。租船合同是事先记下准备好的现成格式，在业务双方洽谈时加以增删。现在使用的期租合同格式有数种，程租合同则有数十种之多。使用较为广泛的有标准杂货租船合同，简称金康合同。期租则有定期租船合同，又称巴尔的摩租船合同；纽约物产交易所定期租船合同；中国租船公司的《中国期租 1980》合同等等。

下面简要介绍租船合同的主要条款。

（一）定程租船合同的主要条款

1. 合同当事人

通常船东和租船人双方为合同的当事人，也就是根据合同有权提出索赔或被索赔的对象，或作为起诉方和被诉方的人。由于租船合同常常是由代理人出面签订，因此谁对合同负责，就会出现不同的情况。

如果被授权的代理人为公开身份的委托人订约，并以代理人的身份签署合同，则委托人是契约的当事人，代理人没有责任。

如果被授权的代理人为委托人订约，但没有公开委托人的身份，通常代理人要对合同负责。把自己说成是代理人，而事实上是委托人，则代理人通常要对合同负责。

如果租船合同的一方当事人是二船东，即可得出这样的结论：合同中指定的船舶不为他所有，而是租来的。如果当事人是船东，则指定的船舶必须是属于他的，不可用租用船舶代替。

2. 船舶说明

这是合同的重要条款之一，直接关系到船舶的安全和经营效益。特别是在战争时期，该条款显得更重要。这部分内容包括船名、船舶国籍或船旗、船舶建造年月和船级、船舶吨位、订约时的船舶位置等等。

3. 货物

程租船一般均在合同中订明承运货物的种类、名称、数量、包装、特性等项，租船人不得随意变更。在装运大宗货物时，装货数量一般订有5%～10%的伸缩，由船东选择的条款。如租船人需要从几种货物中选装，可洽订“货物选择权”（option of cargo）条款，如“小麦及/或大豆及/或高粱”，这样租船人就有选装的自由权了。

合同中或规定具体装货数量，或规定有一定的增减幅度。轻泡货则只规定船舶的装载能力而不规定货量，如果租船人没有按约定供足货量，要按比例支付空舱费。因为程租运费按装载货物实际吨数计，如船舶实际装载量少于船东保证数，则运费可按比例减少。

4. 装卸港口

最简单的订法是订明装卸港的数目和港口名称。但是，比较灵活的办法是只订明装卸区域，例如，中国港口，或中国某一港口，或中国北方口岸的两个港口等等，由租船人任选其中1～2个港口。船东通常要求指定的港口必须是安全港口（safe port）或安全泊位（safe berth）。港口安全与否不仅与自然条件有关，而且与社会、政治因素有关，那些有可能遭遇罢工、战争或流行性传染病的港口，一般被认为是不安全港口。所以，在租约上有“就近条款”（near clause）。签订这种条款，就给了船东一定的灵活性。如果船东认为租船人指定的港口不安全，就可以抵达指定港口附近的另一个港口装卸货物。这种做法对租船人不利，所以租船人应当尽量取消这一条款。

5. 受载日和解约日

受载日（laydays）是指按合同的规定，租船人可以接受的船舶最早装货日期。解约日（cancelling date）是指按合同规定，租船人可以接受的船舶最晚装货日期。两者之间的日期称为船舶的受载期。如果船舶发生了脱期，租船人有权选择保留合同或取消合同。如果船舶脱期是由于船东的疏忽或故意，则租船人不仅有权解除条约，并且可以提出损害的赔偿要求。

6. 运费

运费是指船东提供船舶运输服务应得的报酬。程租合同中有的规定运费率，按货物每单位重量或体积的若干金额计算；有的规定整船包价（lumpsum freight）。费率的高低主要取决于租船市场的供求关系，但也与运输距离、货物种类、装卸率、港口使用费、装卸费用划分和佣金的高低等有关。

合同中对运费的计算依据的是装船重量（intaken quantity）还是卸船重量（delivered quantity），运费是预付还是到付，均须订明。特别要注意的是，应付运费时间是指船东收到运费的日期，而不是租船人付出（汇出）的日期。

7. 装卸费用

合同中一般有下列四种划分：

（1）船方负担装卸费用，又称班轮条件（liner terms or gross terms）。

（2）船方不负担装卸费用（free in and out，F. I. O）。采用这一条件还要明确理舱费和平舱费由谁负担。一般都规定由租船人负担，即船方不负担装卸、理舱和平舱费条件

（free in and out stowed，F. I. O. S. T）。

（3）船方负担装货费用，但不负担卸货费用（free out，F. O）。

（4）船方负担卸货费用，但不负担装货费用（free in，F. I）。

上述四个条款仅是划分船方、租船方装卸费用的支付，而不是责任。即使船方不负担装卸费，但对货物的安全运载仍然负有责任。

8. 许可装卸时间

为节省船期，在程租合同中，船东一般规定租船人在一定时间内完成装卸作业的条款，这个规定的时间就是许可装卸时间（lay time）。有的合同则将装货与卸货的许可时间分开规定。至于如何计算，需在合同中明确规定。常见的有下列六种方法：

（1）连续日（running days）。按自然日计算，即时钟连续走过 24 小时算一天。

（2）工作日（working days）。按港口习惯正常工作的日子计算，节假日除外。这种计算法因世界各国港口工作的时间不同，常常容易引发争执而较少采用。

（3）累计 8 小时工作日（working days of 8 hours）。指不管港口习惯正常工作的时间如何规定，都以累计达到 8 小时作为一个工作日计算。

（4）累计 24 小时工作日（working days of 24 hours）。指不管港口习惯正常工作的时间如何规定，都以累计达到 24 小时作为一个工作日计算。

（5）晴天工作日（weather working days）。是工作日又是晴天作业才算。如果遇到刮风下雨不能正常进行装卸作业时，则不予计算。

（6）连续 24 小时晴天工作日（weather working days of 24 consecutive hours）。在昼夜作业的港口，连续工作 24 小时即算一天。如中间有坏天气，设备损坏或工人罢工不能作业时，就要扣除。这种规定比较明确、合理，目前采用较多。

上述工作日的计算，还要订明星期日和节假日除外。但是，如果星期日和节假日仍在进行作业，则有两种不同的规定：一种是“星期日和节假日除外，即使已使用星期日、节假日也不计时间”（Sundays and holidays excepted even if used）；另一种是“星期日和节假日除外，使用才算时间”（Sundays and holidays excepted unless used）。至于星期六午后或节假日前一天午后、星期五午后、星期一或节假日后工作日上午 8 时前是否计算，也应明确规定。

对于许可装卸时间的起始点，合同中也要明确规定。一般是由船长递交“装卸准备就绪通知书”（notice of readiness）后下一个工作日上午 8 时起算，也有的规定递交后 24 小时起算，直到最后一件货物装上或卸下船舶。

9. 滞期费和速遣费

在许可装卸时间内如未能装卸完毕，则自许可装卸时间终止时起至全部货物装卸完毕后的滞期时间，租船人应按合同规定向船东支付滞期费（demurrage）。通常滞期费按船舶滞期时间乘以合同规定的滞期费率计算。

滞期时间等于实际使用的装卸时间与合同规定的装卸时间之差。滞期时间的具体计算主要有两种方法：第一，“滞期时间连续计算”（demurrage runs continuously）或“一旦滞期，始终滞期”（once on demurrage，always on demurrage）。即超过合同规定的装卸时间后的装卸时间，该扣除的星期日、节假日及坏天气因素就不再扣除，而按自然日有一天算一天，均作为滞期的时间计算。第二，“按同样的日期”计算，即滞期时间与装卸时间一样计算，该扣除的时间同样扣除。如果在允许装卸时间届满前，提前完成了货物的装卸工作，则对于节省的时间，船东要付给租船人一定的金额作为奖励，这就是速遣费（despatch）。滞期费和速遣费均按每天若干金额计算，不是一天按比例计算，通常速遣费为滞期费的一半（despatch half demurrage，DHD）。

例如：

装卸时间表

靠泊 12 月 2 日 14：00

货物数量 10 000 公吨

通知发出 12 月 2 日 18：00

规定装货率 2 000 公吨

通知接受 12 月 2 日 18：00

规定速遣率 1 500/3 000 美元

计算时间开始 12 月 4 日 8：00

实际装货时间 3 天 22 小时

装货完毕时间 12 月 9 日 12：00

速遣时间 1 天 2 小时

速遣费 3 000 美元$\times 1\frac{2}{24}=$3 250 美元

除了上述主要条款以外，租船合同中还规定有佣金条款（brokerage/address commission）、签署权条款（lien clause）、共同海损条款（general average）、罢工条款（strike clause）、冰冻条款（ice clause）等等。使用时，可选用合适的规范合同，根据具体需要增删内容。

（二）定期租船合同的主要条款

下面以中国租船公司拟定的租船合同——《中国期租 1980》，以及波罗的海国际海运协会的标准定期租船合同（Uniform Time Charter，BALTIME）的内容为主，介绍期租合同的七个主要条款内容。

1. 船舶说明

期租船租赁时间长，且船舶在租期之内，由承租方经营管理。因此，要认真选择、审查期租合同中的船舶说明各主要项目。

2. 租期

租期的长短主要根据租方的需要来定。在洽租长期租船时，要考虑在这段时间内有无稳定的基本货源。最好不要在高运价时租进，若在租期内情况变化，货源不足，可以及时转租。期租船的租期之所以重要，是因为租船市场的租金波动不仅频繁，而且幅度很大。在租金上涨时，船方总想早些收回船舶，租方的态度则相反。因此关于租期条文的解释常常会引发争执。

租期的订法通常有三种：暗含伸缩性、明确规定伸缩时间和规定没有或暗含没有伸缩。

前面提及的航次期租业务使用的是期租合同的格式，但是租期大多是以完成一个特定的航次为限。

3. 交船

交船，即指船东依据合同，将船舶和船员交给租船人使用，此时是租期和租金开始计算之时。关于交船的地点，订法很多，如：在租方指定的港口交船；船到达租方指定的港口引水站交船；“船过某一位置交船”等等。交船地点选择的关键在于，承租双方都希望将船舶空放的经济损失降到最低。

通常在交船时，船舶应当满足的条件有：装货已准备就绪；货舱已清扫干净，适于装载约定的货物；船上存油量和船上设备、灭火设备、护货板等完备无缺，符合租约规定；船舶文件齐备且有记录；船舶必须适航。

交船时，如船舶不符合租约规定，租方有权拒绝接船，若租方没有提出弃权，则意味着放弃了拒绝接船的权利。

4. 租金

租船人为取得船舶使用权向船东支付的费用叫作租金。习惯上租金按每 30 天，或每日历月、每夏季载重吨计算，也可以按整条船每天若干金额计算，两者之间可以换算。

一般夏季载重吨为 25 000 吨的船，每 30 天每吨的租金为 8 美元，则这条船每天的租金为 $25\,000\times8\div30\approx6\,667$（美元），但租金的高低与船舶所载的货物无关。

租金通常需要预付半个月或一个月。租船人按时按规定的金额支付租金的责任是绝对的。习惯上，应付之日是指租金在该日汇付到合同中船东指定的收款银行的账户上，船东可立即无条件地动用，否则船东有权撤回船舶。在租船市场价格上涨时，租方特别要注意这一点，否则很可能成为船东撤船的借口。

5. 停租与复租

停租，指在租期之内，因约定的原因或因物料不足、机器故障、检验船舶、修理等船方责任事故，造成租方租期损失时，租方有中断支付停止使用船舶期间租金的权利。所有期租合同中都订有这一条款。在引用这一条款时，租方有说明时间损失原因的责任，已付租金可按比例扣除。停租和复租双方必须办理记录手续。《中国期租 1980》中对造成时间损失引用停租条款的情况做了详细的说明。这对于处理停租事件，防止发生纠纷是十分有利的。

6. 还船

租期满时，租船人有义务按照租约规定的地点和条件将船还给船东。还船之时就是租金停付之日。

关于还船地点和时间的订法中，对租方较有利的条款是“船在何时何处备妥，就在何时何处还船”（when where the vessel ready，W. W. R），对船东较有利的条款是“出港引水员下船时作为还船”（dropping outward pilot，D. O. P）。在这个条件下，船东可少付一笔出港费。因为涉及费用问题，所以，这一条款的内容应尽可能订得具体、明确。

还船时，船舶需具备下列条件：

（1）与交船时相同的良好状态和条件，即货舱清洁，船上各部位都处于完好的状态。

（2）船上存油符合租船合同的规定。

7. 转租

转租条款明确了租船人在租期内，有权依据合同将所租来的船舶转租给他人，但是，在转租时，租船人仍有义务履行原租船合同。长期租船的条件下，租船人有时会因货源或经营决策等原因，将租船转租给第三者。在这种情况下，租船人就成了二船东。在洽订转租合同时，要严格根据原租船合同的条款，以保证第三者的行为在受转租合同约束的同时，不违背原租船合同，以防止二船东与真正的船东之间发生不必要的纠纷。转租合同中的航行地区、共同海损理赔条款、仲裁条款都必须和原租船合同中的规定一致。

以上介绍的只是期租合同中的部分常用条款，期租合同条文很多，还有一些条款也是常见的。例如，对货物种类及航行区域的限制，船东的责任及免责条款、首要条款、战争条款等。在具体租船时，要根据货运需要及自身利益，力争制定对我方有利的条款。

四、自有船队运输

除了班轮运输和租船运输外，还存在另一种海运形式，即自有船队运输。自有船队运输在海运市场上所占份额小于班轮运输和租船运输，多为对供应链要求较高、运输线路固定、运输货物专一性强的货主自建船队，以保证货物供应免受外部国际海运环境影响，提高自己货物的市场竞争力。

定期班轮市场具有明显的寡头垄断特征，屈指可数的供应方（班轮公司）控制了运力供应，而需求方（货主）数量多且分散，再加上进入和退出障碍高、品牌效应相对明显等各种因素，导致了市场的自由竞争功能减退。马士基占有全球班轮运力的16%、地中海占14%、达飞占近10%，三巨头占据了全部集装箱船队的近四成运力，所以班轮市场的定价权掌握在船东手里。另外，以工业制成品为主的集装箱货物，发货地和收货地错综复杂且多变。在这种环境下，很少有货主自建船队。

当前，自有船队运输规模较大的领域主要集中在以铁矿石为代表的干散货、石油、液化天然气等，这些领域的共同特点是货主相对集中、市场和运输线路固定、国际海运市场波动对产品竞争力影响较大。例如，2002年以前的铁矿石海运费，曾经长期在10美元/吨以下。但从2003年开始的航运业景气周期导致铁矿石运费暴涨暴跌经常出现。为了控制海运成本、提高巴西矿的竞争力，淡水河谷从2009年开始启动了自建船队的计划，到2019年，淡水河谷已经拥有115艘超大型矿砂船（VLOC），用于从巴西运送铁矿石至亚洲，特别是中国，而淡水河谷在相关航线逐步减少了对现货租船市场的依赖。与之相配合的是，2009年以前，淡水河谷的所有铁矿石出口均以FOB（不包括海运费的离岸价）条款出运；但2009年以来，其出口的铁矿石按CIF（包括海运费的到岸价）条款出运的比例达到了70%，且都由淡水河谷自己的船队承运，其中三分之二出口到中国。矿石生产商自建船队，首先，可以降低海运成本，其次，有利于合理组织生产，将铁矿石出货量和运输衔接起来，在铁矿石需求旺季，矿山往往通过额外租船加大出货量，这时候散货船的租金往往很高。有了自己的船队，矿石生产商在旺季时就可以自己调配，不用受其他船东航期、班次的制约。

除了经济因素外，还有一些其他因素造成的自有船队运输。伊朗国家油轮公司（NITC）是伊朗国家级的货主船队，面对西方制裁，由于英国对海上保险的话语权，只要英国在上游掐断保险，包括中国在内的许多国家油轮因没有保险而不能承运伊朗出口的石油，全靠伊朗国家油轮公司的船舶担负起伊朗石油的出口任务。如果伊朗石油公司没有这支船队，整个伊朗经济将被西方的制裁迅速拖垮。此外，还有一些专业性自有船队，例如振华重工拥有一支全球最大的重大件远洋特种运输船队，有着34艘重型运输船舶，承担着振华港机的出口任务；中交建设集团拥有最多的挖泥船，为了保障这些挖泥船在各作业海区的调动，中交集团组建了自己的半潜式特种运输船队；国电、申能、浙能等电厂为了稳定其电煤供应，都建立了自己的专用运煤船队。这些货主自有船队要么有十分明确的可靠性和稳定性考量，要么有独一无二的专业性用途。

第四节　海运进出口业务

一、进口业务

海运进口业务，指根据贸易合同中的有关运输条件，把向国外的订货加以组织，通过海运方式运进国内的一种业务。

凡以 CIF 或 CFR① 条件签订的进口合同，由国外卖方办理租船订舱工作；以 FOB② 条件签订的进口合同，则由买方办理租船订舱工作，派船前往国外港口接运。由于经营外贸业务的公司或有外贸经营权的企业一般本身不掌握运输工具，运输工作主要依靠国内外有关运输部门，因此这是一项复杂的运输组织工作。外贸部门或其运输代理要根据贸易合同规定，妥善组织、安排运输，使船货相互适应，密切配合，按时、按质、按量完成进口运输任务。海运进口货物运输工作，一般包括以下环节：

（一）租船订舱

按照贸易合同的规定，负责货物运输的一方，要根据货物的性质和数量来决定租船或订舱。大宗货物需要整船装运的，洽租适当的船舶承运；而小批量的杂货，大多向班轮公司订舱。不论是租船还是订舱，均需办理租船或订舱手续。除个别情况外，一般均委托代理来办理。在我国，一般是委托中国对外贸易运输（集团）总公司及其分公司来办理。在办理委托时，委托人需填写《进口租船订舱联系单》（以下简称《联系单》），并提出具体要求。《联系单》的内容一般包括货名、重量、尺码、合同号、包装种类、装卸港口、交货期、买货条款、发货人名称和地址、电传号等项目。如有其他特殊要求事项，也应在《联系单》中注明。填写《联系单》时，应注意以下几点：

（1）货名、重量、尺码、包装、件数要用中英文两种文字填写。对重量一项，应填毛重。长、大件货物要列明其长、宽、高的尺寸。集重货物要列明最大件的重量和件数。

（2）“买货条款”一栏要与贸易合同条款一致。对合同中的装运条件另有规定的，要在《联系单》上详细列明，以便划分责任、风险和费用。

（3）贵重物品要列明其售价。

（4）危险货物要注明危险品性质和《国际海上危险货物运输规则》（International Maritime Dangerous Goods Code，IMDGC）规定的危险货物信息页码及联合国编号。国际危险品规定把危险品分为爆炸品、气体、易燃液体、易燃固体、氧化剂和有机氧化物、

① CIF，即 Cost，Insurance & Freight，指成本、保险费加运费的到岸价格。
CFR，即 Cost and Freight，指成本加运费的到岸价格。

② FOB，即 Free on Board，指离岸价格。

有毒和有感染性的物质、放射性物品、腐蚀性物品和其他危险物品九大类。在填写《联系单》时，还需注明其类别。填写货物品名时，必须用其学名（技术名称），不要使用其俗名。对易燃液体，还必须注明其闪点（flash point）。

（5）《联系单》的内容必须与贸易合同完全一致，如租整船，还需附贸易合同副本。

（二）掌握船舶动态

掌握进口货物船舶动态，对装卸港的工作安排，尤其是对卸货港的卸船工作安排极为重要。船舶动态主要包括船名、船籍、船舶性质、装卸港顺序、预抵港日期、船舶吃水和该船所载货物的名称及数量等方面的信息。船舶动态信息来源可以是各船公司提供的船期表、国外发货人寄来的装船通知、单证资料、发货电报以及有关单位编制的进口船舶动态资料等。

（三）收集和整理单证

进口货物运输单证一般包括商务单证和船务单证两大类。商务单证有贸易合同正本或副本、发票、提单、装箱单、品质证明书和保险单等。船务单证主要有载货清单、货物积载图、租船合同或提单副本。如果是程租船，还应有装卸准备就绪通知书、装货事实记录、装卸货物时间表等，以便计算滞期费和速遣费。

单证多由装货港口的代理和港口轮船代理公司、银行、国外发货人提供。近洋航线的单证也可由进口船舶随船携带。

进口货物的各种单证是港口进行卸货、报关、报验、接交和疏运等项工作不可缺少的资料，因此负责运输的部门收到单证后，应与进口合同核对。若份数不够，要及时复制，分发给有关单位，以便船只到港后，各单位相互配合，共同做好接卸、疏运等工作。

（四）报关

进口货物需向海关报关，填制《进口货物报关单》。报关单的内容主要有船名、贸易国别、货名、标记、件数、重量、金额、经营单位、运杂费和保险费等项。货主凭报关单、发票、品质证明书等单证向海关申报进口。办理报关的进口货物，经海关查验放行，交纳进口关税后，方可提运。

根据《中华人民共和国海关法》第 24 条规定，进口货物的收货人应当自运输工具申报进境之日起 14 日内向海关申报。超过上述规定期限向海关申报的，由海关征收滞报金。

非贸易进口货物的货主，需填制《免领许可证进口物品验放凭证》，连同有关证件，向海关申报查验放行。

凡不在港口查验放行的贸易货物的货主，需填制《国外货物转运准单》，向港口海关申报，经海关同意并监管运至目的地，由目的地海关查验放行。

对国外赠送的样品，需填制《进口非贸易样品申报单》，附发票一份，向海关申报。如果是使领馆物品，则凭使领馆或有关单位证明文件向海关申报。

（五）报验

进口货物按《中华人民共和国进出口商品检验法》的规定，必须向商检部门申请办理检验、鉴定手续，查验进口商品是否符合我国规定或订货合同的有关规定，以保护买方利益。

报验进口货物需填写《进口商品检验申请单》，同时需提供订货合同、发票、提单、装箱单、理货清单、磅码单、质保书、说明书、验收单、到货通知单等资料。

凡列入《商检机构实施检验的进出口商品种类表》(以下简称《种类表》)的进口商品，需接受法定检验。但表内所列商品如属援助物资、礼品、样品及其他非贸易物品，一般可免检。

为了提高进出口通关效率，降低进出口检验费用，1998年国务院将原国家进出口商品检验局、原卫生部卫生检疫局和原农业部动植物检疫局合并组建成国家出入境检验检疫局。三检合一，把过去的三次申报、三次抽样检验，变为一次报验、一次取样、一次检验检疫、一次卫生除害处理、一次发证放行，形成了一种高效率的通关制度。2018年又将出入境检验检疫职责和队伍划入海关总署，将检验检疫作业全面融入到全国海关通关一体化“两中心三制度”整体框架，优化作业流程，减少非必要的作业环节和手续，从而降低通关成本，提升通关效率。

对列入《种类表》的进口商品，商检机构接受报验后，在《进口货物报关单》上加盖印章，海关据以验放。对未列入《种类表》的进口商品，收货或用货部门应向所在地商检机构申报后自行检验，在索赔有效期内将检验结果报告给商检机构。如检验不合格需要提出索赔，应及时申请商检机构复检出证。在法定检验商品之外，对外贸易关系人还可申请商检机构对进口货物进行各项检验、鉴定工作，这就是公证鉴定。公证鉴定的货物范围广、项目多。但它不是强制性的，对外贸易关系人可根据需要自行申请。其中，进口货物的质量检验、重量和数量的鉴定、货载吨位衡量、残损鉴定等最为常见。

如进口的是危险品，应在船舶到港前向港口、航运、铁路等部门提供《进口危险货物技术说明书》，其中品名与危规号必须正确无误。对尚未列入我国危险品货物品名表的进口货物，订货单位或用货部门应提供详细的中文资料，说明货物的化学性质、消防和急救方法以及装卸搬运过程中应注意的事项，以便安排接、卸、运工作。

(六) 监卸和交接

一般由船方申请理货，负责把进口货物按提单、标记点清件数，验看包装情况，分批拨交收货人。监卸人员一般是收货人的代表，履行现场监卸任务。监卸人员要与理货人员密切配合，把好货物数量和质量关。港方卸货人员应按票卸货，严禁不正常操作和混卸。已卸存库场的货物应按提单、标记分别码垛、堆放。对船边现提货物和危险品货物，应根据卸货进度及时与车、船方面有关人员联系，做好衔接工作，防止因卸货与拨运工作脱节而产生等车卸货或车到等工的现象。对于超限货物或集重货物，应事先提供正确的尺码和重量，以便准备接运车驳，加速疏运进度。对重点货物，如规格复杂的各种钢材、机械、零配件等，要有专人负责，以防错乱。货物从大船卸毕后，要检查有无漏卸情况，在卸货中如发现短损，应及时向船方或港方办理有效签证，并共同做好验残工作。验残时要注意查清：

(1) 货物内包装的残损和异状。

(2) 货物损失的具体数量、重量和程度以及受损货物或短少货物的型号、规格。

(3) 判断并确定货物致残或短少的原因。

在验残时，应坚持实事求是，分清责任方，以维护国家的利益。

(七) 代运

为了解决用货部门在到货港口无机构和人员的困难，并使进口货物能及时运进港口，保证港口畅通，防止出现压港、压船、压货现象，各港口接卸单位可接受用货部门的委托，代为办理进口货物到达国内港口后的国内转运业务，这称为代运工作。

代运进口货物如包装完整、外表无异状、件数相符，一般不在港口办理申请检验手续。如发现代运进口货物短少、残损或外表有异状，接卸单位除应在港口取得有关证件并做好残损记录外，还应由收货人按有关责任人的不同情况分别处理。货到目的地后，收货人应与承运人办理交接手续。如发现货物不符或有残损、短少时，应取得承运部门的商务记录或普通记录，直接向承运部门或责任方索赔。

（八）保险

对于我方以 FOB 或 CFR 条件成交的进口货物，由我方办理保险。我方负责进口的单位在收到发货人的装船通知后，应立即办理投保手续。目前为简化手续和防止发生漏保现象，一般采用预约保险的办法，由负责进口的单位与保险公司签订进口货物预约保险合同。

二、出口业务

海运出口货物运输业务，指根据贸易合同中的运输条件，把售卖给国外客户的出口货物加以组织和安排，通过海运方式运到国外目的港的一种业务。

凡以 CIF 和 CFR 条件签订的出口合同，都由卖方安排运输。卖方应根据买卖合同中规定的交货日期安排运输工作。如果是凭信用证结汇，卖方须收到信用证后方可安排运输。海运出口货物运输工作一般包括以下环节：

（一）审核信用证中的装运条款

为使出运工作顺利进行，出口单位在收到信用证后，要对其进行严格审核。如果发现信用证中的有关条款与贸易合同不符，应及时要求进口方修改信用证。

审核信用证中有关的装运条款，要重点审核装运期、结汇期、装运港、目的港、转船和分批装运以及是否指定船公司、船名、船籍和船级等。要根据我国政策、国际惯例以及货物出运前的实际情况，决定接受、修改还是拒绝信用证中的有关运输条款。

（二）备货、报验和领证

出口方收到信用证后，要按照信用证上规定的交货期，按时、按质、按量地准备好出口货物，并按照合同及信用证的要求对货物进行包装、刷唛，做好申请报验和领证工作。

对需要经检验机构检验出证的出口货物，在货物备齐后，应向商检机构申请检验，取得合格的检验证书。

（三）租船和订舱

履行以 CIF 和 CFR 价格条件对外成交的出口贸易合同，由卖方派船装运出口货物。卖方要按照合同或信用证规定的交货期（或装运期），办理租船、订舱手续。对出口数量多、需要整船装运的大宗货物，应洽租适当的船舶装运；对成交批量不大的件杂货，则应洽订班轮舱位。租整船运输出口货物，一般是委托租船经纪人在国际租船市场上洽租所需船舶。在我国，一般委托中国对外贸易运输（集团）总公司所属的中国租船公司来办理租船业务。

洽订班轮舱位，卖方应向船公司或其代理人提出订舱委托，经船公司同意后，船公司向托运人签发装货单，运输合同即告成立。

（四）出口货物集中港区

洽订船舶或舱位后，货方应在规定的时间内将符合装船条件的出口货物发运到港区内指定的仓库或货场，以待装船。向港区集中时，应按照卸货港口的先后和货物积载顺序发货，以便按先后次序装船。处理大宗出口货物，可联系港区提前发货。对于可以直接装船的货物，按照装船时间将货物直接送达港区船边现装，以简化进出仓的手续，节省费用。对于需要特殊运输工具、起重设备和舱位的特殊商品，应事先联系安排好调运、标记、配载船名、装货单号等各项内容，做到单、货相符和船、货相符。同时还要注意发货质量，如果发现货物外包装有破损现象，发货单位要负责修理或调换。

（五）出口报关和装船

货物集中到港区后，把编制好的出口货物报关单连同装货单、发票、装箱单、商检证、外销合同、外汇核销单等有关单证向海关申报出口，经海关人员查验合格放行后，方可装船。

海关查验放行后，发货单位应与港务部门和理货人员联系，做好装船前的准备和交接工作。发货单位的现场工作人员应严格按照港口的规章与港方办妥交接手续，做好现场记录，以便划清船、港、货三方的责任。在办理交接的过程中，如果出现货物数量短少或包装破损、污染等状况，应由发货单位补齐、换货、修理或者更换包装。

在装船过程中，发货单位应派人员进行监督，随时掌握装船情况和处理装船过程中发生的问题。对舱容紧、配货多的船只，应联系港方和船方配合，合理装载，以充分利用舱容，防止货物被退关。如果舱位确实不足，应安排快到期的急运的货物优先装船；对于必须退关的货物，应及时联系有关单位设法处理。

监督装船的人员对一级危险品、重大件、贵重品、特种商品和驳船来货的船边接卸、直装工作，要随时掌握情况，防止接卸和装船脱节，对装船过程中发生的货损，应取得责任方的签证，并联系原发货单位做好货物调换和包装修整工作。

（六）投保

如果合同规定需要在装船时发出装船通知，由国外收货人自办保险，发货人应及时发出装船通知。如果因发货人延迟或没有发出装船通知，导致收货人不能及时或没有投保而造成的损失，发货人应承担责任。如果合同规定由发货人负责投保，一般应在船舶配妥后即予投保。保险金额通常是以发票的 CIF 价加成投保（加成数由买卖双方约定，如未约定，则一般加 10%投保）。

（七）支付运费

船公司为正确核收运费，在出口货物集中到港区仓库或库场后，申请商检机构对其进行衡量。对需要预付运费的出口货物，船公司或其代理人必须在收取运费后签给托运人运费预付的提单。如属到付运费的货物，则应在提单上注明运费到付，其运费由船公司卸港代理在收货人提货前向收货人收取。

三、主要单证的制作

（一）海运提单

海运提单的具体内容见下一章。

（二）其他主要单证的制作

1. 出口托运单的缮制

信用证或合同是制作托运单的依据。注意事项包括：

（1）目的港：名称需明确、具体。

（2）运输编号：由托运号和阿拉伯数字组成。

（3）货物名称：用中英文两种文字填写，且要与信用证所列货名相符。

（4）标记及号码：每一票货物都应有一个具有一定意义的标记及号码。

（5）件数或包装：如件数是连续的，则件数应与最大件号数一致。

（6）重量、尺码：要分别注明带托盘的重量、尺码和货物本身的重量、尺码，且提供每一件货物的详细体积以及每一件货物的重量，以便货运代理和船公司计算货物积载因素，安排特殊的装货设备。

（7）运费付款方式：要分别注明。

（8）可否转船、分批，以及装期、有效期等均应按信用证要求一一注明。

（9）通知人、收货人，按需要决定是否填写。

（10）有关运输条款、订舱、配载等均应按信用证一一注明。

2. 出口报关单

《中华人民共和国海关法》规定，出口货物的发货人应当向海关如实申报，交验出口许可证和有关单证。申报的时间也有规定：应在交货 24 小时前向海关申报。出口货物报关单必须一式三份，来料加工等出口报关单必须一式四份。

（1）填写要求：所填写项目要准确、齐全、清楚，若有更改，应加盖核对章；不同合同的货物，不能填在一张报关单上；一份报关单最多不要填写超过五项海关统计商品编号的货物；报关单要与其他随同单证、实际出口货物相符。

（2）填写方法。

1）出口口岸：填写货物出境口岸的名称；

2）经营单位：填写经营出口货物业务公司的名称；

3）指运港（站）：填写出口货物的目的港；

4）合同（协议）号：填写详细年份、字头、编号及附件号；

5）贸易方式：所有项目均应填写；

6）贸易国别（地区）：即成交国（地区）；

7）消费国别（地区）：即出口货物直接消费的国家（地区）；

8）收货单位：即国外企业名称或所在地；

9）运输工具名称及号码：海运方式下填船名及航次；

10）装货单、货运单号：海运方式下填提单号；

11）收结汇方式：按实际结汇方式填写；

12）起运地点：出口货物实际发货单位所在地；

13）海关统计商品编号：按照《中华人民共和国海关统计商品目录》规定填写；

14）货名规格及货号：中英文名称及详细规格；

15）标记唛头、件数及包装种类：按合同规定填写；

16）数量：实际货物出口数量和数量单位；

17）重量："毛重"——货物的全部重量，"净重"——扣除外层包装的自然重量；

18）成交价格：合同或协议书规定的价格条件及币种；

19）离岸价格：出口货物离开我国关境的价格；

20）备注栏：出口货物需说明的事项；

21）随附单据栏：随附单据及其编号；

22）申请单位（盖章）：加盖申请单位的公章，并填写申报日期；

23）海关放行日期：海关核放货物后填写并加盖海关放行章。

3. 进口报关单

进口货物时，买方或其代理人应根据已掌握的进口单据及时填写进口货物报关单。填制说明：

（1）进口口岸：进入我国关境的口岸名称；

（2）经营单位：对外签订或执行进口贸易合同的中国境内企业或单位的名称；

（3）收货单位：进口货物的实际使用单位名称及其所在地；

（4）合同（协议）号：本批货物合同或协议的详细年份、字头和编号及附件；

（5）批准机关及文号：批准单位机关名称及批准文号；

（6）运输工具名称及号码：海运方式下填船名及航次；

（7）贸易方式：按实际填写；

（8）贸易国别：即货物的购自国；

（9）原产国别：即进口货物产地；

（10）外汇来源：按实际填写；

（11）进口日期：填写运输工具申报进口的日期；

（12）提单、货运单号：按实际填写；

（13）运杂费或保险费：按实际支付的金额填写；

（14）标记唛头：按实际填写；

（15）包装种类及件数；

（16）重量；

（17）海关统计商品编号；

（18）货名、规格及货号；

（19）数量；

（20）成交价格；

（21）到岸价格：货价、运费、保险费和其他一切费用；

（22）关税、产品税的完税价格、税则号列和税率等；

（23）随附单据；

（24）申报单位（盖章）；

（25）海关放行日期。

案　例

一、中国船级社

中国船级社是依据中华人民共和国有关法令注册登记，为社会公众利益服务的专有技术团队。

中国船级社的业务活动始于1956年。1986年起中国船级社开始作为独立法人从事船舶、海上设施和水运集装箱及其材料设备的入籍检验、法定检验并提供有关技术服务。

中国船级社的服务宗旨是：对船舶、海上设施提供合理、安全、可靠的入籍标准和技术规范，并通过本社的检验工作和技术咨询，为航运、海洋开发及相关的制造业和保险业服务，不以营利为目的。

1988年中国船级社加入国际船级社协会（IACS），成为该协会11家正式会员之一；1992年依据《IACS质量体系认证计划》建立了符合ISO 9001标准的CCS质量体系。1994年3月中国船级社获得了国际船级社协会颁发的“质量体系合格证书”，同年7月伦敦保险协会（ILU）将中国船级社的最高船级纳入该协会船级条款。1996年7月1日—1997年6月30日，中国船级社担任国际船级社协会主席。

中国船级社现已接受13个国家或地区的政府授权，为悬挂这些国家或地区船只的船舶代行法定检验；现已与国外19个验船机构订有相互代理检验的合作协议。

中国船级社在国内主要港口设有15个分社，20个办事处，在境外11个港口设有驻外机构。这些办事机构与依据合作协议接受委托检验的国外验船机构一起，构成了中国船级社覆盖世界各港口的检验服务网络。

二、香港邮船有限公司

OOCL

Dedicated to Quality Service

香港邮船有限公司为东方海外货柜航运有限公司香港区之总代理,其货柜运输服务范围除远及世界各地,更扩展至中国各主要港口,承接大连、青岛、天津、上海、宁波、南京、福州、厦门、广州及黄埔等各地区途经香港转口之进出口业务。

此公司中欧货柜运输航线,设有每周固定班轮,往来香港至利哈佛(法国)、弗里斯敦(英国)、鹿特丹、不来梅、汉堡、安特卫普等主要港口,再转运至欧洲内陆各地,贯通中欧两地运输网络。

阁下垂询,请与本公司上海或香港办事处中国贸易部联系。

香港邮船有限公司	香港邮船有限公司
香港办事处	上海办事处
地址:香港湾仔高士大道夏芯大厦24楼	地址:上海联谊大厦2408室
电话:8627222	电话:3264967
电传:8650336	电传:3288497

三、中国远洋运输（集团）总公司

中国远洋运输（集团）总公司简称中远集团或COSCO，是中华人民共和国中央人民政府直管的特大型中央企业之一，成立于1961年4月27日，成立之初是一个仅有4艘船舶、2.26万载重吨的小型船运公司。

发展至2012年，中远集团已经拥有丰富的物流设施资源，控制各种物流车辆超过4 000台，包括具有289个轴线、最大承载能力达8 000吨的大件运输车，堆场249万平方米，拥有和控制仓库297万平方米，在家电、化工、电力、融资等领域为客户提供高附加值服务，为青藏铁路、天津空客、印度电站等中外多个重大项目提供物流服务，创造多项业界纪录。在中国的多家船舶修造基地，拥有含30万吨级、50万吨级的各类型船坞16座，业务涉及大型船舶和海洋工程建造、改装及修理，生产设备装配水平、生产管理水平中国领先，技术能力、生产效率及生产成本等指标居世界前列。年修理改造大型船舶500余艘，年造船能力840万吨，是中国最大的修船企业及技术最先进的造船企业。

中远集团形成以北京为中心，以香港、美洲、欧洲、新加坡、日本、澳大利亚、韩国、西亚、非洲等九大区域公司为辐射点的全球架构，在50多个国家和地区拥有千余家企业和分支机构，员工总数约13万人，其中驻外人员400多人，外籍员工4 000多人，资产总额超过3 000亿元人民币，海外资产和收入已超过总量的半数，正在形成完整的航运、物流、码头、船舶修造的全球业务链。中远集团已经成为以航运、物流码头、修造船为主业的跨国企业集团，确立起在国际航运、物流码头和修造船领域的领先地位，稳居《财富》世界500强。2012年在《财富》世界500强企业中排名第384位。

2016年2月18日，中国远洋运输（集团）总公司与中国海运（集团）总公司重组成中国远洋海运集团有限公司，是国务院国有资产监督管理委员会直接管理的涉及国计民生和国民经济命脉的特大型中央企业。截至2018年8月31日，中国远洋海运集团经营船队综合运力10 071万载重吨/1 296艘，排名世界第一。其中，集装箱船队规模298万TEU，居世界第三；干散货船队运力3 855万载重吨/425艘，油轮船队运力2 365万载重吨/185艘，杂货特种船队413万载重吨/151艘，均居世界第一。

中国远洋海运集团完善的全球化服务筑就了网络服务优势与品牌优势。码头、物流、航运金融、修造船等上下游产业链形成了较为完整的产业结构体系。集团在全球投资码头51个，集装箱码头超47个，集装箱码头年吞吐能力10 839万TEU，居世界第一。全球船舶燃料销量超过2 600万吨，居世界第一。集装箱租赁规模超过270万TEU，居世界第三。海洋工程装备制造接单规模以及船舶代理业务也稳居世界前列。

四、COSCO 班轮船期表

中国远洋运输公司

中美集装箱班轮航线

从中国各重要港口挂靠日本及美洲东西岸。

每月三班至美东/美湾	每周一班至美西/加西
挂港：温哥华	挂港：长滩
西雅图	旧金山
纽约	西雅图
查尔斯顿	温哥华
休斯敦	

本公司为唯一从中国直挂美国之航运公司，订舱或垂询请与本公司或当地外轮代理公司联系。

北京	上海
电话：010－5121188	电话：021－5192888
电传：22264 CPCPK CN	电传：33057 COSCO CN

小　结

1. 海洋运输是利用货船在国内外港口之间，通过一定的航线和航区进行货物运输的一种方式。海洋运输是历史悠久的国际贸易运输方式。目前，在国际货物运输中，运用最广泛的就是海洋运输，海运运量在国际贸易货物运输总量中占80%以上。

2. 海洋运输的特点包括：通过能力大、运输量大、运费低廉、对货物的适应性强、速度较慢、风险较大。

3. 海洋货物运输的船舶分类：(1) 杂货船；(2) 干散货船；(3) 木材船；(4) 油轮；(5) 集装箱船；(6) 滚装船；(7) 冷藏船；(8) 车辆运输船；(9) 重大件货物运输船；(10) 载驳船；(11) 液化天然气船；(12) 液化石油气船。

4. 船舶吨位是船舶大小的计量单位，可以分为重量吨位和容积吨位两种。其中，重量吨位包括排水量吨位和载重吨位，容积吨位包括注册总吨和注册净吨。排水量吨位是指船舶在水中所排开水的吨数，也就是船舶自身的重量。载重吨位表示船舶在营运中能够使用的载重能力。载重吨位可分为总载重吨和净载重吨。总载重吨＝满载排水量－空船排水量。净载重吨是指船舶所能装运货物的最大限度重量，又称载货重吨。船舶的容积吨位是表示船舶容积的单位，又称注册吨。

5. 船舶载重线就是船舶满载时的最大吃水线。船籍是指船舶的国籍。船旗是指商船航行中，悬挂的其所属国籍的国旗。船级是表示商船技术状况的一种标志，即指商船船壳构造及其机器设备应保持一定的标准而划分的等级，它是商船具有适航性的重要条件和标志。

6. 班轮运输，又称定期船运输，是指船舶在固定的航线上和港口之间，按照事先公布的船期表航行，从事客、货运输业务，并且按照事先公布的费率收取运费的海运方式。班轮运费的基本计算公式为：运费＝运输吨（重量或尺码吨）×等级运费率×(1＋附加费率)，即：$F = Fb + \sum S$。

7. 1974 年联合国《班轮公会行动守则公约》的核心条款是 4∶4∶2 原则，也就是货载贸易双方所在国的船运公司可各占 4 成，其余 2 成可由第三国船运公司承运。

8. 租船运输，又称不定期船运输，是指船舶没有预定的船期表、航线、港口，船舶按租船人和船东双方签订的租船合同规定的条款行驶。租船通常在租船市场进行。国际上使用较为广泛的租船方式有定程租船和定期租船两种。

9. 租船合同，又称租约，是载有租船订约双方权利、义务条款的一种运输合同。定程租船合同的主要条款有：(1) 合同当事人；(2) 船舶说明；(3) 货物；(4) 装卸港口；(5) 受载日和解约日；(6) 运费；(7) 装卸费用；(8) 许可装卸时间；(9) 滞期费和速遣费。定期租船合同的主要条款有：(1) 船舶说明；(2) 租期；(3) 交船；(4) 租金；(5) 停租与复租；(6) 还船；(7) 转租。

10. 海运出口业务，是指根据贸易合同中的运输条件，把售予国外客户的出口货物加以组织和安排，通过海运方式运到国外目的港的一种业务。一般包括以下环节：审核信用证中的装运条款——备货、报验和领证——租船和订舱——出口货物集中港区——出口报关和装船——投保——支付运费。

关键术语

集装箱船	冷藏船	排水量吨位	载重吨位
容积吨位	船舶载重线	吃水	船级
方便旗船	中国船级社	程租船	期租船
班轮运费	班轮公会	班轮运输	租船运输
4∶4∶2 原则	停租与复租	二船东	COSCO
OOCL			

思考题

1. 海洋货物运输有哪些特点和作用？
2. 船舶吨位包括什么？各种船舶吨位的作用有什么不同？
3. 班轮运输和租船运输有什么区别？
4. 定程租船和定期租船的区别有哪些？
5. 比较滞期费和速遣费。
6. 定期租船合同的主要条款有哪些？
7. 海运进口货物的运输流程是什么？
8. 海运出口货物的运输流程是什么？

第六章 海运提单

学习目标

- 理解海运提单的性质
- 认识海运提单的作用
- 熟悉主要海运提单的内容
- 掌握有关海运提单的国际惯例
- 学会制作电子提单

第一节 海运提单概述

一、海运提单的定义

历史上贸易与海运是一家，船、货的主人都是船东，货主自己运送货物，只在一个日记本上记录货物名称。16 世纪，随着贸易与海运事业的发展，运输逐渐脱离贸易，成为一个独立的部门。货主把货物交给船东，当时，船东只出具一张货物收据，发生的纠纷通过协商解决。当产生了相关法律之后，承运人才开始承担一定的货运责任。1885 年英国通过了《提单法》，该法的实施使提单具有了流通的性质。

在当今的国际海上货物运输中，不论采取哪一种营运方式，托运人与承运人之间都需要通过运输契约来确定双方的权利和义务。当采用班轮运输时，用提单（bill of lading, BL）来确定承、托双方之间的权利和义务。因此，提单是国际海上货运中一个十分重要的单证。在海运进出口业务中，只有对其内容和作用有一个基本的认识，才能处理按提单进行运输的各项业务。

提单是收到货物或货物装船后，应托运人的要求，由承运人或船长或承运人的代理签发的、证明承运人已收到提单上列明的表面状况良好的货物，并负责将该货物运至指定目的港和完好地交付给收货人的货运单证。也就是说，提单是一种用于证明海上货物运输合同和货物已由承运人接管或装船，以及承运人据以保证交付货物的单证。提单的当事人是承运人与托运人。

提单是一种有价证券，在市场上如同其他商品一样，可以自由买卖，或到银行抵押贷款，具有广泛的流通性。

1993 年 7 月 1 日施行的《中华人民共和国海商法》（以下简称《海商法》）规定，提单，是指用以证明海上货物运输合同和货物已经由承运人接收或者装船，以及承运人保证据以交付货物的单证。提单中载明的向记名人交付货物，或者按照指示人的指示交付货物，或者向提单持有人交付货物的条款，构成承运人据以交付货物的保证。

各国的轮船公司都有自己的提单。现行的提单上所列条款，都是在各船籍国的海上货物运输法的基础上，结合 1924 年《海牙规则》（Hague Rules）的精神制定出来的。目前，中国远洋运输（集团）总公司的提单条款，也是在《海牙规则》精神的基础上制定出来的。

二、海运提单的性质和作用

概括地讲，提单主要有以下三种作用：

（1）提单是承运人收到货物后，签发给托运人的一张货物收据。如果是已装船提单，它是在货物装船后，托运人从船方取得的大副收据，即向船长或代理公司换取的。它表明承运人已收到货物并已经装船付运。

（2）提单是所载货物的物权凭证。收货人或提单持有人凭此可以在目的港取货，即取得提单的人有权支配该批货物。故在资本主义世界范围内，提单作为有价证券可以进行买卖转让。提单的转让在时间上是有限制的，必须在船舶到达目的港交货之前进行。

（3）作为运输契约的凭证，提单也是承运人和托运人双方权利和义务的依据。提单上印有若干条款，规定了承运人的责任、义务、权利和豁免，相应地也表明了托运人的责任，双方都受其约束。

提单本身并不是运输契约，而是运输契约的证明。因为在签发提单并将它交给托运人之前，承运人与托运人早就订立了运输契约（包括口头的），否则，托运人是不会按照规定时间把货物交给承运人的。另外，提单条款由承运人拟定并只由承运人单方签字，故不成为完整的运输契约，只是运输契约的最好证明。

海运出口提单的签发通常为正本两份或三份，有时可达四份，副本（抄本）船方不签字，份数不限。凭正本提单之一即可提货，其余正本即无效。（但若货主要求在目的港以外的其他港口提货，则必须出具全套正本提单。）如果有两人各持一份正本提单前来提货，承运人可以暂不交货，由持单人自行交涉，按法院判决交付货物。按欧美国家的法律，通常是先行取得正本之一的一方（背书转让时间较早的）占优势。

第二节　海运提单的分类

按照不同的分类标准，提单可以划分为许多种类。

一、按货物是否已装船划分

（一）已装船提单

已装船提单（shipped B/L，on board B/L），是整票货物已全部装进船舱或装在舱面甲板上后，承运人根据大副收据签发给托运人的提单。

提单是买方凭以提货的依据。为了确保能在目的地提货，一般都要求卖方提供已装船提单，以证明货物确已装船。如果承运人签发了已装船提单，就是确认他已将货物装在船上。这种提单除载明一般事项外，通常还必须注明装载货物的船舶名称和装船日期，即提单项下货物的装船日期。由于已装船提单对于收货人及时收到货物有保障，所以在国际货物买卖合同中一般都要求卖方提供已装船提单。

货物装载在船只上，可分为置于舱面（即甲板上）与置于舱内（即甲板下）。若在提单中载有 on deck，loaded on deck 或 stowed on deck 等批注，这类提单称为甲板货提单（on deck B/L），它表示货物装载于甲板上。一般收货人都不喜欢其货物置于甲板上，因为甲板上的货物易遭雨淋水浸，或卷入海中等损失，比甲板下货物的危险性大，对买方不利。除非发货人同意，否则承运人将不属于甲板货的普通货物装载于甲板上，如果发生毁损或灭失，必须承担赔偿责任。

（二）收货待运提单

收货待运提单（received for shipment B/L），又称备运提单、待装提单，或简称待运提单，是在托运人已将货物交给承运人，承运人已接管等待装船的货物后，向托运人签发的提单。

有时船公司因船期问题，指定仓库预收货物，根据仓库收据签发收妥待运提单，准备交由日后到港船只装运。特别是随着集装箱运输的发展，因集装箱船航运公司大都在内陆收货站收货，而收货站是不能签发已装船提单的。通常此种待运提单上载有“received for shipment in apparent good order and condition...”等文句，表示签发提单时，承运人仅将货物收管，准备不久后装船，而实际当时还未装船。

收货待运提单虽然表示货物尚未装船，但如果在签发待运提单后，货物已经装载于船只上，则承运人可在待运提单上加注“已装船”字样，注明船名和装运日期并由承运人签署，这时待运提单便转化为已装船提单。在这种情况下，货物的装运日期是加注的装船日期，而不是待运提单的出单日期。我国《海商法》第 74 条规定：货物装船前，承运人已经应托运人的要求签发收货待运提单或者其他单证的，货物装船完毕，托运人可以将收货待运提单或者其他单证退还承运人，以换取已装船提单；承运人也可以在收货待运提单上加注承运船舶的船名和装船日期，加注后的收货待运提单视为已装船提单。

二、按提单收货人的抬头划分

（一）记名提单

记名提单（straight B/L），又称收货人抬头提单，是指提单上的收货人栏中已具体填写收货人名称的提单。

提单所记载的货物只能由提单上特定的收货人提取，或者说承运人在卸货港只能把货物交给提单上所指定的收货人。如果承运人将货物交给提单指定以外的人，即使该人占有提单，承运人也应负责。这种提单失去了货物可转让流通的便利，但同时也可以避免在转让过程中可能带来的风险，一般用于贵重商品、展品及援外物资的运输。

记名提单有以下几种记名方式：

（1）consigned to A Co. Ltd；

（2）deliver to A Co. Ltd；

（3）onto A Co. Ltd。

记名提单上的收货人可以是买主、开证行或代收行，但是，银行一般不愿接受以买主为收货人的记名提单。因为一些国家（比如美国）的惯例是记名提单上的收货人可以不凭正本提单而仅凭“到货通知”上的背书和收货人的身份证明即可提货，这样，银行若垫款却不能掌握货权，风险太大，必须谨慎使用记名提单。如果信用证要求记名提单，最好要求改正；如果客户坚持使用记名提单，须弄清原委，了解运输业务所涉及国家对记名提单物权凭证属性的法律规定，如装运到美国的货物就不宜使用记名提单，或在记名提单上加注声明“此提单适用于中国海商法”，以约束承运人，必须凭正本提单放货，这样才能保证信用证项下贸易的安全。

（二）不记名提单

不记名提单（bearer B/L，open B/L，blank B/L）是指提单上收货人一栏内没有指明任何收货人，而是注明“提单持有人”（bearer）字样或将这一栏保持空白，不填写任何人的名称的提单。这种提单不需要任何背书手续即可转让、提取货物，极为简便。承运人应将货物交给提单持有人，谁持有提单，谁就可以提货。承运人交付货物只凭单，不凭人。这种提单丢失或被窃的风险极大，若转入善意的第三者手中，极易引起纠纷，故国际上较少使用这种提单。另外，根据有些班轮公会的规定，凡使用不记名提单的，在给大副的提单副本中，必须注明卸货港通知人的名称和地址。

（三）指示提单

指示提单（order B/L）是指在提单正面“收货人”一栏内填上“凭指示”或“凭某人指示”字样的提单。实务中常见的可转让提单是指示提单。指示提单必须经过背书转让，可以是空白背书，也可以是记名背书。

指示提单上不列明收货人，凭背书进行转让，有利于资金的周转，所以，在国际贸易中应用较普遍。指示提单有四种抬头：

（1）凭银行指示。即提单收货人栏填写为“to the order of××Bank”。

（2）凭收货人指示。即提单收货人栏填写为“to the order of A. B. C. Co. Ltd.”。

（3）凭发货人指示。即提单收货人栏填写为“to the order of shipper”，并由托运人在提单背面空白背书。这种提单亦可根据信用证的规定做成记名背书。托运人也可不做背书，在这种情况下只有托运人可以提货，即卖方保留了货物所有权。

（4）不记名指示。即提单收货人栏填写为“to the order”，并由托运人在提单背面做空白背书。这种提单亦可根据信用证的规定做成记名背书。

指示提单又可分为两种类型：记名指示提单和空白抬头提单。

凭银行指示提单、凭收货人指示提单是记名指示提单。

凭银行指示提单称为银行指示提单，开证行为了防止进口商无力偿还贷款，就会在信用证中规定提单抬头做成凭银行指示。对于这种银行指示提单，从理论上说，托运人可以不加背书，但是，因为提单是一种可以转让的凭证，在实务中，议付行往往要求托运人先做空白背书。如规定以议付行的指定人为抬头，则应由议付行背书转让给开证行，才能凭以向承运人提货。如规定以开证行的指定人为抬头，则还应由开证行背书。银行指示提单应按银行指示交货。一般在进口商付款后，银行在提单上背书，然后将提单转交给进口商。这种提单可作为向银行贷款的抵押。

凭收货人指示提单称为收货人指示提单，公司作为收货人，可以收单后自行提货，也可以背书转让。收货人指示提单对银行不利。因为若开证行遇到买方拒绝付款，想自行提货处理时，需先请收货人背书转让提单，这对银行是一种风险，所以，开证行一般不愿意信用证规定提单做成这种收货人指示抬头。

凭发货人指示提单、不记名指示提单是空白抬头提单。空白抬头提单在托运人（即卖方）未指定收货人或受让人之前，货物所有权仍属于卖方。一般卖方都在空白抬头提单背面做空白背书（blank endorsed），将提单转让给银行，银行即取得货物所有权。若信用证规定 endorsed in blank，或 blank endorsed，都是空白背书的意思，发货人只需在提单背面签章，不做任何记载。实务中最常用的就是这种空白抬头和空白背书的提单。

指示提单一经背书即可转让，意味着背书人确认该提单的所有权转让。《海商法》第 79 条规定，记名提单：不得转让；指示提单：经过记名背书或者空白背书转让；不记名提单：无需背书，即可转让。指示提单可以通过背书转让，适应了正常贸易的需要，所以在实践中被广泛应用。在进口业务中，记名提单应有与提单收货人一致的公章真迹，背书方可提货；指示提单应有提单持有人的公章真迹，背书方可提货。

三、按提单上有无批注划分

（一）清洁提单

清洁提单（clean B/L），是指货物装船时，货物的外表状况良好，承运人在签发提单时，对提单上印就的“外表状况明显良好”（in apparent good order and condition）没有做相反的批注（superimposed clause）或附加条文，也就是未在提单上加注任何有关货物残损、包装不良、件数、重量和体积，或其他妨碍结汇的批注的提单。

信用证要求的提单均为清洁提单。银行审单时应注意审核提单是否为清洁提单。

我国《海商法》第 76 条规定：承运人或者代其签发提单的人未在提单上批注货物表面状况的，视为货物的表面状况良好。由此可见，承运人一旦签发了清洁提单，货物在卸货港卸下后，如发现有残损，除非由承运人可以免责的原因所致，否则承运人必须负责赔偿。

（二）不清洁提单

在货物装船时，承运人若发现货物包装不牢、破残、渗漏、玷污、标志不清等现象，在收货单上对此加以批注，并将此批注转移到提单上，这种提单称为不清洁提单（unclean B/L，foul B/L）。我国《海商法》第 75 条规定：承运人或者代其签发提单的人，知道或者有合理的根据怀疑提单记载的货物的品名、标志、包数或者件数、重量或者体积与实际接收的货物不符，在签发已装船提单的情况下怀疑与已装船的货物不符，或者没有适当的方法核对提单记载的，可以在提单上批注，说明不符之处、怀疑的根据或者说明无法核对。实践中承运人接收货物时，如果货物外表状况不良，一般先在大副收据上做出记载，在正式签发提单时，再把这种记载转移到提单上。在国际贸易的实践中，银行拒绝出口商以不清洁提单办理结汇。

四、根据运输方式的不同划分

（一）直达提单

直达提单（direct B/L），又称直运提单，是指货物从装货港装船后，中途不经转船，直接运至目的港卸船交付收货人的提单。直达提单上不得有“转船”或“在某港转船”的批注。凡信用证规定不准转船者，必须使用这种直达提单。如果提单背面条款印有承运人有权转船的“自由转船”条款的，则不影响该提单成为直达提单的性质。

（二）转船提单

转船提单（transhipment B/L），是指货物从起运港装载的船舶不直接驶往目的港，需要在中途港口换装其他船舶转运至目的港卸货。在提单上注明“转船”或“在某港转船”字样，转船提单往往由第一程船的承运人签发。由于货物中途转船，增加了转船费用和风险，并影响到货时间，故一般信用证均规定不允许转船，但没有哪个港口能通往全世界各港口，买方也只得同意可以转船。

（三）联运提单

联运提单（through B/L），是指货物运输需经两段或两段以上的运输方式来完成，如海陆、海空或海海等联合运输所使用的提单。船船（海海）联运在航运界也称为转运，包括海船将货物运送到一个港口后，再由驳船从港口经内河运往内河目的港。

联运的范围超过了海上运输的界限，货物由船舶经水域运到一个港口，再经其他运输工具将货物送至目的港，可采取先海运、后陆运或空运，或者先空运、陆运后海运的方式。当船舶将由陆路或飞机运来的货物继续承运至目的港时，货方一般选择使用船方所签发的联运提单。

（四）多式联运提单

多式联运提单（multimodal transport B/L，intermodal transport B/L）主要用于集装箱运输，是指一批货物需要经过两种以上不同的运输方式，其中一种是海上运输方式，由一个承运人负责全程运输，负责将货物从接收地运至目的地交付收货人，并收取全程运费所签发的提单。提单内的项目不仅包括起运港和目的港，而且列明一程、二程等运输路线，以及收货地和交货地。

五、按提单内容的简繁划分

（一）全式提单

全式提单（long form B/L），是指提单除正面印就的提单格式所记载的事项外，背面还列有关于承运人与托运人及收货人之间权利、义务等详细条款的提单。由于条款繁多，所以又称为繁式提单。在海运的实际业务中大量使用这种提单。

(二) 简式提单

简式提单（short form B/L，simple B/L），又称短式提单、略式提单，是相对于全式提单而言的，是指提单背面没有关于承运人与托运人及收货人之间的权利、义务等详细条款的提单。

六、按提单使用的有效性划分

可分为正本提单（original B/L）和副本提单（copy B/L）。

七、按收费方式划分

（1）运费预付提单（freight prepaid B/L）。运费在货物装船后即予以支付的提单。

（2）运费到付提单（freight to collect B/L）。以 FOB 条件成交的货物，不论是买方订舱还是买方委托卖方订舱，运费均为到付（freight payable at destination），并在提单上载明“运费到付”字样，这种提单称为运费到付提单。货物运到目的港后，只有付清运费，收货人才能提货。

第三节 电子提单

一、电子提单的定义

电子提单是一种利用 EDI 系统，对海运途中货物的支配权进行转让的程序。EDI 即电子数据交换，EDI 系统，就是利用计算机联网设施，通过专用密码进行信息交换，通告货物支配权转移的一种特殊的通信工程。

之所以将这种特定的海运支配权转让程序称为电子提单，是因为该程序具有以下三个特点：

（1）卖方、发货人、银行、买方和收货人均以承运人（或船舶）为中心，通过专用计算机密码，通知该运输途中货物支配权的转移时间和对象。

（2）在完成货物运输的过程中，通常情况下不出现任何书面文件。

（3）收货人提货，只要出示有效证件证明身份，由船舶代理言明即可。

传统的海运提单是一张提货凭证，因此，货物权利的转移是通过提单持有人的背书来实现的。而电子提单则是利用 EDI 系统，根据特定密码使用计算机网络进行的。因此，电子提单具有许多传统提单无法比拟的优点：

（1）能够快速、准确地实现货物支配权的转移。EDI 系统是一种高度现代化的通信方式，可以利用计算机操纵、监督运输活动，达到快速、准确地实现货物支配权的转移。

（2）方便了海运提单的使用。电子提单—EDI 系统是在海运提单使用后产生的，二者对于收货人的作用是相同的。因此，电子提单的出现必将方便海运提单的使用。当海上运输航程较短时，可以完全避免传统提单因为邮寄而可能出现的船到、提单尚未寄到的情况。

（3）可以防止冒领，避免误交。由于电子数据交换系统的高度保密性，它能大大减少提单欺诈案件的发生。承运人可以控制、监视提单的内容，以防止托运人涂改提单，欺骗收货人与银行。托运人、银行甚至收货人可以监视承运人的行踪，避免船舶失踪。承运人能够控制收货人，只有当收货人付款之后，银行才通告货主支配权的转移。承运人可以准确地将货物交给付款人，从而杜绝了冒领，避免了误交。

二、电子提单的使用

下面通过一个例子来说明电子提单的使用。

假设买卖双方签订了一个 CIF 交易合同，买方通过开证行向卖方开出信用证。买方根据银行通知按合同的规定付款。在目的港，买方向承运人请求交货，承运人履行交货义务。根据 EDI 系统，上述合同的履行过程如下：

（1）卖方向承运人订舱，承运人确认。确认时应包括双方都认可的条款。

（2）买方提供货物的详细说明，承运人确认是否承运该批货物。买方同时向承运人指明信用证银行。

在这两个步骤中，EDI 系统将船舱的确认与承运货物的确认分别对待，这有别于传统书面提单依次进行的做法。因为 EDI 系统是电子洽商，而签发书面提单的过程是通过面对面的交涉，因此电子提单更快捷。

此外，卖方同时向承运人指明的银行包括议付行、通知行、开证行，通过这些银行，承运人实现了对货物支配权的正常转移，以后就能做到心中有数（为叙述简便，这里假设只有一个银行）。

（3）卖方将货物交给承运人，承运人向卖方发送一个收到该批货物，同时又可做某些保留的电讯。此时，在法律上仍由卖方控制这批货物。在电讯中，承运人给卖方一个密码（private code），卖方在此后与承运人的电讯往来中，可以通过此密码进行电讯的鉴定，保证电讯的完整。

这里的“保留”是诸如“货物的品质、数量是由卖方提供的，承运人对具体情况不明”之类的保留。若实际品质、数量与所提供的不符，应由卖方承担后果。另外，密码可以是一组数字，也可以是一组字母。

（4）承运人将货物装船后，既通知卖方又通知银行。

（5）卖方凭信用证即可取款，卖方取款后，本单交易货物的支配权才由卖方转移到了银行，卖方通知承运人货物权利的转移，承运人即销毁与卖方之间的电讯密码，并向银行确认。银行则从承运人那里得到一个新的密码。此时，卖方的责任在法律上并未终止。在使用电子提单交换的整个过程中，卖方提供的有关货物数据的正确性贯穿始终。

（6）卖方告诉银行谁是买主。

（7）买方支付货款并获得货物支配权后，银行则通知承运人货物权利的转移。承运人即销毁与银行之间的密码，向买方确认其控制的货物，并给买方一个新的密码。

在普通的电子提单交易中，谁持有密码，谁就拥有货物的支配权。但密码与支配权是完全不同的概念，货物的支配权不是随着密码的转移而转移的。交易密码具有独立、专有和不可转移三个特点。独立，是指它应与众不同；专有，是指应视之为专利；而不可转移，是指其保密性。货物支配权的转移是以密码鉴定通知进行的。

(8) 船舶抵达目的港后，承运人通知买方。买方有义务指定一个收货人，否则，在法律上买方即被视为收货人。（“在法律上”是指根据 EDI 系统实践总结出的一般管理或章程，或按《电子提单规则》办事。）

(9) 收货人实际接收货物后通知承运人，买方对货物的支配权终止。（买方有时自己就是收货人。）此时，承运人销毁与买方之间的密码。

三、区块链在海运提单上的应用

相对于纸质提单，电子提单虽然处理速度更快，具有更高的安全性，但也存在一些无法忽视的弊端，比如电子化程度过低、责任分配不均及安全保障机制不够完善等。此外，电子提单无纸性、无形性和数字化的特点导致其在流转过程中无法通过常用方式如背书实现质押。因此，如何在电子提单流转过程中实现质押运作、保护交易方的权益、合理分配当事人责任，是影响电子提单未来发展的关键。最近，正飞速发展的区块链技术，具有不可篡改、安全透明、智能合约和可证性的特点，为解决电子提单在货物运输中的转让和占有问题提供新方向。

《中国区块链技术和应用发展白皮书（2016）》中，将区块链定义为：分布式数据存储、点对点传输、共识机制、加密算法等计算机技术的新型应用模式。区块链具有以下几个特征：

1. 分布式账本

分布式账本指的是交易记账由分布在不同地方的多个节点共同完成，而且每一个节点记录的是完整的账目，因此它们都可以参与监督交易合法性，同时也可以共同为其作证。与传统的分布式存储有所不同，区块链的分布式存储的独特性主要体现在两个方面：一是区块链每个节点都按照块链式结构存储完整的数据，传统分布式存储一般是将数据按照一定的规则分成多份进行存储。二是区块链每个节点存储都是独立的、地位等同的，依靠共识机制保证存储的一致性，而传统分布式存储一般是通过中心节点向其他备份节点同步数据。没有任何一个节点可以单独记录账本数据，从而避免了单一记账人被控制或者被贿赂而记假账的可能性。也由于记账节点足够多，从理论上讲除非所有的节点都被破坏，否则账目就不会丢失，从而保证了账目数据的安全性。

2. 非对称加密

存储在区块链上的交易信息是公开的，但是账户身份信息是高度加密的，只有在数据拥有者授权的情况下才能访问到，从而保证了数据的安全和个人的隐私。

3. 共识机制

共识机制就是所有记账节点之间如何达成共识，去认定一个记录的有效性，这既是认定的手段，也是防止篡改的手段。区块链提出了四种不同的共识机制，适用于不同的应用场景，在效率和安全性之间取得平衡。区块链的共识机制具备“少数服从多数”以及“人人平等”的特点，其中“少数服从多数”并不完全指节点个数，也可以是计算能力、股权数或者其他的计算机可以比较的特征量。“人人平等”是当节点满足条件时，所有节点都有权优先提出共识结果、直接被其他节点认同并有可能成为最终共识结果。以比特币为例，采用的是工作量证明，只有在控制了全网超过51%的记账节点的情况下，才有可能伪造出一条不存在的记录。当加入区块链的节点足够多的时候，造假基本上是不可能的。

4. 智能合约

智能合约是基于这些可信的不可篡改的数据，可以自动化地执行一些预先定义好的规则和条款。以保险为例，如果说每个人的信息（包括医疗信息和风险发生的信息）都是真实可信的，那就很容易在一些标准化的保险产品中进行自动化的理赔。在保险公司的日常业务中，虽然交易不像银行和证券行业那样频繁，但是对可信数据的依赖有增无减。因此，利用区块链技术，从数据管理的角度切入，能够有效地帮助保险公司提高风险管理能力。

通过区块链和电子签名技术，可以将电子海运提单流转及电子签收过程写入区块链存证，可支持承运人、收发货人、金融机构、托运人、海关、商检等多个参与方在线完成提单的整体流转过程，实现整个过程中的商流、信息流、资金流与单据流一致。2017 年 5 月，世界上最大的航运公司马士基宣布与 IBM 合作，将智能合约用于海运提单，仅这一项就可以为企业节省大量成本。

小 结

1. 提单，是指用于证明海上货物运输合同和货物已经由承运人接收或者装船，以及承运人保证据以交付货物的单证。

2. 海运提单的作用有：(1) 提单是承运人收到货物后，签发给托运人的一张货物收据；(2) 提单是所载货物的物权凭证；(3) 作为运输契约的凭证，提单也是承运人和托运人双方权利和义务的依据。提单本身并不是运输契约，而是运输契约的证明。

3. 提单的分类：(1) 按货物是否已装船，分为已装船提单和收货待运提单；(2) 按提单收货人的抬头，分为记名提单、不记名提单和指示提单；(3) 按提单上有无批注，分为清洁提单和不清洁提单；(4) 根据运输方式的不同，分为直达提单、转船提单、联运提单和多式联运提单；(5) 按提单内容的简繁，分为全式提单和简式提单；(6) 按提单使用有效性，分为正本提单和副本提单；(7) 按收费方式，分为运费预付提单和运费到付提单。

4. 电子提单是一种利用 EDI 系统，对海运途中的货物支配权进行转让的程序。之所以将这种特定的海运支配权转让程序称为电子提单，是因为该程序具有以下三个特点：(1) 卖方、发货人、银行、买方和收货人均以承运人为中心，通过专用计算机密码，以通知该运输途中货物支配权的转移时间和对象。(2) 在运输过程中，不出现任何书面文件。(3) 收货人提货只要出示有效证件证明身份，由船舶代理言明即可。

海运提单货物权利的转移，是通过提单持有人的背书实现的。而电子提单则是利用 EDI 系统，根据特定密码使用计算机网络进行的，具有许多传统提单无法比拟的优点。

关键术语

《中华人民共和国海商法》　　海运提单　　《海牙规则》

已装船提单	收货待运提单	清洁提单
直达提单	记名提单	全式提单
正本提单	副本提单	电子数据交换（EDI）

思考题

1. 什么是提单？提单的性质和作用是什么？
2. 提单有哪些分类方法？
3. 指示性提单有几种写法？其中哪种情况需要背书？
4. 什么是电子提单？与海运提单相比，电子提单有什么特点？
5. 使用电子提单必须具备什么条件？

第七章 国际铁路货物运输

学习目标

- 了解我国铁路的发展
- 了解我国铁路运输的地位
- 初步掌握国际铁路联运的实务操作
- 学会制作国际铁路货物联运运单
- 掌握供香港地区铁路运输的操作

第一节 铁路货物运输概况

铁路运输是现代运输业的主要方式之一，铁路运输在国际贸易货物运输中，尤其是在内陆接壤的国家之间的贸易中，起着无法替代的作用。

铁路运输的发展只有 190 多年的历史。1825 年，世界上第一条铁路在英国的斯托克顿—达灵顿之间开始营运后，由于铁路运输有着明显的优越性，发展非常迅速。第一次世界大战前夕，世界铁路总长度已增加到 110 万公里，20 世纪 20 年代，增加到 127 万公里。从此以后，由于航空运输和公路运输的发展，铁路运输的发展步伐减慢，处于相对稳定的状态。目前，世界铁路总运营里程保持在 133 万公里左右。其中美洲铁路约占世界铁路总长度的 1/3，欧洲约占 1/3，其他地区之和约占 1/3。列车速度最高可达每小时 550 公里左右，货运列车速度一般每小时也在 150 公里左右。

铁路运输发展的主要趋势已转变为运输设备现代化、运输管理自动化。这个趋势突出表现为：铁路牵引动力现代化的主要方向是以电力机车和内燃机车逐步代替蒸汽机车，实现了牵引动力的电气化和内燃化。其中，作为铁路现代化主要标志之一的电气化铁路，总长度已达 18 万公里；与此同时，各国加快了复线、无缝铁路和重型钢轨的铺设，并采用了现代化通信设备，特别是电子计算机的应用使铁路营运管理工作逐步走上了自动化的道路。

我国最早的一条铁路是英国修建的吴淞铁路（上海—吴淞），全长 14.5 公里，迫于沿岸人民的反对，卖给了清政府。中国自建的铁路是于 1881 年修建的唐胥铁路（唐山—胥各庄），全长 10 公里，后延至天津，总计 130 公里，1888 年通车。中国工程师詹天佑自行设计建造的京张铁路（北京—张家口），全长 201 公里，4 年内完工，工程艰巨，其中一段在 22 公里长度内开通了四条隧道，仅八达岭隧道就长达 1 091 米。青龙桥站附近坡度已达 33°，为克服列车爬坡极限，詹天佑设计了人字形铁路，迂回越过八达岭，写下了中国铁路史上光辉的一页。1949 年之前中国共修建了 21 000 多公里铁路。

中华人民共和国成立后，铁路建设迅速发展。20 世纪 90 年代，中国已有铁路 52 000 公里，仅次于美国、苏联、加拿大和印度，居世界第五位。改革开放以来的 40 多年，我国铁路的发展进入了快车道，特别是 2006 年中国铁路“登上了新高度，迈向了新里程”。2006 年，世界海拔最高的高原铁路——青藏铁路全线通车。这一年，中国铁路共完成投资 1 500 多亿元（比前两年的投资总和还多）；发送旅客 12.6 亿人次和货物 28.7 亿吨，在连续 3 年大幅增长的高起点上再创历史新高；投产运营新线 1 605 公里。现在，中国铁路的运营总里程已达 13.1 万公里，其中高铁运营总里程已突破 3 万公里，成为世界第一大电气化铁路国家。2016 年 7 月，国家发展改革委、交通运输部、中国铁路总公司联合发布了修编的《中长期铁路网规划》，勾画了新时期“八纵八横”高速铁路网的宏大蓝图，“八纵”通道包括沿海通道、京沪通道、京港（台）通道、京哈—京港澳通道、呼南通道、京昆通道、包（银）海通道、兰（西）广通道（见表 7-1）。“八横”通道包括绥满通道、京兰通道、青银通道、陆桥通道、沿江通道、沪昆通道、厦渝通道、广昆通道（见表 7-2）。

表 7-1　八纵通道

线路名称	途经城市
沿海通道	大连（丹东）—秦皇岛—天津—东营—潍坊—青岛（烟台）—连云港—盐城—南通—上海—宁波—福州—厦门—深圳—湛江—北海（防城港）高速铁路（其中青岛至盐城段利用青连、连盐铁路，南通至上海段利用沪通铁路），连接东部沿海地区，贯通辽中南、京津冀、山东半岛、东陇海、长三角、海峡西岸、珠三角、北部湾等城市群。
京沪通道	北京—天津—济南—南京—上海（杭州）高速铁路，包括南京—杭州、蚌埠—合肥—杭州高速铁路，同时通过北京—天津—东营—潍坊—临沂—淮安—扬州—南通—上海高速铁路，连接华北、华东地区，贯通京津冀、长三角等城市群。
京港（台）通道	北京—衡水—菏泽—商丘—阜阳—合肥（黄冈）—九江—南昌—赣州—深圳—香港（九龙）高速铁路；另一支线为合肥—福州—台北高速铁路，包括南昌—福州（莆田）铁路。连接华北、华中、华东、华南地区，贯通京津冀、长江中游、海峡西岸、珠三角等城市群。
京哈—京港澳通道	哈尔滨—长春—沈阳—北京—石家庄—郑州—武汉—长沙—广州—深圳—香港高速铁路，包括广州—珠海—澳门高速铁路。连接东北、华北、华中、华南、港澳地区，贯通哈长、辽中南、京津冀、中原、长江中游、珠三角等城市群。

续前表

线路名称	途经城市
呼南通道	呼和浩特—大同—太原—郑州—襄阳—常德—益阳—邵阳—永州—桂林—南宁高速铁路。连接华北、中原、华中、华南地区，贯通呼包鄂榆、山西中部、中原、长江中游、北部湾等城市群。
京昆通道	北京—石家庄—太原—西安—成都（重庆）—昆明高速铁路，包括北京—张家口—大同—太原高速铁路。连接华北、西北、西南地区，贯通京津冀、太原、关中平原、成渝、滇中等城市群。
包（银）海通道	包头—延安—西安—重庆—贵阳—南宁—湛江—海口（三亚）高速铁路，包括银川—西安以及海南环岛高速铁路。连接西北、西南、华南地区，贯通呼包鄂、宁夏沿黄、关中平原、成渝、黔中、北部湾等城市群。
兰（西）广通道	兰州（西宁）—成都（重庆）—贵阳—广州高速铁路。连接西北、西南、华南地区，贯通兰西、成渝、黔中、珠三角等城市群。

表 7-2 八横通道

线路名称	途经城市
绥满通道	绥芬河—牡丹江—哈尔滨—齐齐哈尔—海拉尔—满洲里高速铁路。连接黑龙江及蒙东地区。
京兰通道	北京—呼和浩特—银川—兰州高速铁路。连接华北、西北地区，贯通京津冀、呼包鄂、宁夏沿黄、兰西等城市群。
青银通道	青岛—济南—石家庄—太原—银川高速铁路（其中绥德至银川段利用太中银铁路）。连接华东、华北、西北地区，贯通山东半岛、京津冀、太原、宁夏沿黄等城市群。
陆桥通道	连云港—徐州—郑州—西安—兰州—西宁—乌鲁木齐高速铁路。连接华东、华中、西北地区，贯通东陇海、中原、关中平原、兰西、天山北坡等城市群。
沿江通道	上海—南京—合肥—武汉—重庆—成都高速铁路，包括南京—安庆—九江—武汉—宜昌—重庆、万州—达州—遂宁—成都高速铁路（其中成都至遂宁段利用达成铁路），连接华东、华中、西南地区，贯通长三角、长江中游、成渝等城市群。
沪昆通道	上海—杭州—南昌—长沙—贵阳—昆明高速铁路。连接华东、华中、西南地区，贯通长三角、长江中游、黔中、滇中等城市群。
厦渝通道	厦门—龙岩—赣州—长沙—常德—张家界—黔江—重庆高速铁路（其中厦门至赣州段利用龙厦铁路、赣龙铁路，常德至黔江段利用黔张常铁路）。连接海峡西岸、中南、西南地区，贯通海峡西岸、长江中游、成渝等城市群。
广昆通道	广州—南宁—昆明高速铁路。连接华南、西南地区，贯通珠三角、北部湾、滇中等城市群。

本次《中长期铁路网规划》期限为 2016—2025 年，远期展望到 2030 年。到 2020 年，一批重大标志性项目建成投产，铁路网规模达到 15 万公里，其中高速铁路 3 万公里，覆盖 80%以上的大城市，为完成“十三五”规划任务、实现全面建成小康社会目标提供有力支撑。

到 2025 年，铁路网规模达到 17.5 万公里左右，其中高速铁路 3.8 万公里左右，网络覆盖进一步扩大，路网结构更加优化，骨干作用更加显著，更好地发挥铁路对经济社会发展的保障作用。

展望到 2030 年，远期铁路网规模将达到 20 万公里左右，其中高速铁路 4.5 万公里左右。全国铁路网全面连接20万人口以上城市，高速铁路网基本连接省会城市和其他50万人口以上大中城市，实现相邻大中城市间1～4小时交通圈，城市群内0.5～2小时交通圈。

一、铁路货物运输的特点

铁路是国民经济的大动脉，铁路运输是现代化运输业的主要运输方式之一。与其他运输方式相比，具有以下特点：

（1）运输的准确性和连续性强。铁路运输几乎不受气候影响，一年四季可以不分昼夜地进行定期的、有规律的、准确的运转。

（2）运输速度较快。货车一般在100公里/小时左右，远远高于海上运输。

（3）运输量比较大。一组可载货列车一般能运送2 000吨～2 500吨货物，远远高于航空运输或汽车运输。

（4）运输成本较低。铁路运输费用仅为汽车运输费用的几分之一到十几分之一；运输耗油约是汽车运输的二十分之一。

（5）铁路运输安全可靠，风险远比海上运输小。

（6）初期投资大。铁路运输需要铺设轨道、建造桥梁和隧道，建路工程艰巨复杂；需要消耗大量钢材、木材；需要占用土地，初期投资大大超过其他运输方式。

另外，铁路运输由运输、机务、车辆、工务、电务等业务部门组成，要具备较强的准确性和连贯性，各业务部门之间必须协调一致，这就要求在运输指挥方面实行统筹安排，统一领导。

二、国际铁路货物运输的作用

1. 有利于发展同欧亚各国的贸易

通过铁路把欧亚大陆连成一片，为发展中东、近东和欧洲各国的贸易提供了有利条件。

中华人民共和国成立初期，我国国际贸易的对象主要局限于东欧国家，从而铁路运输占我国进出口货物运输总量的50%左右，是当时我国进出口贸易的主要运输方式。进入20世纪60年代以后，随着我国海上货物运输的发展，铁路运输进出口货物所占的比重虽然有所下降，但仍然发挥着十分重要的作用。自20世纪50年代以来，我国与朝鲜、蒙古、越南、苏联的进出口货物，绝大部分仍然是通过铁路运输完成的；我国与西欧、北欧和中东地区一些国家，也是通过国际铁路联运来进行进出口货物的运输。

2. 有利于开展同香港、澳门地区的贸易，并通过香港进行转口贸易

铁路运输是我国内地联系香港、澳门地区开展贸易的一种重要的运输方式。香港、澳门地区所需的食品和生活用品多由内地供应。伴随着香港、澳门的回归，其运输量逐年迅速增加。而《内地与港澳关于建立更紧密经贸关系的安排》（CEPA）的正式签署和实施，预示着未来更加美好的经贸关系。所以，无论是过去、现在还是将来，做好对港、澳地区的运输工作，达到优质、适量、均衡、应时的要求，在政治上和经济上都具有重要的意义。

为了确保供香港、澳门地区的市场供应，从内地开设了直达这两个地区的快运列车，对繁荣、稳定港澳市场，以及这两个地区的经济发展起到了积极作用。

香港是世界著名的自由港，与世界各地都有非常密切的联系，海、空定期航班比较多。作为转口贸易基地，香港开展了陆空、陆海联运，对我国发展与东南亚、欧美、非洲、大洋洲各国和地区的贸易，保证我国出口创汇起到重要作用。

3. 对进出口货物在港口的集散和各省、市之间的商品流通起到重要作用

我国幅员辽阔，海运进口货物大部分利用铁路从港口运往内陆的收货人，海运的出口货物大部分也是由内陆通过铁路向港口集中。因此，铁路运输是我国国际货物运输的重要集散方式。至于国内各省市和地区之间调运的外贸商品、原材料、半成品和包装物料，主要也是通过铁路运输完成的。我国国际贸易进出口货物运输大多要通过铁路运输这一环节，铁路运输在我国国际货物运输中发挥着重要的作用。

第二节　国际铁路货物联运

国际铁路货物联运，是指使用一份统一的国际联运票据，由铁路当局负责经过两国或两国以上的铁路全程运送，并且由一国铁路向另一国铁路移交货物时，不需发货人、收货人参加的运输方式。

国际铁路联运牵涉面广，从发货站发运货物时起，须经过出口国的国境站、经过国的进口和出口国境站，直到进口国的进口国境站到达站，环节多，交接复杂。因此，为使联运货物顺利运送，要求每批货物的包装要适应长途运输的要求，票据要规范、清晰，随附各项单证必须齐全、完备，运送车辆为国际列车，设备必须完好无损。

一、国际铁路货物联运协定

目前国际铁路货物联运有两个协定：

1.《国际铁路货物运送公约》

1890 年欧洲各国在瑞士首都伯尔尼举行的各国铁路代表大会上，制定了《国际铁路货物运送规则》，即所谓的《伯尔尼公约》，并自 1893 年 1 月起实行，后经多次修订，改称《国际铁路货物运送公约》（简称《国际货约》），并于 1938 年 10 月 1 日生效。《国际货约》在第一、二次世界大战期间中断实行，战后重新恢复。以后虽经屡次修改，但至今仍在使用。

参加《国际铁路货物运送公约》的国家目前有以下 32 个：南斯拉夫、奥地利、瑞士、德国、瑞典、芬兰、法国、英国、爱尔兰、比利时、荷兰、丹麦、挪威、西班牙、葡萄牙、意大利、希腊、卢森堡、列支敦士登、伊朗、伊拉克、土耳其、叙利亚、黎巴嫩、突尼斯、阿尔及利亚、摩洛哥、波兰、捷克、匈牙利、罗马尼亚、保加利亚。

2.《国际铁路货物联运协定》

《国际铁路货物联运协定》规定了货物运送组织、运送条件、运送费用的计算和核收办法以及铁路与发、收货人之间的权利和义务等内容。它是参加该协定各国的铁路部门，

以及发货人、收货人办理货物联运时必须遵守的基本文件。

1991年苏联解体后，《国际铁路货物联运协定》也宣告解散，但铁路联运业务尚未发生重大改变。

我国铁路自1951年4月1日起开办了中苏铁路联运，同年11月1日，苏联、阿尔及利亚和已参加《国际货约》的德国、保加利亚、匈牙利、罗马尼亚、波兰、捷克等八国签订了《国际铁路货物联运协定》。1954年1月，我国加入了《国际铁路货物联运协定》，接着又与朝鲜、越南、蒙古陆续开办了铁路联运，至此共有12个国家参加了《国际铁路货物联运协定》。该组织为保证《国际铁路货物联运协定》的执行，在华沙设立了事务局作为常设机构，负责处理日常事务。

二、国际铁路货物联运的有关规章

国际铁路货物联运的联运范围、运送条件、组织方法和参加运送的各国铁路间的权利、义务等，均由参加联运的各国铁路共同签订的联运协定，相邻国家铁路间单独缔结的协定或由签订的双边或多边协定予以规定。为了正确执行双边或多边货运协定，又制定了办事细则和其他规章，以求共同遵守。现将有关货物联运规章的主要内容和用途概述如下：

1.《国际铁路货物联运协定》

这是一个参加《国际铁路货物联运协定》（简称《国际货协》）的各国铁路，以及发、收货人办理国际货物联运时必须遵守的基本文件。《国际货协》规定了货物运送条件、运送组织、运送费用的计算和核收办法，以及铁路与发、收货人之间的权利与义务等。

2.《国际铁路货物联运协定统一过境运价规程》（简称《统一货价》）

它规定了过境参加《国际货协》国家的铁路时办理货物运送手续，过境运送费和杂费计算，过境铁路里程表，货物品名分等、分类表，以及货物运费计算表等。

3.《国境铁路协定》和《国境铁路会议议定书》

《国境铁路协定》是由两个相邻国家的铁路部门签订，规定了办理联运货物交接的国境站、车辆以及货物交接的条件和办法，交接列车和机车运行办法、服务方法等具体问题。

根据《国境铁路协定》的规定，两个相邻国家的铁路部门，需定期召开国境铁路会议，对执行协定中的有关问题进行协商，签订《国境铁路会议议定书》。其主要内容包括：双方铁路之间关于行车组织、旅客运送、货物运送、车辆交接及其他有关问题。其中也有涉及发、收货人权利和义务的规定。各发、收货人和铁路部门须共同贯彻执行。我国与苏联、蒙古、朝鲜、越南各铁路均分别签订有《国境铁路协定》和《国境铁路会议议定书》。

另外还有《国际铁路货物联运办事细则》、《国际旅客联运和国际铁路货物联运车辆使用规则》、《国际客协和国际货协清算规则》，以及《国际货协》附件中的各项规则，如《敞车类货车货物装载和加固规则》《国际铁路联运危险货物运送特定条件》《国际铁路集装箱货物运送规则》《国际铁路联运易腐货物运送规则》等等。

为了便于执行上述国际货物联运规章，1989年，铁道部结合我国铁路办理货物联运的实际，编印了《国际铁路货物联运办法》，将上述联运规章简化并做了补充规定，以供我国铁路各发、收到站和有关单位办理国际铁路货物联运之用。

此外，在办理国际铁路货物联运时，凡上述国际铁路联运规章和补充办法未规定的事项，均适用国内规章；国际联运和国内规章都有规定时，适用国际联运规章。

表 7－3 列出了我国和邻国的国境站。

表 7－3　我国与邻国的国境站

中国国境站站名	邻国国境站站名	邻接轨距（毫米）	至国境线距离（公里）	
			我国国境站	邻国国境站
满洲里	后贝加尔	1 520	9.8	1.3
绥芬河	格罗迭科沃	1 520	5.9	20.6
二连浩特	扎门乌德	1 524	4.8	4.5
丹东	新义州	1 435	1.4	1.7
集安	满浦	1 435	7.3	3.8
图们	南阳	1 435	2.1	1.3
凭祥	同登	1 000	13.2	4.6
山腰	新铺	1 000	6.5	4.2
阿拉山口	友谊站	1 524	—	
霍尔果斯	热特肯站	1 524	全长 293.2 公里	

三、国际铁路货物联运基本运送条件

（一）国际铁路货物联运的范围

1. 同参加《国际货协》国家铁路间的货物运送

参加《国际货协》各国铁路办理联运的车站，除阿尔巴尼亚、朝鲜铁路外，凡开办国内货运营业的车站，都办理国际铁路货物联运。我国各站按国内《货物运价里程表》的规定办理。朝鲜铁路仅部分车站开办国际铁路货物联运，其货物运送按朝鲜铁路货物联运站的规定办理。

《国际货协》铁路间的货物运送使用一份运单在发货站向铁路发运，由铁路在最终到达站将货物交付收货人。在同一铁路轨距国家间，用发送国原列车直接过轨；在不同轨距国家间，则在换装站或国境站进行换装或更换另一轨距的货车轮对①或使用变距轮对。在铁路不连接的《国际货协》参加国铁路之间，其货物运送可通过参加国某一车站运用其他运输工具转运。阿尔巴尼亚铁路与其他国的铁路不连接，可以通过布达佩斯车站由发、收货人委托的收转人领取后，用其运输工具转运到阿尔巴尼亚。

2. 同未参加《国际货协》国家铁路间的货物运送

发货人在发送站用国际货协票据办理至参加《国际货协》的最后一个过境铁路的出口国境站的运送，由国境站站长（或发、收货人）委托的收转人办理转送至最终到站。

3. 通过港口的货物运送

我国通过塔林、里加，波兰铁路格丁尼亚、格但斯克、什切青或德国铁路扎斯尼次、

① 货车轮对指一根车轴和固定在车轴上的两个车轮。

罗斯托克等港口站向芬兰、瑞典、挪威和丹麦等国发送货物；或朝鲜、蒙古、俄罗斯和越南等国，通过中国铁路大连、新港、黄埔等港口站向阿尔巴尼亚或日本等国发货，或相反方向发货时，发货站和港口间用国际货协票据办理，由发货人或发货人委托在港口站的收转人办理转发送。

(二) 国际铁路货物联运的办理类别

(1) 按发货人托运货物的数量、性质、体积、状态，办理分为以下三种：整车货物（full car load，FCL)、零担货物（less than car load）和大吨位集装箱（dry container)。

(2) 按运输速度，托运类别分为：慢运、快运和挂运。

(三) 国境站的联检机构

由于国际铁路联运货物的车、货交接和换装作业都是在国境站办理，因此在国境站设有联检机构。

1. 国际铁路货物联运交接所

国际铁路货物联运交接所的任务包括：

(1) 办理联运进出口货物、车辆的交接、换装、发运；

(2) 办理交接运送单据的审核、翻译，过境运费的查核、计算；

(3) 会同邻国铁路交付人员，共同处理货物交接中发生的问题。

2. 海关

海关的任务是征收关税和查禁走私，进行实际的、明确的监督管理。

3. 国境站商检

国境站商检的任务是商品检查验放工作，接受收、发货人的委托，办理各项公证、鉴定业务。

4. 动植物检疫所

动植物检疫所的任务是对动植物、动植物产品及其运输工具实施监督检疫和处理工作。

5. 边防检查站

边防检查站的任务是对过境人员及护照、行李物品、交通运输工具和所运载的物品实施边防检查。

6. 卫生和食品卫生检疫所

卫生和食品卫生检疫所的任务是对运载工具和食品、食品添加剂以及食品容器等进行卫生监督管理。

7. 中国对外贸易运输（集团）总公司口岸分公司

中国对外贸易运输（集团）总公司口岸分公司主要是从事货物的发运、转运、联运、口岸交接、分拨、报关、报验，以及集装箱的中转、拆箱等业务。

四、出口货物国际铁路联运程序

出口货物国际铁路联运的组织工作主要包括：运输计划的编制、货物托运和承运、制单结汇、装车运送、口岸交接。

（一）出口货物国际铁路联运计划

出口货物国际铁路联运计划分为年度运量计划和月度要车计划。

1. 年度运量计划的编制

为衔接年度各国铁路间进出口货物的交接运量，每年年初，由国际货协组织召开中国、朝鲜、蒙古、俄罗斯、越南五国铁路和外贸代表参加的运量计划例会，商定本年度分国别、口岸、品类、季度的外贸进出口运量。会前由中国对外贸易运输（集团）总公司编制国际铁路联运年度运量计划，并与国务院口岸办、铁路部门等有关部门平衡确定后，提交例会，在例会上，与各国最后商定。年度运量计划安排是月度要车计划和各铁路口岸货物交接运量的主要依据。

2. 月度要车计划的报批

国际联运月度要车计划是中国对外贸易运输（集团）总公司与铁路部门共同平衡确定的指令性运输计划。包括整车、零担、大型集装箱三种类别。

具体编报程序是：

（1）编制“国际联运”月度要车计划表；

（2）分别报送铁路部门和商务部；

（3）商务部汇总、审核后与铁路部门平衡核定；

（4）月度要车计划需要经过商务部和铁路部门平衡核定，并经有关国家、铁路部门确认以后，商务部通知各地商务厅（局）和各进出口总公司。各地商务厅（局）和各进出口总公司再分别转告所属发货单位。各铁路局（分局、车站）将批准的月度要车计划分别通知各发货单位。

联运出口月度要车计划批准后，各发货单位应按照铁路部门的规定，向各发货站提出旬度计划，发货站于每旬度开始前，将确认的旬度计划通知各发货单位执行。

凡发运整车货物，都需具备铁路部门批准的月度铁路要车计划；零担货物则不需要向铁路部门编报月度要车计划，但发货人必须事先向铁路办理托运手续。联运出口月度要车计划批准后，应当力争按计划执行。

（二）出口货物国际铁路联运的托运与承运

1. 托运前的工作

凡属国际铁路联运的出口货物，在托运前必须将货物的包装和标记严格按照合同中的有关条款、《国际货协》和议定书中的条项办理。

2. 货物托运和承运的一般程序

发货人在托运货物时，应向车站提交货运单和运单副本，以此作为货物托运的书面申请。车站接到运单后，应认真审核，对整车货物应检查是否有批准的月度、旬度货物运输计划和日要车计划。检查货物运单各项内容是否正确，以确认是否可以承运。车站一经在运单上签证，写明货物应进入车站的日期和装车日期，即表示受理了托运。发货人按签证指定的日期将货物搬入车站或指定的货位，并由铁路根据货物运单的记载查对实货，认为符合《国际货协》和有关规章制度的规定的，车站方可予以承认。整车货物一般在装车完毕，发货站在货物运单上加盖承运日期戳，即表示货物已经承运。

对于零担货物发运，发货人在托运时，不需编制月度、旬度要车计划，可凭运单向车站申请托运，车站受理托运后，发货人按签证指定的日期，将货物搬进货场，送到指定的货位上。经查验、过磅后，即交铁路保管。从车站将发货人托运的货物连同货物运单一同接收完毕，并在货物运单加盖承运日期戳，即表示货物已经承运。铁路对承运后的货物负保管、装车发运的责任。

总之，承运是铁路负责运送货物的开始，表示铁路开始对发货人托运的货物既承担运送义务，又承担运送中的一切责任。

3. 货物的装车、施封、价格声明和押运

(1) 在我国铁路发站装车的货物，只能装到车辆最大载重量，超过即为超载。按我国铁路国内规章，标记载重量加2%为最大载重量。用敞车类运送货物时，应执行《国际货协》的规定。

(2) 中国、朝鲜、越南铁路的货车，以标记载重量加5%为最大载重量，发往越南的准轨货车，货车总重（货重＋自重）不得超过83吨。蒙古等国铁路货车若以两轴车标记，载重量加1吨为最大载重量；若以四轴车标记，则载重量加2吨为最大载重量。

标有“禁增”字样的车辆，只能装到标记载重量。

若装车后需施铅封，属发货人装车的车皮，由发货人施铅封；属铁路装车的，由铁路施铅封，以便分清铁路与发货人之间以及铁路内部的交接责任。

托运贵重商品时，发货人声明的价格不得超过发票中记载的实际价值。

货物押运是指托运需要沿途照料的货物时，押运人员的乘车应按乘车铁路的规章办理。

(三) 出口货物国际铁路联运运输单证

1. 国际铁路货物联运运单

国际铁路货物联运运单（international through rail waybill）是发货人与铁路之间缔结的运输契约，它规定了铁路与发、收货人在货物运送中的权利、义务和责任，对铁路和发、收货人都具有法律效力。

(1) 联运运单的组成和作用。

第一张——运单正本，是货物的运送契约。它随同货物至到站并连同第五张（货物到达通知单）和货物一起交给收货人。

第二张——运行报单，是参加联运各铁路办理货物交接、划分运送责任以及清算运送费用、统计运量和运输收入的原始依据。它随同货物至到站，并留存至到达站。

第三张——运单副本。与运送企业缔结后交给发货人，但它不具有运单的效力，仅证明货物已由铁路承运。发货人可凭此副本向收货人结算货款，行使变更运输要求以及在运单全部灭失时，凭此向铁路提出赔偿要求。

第四张——货物交付单。随同货物至到站，并留存至到达站。

第五张——货物到达通知单。随同货物至到站，并同运单正本和货物一起交给收货人。

第一张和第五张、第二张和第四张在左边相连，第一张至第三张的背面均详细记载了向发、收货人核收运杂费的事项；第四、五张背面供铁路在运送过程中添记必要的事项，如发、收货人变更运送契约的事项，货物运送或交付阻碍商务记录的编制等等。此外，还有为发送铁路和过境铁路准备的必要份数的补充运行报单。

(2) 联运运单的填写。

运单正面未画粗线的各栏由发货人填写，现将由发货人填写的各栏说明如下：

第1栏，发货人及其通信地址。

填写发货人的名称及其通信地址。发货人只能是一个自然人或法人。由中国、朝鲜、越南发货时，准许填写这些国家规定的发货人及其通信地址的代号。

第2栏，合同号码。

填写出口单位和进口单位签订的供货合同号码。

第3栏，发站。

填写运价规程中所载发站全称。

第4栏，发货人的特别声明。

发货人可在该栏中填写自己的声明，例如，关于对运单的修改及易腐烂变质货物的运送条件等。

第5栏，收货人及其通信地址。

注明收货人的名称及其通信地址，收货人只能是一个自然人或法人。从参加《国际货协》的铁路向未参加《国际货协》的铁路发货，并且由站长办理转发送时，则在收货人及其通信地址栏填写“站长”。

第6栏，对铁路无约束效力的记载。

发货人可以对该批货物做出记载，该项记载仅仅作为对收货人的通知，铁路不承担任何义务和责任。

第7栏，通过的国境站。

注明货物应通过的发送铁路和过境铁路的出口国国境站。如有可能从一个出口国国境站通过邻国的几个进口国国境站办理货物运送时，则还需要注明运送所要通过的进口国国境站，以及根据发货人注明的通过国国境站确定的线路。

第8栏，到达路和到站。

在斜线之前，应注明到达铁路的简称；在斜线之后，应用印刷体字母（中文用正楷粗体字）注明运价规程上到站的全称。运往朝鲜的货物，还应注明到站的数字代号。运往非货协国的货物并由站长办理转发时，记载《国际货协》参加路最后过境路的出口国境站，并在该站站名后记载：“由铁路继续办理转发送至____铁路____站”。

第9～11栏的一般说明：

填写第9～11栏事项时，可不受各栏间竖线的严格限制。但是，有关货物事项的填写顺序，应严格符合各栏的排列次序。

第9栏，记号、标记、号码。

填写每件货物上的记号、标记和号码。货物如装在集装箱内，则还要填写集装箱号码。

第10栏，包装种类。

填写包装的具体种类，如纸箱、木桶等，不能笼统地填“箱”“桶”。如用集装箱运输，则记载集装箱。

第11栏，货物名称。

货物名称应按国际货协的规定填写，或按发送路或发送路和到达路现行的国内运价规程品名表的规定填写，但是，需要注明货物的状态和特征。两国间的货物运送，可按两国商定的《直通运价规程品名表》中的名称填写。

在“货物名称”字样下面专设的栏内填写《通用货物品名表》规定的六位数字代码。

填写全部事项时，若篇幅不足，则应添附补充清单。

第12栏，件数。

注明一批货物的件数。

用敞车类货车运送不盖篷布或盖有篷布而未加封的货物，其总件数超过100件时，或运送仅按重量不按件数计的小型无包装制品时，注明“堆装”，不注件数。

第13栏，发货人确定的重量（公斤）。

注明货物的总重量。

第14栏，共计件数（大写）。

用大写填写第12栏中所记载的件数。

第15栏，共计重量（大写）。

用大写填写第13栏中所记载的总重量。

第16栏，发货人签字。

发货人应签字证明列入运单中的所有事项正确无误。发货人的签字也可用印刷的方法或加盖戳记处理。

第17栏，互换托盘。

该栏内的记载事项仅与互换托盘有关。

注明托盘互换办法，并分别注明平式托盘和箱式托盘的数量、集装箱/运送工具。

第18栏，种类、类型。

在发送集装箱货物时，应注明集装箱的种类和类型。

使用运送用具时，应注明该用具的种类。

第19栏，所属者及号码。

运送集装箱时，应注明集装箱所属记号和号码。对不属于铁路的集装箱，应在集装箱号码之后注明大写字母“P”。

使用属于铁路的运送用具时，应注明运送用具所属记号和号码。使用不属于铁路的运送用具时，应注明大写字母“P”。

第20栏，发货人负担下列过境铁路的费用。

如发货人负担过境铁路的运送费用，填写所负担过境铁路名称的简称；如发货人不负担任何一个过境铁路的运送费用，填写“无”字。

第21栏，办理种别。

办理种别分为整车、零担、大吨位集装箱，将不需要者划掉。

第22栏，由何方装车。

发货人应在运单该栏内注明由谁装车，将不需要者划掉。

第23栏，发货人添附的文件。

注明发货人在运单上添附的所有文件的名称和份数。

第 24 栏，货物的声明价格。

用大写注明以瑞士法郎表示的货物价格。

第 27～30 栏的一般说明：

用于记载使用车辆的事项，只有在运送整车货物时填写。至于各栏是由发货人填写还是由铁路车站填写，则视由何方装车而定。

第 45 栏，铅封个数和记号。

填写车辆或集装箱上施加的封印个数和所有记号。至于铅封的个数和记号，视由何方施封而由发货人或铁路车站填写。

第 48 栏，确定重量的方法。

注明确定重量的方法。例如，用轨道衡、按标准重量、按货件上标记重量等。由发货人确定货物重量时，发货人应在该栏注明确定重量的方法。

2. 添附文件

我国出口货物必须添附出口货物明细单和出口货物报关单、出口外汇核销单。另外，根据规定和合同要求，还要添附出口许可证、品质证明书、商检证、卫生检疫证、动植物检查以及装箱单、磅码单、化验单、产地证、发运清单。这些文件只限与运单所记载的货物有关，将添附文件名称和份数记入运单“发货人添附文件”栏内，并同运单一起至国境站。这些文件不能邮寄，货物在国境站的报关手续由口岸外运公司代为办理。

铁路没有义务检查发货人在运单上所附的文件是否正确和齐全。对由于没有添附文件或文件不齐全、不正确而产生的后果，发货人应对铁路负责，并承担货物及车辆滞留可能产生的一切费用。若由于铁路过失而使发货人在运单上已做记载的添附文件丢失，则铁路应对其后果负责。

（四）出口货物交接的一般程序

1. 联运出口货物的实际交接

联运出口货物的实际交接在接收铁路的国境站进行。口岸外运公司接到铁路交接所传递的运送票据后，依据联运运单审核其附带的各种单证份数是否齐全，内容是否正确。如遇矛盾或不符等缺陷，则根据有关单证或函电通知订正、补充。

2. 报关报验

运送单证经审核无误后，将出口货物明细单截留三份（易腐烂变质货物截留两份），然后将有关运送单证送各联检单位审核放行。

3. 货物的交接

单证手续齐备的列车出境后，交付国在邻国国境站的工作人员，会同接收方铁路的工作人员，共同进行票据和货物的交接，依据交接单进行对照检查。

货物交接分为一般货物铁路交接和易腐烂变质货物贸易双方的交接，也可以分为凭铅封交接和按实物交接两种情况。

凭铅封交接的货物，根据铅封的站名、号码或发货人简称进行交接。交接时应检查封印是否有效或丢失，印文内容、字迹是否清晰，同交接单的记载是否相符，车辆左右两侧铅封是否一致等内容。然后，由双方铁路凭完整的铅封办理货物交接手续。按实物交接具体可以分为只按货物重量、只按货物件数，以及按货物现状交接三种方式。同时，在办理货物交接时，交付方必须编制“货物交接单”，没有编制交接单的货物，在国境站不得办理交接。

国际联运的出口货物抵达到站后，铁路应通知运单中所记载的收货人领取货物。在收货人付清运单中所记载的一切应付运送费用后，铁路必须将货物连同运单交付给收货人。收货人必须支付运送费用并领取货物。收货人只有在货物因毁损或腐坏而使质量发生变化，以致部分货物或全部货物不能按原用途使用时，才可以拒领货物。

收货人领取货物时，应在运单上填记货物领取日期，并加盖收货戳记。

五、进口货物国际铁路联运程序

1. 确定货物到达站

国内订货部门应提供确切的到达站的车站名称和到达路局的名称，除个别单位在国境站设有机构的以外，均不得以我国国境站或换装站为到达站，也不得以对方国境站为到达站。

2. 必须注明货物经由的国境站

3. 正确编制货物的运输标志

各部门对外订货签约时，必须按照商务部的统一规定编制运输标志，不得颠倒顺序和增加内容，否则会造成错发、错运事故。

4. 向位于国境站的外运机构寄送合同资料

进口单位对外签订合同，应及时将合同的中文副本、附件、补充协议书、变更申请书、确认函电、交货清单等寄送国境站外运机构。

在这些资料中必须要有以下内容：合同号、订货号、品名、规格、数量、单价、经由国境站、到达路局、到站、唛头、包装及运输条件等。事后如有某种变更事项，也应及时将变更资料抄送外运机构。

5. 进口货物在国境内的交接

进口货物列车到达国境站后，由铁路会同海关接车，双方铁路根据列车长提供的货物交接单办理交接，海关对货物执行监管。

6. 分拨与分运

对于小额订货，国外发货人集中托运、以我国国境站为到站、以外运机构为收货人的，以及国外铁路将发货人集中托运、以我国国境站为到站的，外运机构在接货后应负责办理分拨、分运业务。

在分拨、分运中发现有货损、货差情况，如果属于铁路责任，应找铁路出具商务记录；如果属于发货人责任，应及时通知有关进口单位向发货人索赔。

7. 进口货物的交付

铁路到站后向收货人发出到货通知；收货人接到通知，并且向铁路付清运送费用后，铁路将运单和货物交给收货人；收货人在取货时应在“运行报单”上加盖收货戳记。

六、国际铁路货物联运运费的计算

联运货物运送费用包括货物运费、押运人乘车费、杂费和其他费用。

（一）运送费用核收的规定

1. 参加《国际货协》各铁路间运送费用核收的原则

（1）发送路的运送费用：在发站向发货人或根据发送路国内现行规定核收。

（2）到达路的运送费用：在到站向收货人或根据到达路国内现行规定核收。

（3）过境路的运送费用：按《统一货价》在发站向发货人或在到站向收货人核收。

2.《国际货协》参加路与非《国际货协》铁路间运送费用核收的规定

（1）发送路和到达路的运送费用与上一条中的（1）、（2）项相同。

（2）过境路的运送费用：参加《国际货协》并实行《统一货价》各过境路的运送费用，在发站向发货人或在到站向收货人核收；但办理转送国家铁路的运送费用，可以在发站向发货人或在到站向收货人核收。过境非《国际货协》铁路的运送费用，在到站向收货人或在发站向发货人核收。

3. 通过过境铁路港口站货物运送费用核收的规定

从参加《国际货协》并实行《统一货价》的国家，通过另一个实行《统一货价》的过境铁路港口，向其他国家和相反方向运送货物时，不论这些国家是否参加《统一货价》，都可用国际货协票据办理货物运送，只能办理至过境港口站为止或从这个站起开始办理。

从参加《国际货协》铁路发站至港口站的运送费用，在发站向发货人核收；在相反方向运送时，在到站向收货人核收。在港口站所发生的杂费和其他费用，在任何情况下，都在这些港口车站向发货人或收货人的代理人核收。过境铁路的运送费用，按《统一货价》规定计收。

（二）国际铁路货物联运国内段运费的计算

根据《国际货协》的规定，我国通过国际铁路联运的进出口货物，其国内段运费的核收应按照我国《铁路货物运价规定》进行计算。运费计算的程序如下：

（1）根据《货物运价里程表》确定从发站至到站的运价里程。

（2）根据运单上填写的货物品名查找《货物品名检查表》，确定适用的运价号。

（3）根据运价里程和运价号在货物运价率表中查出相应的运价率。

（4）按《铁路货物运价规定》确定的计费重量与该批货物适用的运价率相乘，算出该批货物的运费。

（三）国际铁路货物联运过境运费的计算

国际铁路货物联运过境运费是按照《统一货价》的规定计算的。运费计算的程序如下：

（1）根据运单记载的应通过的国境站，在《统一货价》中的《过境里程表》分别找出货物所通过的各个国家的过境里程。

（2）根据货物品名，查找《统一货价》中的《通用货物品名表》，确定所运货物适用的运价等级。

（3）根据货物运价等级和各过境路的运送里程，在《统一货价》中找出符合该批货物的运价率。

(4)《统一货价》对过境货物运费的计算是以慢运整车货物的运费额为基本运费额，其他种别的货物运费则在基本运费额的基础上分别乘以不同的加成率。

第三节 对港澳地区的铁路货物运输

香港和澳门是我国的领土，居民中98%是中国人。该地区是我国同世界各国、各地区经贸往来的重要通道之一，也是我国换取现汇的重要场所，占我国出口创汇额的20%以上。因此，做好对港澳地区的运输工作是我国外贸运输的重点之一。

一、对香港地区的铁路运输

(一) 供港货物铁路运输交接口岸概况

1. 深圳口岸概况

深圳位于广州东南部，是京九、广九铁路的交接站。

深圳与香港毗邻，其铁路、公路均与九龙相连。铁路有深圳北站（货运站）和深圳站（客运站）。内地各省市铁路发往香港的整车和零担货物车，均在深圳北站进行解体、编组以及必要的装卸作业和联检作业。深圳北站共有40多条股道，可容纳机车量为700车左右，具有一定的装卸能力。

由深圳北站岔出一条专用线，通往深圳新开发的笋岗仓库区，专用线终端有外运仓库。深圳北站南面的深圳站是香港出入境旅客中转换车以及以包裹办理进出口货物的车站。深圳站向南有罗湖桥，它是内地与香港的分界处。

深圳站以东的文锦渡桥是公路的进出口岸，汽车运输的货物经由文锦渡公路进出口。

中国外运深圳分公司是各外贸专业公司在深圳口岸的货运代理，负责其货物的进出口业务。内地各省、市、自治区的外贸专业公司，由铁路经深圳口岸，或铁路转公路的出口货物（除活畜禽鱼类由各省自办外），均由中国外运深圳分公司接受委托，办理接货、报关、查验、过轨等中转运输手续。其他发货单位的出口货物、使领馆物资、展品，以及其他非贸易物资也委托中国外运深圳分公司代办中转运输业务。此外，中国外运深圳分公司还接受各省、市、自治区外贸专业公司的普通件杂货的进出口、库存、装箱、中转等业务。

2. 港段铁路概况

港段铁路为京九、九广铁路的一部分，自边境罗湖车站起，途经上水、粉岭、大埔墟、大学、火炭、大围、九龙塘、旺角至九龙车站，全长34公里。

香港铁路有4个卸货点，其中最大的卸货点是九龙车站的红磡货场，绝大部分杂货、果菜都在此卸车。货场可容纳200多辆车，可供卸车的货车位有100多个。何文田货场专供卸活畜禽，有48个卸车的车位。沙田车站的百适货场，专用线每天可卸杂货的车位有20个。旺角车站每天可卸杂货的车位有30个。

九广铁路公司对货车只办理行车和调车作业，不办理货运业务。目前，港段铁路的货运业务，包括接货、托运、调度、组织装卸、交货，均由香港中旅货运有限公司承包。香港中旅货运有限公司是中国外运深圳分公司在香港的货运代理商。

（二）对香港地区铁路运输的特点

对香港地区铁路运输不同于国际联运，也不同于一般的国内运输，而是一种特定的运输方式。

1. 租车方式两票运输

对香港地区铁路运输由内地段和港九段两部分铁路运输组成，所以出口单位在发送地车站将货物托运至深圳北站，收货人为深圳外运分公司；货车到达深圳北站后，由深圳外运作为各地出口单位的代理，向铁路租车过轨，交付租车费并办理出口报关等手续。经海关放行过轨后，由香港中旅货运有限公司作为深圳外运在香港的代理，在港段罗湖车站向港九铁路另行起票托运至九龙，货物到达九龙站后，由其负责卸货并交收货人。承运人签发“承运货物收据”，作为向银行结汇的凭证。

2. 运输工作计划多变

有相当数量的商品，特别是鲜活商品要根据香港市场的情况随时调节，在各个发运口岸，要按一定的配额均衡发运，做到“优质、适量、均衡、应时”地供应香港市场。因此，对香港地区的运输要求较一般国际联运和对外出口要高。

3. 运输计划主要是编制月度计划

各发送货物的省、市、自治区根据成交、备货及香港市场的情况，按当时铁路部门规定的报送时间，向铁路局办理、下达月铁路要车手续。经汇总，于每月 10 日前报送外运总公司。铁路局于当月 14 日提出下月计划分配方案。25 日前批准计划。

（三）对香港地区铁路运输的一般程序

1. 发货人办理内地铁路运输托运手续

即发货地——深圳站（发货人——深圳外运分公司）。发货人提前 5 天向当地外运办理委托手续。当地外运接受委托单证、审查合格后寄送深圳外运分公司。发货人向深圳外运分公司拍发起运电报，深圳外运接到到车预告电报后核对，抄给香港，以便中途做好接车准备。

（1）运装车中应注意的问题。

1）高度的限制。装载高度从轨面算起，不得高于 4.5 米。

2）重量限制。目前，香港铁路局规定，每节车厢总重（自重＋货重）不得超过 72 吨。

3）货物的均衡发运。供港商品中配额商品占相当比重，此类商品必须按月配额，按日均衡发送。因为香港地区市场容量有限，到货过多，造成销售困难，只得降价出售，使我国外汇收入减少。均衡发货既能满足香港市场的需求，又能卖出适当的价钱。

（2）主要单证。

1）供港货物委托书，这是发货人转运、报关、接货的依据和委托承运的依据，也是发货人核算运输费用的凭证。一式五份，要求在发运前预寄。

2）出口货物报关单，这是向海关申报的依据，一式两份。来料加工、进料加工及补偿贸易货物一式三份，还要随报关单附上合同副本，同时根据信用证，寄发商检证、文物出口证明书、许可证等。

3）起运电报，这是货物发往深圳的确报，它可以提醒深圳口岸和驻港机构做好接运准备，同时，还可以作为补做单证的依据。起运电报不是可有可无的资料，没有电报，无法抽单配证、申请报验，香港中旅货运有限公司也不能提前通知收货人办理赎单手续。

4）承运货物收据，由各地外运公司以货物代理的身份向外贸公司签发，负责发站至香港的全程运输，是向银行结汇的凭证，相当于国际联运单副本，代表货物所有权，是香港收货人的提货凭证。

5）铁路运单，是发货人与铁路部门办理由发货点至深圳北站间的内地段运输契约，因仅限内地段，不起提单的作用。

2. 运行组织、口岸交接

（1）运行组织。包括快运货物列车、直达列车、成组运输。

（2）口岸交接。铁路到达深圳的外贸出口货物有三种方式：原车过轨（占80%～90%）、卸车（存储）经公路出口和卸车后存外贸仓库再装火车出口。中国外运深圳分公司办理杂货，总公司工作组和转运站办理活畜禽。

3. 港段接卸

（1）港段有关运输机构及其业务范围。

1）香港九广铁路公司。主要是将深圳过轨的各班货车由罗湖车站拉到九龙，装有不同商品的货车分别送进红磡及何文田货场。

2）香港中旅货运有限公司。香港中旅货运有限公司不属于外贸系统，香港的铁路货运业务中的接货、托运、调度、交货均由该公司承担，它是外运公司在香港的代理，双方是委托代理的关系。

3）运输行。运输行是香港的私商，过去是作为外运公司的代理在香港承办铁路货物运输业务的。1961年以后由香港中旅货运有限公司和广东省外运分公司对口，香港中旅货运有限公司承担不了的业务，再分别委托各运输代理。

现在和香港中旅货运有限公司有业务联系的运输行主要有七家：新联、开源、永达、良友、大陆，以及金利信、文联运输行等等。

4）华润集团公司储运部，作为贸易部门的代表负责供港物资的全面运输工作，归口管理国内各驻港贸易机构，包括五丰行、德信行、华运公司等的储运工作。

（2）香港铁路的接卸作业。

货车到达深圳后，深圳外运分公司填报“当天车辆过轨货物通知单”（预报），交给香港中旅货运有限公司罗湖办事处，香港中旅货运有限公司派人过桥取送。货车过轨后，罗湖办事处根据香港九广铁路公司提供的过轨车号，填制过轨确报，然后到现场逐个核对车号，并进行适当处理，如加固、扎铁丝、重加脱落的铅封等，并向香港九广铁路公司起票托运。香港九广铁路公司派机车过桥，将在深圳站编好的列车牵引到罗湖站，从罗湖发车时，香港中旅货运有限公司和有关运输行的罗湖办事处登车押运，每班1～2人，一直押到九龙。一天最大的运输能力可以达到220节～250节车皮，按照不同的商品调至规定的卸货地点，派理货员在车边将货物交给客户。

香港的卸货点没有货场，卸货时全部采取火（火车）车（汽车）直取或车（火车）船直取的方式。汽车不来，火车就不能卸。因此，如果委托书、电报不齐，填写不准确、不清楚，香港中旅货运有限公司就无法通知客户提货，必然造成积压。为了避免香港段积压待卸，往往要卸货入仓。按香港惯例，货物一经入仓，起码支付一个月的仓租，不仅使客商蒙受损失，还影响发货人的信誉。

4. 运费的结算方法

各地经深圳口岸转运香港地区的铁路货物经过了两段运输，因此运费也是分段计算，内地按人民币计算，港地按港币计算，一切费用均由发货单位支付。

深圳口岸的中转费用，整车货物按实际开支，零担货物按定额费用每吨 10 元。货物中转后，由中国外运深圳分公司向有关发货单位结算，劳务费按中国对外贸易运输（集团）总公司制定的劳务费率收取。

港段运杂费用先由香港中旅货运有限公司垫付，待货物在香港交付完毕后，由香港中旅货运有限公司开列费用清单并向有关发货单位结算。有关发货单位收到香港中旅货运有限公司的费用清单，经核对无误后，五天之内向当地结汇银行申请外汇，汇还香港中旅货运有限公司。

二、对澳门地区的铁路运输

澳门与内地没有铁路直通。内地各省、市、自治区运往澳门的出口货物，先由铁路运至广州。整车货物到广州南站新风码头 42 道专用线；零担到广州南站；危险品零担到广州吉山站；集装箱和快件到广州火车站。

收货人均为中国外运广东省分公司。货物到达广州后，由中国外运广东省分公司办理水路或公路的中转，运至澳门。货物到达澳门后，由南光集团运输部负责接收货物并交付收货人。

广东省的地方物资和一部分不适合经水运的内地出口物资，可用汽车经拱北口岸运至澳门。

第四节　国际货物集装箱联运

国际货物集装箱联运简称大陆桥联运。大陆桥（land bridge）是指利用横贯大陆上的铁路或公路运输系统，把大陆两端的海洋连接起来的中间桥梁。大陆桥运输一般是以集装箱为运输单位，所以也叫“大陆桥集装箱运输”。

世界上有多条大陆桥，到目前为止，我国主要利用的是西伯利亚大陆桥。

一、西伯利亚大陆桥运输

（一）概况

西伯利亚大陆桥（Siberian land bridge）地跨欧亚两洲，所以又称欧亚大陆桥路线（Europe-Asia land transport line）。它是利用西伯利亚铁路作为陆地桥梁，把太平洋远东地区与波罗的海和黑海沿岸，以及西欧大西洋口岸连接起来，是世界最长的运输路桥。原苏联外经贸部专门成立了全苏过境运输公司（SOTRA）经营管理该条大陆桥运输业务，制定运价，安排运输计划等。而实际承担运输业务的则是原苏联的铁路、公路和航运部门，以及国际铁路集装箱组织（Intercontainer）。这个组织由东欧和西欧各国铁路部门联合组成，是自原苏联西部边境至欧洲各地或相反方向的铁路运输实际承运人，它具有跨国公司的性质，实行统一的运价表和运输规则。目前西伯利亚大陆桥东起符拉迪沃斯托克的东方港，横贯欧亚大陆。

1. 西伯利亚大陆桥的三种运输方式

（1）铁/铁方式（transrail）。是经过西伯利亚铁路至伊朗、西欧铁路，再运至欧洲各地或相反方向的运输。

（2）铁/卡方式（tracons）。指经西伯利亚铁路转公路至欧洲各地或相反方向的运输。

这条路线是海运、铁路、公路的联合路线。由日本到东方港用海运方式，由东方港到布列斯特用铁路方式，再用卡车将货物转运到欧洲各国。

（3）铁/海方式（transea）。是指经过西伯利亚铁路转船运至西北欧和巴尔干地区主要港口及相反方向的运输。

这条路线是先由海运从日本等地至东方港，经西伯利亚铁路至波罗的海港口圣彼得堡、里加、塔林和黑海港口日丹诺夫、伊利切夫斯克后，再装船运至北欧、西欧和巴尔干地区主要港口。

2. 利用西伯利亚大陆桥为我国进出口贸易运输服务

（1）铁/铁方式。由我国国内各车站至满洲里或二连浩特出口，通过后贝加尔或通过蒙古扎门乌德站至纳乌什基站，利用西伯利亚铁路转至亚洲伊朗、阿富汗或东欧、西欧铁路再运至欧洲等地或相反方向的运输。

（2）铁/海方式。由国内各火车站至满洲里、后贝加尔站或二连浩特、蒙古扎门乌德站、纳乌什基站，利用西伯利亚铁路运至波罗的海和黑海港口，再装船转运至西欧、北欧和巴尔干地区主要港口或相反方向的运输。

（3）铁/卡方式。由国内各火车站经满洲里或二连浩特出口，通过蒙古、原苏联铁路，再转运至原苏联布列斯特转公路，运至欧洲各地或相反方向的运输。

目前，我国开展西伯利亚大陆桥集装箱运输业务的总经营人，是商务部的中国对外贸易运输（集团）总公司。该公司负责统一对外洽谈业务，签订运输和租箱协议，同国外有关代理公司商定用箱计划，对内统一调动使用集装箱，同铁路部门安排使用过境车皮计划，管理运费和租箱价格，办理对外运费和租箱费用的结算工作，解决运输中发生的问题。

在办理该项业务中，分公司和总公司联系，既是总公司的代理，又是专业公司和其他货主的承运人。分公司负责招揽和组织货源，安排月度、季度、年度用箱计划；负责向铁路部门按时申报车皮；办理报关、装箱、拆箱、集运和分拨工作。

3. 西伯利亚大陆桥运输的优越性

（1）具有集装箱运输的优点，适应性强，能保证货物在运送途中的安全，节省包装材料。

（2）具有联运性质。不论沿途经过几个国家，也不论变换几次运输工具，都由总承运人安排，并负责全程的运输。

（3）手续简便，结汇早。货方仅需办理一次托运、一次付费，即可从原产地或仓库施封后凭外运公司签发的提单去银行结汇。

(4) 运输快。运送时间短，以天津到赫尔辛基为例，海运约需要 50 天，陆运只需 20 天左右，可以提前到达约 30 天。

从 1980 年起，从远东，主要是日本运往西欧、北欧的集装箱货物已有 1/3 是经过大陆桥运送的，欧洲运往远东的货物也有 15%经过此大陆桥。通过该大陆桥的集装箱每年多达 10 万 TEU。我国从 1980 年 4 月起，开始利用西伯利亚大陆桥办理来往欧洲各国和伊朗等中东国家的货物进出口联运业务。

(二) 西伯利亚大陆桥的主要单证

大陆桥的主要单证有装箱单和联运提单。

1. 装箱单

装箱单及集装箱所装货物的明细单，列明集装箱货物的具体货运资料及集装箱积载情况，其内容和提单及铁路运单一致，以便进行货物的运输交换和运费结算。

装箱单份数。装箱单规定缮制一式七份，寄总公司两份，附在铁路运单上四份，分公司自己留一份。随车走的四份到岸后，由满洲里或二连浩特口岸分公司自留一份，退总公司一份，退发货地分公司一份，随车一份。

2. 联运提单

联运提单是货运承运人（或其代理人）在受理货物以后签发给发货人的一种书面凭证，具有货物收据和运输合同的作用。

(三) 西伯利亚大陆桥国际铁路集装箱运输费用的构成

西伯利亚大陆桥运输费用是由几段费用和不同的项目综合组成的。第一，也是最主要的是原苏联段过境运费，第二是欧洲段运费，第三是集装箱使用费，第四是代理费和佣金，第五是国内段费用。

1. 原苏联段过境运费

按远东经互会运价分类分为七个等级，并根据铁/铁、铁/海、铁/卡三种运输方式，收取不同的费率。

2. 欧洲段运费

这段费用是从原苏联西部边境站到欧洲各国收货人所在地反方向运输所发生的费用。它是按国际铁路集装箱组织的费率来计算的，这种费率是不分货种的包干费率。

3. 集装箱使用费

包括租箱费、集装箱取箱费及还箱费。

4. 代理费和佣金

每经过一个国家，都要委托一个代理人负责办理有关事项而支付的费用。

5. 国内段费用

(1) 运费：由于铁路没有国际集装箱费率，因此参照铁路部门《铁路货物运价规则》有关规定，以集装箱计费重量和相应的运价率来计算运费。

(2) 装卸箱费：装卸集装箱时所产生的费用。

(3) 劳务费等。

(4) 短途运费：集装箱在市内运输所产生的费用。

(5) 费用结算：外运总公司负责同国外代理进行结算。各地承办运输业务的外运分公司负责向有关委托单位收取有关费用。国外段费用由外运总公司制定，实行按商品等级或包厢运价结算。国内段运费由各地外运分公司按铁路部门公布的《大型集装箱运价表》核收。

(四) 西伯利亚大陆桥运输的赔偿责任及理赔

大陆桥运输是一种国际多式联运，外运公司是大陆桥运输的经营人，外运公司签发的联运提单是全程联运契约。实际上类似于无船承运人，但是，外运公司又掌握一支自有船队、租船、卡车及集装箱等，所以也是承运人。对货主来说外运公司是承运人，承担货物全程运输责任。在履行契约时，又以托运人身份委托单一方式承运人完成各区段的运输。因此，又有总承运人和分承运人之称。

西伯利亚大陆桥运输的赔偿责任有三种，即网状赔偿责任、统一赔偿责任、修正的统一赔偿责任。外运公司联运提单的赔偿责任是采用网状赔偿责任制确定的，目前，国际多式联运被普遍采用。它基本上把联运经营人的赔偿责任按知道发生段和不知道发生段划分为两类。一类是知道损失发生区段时，可以从箱子铅封、货物损坏性质、单证上的批注和检验报告等判明赔偿责任和限额，按适用于该区段的国际公约或强制性国家法律决定。这类约占80%。另一类是不知道损失发生的区段。如抵达目的地后，铅封良好，但开箱后发现货物损失或被盗。如果由联运经营人装箱，他就应负责赔偿；如果发货人自己装箱，当他证明在装箱方面没有疏忽时，联运经营人也要赔偿。这种不知道发生区段的损失叫作隐蔽损失，约占20%。这种损失按照联运经营人签发的联运提单的有关规定进行赔偿。

这种赔偿责任手续简便，外运公司向专业公司理赔后，可以如数向国外分承运人追索，委托人（专业公司）只需找到一个事主（外运公司），就能够得到和单一方式运输相同的赔偿。

二、北美大陆桥运输

北美大陆桥运输主要包括从太平洋口岸至东部大西洋口岸横贯美国大陆的铁路（公路）运输系统，包括加拿大的两条：鲁珀特王子港—魁北克，温哥华—哈利法克斯；美国的四条：西雅图—底特律，奥克兰—纽约，洛杉矶—巴尔的摩，洛杉矶—新奥尔良。由远东东行经北美大陆桥至西北欧各港的航程比西行经苏伊士运河、地中海全程海运大约近600海里，但由于西伯利亚大陆桥的开通，取得了比北美大陆桥更便捷、省时、节约运费的效益，因此，目前北美的大陆桥运输基本上处于停滞状态，但在大陆桥运输实践过程中，派生并形成的小陆桥和微型路桥却后来居上。

(一) 美国小陆桥运输

所谓小陆桥运输（mini-land bridge），即比大陆桥运输的海陆空运输减少一段海上运输，成为海陆或陆海形式的运输。

小陆桥运输地区大致分为美国东安吉和墨西哥湾两部分。具体做法是：远东货物海运至美国西部太平洋口岸，转装铁路运至东部大西洋口岸或南部墨西哥湾口岸，以路上铁路作为桥梁，再用卡车将货物运至市内卸货。全程使用一张海洋运输提单，由海运承运人支付铁路运费，由美国东海岸或墨西哥湾港口再运至最后目的地的运费则由收货人负担。小陆桥运输于1973年正式运营，比大陆桥运输约晚十年。

（二）微型路桥运输

所谓微型路桥运输（micro-land bridge），就是比小陆桥运输更短，只利用部分路桥，故又称半陆桥运输（semi-land transport）。即先将货物装船运至太平洋口岸，再换装铁路集装箱专用列车，可分别直接运至美国内陆城市，既省时间又省费用，所以近年来发展迅速。

（三）OCP 运输

OCP 是 overland common point 的缩写，即内陆地区可享受优惠费率通过陆上运输可抵达的区域。所谓内陆地区，根据美国规定，美国洛杉矶山脉以东均为内陆地区，面积约占美国全国的 2/3。凡是通过美国西海岸港口转往上述内陆地区的货物，若按 OCP 条款运输，就可享受比一般至大西洋海岸港口便宜的优惠内陆运输费率，一般为 3%～5%，这种优惠费率即所谓的 OCP 费率。

对于我国以 OCP 条款成交的货物，我国仅负责将货物运至美国西海岸港口，即完成交卸任务。至于由港口至内陆公共地区最终目的地的陆路运输，则由进口商自行委托代理人安排，所有在港口的转运并非均由进口商支付。整个运货过程适用海运提单和铁路货物收据两种单据。这比按 CIF、CFR 报价每吨可节省费用 3～5 美元，对收货人来说，可享受内陆转运的优惠费率。所以，美国、加拿大的贸易采用 OCP 对买卖双方都有利。

（四）OCP 运输与小陆桥、微型路桥的区别

OCP 运输与小陆桥、微型路桥运输相比，主要区别是：

（1）OCP 运输的区域范围比小陆桥、微型路桥运输广，且运输点多面广，遍及美国约 2/3 的大陆，而小陆桥和微型路桥运输所能到达之处有一定的限制。

（2）OCP 运输不具备多式联运的条件，而小陆桥、微型路桥具备多式联运的条件。在 OCP 运输中，海运和陆运两个运输区段分别由负责该区段的承运人签发承运运输单证，运费和风险以及责任由海陆两段各自负担，因此，不符合多式联运的要求（经营人签发全程运输单证）。小陆桥运输和微型路桥运输虽然是两种运输方式，但一张运输单证便可做全程运输，费用也由海陆两处一起计算，所以具有多式联运的性质，属多式联运的范畴。

（3）对出口企业来说，OCP 运输使用的价格条款是 CIF 或 CFR 美国西海岸港口，而小陆桥和微型路桥则为 CIF 或 FOB 美国东海岸、墨西哥湾或内陆城市。

（4）从运输效果上看，小陆桥运输货物到达西海岸港口中转的时间较长，陆上运输也由船公司安排，进口商无选择余地。而 OCP 运输将价格买断到西海岸港口，陆上运输则由进口商自行安排。

（5）从费用方面来看，OCP 的陆上运输由进口商自行办理，进口商可享受陆运段优惠费率，而小陆桥的集装箱一般是陆上运送到收货人所在地，并收取运费，不太受进口商欢迎。OCP 运输不仅有利于出口商，也有利于进口商。因此，美、加商人更喜欢 OCP 运输。

三、新欧亚大陆桥

（一）新欧亚大陆桥简介

1990 年 9 月，中国北疆铁路在阿拉山口与土西铁路接轨。至此，东起我国沿海脐部连

云港的陇海、兰新、北疆铁路向西延伸，经俄罗斯、波兰、德国直达荷兰鹿特丹港，成为世界第三座大陆桥。

新欧亚大陆桥横贯欧亚大陆中部，连接太平洋和大西洋，可连接中国、俄罗斯、东西欧等 30 多个国家和地区，它将世界上几个最大的集装箱港如新加坡、香港、鹿特丹、高雄、神户、釜山等有机联系起来，为太平洋西岸到欧洲之间的海路联运提供了一条新通道。与西伯利亚大陆桥相比，陆上运距缩短了 3 000 多公里，比连云港到鹿特丹的海路近 5 000 海里，且东段桥头港无封冻期，可全年联营。因此，新欧亚大陆桥在便捷、快速、可靠方面较西伯利亚大陆桥有更大的优越性，具有更大的吸引力，对远东乃至太平洋沿岸国家到中亚和欧洲的国际货流产生了重大影响。

这条铁路大动脉在中国境内长 4 131 公里，1990 年贯通。东起中国连云港，从新疆阿拉山口出境，经哈萨克斯坦、俄罗斯、白俄罗斯、波兰、德国，西至荷兰鹿特丹，横跨亚洲、欧洲，与太平洋、大西洋相连，全长 10 800 公里，途经中国中部各个省份。

新欧亚大陆桥横跨我国三大经济带，连接苏、皖、鲁、豫、陕、甘、宁、青、新、晋 10 个省区的 89 个市（州）、570 多个县（市）。新欧亚大陆桥的开通，为振兴这一地区的经济，进一步开发矿产、旅游资源，为这一地带从东、西两个方向走向世界市场创造了便利条件。

（二）经济作用

（1）地理位置和气候条件优越。

（2）整个陆桥避开了高寒地区，港口无封冻期，自然条件好，吞吐能力大，可以常年作业。

（3）运输距离短。它使欧亚之间的货运距离比西伯利亚大陆桥缩短得更为明显，从日本、韩国至欧洲，通过新欧亚大陆桥，水陆全程仅为 12 000 公里，比经苏伊士运河少 8 000 多公里，比经巴拿马运河少 11 000 多公里，比绕道好望角少 15 000 多公里。

（4）辐射面广。新欧亚大陆桥辐射欧亚大陆 30 多个国家和地区，总面积达 5 071 万平方公里，居住人口占世界总人口的 75%左右。

（5）对亚太地区吸引力大。除我国外，日本、韩国、东南亚各国、一些大洋洲国家，均可利用新欧亚大陆桥开展集装箱运输。

四、中欧班列

亚欧之间的物流通道主要包括海运通道、空运通道和陆运通道，中欧班列以其运距短、速度快、安全性高的特征，以及安全快捷、绿色环保、受自然环境影响小的优势，已经成为国际物流中陆路运输的骨干方式。中欧班列是指按照固定车次、线路等条件开行，往来于中国与欧洲及“一带一路”沿线各国的集装箱国际铁路联运班列。目前铺划了西中东 3 条通道中欧班列运行线：西部通道由我国中西部经阿拉山口（霍尔果斯）出境，中部通道由我国华北地区经二连浩特出境，东部通道由我国东南部沿海地区经满洲里（绥芬河）出境。

1. 中欧班列（重庆—杜伊斯堡）

从重庆团结村站始发，由阿拉山口出境，途经哈萨克斯坦、俄罗斯、白俄罗斯、波兰至德国杜伊斯堡站，全程约11 000公里，运行时间约15天。货源主要是本地生产的IT产品，首列于2011年3月19日开行。2017年3月23日，中欧（重庆）班列开行6年后突破1 000列，成为中国首个突破千列的中欧班列。

2. 中欧班列（成都—罗兹）

从成都城厢站始发，由阿拉山口出境，途经哈萨克斯坦、俄罗斯、白俄罗斯，至波兰罗兹站，全程9 965公里，运行时间约14天。货源主要是本地生产的IT产品及其他出口货物。首列于2013年4月26日开行，截至2018年12月31日，总共开行3 088列，其中2018年开行1 591列。

3. 中欧班列（郑州—汉堡）

从郑州圃田站始发，由阿拉山口出境，途经哈萨克斯坦、俄罗斯、白俄罗斯、波兰至德国汉堡站，全程10 245公里，运行时间约15天。货源主要来自河南、山东、浙江、福建等中东部省市。货品种类包括轮胎、高档服装、文体用品、工艺品等。首列于2013年7月18日开行。

4. 中欧班列（苏州—华沙）

从苏州始发，由满洲里出境，途经俄罗斯、白俄罗斯至波兰华沙站，全程11 200公里，运行时间约15天。货源为苏州本地及周边的笔记本电脑、平板电脑、液晶显示屏、硬盘、芯片等IT产品，首列于2013年9月29日开行。

5. 中欧班列（武汉—捷克、波兰）

从武汉吴家山站始发，由阿拉山口出境，途经哈萨克斯坦、俄罗斯、白俄罗斯到达波兰、捷克、斯洛伐克等国家的相关城市，全程10 700公里左右，运行时间约15天。货源主要是武汉生产的笔记本电脑等消费电子产品，以及周边地区的其他货物。首列于2012年10月24日开行。

6. 中欧班列（长沙—杜伊斯堡）

始发站在长沙霞凝货场，具体实行“一主两辅”运行路线。“一主”为长沙至德国杜伊斯堡，由新疆阿拉山口出境，途经哈萨克斯坦、俄罗斯、白俄罗斯、波兰、德国，全程11 808公里，运行时间18天，2012年10月30日首发。“两辅”一是经新疆霍尔果斯出境，最终抵达乌兹别克斯坦的塔什干，全程6 146公里，运行时间11天；二是经二连浩特（或满洲里）出境后，到达俄罗斯莫斯科，全程8 047公里（或10 090公里），运行时间13天（或15天）。

7. 中欧班列（义乌—马德里）

自义乌铁路西站始发，作为铁路中欧班列重要组成部分，中欧班列（义乌—马德里）的首发线路，贯穿新丝绸之路经济带，从义乌铁路西站到西班牙马德里，由新疆阿拉山口口岸出境，途经哈萨克斯坦、俄罗斯、白俄罗斯、波兰、德国、法国、西班牙，全程13 052公里，运行时间约21天。2014年11月18日首发，是当前中国史上行程最长、途经城市和国家最多、境外铁路换轨次数最多的火车专列。

8. 中欧班列（哈尔滨—比克良）

从哈尔滨香坊火车站开出，到达俄罗斯中部比克良火车站。班列全程运行6 578公里，经滨洲铁路1 004公里到达满洲里口岸站出境，再经俄罗斯西伯利亚大铁路5 574公里到达比克良站，运行时间10天。

9. 中欧班列（哈尔滨—汉堡）

东起哈尔滨，经满洲里、俄罗斯后贝加尔到赤塔，转入俄罗斯西伯利亚大铁路，经俄罗斯的叶卡捷琳堡和莫斯科到波兰的马拉舍维奇至终点德国汉堡，全程9 820公里。

10. 中欧班列（兰州—汉堡）

始发于兰州，由新疆阿拉山口出境，途经哈萨克斯坦、俄罗斯、白俄罗斯和波兰后到达德国汉堡，全程8 027公里，运行时间15天左右，比走海运到欧洲节省15天左右时间。

11. 中欧班列（保定—明斯克）

此中欧班列是国内首列开往中白工业园的货运班列，从保定始发，由满洲里出境，途经俄罗斯，最后抵达白俄罗斯明斯克，全程约9 500公里，运行时间12～14天。货源主要来自京津冀地区，货品种类包括塑料制品、汽车及配件、橡胶及其制品、服装皮革毛皮制品、日用电器、有机玻璃制品、毛巾等日常生活用品等。

12. 中欧班列（西宁—安特卫普）

青藏高原中欧班列从青海省西宁市双寨铁路物流中心发出，前往位于比利时的欧洲第二大集装箱港口安特卫普，运行全程约需12天，主要运输藏毯、枸杞等青海当地特色产品。

13. 中欧班列（广州—莫斯科）

从广州大朗站始发，由满洲里出境，直达俄罗斯莫斯科。全程11 500公里，运行时间15天。现每周准时发运，为珠三角地区的中欧对外贸易商提供了更加便捷稳定的运输通道，同时弥补了华南地区电子类、日用品类出口贸易在运输时效上的不足，为中国商品出口欧洲、欧洲产品进入中国开辟一条安全、高效、便捷的国际进出口贸易绿色通道。

14. 中欧班列（青岛—莫斯科）

2017年6月24日开通，从青岛多式联运海关监管中心出发，经满洲里口岸出境，直达俄罗斯莫斯科，班列全程7 900公里，运行时间约22天，比海运运输节省约30天。

15. 中欧班列（长春—汉堡）

2017年10月13日开通，从长春国际港出发，经满洲里出境发往德国汉堡。途经俄罗斯、白俄罗斯、波兰、比利时、德国等欧洲国家的多个城市，运行时间12～15天，主要运输吉林省和华北地区部分企业的汽车零部件、电子机械设备、阀门和服装等货物。

16. 中欧班列（南昌—莫斯科）

2018年4月20日开通，由南昌向塘铁路口岸出发，直达莫斯科。

17. 中欧班列（唐山—安特卫普）

2018年4月26日开通，该班列由唐山港京唐港区始发，经北京、呼和浩特、包头、哈密、乌鲁木齐，由阿拉山口口岸出境，途经哈萨克斯坦、俄罗斯、白俄罗斯、波兰、德国到达比利时安特卫普，全程约11 000公里，运行时间约16天。

18. 中欧班列（成都—维也纳）

2018年4月27日开通，从成都发车，直达奥地利首都维也纳，穿越亚欧6国，行程9 800公里。

19. 中欧班列（襄阳—武汉—汉堡）

2019年3月28日开通，从湖北襄阳北站运出，在武汉临空港中铁联集铁路中心站加挂汉欧班列，经阿拉山口出关，到达德国汉堡，全程约 12 000 公里。

20. 中欧班列（呼和浩特—巴姆）

2018 年 9 月 4 日开通，从呼和浩特直达伊朗东南部城市巴姆，运行时间 15 天，行程 9 000 多公里。

21. 中欧班列（乌鲁木齐—杜伊斯堡）

2016 年 5 月 28 日开通，班列单程运行时间 10 天，总里程 8 000 公里，从乌鲁木齐出发后，从欧亚大陆桥桥头堡阿拉山口口岸出境，经哈萨克斯坦、俄罗斯、波兰至德国杜伊斯堡。

22. 中欧班列（景德镇—莫斯科）

2018 年 9 月 28 日开通，从江西景德镇东站驶出，直达俄罗斯莫斯科，主要运输景德镇陶瓷、茶叶等产品。

23. 中欧班列（郑州—列日）

2018 年 10 月 24 日开通，标志着中欧班列（郑州）在欧洲又一个目的站点正式运营，从河南郑州到欧洲腹地的“陆上丝绸之路”继续西向延伸 500 公里。

24. 中欧班列（武汉—伊尔库茨克）

2018 年 11 月 22 日开通，从武汉发出，驶往俄罗斯伊尔库茨克。从内蒙古满洲里出境，运行时间 15 天。

25. 中欧班列（连云港—伊斯坦布尔）

2018 年 11 月 28 日开通，实现“连云港—哈萨克斯坦—阿塞拜疆—格鲁吉亚—土耳其”沿线站到站全程铁路运输。“连云港—伊斯坦布尔”班列于每月 8 日、18 日、28 日定时从中哈（连云港）物流合作基地开出，逐步实现常态化运作模式。

26. 中欧班列（成都—弗罗茨瓦夫）

2019 年 9 月 6 日开通，首趟成都至波兰弗罗茨瓦夫的中欧班列从位于成都青白江区的成都国际铁路港发出，至此中欧班列（成都）境外站点城市增至 26 个。

27. 中欧班列（义乌—列日）

从浙江义乌启程，途经哈萨克斯坦、俄罗斯、白俄罗斯、波兰和德国，最后到达比利时列日。首列于 2019 年 10 月 9 日开行，运行时间 17 天。通过菜鸟网络部署在列日的物流枢纽、欧洲卡车网络和欧洲配送自提网络，班列所运载的跨境包裹将从列日快速分发至德国、法国、荷兰等欧洲国家。该班列维持一周发运一列的频率。

案　例

九广铁路香港段

从九龙到广州的铁路被称为九广铁路。该线全长 181 公里，其中，在香港地区境内干线长 34 公里（九龙—罗湖），广东区内干线长 147 公里（罗湖—广州火车站）。

九广铁路广州段铁路分别于 1906 年和 1907 年动工兴建，到 1910 年和 1911 年先后正式通车。九广直通车因政治和军事原因，曾多次被停驶，1979 年 4 月 4 日恢复营运至今。

1983 年 2 月 1 日，香港九广铁路公司正式接管九广铁路局，负责经营九广铁路香港段各项业务，并与广深铁路公司合作经营直通车。同年7月，耗资35亿元，历时5年的红磡—罗湖段铁路电气化计划全部完成，电动组合列车系统和复线系统启用。1991年，香港九广铁路公司开展了一项设计更换电动扶梯的大规模工程。此外，香港九广铁路公司还自1993年起，计划用10年时间，耗资约6亿港币，在整条铁路沿线18处地点加建遮盖式或半遮盖式隔音屏障，以减少火车对沿线大型住宅区的噪音影响。

港段铁路目前以客运为主，香港境内现设车站13个，即九龙、旺角、九龙塘、大围、沙田、火炭、麻厂、大学、大埔墟、太和、粉岭、上水、罗湖，其中九龙塘站为九广铁路段与地下铁路的交汇站，单行行车时间仅需（包括停站）36分钟。每天运行时间为上午5时52分至次日零时12分。沙田以北的列车平均5分钟一班，以南的列车约3分钟一班。目前，该铁路段载客2亿多人次，平均日载60万人次。现在还有货运列车行驶于罗湖与九龙之间，日对开12班。1993年1月8日，九佛直通车开通，行驶于九龙与佛山两地。

小 结

1. 铁路运输是现代运输业的主要方式之一，铁路运输在国际贸易货物运输中，尤其是在内陆接壤的国家之间的贸易中，起着无可替代的作用。

2. 国际铁路货物联运是指使用一份统一的国际联运票据，由铁路当局负责经过两国或两国以上的铁路全程运送，并由一国铁路向另一国铁路移交货物时，不需发、收货人参加的运输方式。

3. 目前国际铁路货物联运有两个协定：《国际铁路货物运送公约》和《国际铁路货物联运协定》。《国际铁路货物联运协定》规定了货物运送组织、运送条件、运送费用的计算和核收办法以及铁路与发、收货人之间的权利和义务等内容。它是参加《国际铁路货物联运协定》各国的铁路，以及发货人、收货人办理货物联运时必须遵守的基本文件。

4. 出口货物国际铁路联运程序包括：运输计划的编制、货物托运和承运、制单结汇、装车运送、口岸交接。

5. 出口货物国际铁路联运运输单证包括国际铁路货物联运运单和添附文件。

6. 出口货物交接的一般程序：（1）在国境站进行出口货物的交接；（2）报关报验；（3）货物的交接。

7. 进口货物国际铁路联运程序：（1）确定货物到达站；（2）注明货物经由的国境站；（3）编制货物的运输标志；（4）向位于国境站的外运机构寄送合同资料；（5）进口货物在国境内的交接；（6）分拨与分运；（7）进口货物的交付。

8. 国际铁路货物联运运费包括：货物运费、押运人乘车费、杂费和其他费用。

9. 对香港地区铁路运输的一般程序：发货人办理内地铁路运输托运手续。发货地——深圳站（发货人为深圳外运分公司）——运行组织——口岸交接——港段接卸。

10. 香港铁路的接卸作业：深圳外运分公司填报过车预报——交香港中旅货运有限公司罗湖办事处——香港中旅货运有限公司派人过桥取送——货车过轨——罗湖办事处填制过轨确报——香港九广铁路公司派机车过桥，将在深圳站编好的列车牵引到罗湖站——罗湖发车时，香港中旅货运有限公司和有关运输行的罗湖办事处登车押运——一直押到九龙。

11. 国际铁路集装箱联运，简称大陆桥联运。大陆桥是指利用横贯大陆上的铁路或公路运输系统，把大陆两端的海洋连接起来的中间桥梁。大陆桥运输一般是以集装箱为运输单位，所以也叫大陆桥集装箱运输。目前世界上知名的大陆桥有三条：西伯利亚大陆桥、北美大陆桥和新欧亚大陆桥。

关键术语

国际铁路货物联运
国境站
《国际铁路货物联运协定》
《国际铁路货物联运协定统一过境运价规程》
《国境铁路协定》
《国际铁路货物联运办事细则》
《国际旅客联运和国际铁路货物联运车辆使用规则》
《国际铁路货物联运办法》
国际铁路货物联运运单
《国际铁路货物运送公约》
承运货物收据
《国境铁路会议议定书》
国际铁路货物联运基本运送条件
大陆桥运输
西伯利亚大陆桥
新欧亚大陆桥

思考题

1. 我国通往邻国的铁路有哪几条？列出我国和邻国的国境站站名及相互的轨距。
2. 国际铁路联运的概念和特点是什么？
3. 简述《国际铁路货物运送公约》与《国际铁路货物联运协定》的成立过程。
4. 国际铁路联运的业务范围和办理的种别有哪些？
5. 国际铁路联运货物出口一般需要有哪些单证？各自的作用是什么？
6. 国际铁路联运货物进口的交接程序及主要单证是什么？
7. 列出国际铁路联运货物运送费用的有关规定及其计算方法。
8. 对香港地区铁路运输有什么特点？运输程序如何？

第八章 国际公路、内河、管道、邮政运输

学习目标

- 熟悉我国公路等级的分类
- 掌握汽车运输的作业程序
- 熟悉国际公路运输的公约和协定
- 会计算公路运费
- 掌握汽车运输效率管理的指标
- 掌握长江河海联运方式的意义
- 了解我国内河运输面临的发展机遇
- 理解管道运输的定义和特点
- 掌握管道运输在世界能源战略中所处的地位
- 了解“十一五”我国管道运输发展的态势

第一节 国际公路运输概述

公路运输（road transportation）是现代主要运输方式之一，同时，也是构成陆上运输的两个基本运输方式之一。它在整个运输领域中占有重要的地位，并发挥着越来越重要的作用。

截至 2018 年底，世界千人汽车保有量平均 170 辆，全世界机动车总数已达 12 亿辆。我国千人汽车保有量平均达到 179 辆，首次超过世界平均水平，并超越美国成为世界上汽车保有量第一大国。在全世界现代交通网中，公路线长占 2/3 以上，约达 6 500 万公里。在一些工业发达国家，公路运输的货运量、周转量在各种运输方式中都名列前茅，公路运

输所完成的货运量占一国年货运量的 80%左右，货物周转量占 10%。公路运输已成为国际货运中不可缺少的重要组成部分。

《中国交通年鉴》的统计结果显示，2018 年我国货运量总计 5 146 000 万吨，同比增长 7.10%，其中通过公路运输完成货运量 3 959 000 万吨，同比增长 7.38%，占比约 77%，占比自 2013 年稳步提升。公路运输货运量增速大于合计货运量增速，公路货运运输将迎来更大市场空间。2018 年底，我国的高速公路通车里程已达到 14.26 万公里，里程规模居世界第一，已经远远超过了 2004 年公布的《国家高速公路网规划》中 2005—2030 年，国家新建 5.1 万公里高速公路，到 2030 年使我国高速公路里程达到 8.5 万公里的预期目标。

交通运输部发布的《2018 年交通运输行业发展统计公报》显示，截至 2018 年底，全国拥有公路营运汽车 1 435.48 万辆，比上年下降 1.0%；拥有载客汽车 79.66 万辆，比上年下降 2.4%，2 048.11 万客位，下降 2.4%；拥有载货汽车 1 355.82 万辆，比上年下降 0.9%，12 872.97 万吨位，增长 9.3%；全国道路货物运输从业人员约 2 080 万人。

从 1990 年以来公路客货运与 GDP 增长的相关性分析看，目前，我国公路客运的弹性系数在 0.8 左右，货运的弹性系数则在 1 左右。随着国民经济总量的增长以及产业结构的不断升级，对高速公路的需求将持续增长。可以预见，未来 2～3 年全国高速公路仍将保持快速增长的态势，其中东部地区主要高速公路车流量将平均增长 15%～20%，中西部地区主要公路车流量增长也将超过 12%。目前我国运输业瓶颈效应尚未消除，而陆上运输方式中铁路运力增长有限。因此，可以预见，公路运输将成为全社会物流量大幅增长的主要受益者。

综上所述，公路运输在世界和我国所占的地位与重要性不言而喻。

公路运输由公路和汽车两部分组成。

一、公路和汽车

（一）公路

公路主要供汽车行驶，按其管理系统，交通流量、使用任务和性质，可以划分为以下几种：

1. 按管理系统分

可分为国家级公路、省级公路、县级公路、乡级公路和专用公路。

2. 按交通流量及使用任务、性质分

（1）高速公路。能适应年均昼夜，汽车通过量为 25 000 辆以上，专供汽车分道高速行驶，并全部控制非机动车辆和行人出入。

（2）一级公路。能适应年均昼夜，汽车通过量为 5 000～25 000 辆，可供汽车分道行驶，并部分控制非机动车辆和行人出入。

（3）二级公路。能适应各种车辆，折成载货汽车年均昼夜通过量为 2 000～5 000 辆。

（4）三级公路。能适应各种车辆，折成载货汽车年均昼夜通过量为 2 000 辆以下。

（5）四级公路。能适应各种车辆，折成载货汽车年均昼夜通过量为 200 辆以下。

（二）汽车

汽车是公路运输的主要工具，按不同的分类标准可以分为不同的类型。

1. 按使用的燃料不同分

(1) 汽油车。

(2) 柴油车。

2. 按设计用途分

(1) 乘坐车：如吉普车、小轿车、旅行车（8～12 座）、中型客车（15～22 座）、大型客车（40 座以上）。

(2) 载货汽车，又可分为

1) 轻型车（3 吨以下）；

2) 中型车（3～8 吨）；

3) 重型车（8 吨以上）；

4) 特种车：即变形车，如起重车、消防车、集装箱挂车；

5) 自卸车：有一般自卸车、矿用自卸车和集装箱自装自卸车。

3. 按车辆对道路的适应能力分

(1) 普通汽车：两轮驱动，只适宜在路况好的道路上行驶；

(2) 越野汽车：全驱动，能在坏路甚至是无路时行驶。

在外贸汽车运输中，主要使用大中型载货汽车和集装箱牵引车及挂车。

二、外贸汽车运输的特点

外贸汽车运输的主要任务是：出口物资的收购入库和集中港、站；进口物资的疏运；国际多式联运的首、尾段运输；边境贸易的过境运输；供港澳物资或通过港澳中转的货物运输等。因此，外贸运输具有以下明显的专业特点：

(1) 点多面广，季节性强；

(2) 运距短，单程货多；

(3) 鲜活易腐食品要随产随运，有很强的时间性；

(4) 运输任务不均衡，突击任务多；

(5) 集装箱运输发展迅速，公路运输集装箱比重增大；

(6) 边境公路运输政策性强。

公路运输是外贸运输不可缺少的环节，必须遵照“重合同、守信用”和“安全、迅速、准确、节省、方便”的方针，切实维护国家的政治声誉和经济利益。

三、公路运输的经营方式

在当今的市场经济条件下，我国公路运输的组织形式有以下四种：

1. 公共运输部门

这种企业专门经营汽车货物运输业务，并以整个社会为服务对象。其经营方式有：

(1) 定期航线。不论货载多少，在固定的航线上按时间表行驶。

(2) 定线不定期航线。在固定路线上视货载情况，派车行驶。

(3) 定区不定期航线。在固定的区域内根据货载需要，派车行驶。

2. 契约运输线

按照双方签订的运输契约运送货物。与承运人签订契约的一般都是一些大的工矿企业，常年运量较大且稳定。契约期限一般都比较长，短的有半年、一年，长的可达数年。按契约规定，托运人保证提供一定的货运量，承运人保证提供所有运力。

3. 自用运输业

工厂、企业、机关自用汽车专门运送自己的物资和产品，一般不对外经营。

4. 汽车货运代理

汽车货运代理本身不掌握货源，也不掌握运输工具。它们以中间人的身份，一面向货主揽货，一面向运输公司托运，借此收取手续费和佣金。

有的汽车货运代理专门从事向货主揽取零星货载，加以归集成整车货物，然后自己以托运人的名义向运输公司托运，赚取零担和整车货物运费的差额。

四、国际公路货物运输公约和协定

为了统一公路运输所使用的单证和承运人的责任，联合国所属的欧洲经济委员会负责草拟了《国际公路货物运输合同公约》，简称 CMR，并于 1956 年 5 月 19 日，在日内瓦由欧洲 17 个国家参加的会议上一致通过。《国际公路货物运输合同公约》共有 51 条，在适用范围、承运人责任、合同的签订与履行、索赔和诉讼以及连续承运人履行合同等方面做了较为详细的规定。

此外，为了有利于开展集装箱联合运输，使集装箱能原封不动地通过经由国，联合国所属的欧洲经济委员会成员国于 1956 年缔结了《关于集装箱的关税协定》。参加该协定的签字国有欧洲 21 个国家和欧洲以外的 7 个国家。协定的宗旨是，签字国之间允许集装箱免税过境。

在《关于集装箱的关税协定》的基础上，根据欧洲经济委员会的倡议，还缔结了《国际公路车辆运输规定》（Transport International Router，TIR）。根据该规定，集装箱的公路运输承运人，如持有 TIR 手册，允许由发运地到达目的地，在海关的签封下，中途可不受检查、不支付关税，也可不提供押金。

TIR 手册由有关国家政府批准的运输团体发行，这些团体大都是参加国际公路联合会的成员。它们必须保证监督其所属运输企业遵守海关法规和其他规则。协定的正式名称是《根据 TIR 手册进行国际货物运输的有关关税协定》（Customs Convention on the International Transport of Goods under Cover of TIR Carnets）。该协定有欧洲 23 个国家参加，并已从 1960 年开始实施。

《国际公路货物运输合同公约》和协定有地区性限制，但它们仍不失为当前开展国际公路运输的重要国际公约和协定，并对今后国际公路运输的发展具有一定的影响力。

第二节　汽车运输业务

一、业务分类

外贸汽车运输按其工作性质，大致可分为以下六类：

1. 出口物资的集（港）站运输

指出口商品由原产地（收购站或加工厂）→外贸中转仓库→港口仓库→船边（铁路专用线或航空收货点）的运输。

2. 进口货物的疏港（站）运输

指按进口货物代理人的委托，将进口货物由港（站）运达指定交货地点。

3. 国际多式联运的首末段运输

指国际多式联运国内段的运输，即将出口货物由内陆装箱点装运至出口港（站）；将进口货物由港（站）运至最终交货地的运输。

4. 边境公路过境运输

在我国与濒临国家（地区）设有直通公路过境口岸的地区，如广东的深圳、珠海，新疆的吐尔尕特、霍尔果斯，黑龙江的漠河、黑河，吉林的珲春、三河村等等，经向海关申请办理指定车辆、驾驶员和过境路线，在海关规定的指定地点停留，接受海关监督和检查，按有关规定办理报验、完税、放行后运达目的地的运输。

5. 特种货物运输

超限笨重物品、危险品、鲜活商品等的运输，要使用专门车辆，并向有关管理部门办理准运证后，方可起运。

6. 一般社会物资运输

在保证外贸进出口货物运输需要的前提下，外贸运输车队参与一般社会物资的运输，以增加企业的经济效益。

二、业务程序

（一）一般程序

包括接受托运→计划调车→按单监装承运→监卸→按单交接→签收→结算。

（1）外运车队设有专职业务员，主动深入各专业公司，上门办理托运手续，并积极做社会调查，广揽货源，充分发挥运输潜力。

（2）计划调度员根据货物托运计划、运输合同、旬要车计划、车辆技术状况、当月车辆维修计划及货源流向的道路、装卸现场条件等等，编制车辆调配最佳方案，下达出车通知书（运输单或路单）。

（3）认真做好货物的交接。驾驶员在接收货物时，必须点件监装，按规程装车，单证齐全。到站交接后，驾驶员必须填写运输作业单并由收货人签收。签收后的运输作业单交回车队统计，作为收费凭证。

（二）集装箱运输程序

1. 出口货物集装箱运输

（1）托运人填报托运单；

（2）集装箱站根据调度计划填装箱通知单；

（3）接到通知后，由集装箱站的理货员安排装箱作业，并报海关验关，在海关监督下完成装箱作业并封关；

（4）货物在海关放行后，调度员按计划派车，把集装箱托运至指定交货点，支付签收。

2. 进口货物集装箱运输

（1）托运人填报进口货物托运单，并前往集装箱货运站领取码头收据；

（2）凭码头收据，填写进口货物报关单，向海关报验；

（3）海关放行后，由调度员填写派车单，把集装箱运至指定收货地点，交接验收。

（三）边境公路过境汽车货物运输流程

随着我国对外经济贸易的不断发展，通过边境公路的过境运输业务也逐渐增加。公路过境运输可分为进口运输和出口运输两部分。

1. 出口货物公路过境运输

（1）托运人填报托运单并提交有关出口许可证。

（2）车队凭委托书及许可证，填制出口货物报关单，向出境口岸报关。

（3）待海关征税验关后，将货物封关，运送至指定境外交货点交接。

2. 进口货物公路过境运输

（1）托运人向我驻外办事处办理托运手续。

（2）驻外机构接收后，通知国内驻口岸机构，并安排具备过境承运的外运车队，派车前往装货，驻口岸办事处向收货人索取进口许可证，填报进口货物报关单，向口岸海关报验放行。

（3）待海关验关征税放行后，按托运委托书的要求，将货物运送至指定地点，交收货人签收。

三、特种货物运输程序

（一）超限笨重货物运输

超限笨重货物运输需要平板货车、单轴挂车及其他特种车辆装运。运送超限笨重货物时，必须注意以下事项：

（1）出具货物出厂技术资料证明物件的体积、质量，说明运送注意事项；对超出正常装载规定的货物，应取得交通监管部门及有关部门的同意后，才能起运。

（2）派车前，需了解行车有关路况，以及装卸现场的可操作性。

（3）要明确经过的公路、桥涵、渡口、隧道的可承载性。

（4）运送时，要悬挂红色标志，必要时，要有专门车辆引路。

（二）鲜活易腐货物运输

鲜活易腐货物运输要注意以下几点：

（1）加强收发货人之间的协作，使运输环环紧扣，争取以最快的速度将货物运往目的地。

（2）要快卸快装，严禁乱摔乱扔；要保持清洁卫生。

（3）要检查卫生检疫证件。

（三）危险品货物运输

公路运输危险品货物，必须遵照交通运输部颁布的《危险货物运输规则》，并注意以下事项：

（1）运输只限于《危险货物运输规则》内列载的品名。

（2）要严格执行运输危险货物防护、防范的规定，认真检查托运单，检验包装。

（3）运输应选择政治可靠、技术良好、熟悉道路的驾驶员承运。途中不得搭乘其他人员，必须按规定的线路和时间行驶。在装运过程中，若出现漏散现象，应按防护办法及时采取措施补救。

四、费用结算

（一）运杂费的计收程序

（1）确定货物等级和计收重量；

（2）查定规定计收的费率；

（3）计算发站至到站的计费里程；

（4）核算有关杂费。

（二）运费计算公式

1. 以吨公里计算

$$运费=\frac{货物}{计费重量}\times\frac{计费}{里程}\times运价费率+\frac{货物}{计费重量}\times计费里程\times运价费率\times加成率$$

2. 以吨计算

$$运费=货物计费重量\times运价费率+货物计费重量\times运价费率\times加成率$$

3. 其他情况

凡车辆无法计算里程，或因货物性质、体积限制，不能按正常速度行驶者，应按即时包车处理。

（三）特定运价

具体规定为：

（1）每件货物重量超过 250 公斤为超重货；货物长度超过 7 米为超长货；装载高度距地面超过 4 米为超高货。

（2）托运普通、易碎等货物均按质量计费，超重和轻泡货物按整车计费。

（3）同一托运人托运双程运输货物时，按运价率减成 15%。

（4）根据国家政策，经省运价部门规定降低运价的货物，按规定执行。

（5）同一托运人一去程或回程运送所装货物包装的，按运价减成 50%。

（6）超重货物按运价加成 30%。

（7）集装箱按箱公里计算。

（8）过境公路运输采用全程包干计费。

（9）对展品、非贸易运输物资，一般按普通运价加成 100%计费。

（10）特大型特殊货物，采用协商运价计费。

（四）运杂费收款办法

（1）预收运费的，在结算时，多退少补；

（2）现金结算的，按实际发生的运杂费总额向托运人收取现金；

（3）财务托收的由承运方先垫付，定期凭运单回执汇总所有费用总额，由银行向托运方托收运费；

（4）采用其他结算办法，如预交转账支票的，按协议收取包干费用等等。

五、商务事故及处理

汽车运输承运的货物由托运方交承运方开始，承运方即对所运货物负全部责任，直至承运方将货物交收货方为止。这一段时间称为承运责任期。货物在承运责任期内，因装卸、运送、保管、交付过程不妥当而发生的货物损坏或丢失事故，称作商务事故，也称货损货差。

（一）承运责任期内可能由承运方造成的商务事故

大致有以下几种情况应引起注意：

（1）破损，装卸时操作不当引起货物损坏。

（2）污染，装卸不当引起货物被他物污染。

（3）湿损，阴雨雪天使货物受潮损坏。

（4）短少失落，因被盗、丢失、事故等造成货物损坏失落。

（5）因驾驶员违章驾驶，造成交通事故所发生的货差货损。

（二）在货物交接中可能造成的商务事故

如果手续不清，在货物交接中也会造成商务事故。因此，必须注意以下几点：

（1）驾驶员必须亲自点数、监装，核对货物的票数、唛头、品种、件数及卸货点，发现不符，随即纠正。

（2）运达目的地时，发现货物短少等情况，应认真审核，等待处理。

（3）运送外贸物资有很强的时间性，因此，在接受托运时，要明确到达交货时间。

（4）运送贵重、精密及易发生货损的货物时，要与货主协商，及时向保险公司投保运输险。

（三）事故责任划分

对于下列原因造成的损失，承运方不负责任：

（1）由不可抗力所致的货损。

（2）包装完好，但内部损坏、变质、短少者。

（3）违反国家法令或规定，被有关部门查扣、弃置或其他处理。

（4）货物抵达到达站，收货方逾期提货或局部提取造成的货损。

（5）有随车押送人员负责中途保管照料的。

（四）货损货差赔偿办法

（1）按实际损失赔偿。

（2）由装卸原因造成的损失，由装卸部门负责赔偿。

（3）事故查清后，是经济赔偿的，要由托运人或收货人填写事故赔偿书，报有关主管部门审核赔偿。

(4) 商务事故处理完毕，按章向保险公司办理索赔手续。

(五) 事故大小的划分

(1) 重大事故，货物染毒或危险品发生事故，造成人身死亡，或货物损失在1万元以上的。

(2) 大事故，造成人身严重中毒，或货物损失在5 000元以上的。

(3) 恶性事故，发生票货分离，涉及国际联运过境物资、极端保密物资发生丢失、损坏，损失金额在1 000元以上的。

第三节　公路汽车运输经营

一、汽车运输八项指标

根据汽车运输经营活动的特点，汽车运输的经济技术指标定为下列八项。

(一) 产量指标

以货运量和货物周转量反映。

1. 货运量

货运量指在一定时期内，实际运送货物的载重量，以“吨”为单位。

2. 货物周转量

货物周转量指在一定时期内，每次货运量与运输距离之和，以“吨公里”为单位。

(二) 质量指标

以安全行驶间隔里程和货损货差两个指标反映。

1. 安全行驶间隔里程

安全行驶间隔里程是考核车辆运行安全情况的指标，单位为公里。

$$\text{汽车安全行驶间隔里程}=\frac{\text{报告期总车公里数}}{\text{报告期事故次数}}$$

2. 货损货差

货损货差是指汽车在运输过程中发生的属本企业责任的商务事故，计算公式为：

$$\text{每百元收入货损货差额}=\frac{\text{报告期货损货差赔偿额}}{\text{报告期运输总收入额}}$$

(三) 效率指标

反映车辆运输能力的利用程度，包括完好率、工作率、里程利用率、车吨产量。

1. 完好率

完好率是考核汽车技术状况的指标。

$$\text{完好率}=\frac{\text{完好车日数}}{\text{总车日数}}\times 100\%$$

2. 工作率

工作率是考核汽车利用程度的指标。

$$工作率=\frac{工作车日}{总车日}\times 100\%$$

3. 里程利用率

里程利用率是考核汽车行驶里程有效利用程度的指标。

$$里程利用率=\frac{重车公里}{总车公里}\times 100\%$$

4. 车吨产量

车吨产量指汽车在实际运输过程中行驶的全部过程，单位为吨公里/吨。

$$车吨产量=\frac{车辆及挂车完成的周转量}{汽车平均总车吨位}$$

（四）燃料消耗指标

燃料消耗指标指车辆每行驶百公里所消耗的燃料数量。其中，汽油和柴油消耗量应分别计算。

$$燃料消耗量=\frac{燃料实际消耗量}{行驶总车公里}\times 100\%$$

（五）劳动生产率指标

劳动生产率指标是表明职工劳动效率的指标，按全部职工人数计算，单位为吨公里/人。

$$全员劳动生产率=\frac{报告期内货额周转量}{报告期内职工总人数}\times 100\%$$

（六）运输成本指标

运输成本指标是指汽车运输的单位成本，即平均每吨公里成本，单位为元/吨公里。

$$吨公里成本=\frac{报告期内运输总成本}{报告期内货物周转量}$$

（七）流动资金占用指标

流动资金占用指标是指平均每百元收入占用的流动资金额，它反映了企业流动资金的使用效率，单位为元/百元收入。

$$流动资金占用率=\frac{流动资金占用额}{报告期收入总额}\times 100\%$$

（八）利润指标

利润指标即企业的基本业务、汽车运输利润、其他业务利润及营业外收支净额总和。

二、统计与统计分析

汽车运输企业的统计工作包括企业生产经营活动中的统计核算和大量的业务核算，以各种统计报表和其他统计形式检查分析计划完成情况，向上级主管机关和企业领导提供制订计划和经营决策的依据。

（一）统计工作的任务

（1）定期、如实向上级和企业领导报告计划执行情况及生产进度，及时提出计划执行中存在的问题。

（2）做好原始记录，建立健全统计台账，审核、查对各类数据，及时纠正误差，整理、保存历史统计资料。

（3）按规定准确、及时、全面报送统计报表。

（4）开展综合性经济分析，进行专题调查研究，提出改善经营管理的合理化建议。

（二）统计分析

统计工作的重点在于加强统计分析。统计分析的基本工作是利用所掌握的资料，对客观事物进行周密的研究分析，揭示事物的本质和规律。利用统计分析可以及时、详尽地了解经营状况，正确评价经营管理中各个环节工作的优劣，及时发现弱点，为进一步改善经营管理指明方向。

在进行统计分析时，首先要注意分析指标的选择。对外运车队一般可定期分析利润、货物周转量、运输成本、燃料消耗、维修费用等方面的指标。

其次，还应掌握分析的技术方法。较常采用的是计划完成相对数分析法。计划完成相对数分析法是以实际与计划的差异数作为分析对象，分析逐项轮换计算在某一因素变动而其他因素不变的情况下，影响值有多大。再根据各因素变动时所引起的影响值的大小和影响程度，确定正反面因素和主次因素。

三、汽车运输成本

（一）成本的构成

汽车运输过程中的物化劳动和活劳动的消耗，就是运输成本，由车辆折旧费、燃油费、工资组成。

根据成本支出科目不同，汽车运输成本可分为车辆生产成本和企业管理费两类。

（1）车辆生产成本。

车辆生产成本指运营车辆从事运输生产所发生的各项费用。包括：工资、燃料、轮胎、维修费、车辆折旧费、养路费、保险费及其他直接费用。

（2）企业管理费。

企业管理费指运输企业为组织和管理运输生产所发生的各项管理费用和业务费用。主要包括：管理人员的工资及附加费、办公费、水电费、取暖费、通信费、差旅费、低值易耗品费、修理费、大修提存、非车辆折旧费、劳保费、交通费、仓库经费、材料盘亏和损失费、利息支出、事故损失等等。

按成本与工作量的大小关系划分，又可分为：

（1）变动费用。

变动费用是指在一定时期内，费用总额随着同期车辆完成的工作量成比例增减、变动的各项费用。如燃料费、轮胎费、维修费、材料费、安全行驶里程提取的车辆折旧费、大修提存等等。

（2）相对固定费用。

相对固定费用是指在一定时期内，其费用总额基本不变的那部分费用，如养路费、支付给职工的工资。企业管理费用中的绝大部分是相对固定费用。

（二）成本分析

影响汽车运输成本变动的因素有很多，一般从以下几个方面进行分析：

1. 价格因素对成本的影响

汽车燃料、轮胎、维修价格的大幅度上涨，养路费、行车杂费率的提高，以及职工调整工资、增加补贴等，使运输成本加大。其中许多属于客观因素，受市场供求关系、国家经济形势以及宏观经济调控影响，企业经营者难以控制。但是，由于燃料、材料配件、轮胎三项费用消耗在运输成本中所占的比重约为50%，如果被动地承受价格上涨所造成的成本压力，会使企业负担越来越重。因此，应采取积极措施，如加强消耗定额管理，开展技术革新，增产节支，努力降低三大消耗，以把价格上涨的影响减少到最低。

在汽车运输成本中，工资津贴、养路费、企业管理费属于相对固定的费用，它们与车辆工作量没有成比例增减的关系，但是，对单位成本（百吨公里消耗）则有着直接影响。

2. 车辆工作量对成本的影响

在固定费用总额一定的情况下，车辆的工作量增加，则分摊到单位成本中的固定费用比例就少，成本就随之降低；反之，单位成本中分摊的固定费用就增加。因此，要降低单位成本，就必须从增加生产、减少费用支出方面考虑。如严格控制各项费用开支，按照国家和上级的规定，正确区分不同性质的费用，不得乱摊、乱挤成本。勤俭节约办企业，以达到降低运输成本的目的。

3. 车辆效率对成本的影响

车辆工作效率与成本成反比关系，在固定成本一定的条件下，车辆工作率越高，货物周转量越多，里程利用率就越高，单位成本中固定费用的比例就越低；反之，则成本上升。由此可见，控制运输成本的关键还在于加强车辆的合理调度，科学运用，抓好货源组织，充分提高效率。当今，我国公路运输业面临一个既充满商机又竞争激烈的现代物流市场，对公路运输企业来讲，加强车辆效率环节在降低运输成本中的关键性作用，是运输管理的重要一环。

第四节　内河运输

一、内河运输简介

（一）内河运输的特点和作用

内河运输（inland water transportation）是水上运输的一个重要组成部分，同时，也是连接内陆腹地（inland area）和沿海地区（coastal region）的纽带。它具有运量大、投资少、成本低、耗能小的特点，可以河海直达。它对一个国家的国民经济和生产力布局起着至关重要的作用，故世界各国无一例外地十分重视内河运力开发和建设。

（二）内河运输的发展

历史上，内河运输是人类较早采用的一种重要的运输方式。早期人类受征服自然能力的限制，只能利用自然河道，后来，逐渐掌握了河流的运动规律，才开始整治河道，挖掘运河，建筑船坝，使用河流满足人类运输的需要。经过人为改造后的现代内河航道，水流平稳，宽阔水深，一些内河可以容纳海轮直驶上流。

在早期的内河运输中，运行的船舶单一。尽管后人改进了船舶的结构，增大了载重量吨位，但载重量仍有一定的限度。19 世纪中叶，拖带方法的采用，使内河运输量成倍增长。内河运输的驳船主要使用拖船带动，称为拖带法。拖带法成为内河运输发展的一个重要里程碑。

进入 20 世纪，拖带方式逐渐退出历史舞台，蓬勃发展的货船运输开始下降，取而代之的是顶推运输方式。当前，一艘高功率的推船能顶载三四万吨的驳船。

以 20 世纪发生的两次科技革命为背景，造船工业得到突飞猛进的发展，船舶的结构、性能日趋完善。在现代运输中，载驳船的出现把内河驳船运输与海洋运输紧密衔接为一体，减少了中间环节，降低了运输成本，提高了航运效率。

内河运输适宜装运大宗货物，如矿砂、粮食、化肥、煤炭等，而且由于航运平稳，在运送石油等危险货物时也较安全。

二、内河运输的船舶

相对于海洋，内河吃水浅、河道狭、弯度多、水位涨落幅度大。因而，内河航船的结构和用途与海轮有所不同。内河使用的船舶主要有以下四种：

1. 内河货船

是指本身带动力，有货舱可供装货的船舶。这是内河运输的主要工具。内河货船的载重吨位、长度和吃水深浅，视河道条件而异，但一般均比海船小。内河货船具有使用方便、调度灵活的特点，但载重量小、成本高。因此，只用来经营内河定期船。

2. 拖船和推船

拖船（tug boat）和推船（tow boat）都是动力船，本身一般不装载货物，而是起拖带和推动驳船的作用。前者在驳船前面，拖带驳船前进；后者在驳船后面，顶推驳船前行。以前，内河运输的驳船主要使用拖船带动。因为顶推法较拖带法具有阻力小、推力大、操纵性能强的优点，目前，推船已逐渐取代拖船，成为内河运输的发展方向。

3. 驳船

内河驳船（barge or lighter）按有无动力可分为机动驳船和非机动驳船，以拖带和顶推法为标准，可以分为拖驳和推驳。

推驳船是一种一定尺度的标准型驳船，便于编队分节。驳船上没有舵、锚以及生活设施和救生设备，整个驳船是一个长方形的货舱，以供装货。近年来，驳船的发展具有标准化、系列化和专业化的特点。

4. 河/海型船

这类船既可在内河又可在沿海航行，现已发展成为一种独立的船型。在结构上，除了吃水较浅外，类似于海轮。

三、我国的内河运输

我国有 5 000 多条大小河流和众多湖泊，具有发展内河运输的十分有利的条件。中华人民共和国成立后，国家大力整治河流，疏通水道，沟通水系，大力开发内河航运在综合运输体系中有不可替代的作用。

从 1995 年到 2018 年，全国内河货运量从 3 亿吨增加到 37.43 亿吨，年均增长 11.58%，2018 年内河货物周转量达到 15 365.89 亿吨公里。同期内河船舶的平均每艘吨位从 47.4 吨/艘急速增加到超过 1 000 吨/艘。截至 2018 年底，全国内河航道通航里程 12.71 万公里，比上年增加 108 公里。等级航道里程 6.64 万公里，占总里程的 52.3%，提高 0.2 个百分点。三级及以上航道里程 1.35 万公里，占总里程的 10.6%，提高 0.8 个百分点。内河港口生产用码头泊位 18 185 个，内河港口万吨级及以上泊位 437 个，内河运输船舶达到 12.43 万艘，载重吨位 12 915.5 万吨。

我国内河水运地位的上升是在公路条件得到巨大改善的情况下出现的，这充分反映了内河运输的市场选择优势和发展潜力，也说明内河航运在全国综合运输体系中仍具有难以替代的作用。

作为交通运输领域最具资源节约型、环境友好型、可持续发展型的运输方式，内河水运面临着新的发展机遇。

在公路、铁路和内河水运三种主要的内陆运输方式中，尽管内河水运受到明显的地域限制，但其承担的货物运输量比重仍呈现出止跌回升的态势。

当前，发展我国的内河水运事业，应该树立百年大计的战略意识。提升各级政府对内河航运发展的认识；依法保护内河航运资源，加快出台相关法律，确保内河航运资源在水资源开发利用中不受侵害和不被浪费。交通部门应加大监管和投资力度，逐步消除规划通航河流上已建或在建的碍航设施；加强规划引导，加大部门间和地区间协调力度，保证航运规划的严肃性和权威性。

应加强适航流域水资源的综合利用，建立涉水管理部门之间的协调与合作机制，包括水利、交通、水电、生态保护等部门。

建立通航河流资源综合开发投资与收益统筹制度，促进流域各项事业或经营活动良性滚动发展。

国家统筹各种交通税费的使用方向，加大向内河航运投入的倾斜力度。加强监督管理与执法力度，确保通航河流的航运权益不受侵害。

以技术进步和管理革新为突破，促进内河航运现代化。一方面，坚持依靠技术进步提升内河航运的现代化水平；另一方面，通过强化内河航运管理与运营组织创新，提高运输竞争力。

第五节　管道运输

一、管道运输的定义与特点

（一）管道运输的定义

管道运输（pipeline transportation）是利用管道输送气体、液体和粉状固体的一种特殊的运输方式，它随着石油原油的生产而产生。

管道运输与普通货物的运输形态不同。普通货物运输是随着运输工具的移动，货物被运送到目的地，而作为管道运输的运输工具，管道是固定不动的，只是货物在管道内移动。管道运输是运输通道和运输工具合二为一的专门的运输方式。

管道运输始于 19 世纪中叶，1859 年美国宾夕法尼亚州建成了第一条原油输送管道。20 世纪，伴随着第二次世界大战后石油工业的发展，管道建设进入了一个新的阶段。各产油国竞相兴建大量油、气管道。从 20 世纪 60 年代开始，输油管道的发展趋于采用大管径、长距离，并逐渐建成成品油输送的管网系统。同时，开始了用管道输送煤浆的尝试。

目前，在全球能源产品（石油原油、成品油、天然气、油田伴生气、水煤浆等）的运输中，管道运输占有较大的比重。近年来，管道运输也被进一步研究开发用于散状物料、成件货物、集装物料运输，并发展了容器式管道输送系统。

管道运输是国民经济综合运输的重要组成部分之一，也是衡量一国的能源与运输业是否发达的一个特征。目前，长距离、大管径的输油气管道均由独立的运营管理企业负责经营和管理。

（二）管道运输的特点

管道运输具有以下特点：

1. 运量大

输油管线可以源源不断地完成输送任务。根据其管径的大小不同，每年的运输量可达数百万吨到几千万吨，甚至超过亿吨。

2. 占地少

管道运输建设实践证明，运输管道埋藏在地下的部分占管道总长度的 95%以上。因而，管道运输占地少，分别为公路的 3%和铁路的 10%左右。在交通运输规划系统中，优先考虑管道运输方案，对于节约土地资源意义重大。

3. 管道运输建设周期短、费用低

国内外交通运输系统建设的实践表明，管道运输系统的建设周期与相同运量的铁路建设周期相比，一般要短 1/3 以上。我国自己铺设的大庆—秦皇岛全长 1 152 公里的输油管道，用时 23 个月，而若要建设一条同样运输量的铁路，至少需要 3 年时间。统计资料表明，管道建设费用比铁路低近 60%。

4. 管道运输安全可靠、连续性强

石油、天然气易燃、易爆、易挥发、易泄漏，采用管道运输方式可以避免以上危险。同时，由于油、气泄漏导致的大气、水和土壤污染也可大大减少。可见，管道运输符合运输绿色化的要求。

此外，管道大多埋藏于地下，恶劣多变的气候对其影响小，可以确保运输长期、安全、稳定地进行。

5. 管道运输耗能少、成本低、效益好

发达国家采用管道运输石油，每吨千米的能耗不足铁路的 1/7，在大量运输时运输成本与水运接近。因此，在无水条件下，采用管道运输是一种最节能的运输方式。

管道运输还是一个连续的工程，运输系统不存在空载行程，因而系统的运输效率高。

理论和实践都已经表明，管道口径越大，运输距离越远，运输量越大，运输成本就越低。以石油管道运输为例，管道运输、水路运输、铁路运输的运输成本之比为 1∶1∶1.7。

6. 灵活性差

管道运输除承运的货物比较单一外，也不容许随便扩展管线，实现“门到门”的灵活运输服务。一般来说，管道运输常常要与铁路运输、汽车运输、水路运输配合，才能完成全程输送。

管道运输的上述特点决定了它适合于那些单向、定点、量大的流体状货物（如石油、油气、煤浆、某些化学制品原料等）的运输，而且利用容器包装运送固态货物（如粮食、砂石、邮件等），也有良好的发展前景。

二、管道运输的类别和经营

1. 根据铺设工程划分

管道运输就其铺设工程可分为架空管道、地面管道和地下管道。其中，以地下管道的应用最为普遍。视地形情况，一条管道也可能三者兼而有之。

2. 根据地理范围分

管道运输就其地理范围可分为原油管道、成品油管道和系泊管道。从油矿至聚油塔或炼油厂，称为原油管道；从炼油厂至海港或集散中心，称为成品油管道；从海港至海上浮筒，称为系泊管道。

3. 根据运输对象划分

管道运输就其运输对象可分为液体管道、气体管道和水浆管道。

此外，管道运输同铁路运输、公路运输一样，也有干线和支线之分。

物料的管道运输采取两种方式。第一种方式，是把散状或粉尘状物料与液体或气体混合后沿管道运输，这种与液体混合的方式叫浆液运输。它适用于煤、天然沥青、砂、木屑、浆料等货种。由于这种方案受物料性质、颗粒大小与重量等因素的限制，运输距离不能太长，同时，能耗较多，对管道的磨损也较大。

第二种方式，是用密封容器装散状物料，放在管道的液流中，或用专用载货容器车装散状物料，置于管道气流中，靠压力差的作用运送物料。这种用专用载货容器车进行管道运输的方法，能运送大量不同的货物。

管道运输由于管道路线和运输是固定的，所以运输费用的计算比较简单。按油类不同品种规格规定不同的费率标准，其计算标准多数以桶为单位，有的以吨为单位，且均规定每批量的最低托运量。

三、世界油气管道现状

管道运输主要用于能源输送，除普遍用于石油、天然气、液化石油气、化工原料等的输送外，还用于煤浆、煤层气、矿石等的运输。2017 年世界管线长度为 360 万公里，其中天然气输送管线占世界管道总量的 80.5%，而原油输送管线只占 8.4%。截至 2018 年，全球在运营油气管道数量已超过 3 800 条，总长度接近 240 万公里。其中天然气管道总长度超过 150 万公里，占 60%以上，石油管道中 2/3 左右为原油管道。

目前，世界管道总长度已超过了世界铁路总里程，成为能源运输的主要方式，世界上90%以上的天然气、85%以上的原油运输是通过管道输送实现的。在发达国家，成品油的远距离运输主要靠管道。欧美发达国家和中东产油区的油品运输现已全部实现了管道化。

目前，世界管道运输网分布很不均匀，主要集中在北美、欧洲、俄罗斯和中东，除中东外的亚洲其他地区、非洲和拉丁美洲的管道运输业相对较为落后。

（一）北美

美国是世界上最大的石油消费国和生产国，原油净进口占美国国内消费的30%。由于本国石油资源高度集中在墨西哥湾沿岸和阿拉斯加的北冰洋沿岸地区，为了向非产油区供应油气，美国修建了长达29万多公里的输油管道和30多万公里的输气管道，其各类管道总长度位居世界第一，也是世界上管道技术最为先进的国家。

早在第二次世界大战期间的1943年，美国就修建了两条当时世界上最长的管道：一条是从得克萨斯州到宾夕法尼亚州的原油管道，全长2 158公里，管径600毫米；另一条是从得克萨斯州到新泽西州的成品油管道，全长2 745公里，管径500毫米。第二次世界大战后，美国的管道运输业继续高速发展，目前其管道运输量已占到全国货运总量的20%以上，是世界上管道工业最发达的国家之一。

北美省际输油管道是北美地区最长的原油管道，它北起加拿大的埃德蒙顿，南到美国的布法罗，贯穿加拿大和美国，全长2 856公里，沿全线分布着众多泵站，管道日输量达3 000多万升。

1977年，美国建成了纵贯阿拉斯加州的输油管道，这是一条在高纬度严寒地区修建的大口径管道，它伸入北极圈，当时引起了全世界的瞩目。阿拉斯加管道北起北冰洋沿岸的普拉德霍湾（这里的石油占美国石油可开采量的1/3），南至太平洋沿岸的瓦尔迪兹港，穿越了3条山脉、300多条大小河流和近650公里的冻土带，全长1 287公里，管径1 220毫米，年输油量在4 000万吨以上，全线采用计算机控制，是美国最大的现代化输油管道，也是世界上最为先进的管道之一。美国的科洛尼尔成品油管道系统，全长4 610多公里，是世界上最长的成品油管道。

除油气管道外，美国还拥有较多输送煤浆的管道。美国1970年建成的里梅萨煤浆管道，南起亚利桑那州卡因塔露天煤矿，北至内华达州莫哈夫电厂，全长439公里，管径为457毫米和305毫米，年输煤量为450万吨，是目前世界上输煤量最大的一条管道。

加拿大的油气管道业也十分发达。加拿大拥有总长超过3.5万公里的输油管道，密集的管网把落基山东麓的产油区与消费区（中央诸省和太平洋沿岸）联结起来，并与美国的管道网相连。加拿大还拥有横贯全国的泛加输气管道，管道总长8 500公里，管径从500毫米到1 000毫米，年输气量达300亿立方米，是世界上最长的输气管道。

（二）欧洲和俄罗斯

在欧洲主要发达国家，油气运输已实现管网化。自北海油田发现后，欧洲陆续新建了一批大口径（管径在1 000毫米以上）的高压力管道，管道长度已超过1万公里，目前仍是世界上油气管道建设的热点地区之一。

苏联的管道建设在20世纪发展特别快。20世纪50年代，苏联共有管道7 700公里，此后即以每年6 000公里～7 000公里的速度递增。20世纪下半叶，苏联在极短的时间内建成了输送天然气、原油和成品油的干线管道系统，干线管道的总长度达 21.5 万公里，堪称 20 世纪全球规模最大的管道工程。其中有 6 条超大型输气管道系统，总长合计近 2 万公里，管径为 1 220 毫米～1 420 毫米，是世界上规模最大、最复杂的输气管道网络。

20 世纪 60—70 年代，苏联和东欧国家间建设了友谊输油管道。该管道分一、二期工程，一期工程建成于 1964 年，全长 5 500 公里，管径 1 020 毫米；二期工程建成于 1972 年，全长 4 410 多公里，管径 1 220 毫米。友谊输油管道一、二期工程合计近 1 万公里，设计年总输油能力近 1 亿吨，是世界上最长的输油管道。苏联解体后，由于受多种因素影响，该管线目前的运力和运量都急剧下降。

俄罗斯自己现有的石油管网总长 5 万多公里，由于国土辽阔，横贯俄罗斯大陆的每条输油管道的干线长度，一般均在 3 500 公里～4 000 公里。但由于许多输油管道都已老化或超期服役，目前俄罗斯输油管道系统的运行效率偏低，为了适应俄罗斯大规模出口原油的需要，这些管道大都需要进行大修和综合改造。

（三）中东地区

中东是世界上最大的产油区和石油出口区，也是油气管道密布的地区。

沙特阿拉伯在 1987 年建成了东起波斯湾沿岸的阿卜凯克，向西横越阿拉伯半岛后，到达红海岸边的延布港，全长 1 200 公里、管径 1 219 毫米的大口径长输原油管道。该管道仅在 1988 年输油量即达 1.1 亿吨，至今，年输油量仍保持在 9 000 多万吨，是世界上运量最大的石油管道。

伊朗的阿瓦士—阿加贾里—加拉维管道，全长仅 248 公里，但其第一期工程年输油量就达到了 7 500 万吨。

中东地区比较重要的管道还有从伊拉克北方油田基尔库克，到土耳其的地中海港口城市杰伊汉的跨国石油管道。伊拉克战争前，该管道每天的输油能力高达 90 万桶，2003 年伊拉克战争爆发后，该管道被迫关闭。2003 年 8 月该管道短暂重启时，曾导致国际油价暴跌。

（四）世界海底管道

除了陆上管道外，世界海底管道业也十分发达。目前世界上较长的海底管道多分布在北欧地区，运输从北海油田开发的油气资源。

挪威是欧洲仅次于俄罗斯的第二大天然气出口国，也是世界上海底管道最多的国家之一。世界上已建成的最长的海底管道，就是从挪威开发的北海海上油田到比利时泽布吕赫的 Zeepipe 海底天然气管道，该管道全长 814 公里，管径 1 016 毫米。

自 1865 年美国建成世界上第一条输油管道至今，管道运输业已有 150 多年的历史。蓦然回首，美国的潮水输油管在世界运输史上引发的一场运输业大革命，已经使油气管道运输成为继公路、铁路、空运、海运之外的世界第五大运输体系。

四、中国管道运输现状

近一个世纪以来，石油逐渐取代煤炭，一跃登上了能源王国的宝座。石油储量的高低几近成为衡量一个国家和地区经济发展水平的指标，管道运输网络的分布程度遂成关键。

从经济发展的角度看，管道业带给社会的影响是深刻而深远的。可以发现，我国油气管道建设始终和能源工业的脉搏一起跳动。一个多世纪以来，管道运输在逐步取代“车轮”运输的同时，更是肩负着国家能源安全保障的使命。

我国油气长输管道网络已初步建成。2006—2015 年十年间，我国累计新增油气长输管道里程数为 6.47 万公里，其中，“十一五”期间新增 3.45 万公里，“十二五”期间新增 3.02 万公里。截至 2018 年末，我国累计建设油气长输管道里程数为 13.6 万公里，其中，天然气管道累计达到 7.9 万公里。20 世纪 90 年代以来，我国天然气管道得到快速发展，天然气消费领域逐步扩大，城市燃气、发电、工业燃料、化工用气大幅度增长。2004 年投产的西气东输工程横贯中国西东，放射型的支线覆盖了中国许多大中城市，并于 2005 年通过冀宁联络线与陕京二线连通，构成我国南北天然气管道环网。忠武输气管道也于 2004 年底建成投产。到 2005 年初步形成了西气东输、陕京二线、忠武线三条输气干线，川渝、京津冀鲁晋、中部、中南、长江三角洲五个区域管网并存的供气格局。

资源进口方面，我国资源进口通道日趋完善。其中，西北方向已建成中哈原油管道、中亚天然气管道 A 线、B 线、C 线，未来将增加 D 线；东北方向已建成中俄原油管道一线、二线，未来将增加中俄东线、西线天然气管道；西南方向已建成中缅原油管道、中缅天然气管道；沿海方向液化天然气配套管道未来将陆续增加。

目前，我国铺设的海底油气管道超过 6 000 公里，最长的海底管道是崖城 13 - 1 气田，输气管道长 778 公里。我国海底管道铺设深度最深达到 1 409 米，是世界第二“S-LAY”海管铺设深度，海管自主铺设能力达到亚洲领先、世界先进水平。

此外，我国还自行设计建成了山西省尖山矿区——太原钢铁厂铁精粉矿浆管道，管道全长 102 公里，管径 229.7 毫米，精矿运量 200×104 吨/年，矿浆重量浓度 63％～65％。

2017 年，为贯彻落实《中共中央国务院关于深化石油天然气体制改革的若干意见》与《能源生产和消费革命战略（2016—2030）》，国家发改委与能源局正式印发《中长期油气管网规划》，为我国油气领域基础设施建设空间做出部署。根据该规划，至 2025 年，国内油气管网规模提升至 24 万公里，其中，天然气、原油、成品油管道里程数分别达到 16.3 万公里、3.7 万公里、4 万公里。届时，全国省区市成品油、天然气主干管网将全部实现联通。

第六节　邮政快递运输

世界各国的邮政业务均由国家办理，而且均兼办邮包运输业务。国际上，各国邮政之间订有协定和公约，通过这些协定和公约，邮件包裹的传递畅通无阻，四通八达，形成全球性的邮政运输网，从而使国际邮政运输成为国际贸易中普遍采用的运输方式之一。

一、国际邮政运输的特点和作用

国际邮政运输是国际贸易运输不可缺少的渠道。国际邮政运输具有以下特点：

1. 具有广泛的国际性

国际邮政是在国与国之间进行的。在多数情况下，国际邮件需要一个或几个国家经转。各国相互经转对方的国际邮件，是在平等互利、协作配合的基础上，遵照国际邮政公约和协定的规定进行的。

为确保邮政运输安全、迅速、准确地传送，在办理邮政运输时，必须熟悉并严格遵守本国和国际邮政各项规章和制度。

2. 具有国际多式联运性质

国际邮政的运输通常需要经过两个或两个以上国家的邮政局，两种或两种以上不同的运输方式的联合作业。从邮政托运人的角度来说，它只要向邮政局照章办理一次托运，一次付清足额邮资，在取得一张包裹收据后，全部手续即告完备。至于邮件运送、交接、保管、传递等一切事宜，均由各国邮政局负责办理。

邮件运抵目的地，收件人可凭邮政局到件通知和收据向邮政局提取邮件。所以，国际邮政运输就其性质而论，具有国际多式联合运输的性质。

3. 实现了“门到门”运输

世界各国的邮政局网络如繁星满天密布。邮件可在当地就近向邮政局办理，邮件到达目的地后，收件人也可在当地就近邮政局提取，所以，邮政运输实现了“门到门”服务。

4. 运输任务不同

相对于其他国际货运方式，国际邮政运输自有的特点集中反映在运输的任务上。国际邮政运输的任务，是通过国际邮件的传递，沟通和加强各国人民之间的通信联系，促进相互间的政治、经济、文化交流。这与国际贸易形成的大量货物运输差别明显。

5. 运送的标的不同

一是由于邮政业的规定，二是受邮政高运费的影响（相对于公路、海洋等运输方式），所以邮政运输只适宜于重量轻、体积小的小商品，如精密仪器、机器零件、金银首饰、药品以及各种样品和零星物品等，而不宜运送成批量的货物。国际邮政对邮件的重量和体积均有限制，如每件包裹的重量不得超过 20 公斤，长度不得超过 1 公尺等等。

二、万国邮政联盟

万国邮政联盟（Universal Postal Union）简称邮联，其宗旨是根据《万国邮政联盟组织法》的规定，组成一个国家间邮政领域的组织机构，以便相互交换邮件；组织和改善国际邮政业务，以便有利于国际合作的发展；推广先进经验，给予会员国邮政技术的援助等。

邮联的组织机构有：代表大会和行政理事会、邮政业务理事会等机构。其中国际局为邮联的中央办事机构，设在伯尔尼。国际局的主要任务是对各国邮政进行联络，提供情报和咨询，负责大会筹备工作和准备各项年度工作报告等等。我国于 1914 年加入万国邮政联盟。

三、邮包种类、邮资和单证

（一）邮包分类

国际邮件按运输方法分为水陆路邮件和航空邮件，按内容性质和经营方式分为函件和包裹两大类。

按照我国邮政的规定，邮包可细分为：

1. 普通包裹

凡适于邮递的物品，除违反规定禁寄和限寄的以外，都可以作为包裹寄送。

2. 脆弱包裹

指容易破损和需要小心处理的包裹，如玻璃器皿、古玩等。

3. 保价包裹

指邮局按寄件人申明的价值，承担补偿责任的包裹。一般适于邮递贵重物品，如金银首饰、珠宝、工艺品等。快递包裹、代收货价包裹、收件人免付费用包裹发展迅速。

包裹如以航空方式邮递，即分别称为航空普通包裹、航空脆弱包裹和航空保价包裹。

邮局在收寄包裹时，均给予寄件人执据，故包裹邮件属于给据邮件。给据邮件均可以办理附寄邮件回执。回执是邮件投交收件人，作为收到凭证的邮件。回执可以按普通、挂号或航空寄送。

（二）邮资和单证

邮资是邮局为提供邮递服务而收取的费用。各国对邮资采取的政策各有不同。有些国家把邮政收入作为国家外汇收入来源之一；有些国家要求邮政自给自足，收支大致相抵；有些国家则对邮政实行国家财政补贴，从而形成了世界各国不同的邮资水平。我国的邮资水平属于偏低类。

四、现代邮政快递

随着科学技术，尤其是信息技术和通信技术的迅猛发展，“传统的邮政物流”（包括函件、邮包、发行等）面临激烈竞争。从 2010 年开始，全国邮政函件业务量持续下降，且年增长率持续萎缩，从 2011 年的－0.3％跌至 2015 年的－18.3％；包裹业务量 2015 年以来下降趋势愈加明显，年降幅接近 30％；报纸和杂志业务量从 2014 年开始下降；汇兑业务量也持续下降，且年降幅持续增大。随着居民收入水平和购买力的提高，人们逐渐从相对价低但运输速度慢的邮政包裹、函件业务转向相对价高但运输速度快的快递业务。这在一定程度上说明，在明显的服务差异下，人们更关注服务质量而非价格。同时，随着互联网信息的高速发展，人们对报纸和杂志的消费也逐渐减少。物流需求结构随着消费需求结构的变化也逐步发生改变，从而导致了邮政传统业务的持续萎缩。在此情况下，现代邮政物流快递逐渐成为邮政运输新的发展方向。

中国邮政速递物流股份有限公司（简称中国邮政速递物流）是经国务院批准，中国邮政集团于 2010 年 6 月联合各省邮政公司共同发起设立的国有股份制公司，是中国经营历史最悠久、规模最大、网络覆盖范围最广、业务品种最丰富的快递物流综合服务提供商。中国邮政速递物流在国内 31 个省（自治区、直辖市）设立分支机构，并拥有中国邮政航空有限责任公司、中邮物流有限责任公司等子公司。截至 2018 年底，公司注册资本 250 亿元人民币，员工近 16 万人，业务范围遍及全国 31 个省（自治区、直辖市）的所有市县乡（镇），通达包括港、澳、台地区在内的全球 200 余个国家和地区，营业网点超过 4.5 万个。中国邮政速递物流主要经营国内速递、国际速递、合同物流、快货等业务，国内、国际速递服务涵盖卓越、标准和经济不同时限水平和代收货款等增值服务，合同物流涵盖仓储、运输等供应链全过程。拥有享誉全球的“EMS”特快专递品牌和国内知名的“CNPL”物流品牌。

1. 经济快递

经济快递主要定位国内物品类市场。主要服务对象为批量交寄，价值相对较高，对安全、信息反馈和综合性价比要求较高的大综客户，如网上购物、电视购物、电子通信产品生产厂家或销售商等。

2. “次晨达”业务

“次晨达”业务是中国邮政速递物流充分发挥“全夜航”航空自有运输能力的网络优势，对资源整合，推出的高品质业务。“次晨达”业务包含“区域次晨达”和“跨区域次晨达”。

3. 国内特快

国内特快专递（EMS）业务作为中国邮政速递物流的精品业务，以高速度、高质量为用户传递国内紧急文件资料及物品，同时提供多种形式的邮件跟踪查询服务。国内已有近2 000个市、县开办了此项业务。该业务可办理异地特快专递业务和同城特快专递业务。

4. 代收货款

国内特快专递代收货款业务，是中国邮政速递物流推出的一项速递延伸服务，为各类邮购公司、电子商务公司、电视直销企业、商贸企业、金融机构等单位提供快速传递实物、代收货款或其他款项并代为统一结算的综合服务。代收货款业务将消费者和销售企业的购销风险降到最低点，让消费者足不出户就可放心订购到本地、异地、国内、国际的商品。

5. 国际特快专递

国际及台港澳特快专递（EMS）是中国邮政速递物流与各国（地区）邮政合作开办的中国与其他国家、台港澳间寄送特快专递（EMS）邮件的一项服务，可为用户快速传递国际紧急信函、文件资料、金融票据、商品货样等各类文件资料和物品，同时提供多种形式的邮件跟踪查询服务。该业务在各国（地区）邮政、海关、航空等部门均享有优先处理权。

6. 中速国际快件

中速国际快件业务英文是“China International Express”（以下简称“中速快件”）。中速快件业务是指中国邮政速递物流与非邮政公司合作办理的国际快件业务。在收寄规格、业务处理、通关方式以及运递渠道等方面与国际及台港澳特快专递有所不同。中速快件通达200多个国家和地区。

中速快件根据重量、运递时限和服务方式的不同分为标准快件、经济快件、航空邮件以及增值服务（收件人付费、代垫关税等）。

7. 国际特快到付

国际特快专递收件人付费业务简称国际特快到付业务。其特点是传递国际特快专递邮件所需的各种费用（如邮资、清关费等）由收件人支付，而非由寄件人直接支付。寄件人在交寄邮件时需填写一份“信用保证单”，承诺在遇有收件人拒收邮件或拒付费用等情况时，寄件人承担全部邮寄费用及所产生的一切相关费用。国际特快到付业务的收费标准与国际特快专递邮件的收费标准相同。

小 结

1. 公路运输是现代运输的主要方式之一，在整个运输领域中占有重要的地位，并发挥着越来越重要的作用。公路运输由公路和汽车两部分组成。

2. 我国外贸汽车运输的特点：（1）点多面广，季节性强；（2）运距短，单程货多；（3）鲜活易腐食品要随产随运，时间性强；（4）运输任务不均衡，突击任务多；（5）公路集装箱运输发展迅速，公路运输集装箱比重增大；（6）边境公路运输政策性强。

3. 我国公路运输的经营方式包括：公共运输部门、契约运输线、自用运输业和汽车货运代理。

4. 外贸汽车运输的形式分为：（1）出口物资的集（港）站运输；（2）进口货物的疏港（站）运输；（3）国际多式联运的首末段运输；（4）边境公路过境运输；（5）特种货物运输；（6）一般社会物资运输。

5. 公路运输效率管理包括八项指标：（1）产量指标；（2）质量指标；（3）效率指标；（4）燃料消耗指标；（5）劳动生产率指标；（6）运输成本指标；（7）流动资金占用指标；（8）利润指标。

6. 内河运输的特点是运量大、投资少、成本低、耗能小。内河运输适宜装运大宗货物，航运平稳，运送危险货物时安全可靠。内河运输的船舶包括内河货船、拖船和推船、驳船、河/海型船。

7. 管道运输是利用管道输送气体、液体和粉状固体的一种特殊的运输方式，它随着石油原油的生产而产生。它是运输通道和运输工具合二为一的专门的运输方式。管道运输的特点是：运量大；占地少；管道运输建设周期短、费用低；管道运输安全可靠、连续性强；管道运输耗能少、成本低、效益好；运输灵活性差。

8. 管道运输的类别：（1）管道运输就其铺设工程分为架空管道、地面管道和地下管道；（2）管道运输就其地理范围分为原油管道、成品油管道和系泊管道；（3）管道运输就其运输对象分为液体管道、气体管道和水浆管道。

9. 国际邮政运输是国际贸易运输不可缺少的渠道。国际邮政运输的特点有：（1）具有广泛的国际性；（2）具有国际多式联运性质；（3）实现了“门到门”运输；（4）运输任务不同；（5）运送的标的不同。

10. 邮包的分类：（1）按运输方法分为水陆路邮件和航空邮件；（2）按内容性质和经营方式分为函件和包裹两大类；（3）按照我国邮政的规定，邮包可细分为普通包裹、脆弱包裹、保价包裹。

关键术语

公路	汽车	《国际公路货物运输合同公约》
《根据 TIR 手册进行国际货物运输的有关关税协定》		
高速公路	一级公路	二级公路
特种车	自卸车	契约运输线

汽车货运代理　《国际公路车辆运输规定》
集（港）站运输　过境运输　《危险货物运输规则》
效率指标　运输成本指标　内河运输
驳船　河/海型船　管道运输
西气东输工程　国际邮政运输　万国邮政联盟
脆弱包裹

思考题

1. 外贸汽车运输的任务和特点是什么？
2. 简述边境公路过境汽车货物运输程序。
3. 公路运输费用的计算和收款办法如何？
4. 公路运输中事故的处理和责任如何划分？
5. 汽车运输经营管理的八项指标是什么？
6. 简述我国内河运输的现状及特点。
7. 什么是管道运输？其特点是什么？
8. 简述管道运输在全球石油战略中所处的地位。
9. 为什么说“十一五”是我国管道运输发展的“黄金时期”？
10. 当今的邮政运输有哪几种形式？

第九章

国际航空货物运输

学习目标

- 了解国际航空货物运输的基本知识
- 了解民用航空组织的当事人
- 了解航空运输区的划分
- 熟悉现行的主要航空货运方式
- 掌握航空运价的计算方法
- 熟悉航空货运的进出口程序

第一节 国际航空运输概况

一、国际航空运输的基本知识

（一）航空站

航空站统称机场，是供飞机起飞降落和停放，以及组织、保障飞机活动的场所。通常有跑道、滑行道和停机坪，指挥调度、通信导航，气象观测，维护修理，油料器材储存，人员居住等建筑和设备。航空站有公管和私管、军用和民用、国际与国内之分。国际航空站是指政府核准对外开放，供国际航线的航空器起降营运，并配有海关、移民以及卫生机构的航空站。国内航空站仅供国内航线的航空器使用，除特殊情况经批准外，不准外国航空器使用。

航空站一般包括以下设施及建筑：

（1）跑滑道。跑道是供航空器起降的重要设施；滑行道则是航空器在跑道与停机坪之间出入的道路。

（2）停机坪。供航空器停留的场所。

（3）指挥塔。是航空器出入航空站的神经枢纽，其位置应能广视各跑道的两极端点、滑行道及停机坪等航空器所及的区域，能进行有效的指挥与管制，以维护飞行安全。

（4）助航系统。是为辅助航空器安全飞行的设施，包括通信、气象、雷达、电子及目视助航设备。

（5）输油系统。为航空器补充油料。

（6）维修和检修基地。指航空器归航后，做例行检查及保养维修的场所，以维护飞行安全。

（7）消防设施。指各种消防器材，以防航空器失事和失事后进行抢救。

（8）货站。指临近跑滑道与公共区域，便利货物装卸与出入的场所。

（9）航站大厦。是民航运输各项作业的中心。

为了满足航空运输的现代化，适应大型宽体客、货机和日益增加的客运量，许多国家和地区都在不断地进行机场的现代化建设。其中纽约、洛杉矶、旧金山、法兰克福、巴黎、伦敦、东京、香港等地机场，都建立了现代化的导航设备和庞大的客、货运中心。有的还兴建有专营货运的中心、停靠全货机的码头等等。从装卸、存仓到分拨、报送等一整套货运服务都采用了现代化的电脑手段控制，大大提高了货物装卸和流转的效率。

（二）航空器

航空器主要是指飞机。飞机制造技术日新月异，不断更新，从小型机到宽体机，从活塞式到喷气式。现代飞机载量大，超音速，飞行高度可达万米以上，设备先进，安全性能强。

1. 飞机的种类

飞机一般分为普通型和高载量型。按航程分类，可分为短途型和洲际型；按用途分类，可分为客机、货机和客货混合型（见表 9－1 和表 9－2）。

表 9－1　飞机分类表

种类	普通型/短途型	高载量型/洲际型
客机	B737，B757，B767，A319，A320，A321，A330	B747，B777，B787，A340，A350，A380
货机	B737-F，B757-F，B767-F	B747-F，MD-11-F，B777-F
客货混合机	分为两种：（1）前舱运客，后舱运货。如 B747Combi。 （2）上舱运客，下舱运货。一般航班飞行的飞机均属此类。	

表 9－2　飞机的载量

机型	载量
B737-800	8.4 吨/45 立方米
B767-300ER	35.6 吨/114 立方米
A330-300	13.76 吨/161 立方米
A320-200	3 吨/37 立方米
A340-313	44.8 吨/153 立方米
A330-200F	69 吨/470 立方米
B747-400Combi	76 吨/404 立方米
B737-800BCF	24 吨/141 立方米
B777-200F	115 吨/650 立方米
B747-400F	118 吨/726 立方米

2. 飞机的舱位

机舱一般分为上舱和下舱。除全货机外，一般都是上舱载客，下舱载货。

下舱的空气调控一般分为两种：一种是较新的飞机，下舱有空气调控，可承运货物等；另一种机型较陈旧的飞机，下舱没有空气调控，只能承运普通货物。在没有空调的机舱内，飞机起飞 1 小时内仍与地面气温相同，飞行 3 小时后，气温会下降 10 摄氏度左右。

B747 等全货机的主舱内与客机相同，气温保持在 18℃～24℃，湿度为 5%～10%。货舱内一般不适宜承运低温度的动物、植物、古董等。

（三）航线与航班

民用航空飞机从事运输飞行，必须按照规定的线路进行，这种线路叫作航空交通线，简称航线。航线不仅确定了航行的具体方向、起讫与经停地点，还根据空中交通管理的需要，规定了航路的宽度和飞行的高度，以维护空中交通秩序，保证飞行安全。

航线分为两种：国内航线和国际航线。

飞机由始发站起飞，按规定的航线经过经停站至终点站做经常性运输飞行，称为航班。

二、国际航空货物运输的特点和作用

（一）国际航空货物运输的特点

国际航空货物运输虽然起步较晚，但发展极为迅速，这与它所具备的许多特点分不开。这种运输方式与其他运输方式相比，具有以下特点：

（1）运送速度快。现代喷气运输机时速一般都在 900 公里左右。航空线路不受地面条件限制，一般可在两点间直线飞行，航程比地面短得多。而且，运程越远，快速的特点就越显著。

（2）安全、准确。航空运输管理制度比较完善，货物的破损率低，可保证运输的质量。例如，使用空运集装箱，较其他运输方式则更为安全。飞机航行有一定的班期，可保证按时到达。

（3）手续简便。航空运输为了体现其快捷、便利的特点，为托运人提供了简便的托运手续，也可以由货运代理人上门取货并为其办理一切运输手续。

（4）节省包装、保险、利息和储存费等费用。由于航空运输速度快，商品在途时间短、周期快，存货可相对减少，资金可迅速收回。

（5）航空运输的运量小、运价较高。但是，由于这种运输方式的优点突出，可弥补运费高的缺陷。加之管理制度完善、运量小，货损货差较小。

（二）国际航空货物运输的作用

（1）当今国际贸易有相当数量的洲际市场，商品竞争激烈，市场行情瞬息万变，时间就是效益。航空货物运输具有比其他运输方式更快的特点，可以使进出口货物能够抢行就市，卖出好价钱，增强商品的竞争力，对国际贸易的发展起到了很大的推动作用。

（2）航空货物运输适合鲜活、易腐，以及季节性强的商品运送。这些商品对时间的要求极为敏感，如果运输时间过长，则可能使商品变为废品，无法供应市场；季节性强的商品和应急物品的运送要争取时间，必须抢行上市，否则变为滞销商品，不仅滞存仓库，积压资金，同时还要负担仓储费。采用航空运输方式，既可以保鲜存活，又有利于开辟远距离市场，这一点是其他运输方式无法比拟的。

(3) 通过航空器来运输诸如电脑、精密仪器、电子产品、成套设备中的精密部分、贵稀金属、手表、照相器材、纺织品、服装、丝绸、皮革制品、中西药材、工艺品等价值高的商品，可以利用其速度快、商品周转快的优点，使存货降低、资金迅速回收，以节省仓储和利息费用，提高空运效率。

(4) 航空运输是国际多式联运的重要组成部分。为了充分发挥航空运输的优点，在航空运输不能直达的地方，也可以采用联合运输的方式。例如，常用的陆空联运、海空联运、陆空陆联运，甚至陆海空联运等等。与其他运输方式配合，使各种运输方式各显其长，相得益彰，已构成当今物流经济时代的一个潮流。

三、中国民航的发展概况

1949 年 11 月 2 日，中国民用航空局成立，揭开了我国民航事业发展的新篇章。从这一天开始，中国民航迎着共和国的朝阳起飞，从无到有，由小到大，由弱到强，经历了不平凡的发展历程。特别是党的十一届三中全会以来，我国民航事业在航空运输、通用航空、机群更新、机场建设、航线布局、航行保障、飞行安全、人才培训等方面都持续、快速发展，取得了举世瞩目的成就。

中国民航业发展至今，经历了以下四个阶段：

1. 第一阶段（1949—1978 年）

1949 年 11 月 2 日，中共中央政治局会议决定，在人民革命军事委员会下设民用航空局，受空军指导。11 月 9 日，中国航空公司、中央航空公司总经理刘敬宜、陈卓林率两公司员工在香港起义，并率领 12 架飞机回到北京、天津，为中国民航建设提供了一定的物质和技术力量。1950 年，中国民航初创时，仅有 30 多架小型飞机，年旅客运输量仅 1 万人次，运输总周转量仅 157 万吨公里。

1958 年 2 月 27 日，国务院发出通知，中国民用航空局自本日起划归交通部领导。1958 年 3 月 19 日，国务院发出通知，全国人大常委会第九十五次会议批准国务院将中国民用航空局改为交通部的部属局。

1960 年 11 月 17 日，经国务院编制委员会讨论原则通过，决定中国民用航空局改称“交通部民用航空总局”，为部属一级管理全国民用航空事业的综合性总局，负责经营管理运输航空和专业航空，直接领导地区民用航空管理局的工作。

1962 年 4 月 13 日，第二届全国人民代表大会常务委员会第五十三次会议决定将交通部民用航空总局改为“中国民用航空总局”。

1962 年 4 月 15 日，中央决定将中国民用航空总局由交通部属改为国务院直属局，其业务工作、党政工作、干部人事工作等均直归空军负责管理。

这一时期，民航由于领导体制几经改变，航空运输发展受政治、经济影响较大，1978 年，航空旅客运输量仅为 231 万人次，运输总周转量 3 亿吨公里。

2. 第二阶段（1978—1987 年）

1978 年 10 月 9 日，邓小平同志指示，民航要用经济观点管理。1980 年 2 月 14 日，邓小平同志指出，民航一定要企业化。同年3月5日，中国政府决定民航脱离军队建制，把中国民航局从隶属于空军改为国务院直属机构，实行企业化管理。

这一期间中国民航局是政企合一，既是主管民航事务的政府部门，又是以“中国民航”（CAAC）的名义直接经营航空运输、通用航空业务的全国性企业。下设北京、上海、广州、成都、兰州（后迁至西安）、沈阳6个地区管理局。

1980年全国民航只有140架运输飞机，且多数是20世纪40年代或50年代生产制造的苏式伊尔14、里二型飞机，载客量仅20多人或40人，载客量100人以上的大中型飞机只有17架；机场只有79个。1980年，我国民航全年旅客运输量仅343万人次；全年运输总周转量4.29亿吨公里，居新加坡、印度、菲律宾、印度尼西亚等国之后，列世界民航第35位。

3. 第三阶段（1987—2002年）

1987年，中国政府决定对民航业进行以航空公司与机场分设为特征的体制改革。主要内容是，将原民航北京、上海、广州、西安、成都、沈阳6个地区管理局的航空运输以及通用航空相关业务、资产和人员分离出来，组建成6个国有骨干航空公司（中国国际航空公司、中国东方航空公司、中国南方航空公司、西北航空公司、西南航空公司、北方航空公司），实行自主经营、自负盈亏、平等竞争。与此同时，以经营通用航空业务为主并兼营航空运输业务的中国通用航空公司也于1989年7月成立。

在组建骨干航空公司的同时，在原民航北京管理局、上海管理局、广州管理局、成都管理局、西安管理局和沈阳管理局所在地的机场部分基础上，组建了民航华北、华东、中南、西南、西北和东北6个地区管理局以及北京首都机场、上海虹桥机场、广州白云机场、成都双流机场、西安西关机场（现已迁至咸阳，改为西安咸阳机场）和沈阳桃仙机场。6个地区管理局既是管理地区民航事务的政府部门，又是企业，领导、管理各民航省（区、市）局和机场。

航空运输服务保障系统也按专业化分工的要求进行了相应改革。1990年，在原民航各级供油部门的基础上，组建了专门从事航空油料供应保障业务的中国航空油料总公司。该公司通过设在各机场的分支机构为航空公司提供油料供应。属于这类性质的单位还有从事航空器材（飞机、发动机等）进出口业务的中国航空器材公司；从事全国计算机订票销售系统管理与开发的计算机信息中心；为各航空公司提供航空运输国际结算服务的航空结算中心；飞机维修公司、航空食品公司等。

1993年4月19日，中国民用航空局改称中国民用航空总局，属国务院直属机构。12月20日，中国民用航空总局的机构规格由副部级调整为正部级。

20多年来，我国民航运输总周转量、旅客运输量和货物运输量年均增长率分别达18%、16%和16%，高出世界平均水平两倍多。2002年，民航行业完成运输总周转量165亿吨公里、旅客运输量8 594万人次、货邮运输量202万吨，国际排名进一步上升，成为令人瞩目的民航大国。

4. 第四阶段（2002年至今）

2002年3月，我国政府决定对民航业再次进行重组。主要内容有：

（1）航空公司与服务保障企业进行联合重组。民航总局直属航空公司及服务保障企业合并后，于2002年10月11日正式挂牌成立，组成六大集团公司，分别是：中国航空集团公司、东方航空集团公司、南方航空集团公司、中国民航信息集团公司、中国航空油料集团公司、中国航空器材进出口集团公司。成立后的集团公司与民航总局脱钩，交由中央管理。

（2）民航政府监管机构改革了民航总局下属的7个地区管理局（华北地区管理局、东北地区管理局、华东地区管理局、中南地区管理局、西南地区管理局、西北地区管理局、新疆管理局）和26个省级安全监督管理办公室（天津、河北、山西、内蒙古、大连、吉林、黑龙江、江苏、浙江、安徽、福建、江西、山东、青岛、河南、湖北、湖南、海南、广西、深圳、重庆、贵州、云南、甘肃、青海、宁夏），对民航事务实施监管。

（3）机场实行属地管理，按照政企分开、属地管理的原则，对90个机场进行了属地化管理改革。由民航总局直接管理的机场下放所在省（区、市）管理，相关资产、负债和人员一并划转；民航总局与地方政府联合管理的民用机场和军民合用机场，属民航总局管理的资产、负债及相关人员一并划转所在省（区、市）管理。

首都机场和西藏自治区区内的民用机场，继续由民航总局管理。2004年7月8日，随着甘肃机场移交地方，机场属地化管理改革全面完成，也标志着民航体制改革全面完成。

2004年10月2日，在国际民用航空组织第35届大会上，中国以高票首次当选该组织一类理事国。

截至2018年底，我国定期航班航线达到4 206条，其中国内航线3 420条，国际航线786条。全国颁证运输机场235个，其中，旅客吞吐量千万级机场共37个，三千万级机场10个。形成了以北京、上海、广州机场为中心，以省会、旅游城市机场为枢纽，其他城市机场为支干，联结国内230个城市，联结60多个国家170多个城市的航空运输网络。民航机队不断扩大，截至2018年底，中国民航拥有运输飞机3 638架，均为世界上最先进的飞机。2018年，我国民航业完成运输总周转量1 206.53亿吨公里、旅客周转量10 712.32亿人公里、货邮周转量262.50亿吨公里（不含香港、澳门特别行政区及台湾地区），在国际民用航空组织各缔约国中名列第二位。

中国民航的发展历程表明，发展是硬道理。不断深化改革，扩大开放，是加快民航发展的必由之路。当前，民航全行业以习近平新时代中国特色社会主义思想为指导，深入贯彻党的十九大和十九届二中、三中、四中全会精神，以推进民航治理体系和治理能力现代化为主轴，着力强化航空运输网络规划与国家战略、综合交通体系的契合度，以制定智慧民航建设发展战略规划以及面向2035年的民航中长期科技规划战略研究为契机，为实现从民航大国到民航强国的历史性跨越而努力奋斗。

四、“一带一路”为中国民航发展创造新机遇

“一带一路”沿线覆盖60多个国家和地区，人口达到44亿，占世界人口的63%；GDP规模超过20万亿美元，占世界总量的30%左右，中国和“一带一路”沿线国家贸易额连年增长。“一带一路”倡议就是要通过政策沟通、设施联通、贸易畅通、资金融通、民心相通的“五通”方式，来营造一个良好的国际环境。在贸易畅通方面，涉及货物和人员的往来，航空是最高效的交通方式之一，民航运输的产业属性和独特优势决定了民航运

输业对“一带一路”倡议实施具有重要作用。近年来，中国民航业融入“一带一路”倡议，借“一带一路”之东风，积极打造具有国际竞争力的中国民航。

“一带一路”倡议提出以来，中国民航成果显著。2018 年中国新开辟国际航线 167 条，其中涉及“一带一路”国家航线 105 条。截至 2018 年 8 月，中国已与“一带一路”沿线 62 个国家签订航空运输协定，与 45 个沿线国家实现直航，每周约 5 100 个航班。2018 年夏秋航季，共有 29 家中方航空公司运营自中国至“一带一路”沿线国家 81 个城市的往返定期航线，每周 2 849 班，其中客运 2 751 班，货运 98 班；与此同时，共有 37 个“一带一路”沿线国家的 90 家航空公司从 84 个国外城市运营至 52 个国内城市的定期航班，每周超过 2 346 班，其中客运 2 204 班，货运 142 班。

机场建设涵盖专业多、科技含量高、产业链条长，涉及工程设计、建设、设备集成、电子、信息、材料、机械制造等相关产业领域，项目引领作用强。而中国民航发展成果显著，机场建设方面经验丰富，受到“一带一路”沿线国家的欢迎和重视。近年来，中国企业承建了许多“一带一路”沿线国家机场的建设工程，比如北京城建集团有限责任公司承建了马尔代夫维拉纳国际机场改扩建工程、中国建筑股份有限公司承建了阿尔及尔新机场的建设工程、中国土木工程集团有限公司承建了尼日利亚阿布贾机场 6 个扩建项目的工程等。

5 年来，作为我国唯一载旗航空公司，中国国航不断加大在“一带一路”沿线国家航空市场上的运力投入力度。其先后开通了北京至白俄罗斯明斯克、匈牙利布达佩斯、马来西亚吉隆坡、印度孟买、斯里兰卡科伦坡等航线，加密了泰国曼谷和菲律宾马尼拉等航班，在我国与“一带一路”沿线国家和地区架起了更加便捷的空中桥梁，也让“国之交在于民相亲”成为现实。2015 年冬春航季，中国国航航线结构发生了历史性变革，国航在国际航线上的投入占比提高至 50.4%，首次超过国内航线，开创了其航线网络结构的新纪元。也是在这一年，中国国航航线网络覆盖了全球六大洲，架起了我国与各国交流发展的空中桥梁。截至 2018 年 5 月，中国国航的欧洲航线数量增加到 31 条，亚太地区航线数量达到 29 条。

东方航空把国际航线，特别是国际远程航线视为公司发展的“生命线”，先后开通了捷克布拉格、西班牙马德里、荷兰阿姆斯特丹、俄罗斯圣彼得堡、美国芝加哥等多条远程航线。在国际中短程航线方面，东方航空不仅巩固了其在东北亚、东南亚市场上的地位，还陆续开通了从上海出发的多条东南亚航线；在国际远程航线方面，东方航空在稳固日韩、东南亚传统优势市场地位的同时，持续发力欧洲、美洲、大洋洲。2017 年，东方航空在“一带一路”沿线国家的运力投入量比 2016 年增长了约 13%，比 2015 年增长了 33%。

南方航空持续加大在“一带一路”沿线国家和地区的运力投入力度。2017 年，南方航空已在“一带一路”沿线的 38 个国家和地区开通了 172 条航线，每周运营 2 200 多个航班，承运旅客 1 500 多万人次。同时，在航空货运业务方面，南方航空承运的中国往来“一带一路”沿线国家和地区的航空货邮量也保持了高速增长。航空货邮量从 2013 年的 2.9 万吨增加至 2017 年的 6.8 万吨，年均增速达 24%。2018 年 1—6 月，南方航空货邮量高达 3.6 万吨，同比增长 18%。南方航空以广州作为稳健发展的根基，在东南亚、南亚、南太平洋、中西亚等区域建立起完善的航线网络。以“广州之路”为依托，南方航空形成了以欧洲、大洋洲两个扇形为核心，以东南亚、南亚、东亚为腹地，全面辐射北美、拉美、中东、非洲的航线网络布局，其航线数量、航班频率、市场份额均在国内航空公司中居于首位。目前，广州已成为中国至大洋洲、东南亚的“第一门户”枢纽。

中国民航计划分两个阶段实现参与“一带一路”建设的发展目标。第一阶段为2016—2020年的先联快通、重点突破阶段；第二阶段为2021—2030年的支撑有力、融合共享阶段。其中，第一阶段将实现国际航线网络广泛覆盖，第二阶段将建成畅通全球的航空运输网，形成2～3家具有较强国际竞争力的大型国际化、网络型航空运输企业集团，实现国内互联与国际互通的有序互动。作为连接中国与世界的空中桥梁，中国民航业服务“一带一路”倡议，任重而道远。

第二节　国际航空组织及有关当事人

一、国际民用航空组织

国际民用航空组织（International Civil Aviation Organization，ICAO）成立于1947年4月4日，是联合国所属的专门机构之一，也是政府间的国际航空机构。总部设在加拿大的蒙特利尔。现有成员国193个，它的大会是最高权力机关，常设机构是理事会，由大会选出的承运国组成。该组织还在墨西哥、开罗等地设有6个现场办事处，作为国际民用航空组织和其成员国之间的联络机关。2004年10月2日，在国际民用航空组织第35届大会上，中国以高票首次当选该组织一类理事国。

1. 国际民用航空组织的任务

（1）根据国际民用航空运输中航行的原则和技术，促进国际航空运输的规划和发展；

（2）保证国际民用航空的安全和有秩序的发展；

（3）鼓励发展用于和平目的的飞机设计和飞机操作技术；

（4）鼓励发展国际民航的航路、航空站和航空设施，以满足世界各国人民对安全、按期、有效和经济的航空运输的需要；

（5）防止因不正当竞争而造成的经济上的浪费；

（6）保证缔约国的权利得到充分尊重，并保证每一缔约国均有经营国际航空的充分机会。

2. 国际民用航空组织的具体工作

（1）构建各国和平交换的空中通过权；

（2）简化飞机进出海关、移民局和检疫所的手续；

（3）规定各机场的导航、通信、气象、情报等设备以及空中交通管制系统；

（4）编印15种国际民航语汇；

（5）鼓励各国改进飞机的性能；

（6）在联运、票价、表格和单据统一等方面做一些工作。

二、国际航空运输协会

国际航空运输协会（International Air Transport Association，IATA）于1945年4月

16 日在哈瓦那成立，它是世界上有定期航班业务的航空公司（空运承运人）组成的国际民间组织。总部设在加拿大的蒙特利尔，其最高权力机构是年会，第一届年会在加拿大蒙特利尔召开。目前，在全世界近 100 个国家设有办事处，290 多家会员航空公司遍及全世界 180 多个国家。在中国有 13 家会员航空公司（除香港、澳门和台湾）。

1. 协会的主要任务

协会的主要任务是，促进航空运输企业的发展、国际航空运输企业间的合作，以及与国际民用航空组织和其他国际组织的合作。

2. 协会的主要活动

统一国际航空运输规章制度，开展代理业务，在技术上进行合作，协调航空运价，开展调研，制定法律工作等等。

协会每年定期举行以下几种由其成员或非成员共同参加的会议。

（1）国际航空运输协会运价会议，主要讨论与制定运费计算办法及有关政策。

（2）国际航空运输协会货运会议，主要研究航空货物运输的程序和手续，包括空运单据的标准化。

（3）货运代理会议，讨论有关航空货运代理的业务，凡货运代理符合国际航空运输协会对代理的要求，都可以吸收成为该协会或其成员公司的货运代理。

1993 年，中国三大航空公司加入该协会。中国三大航空公司的各种做法及规定基本都是按该协会的规定制定的。

我们日常工作中使用的《航空货物运价手册》（The Air Cargo Tariff，ABC）、《航空货运指南》（ABC Air Cargo Guide）都是该协会制定的。

三、有关航空运输的当事人及其关系

国际航空运输的当事人主要有：发货人、收货人、航空公司（承运人）和航空货运代理公司（代理人）。

（一）航空公司

（1）航空公司必须拥有飞机，无论是简单的载人飞机，还是现代大型波音飞机——既可载人又可运货的飞机。只有拥有飞行器，并以此从事航空运输活动的，才能称为航空公司。

（2）航空公司是在有了航空运输，包括旅客运输和货物运输业务以后，接受办理与其能力相适应的航空运输业务。

（3）它的主要业务是，把旅客和货物从某地机场用飞机运到另一地机场。

多数航空公司有定期航班，像开航我国的法航、日航、德航、瑞航、联合等航空公司。有些则无定期航班，只提供包机服务，如卢森堡货运航空公司、马丁航空公司等。它们拥有货机，对于运输大批量货物、超限货物、活种畜等十分方便。

（二）航空货运代理公司

航空货运代理公司从事航空货物在始发站交给航空公司之前的揽货、接收、报关、订舱，及在目的地从航空公司手中接货、报关、交付或送货上门等业务。航空货运代理公司可以是货主的代理，可以是航空公司的代理，也可以二者兼是。

1. 航空货运代理公司经营出口货运所提供的服务

航空货运代理公司在经营出口货运时，可向发货人提供下列服务：

（1）提供交通工具把货物从发货人那里收集起来，向海关报关，按时将货物交到机场。

（2）按空运委托书要求，缮制航空运单，并计算好运单上列明的各项费用，保证商业发票及其他单证符合航空运输及目的地海关的要求。

（3）代发货人办理保险、结汇等有关业务以及查询服务。

2. 航空货运代理公司经营进口货运所提供的服务

航空货运代理公司办理进口货物货运时，可向收货人提供下列服务：

（1）从航空公司接收到货单证及货物，并缮制进口报关单，代收货人报关。

（2）垫付到付运费及其他有关费用，办理进口货物转运业务。

（3）提供送货上门服务和信息及查询服务。

从事航空货运代理业务必须具有广泛的商品知识，了解有关的法律、规章、各项费用及所需单证，还必须充分了解货物在进行集中托运时的尺码、货物的比重、各种起限的数字、飞机机舱的可装容积和有关重量限制，以及中转点的转运手续要求等等。一旦处理不当，就会造成经济损失和不良后果。空运货物一般价值高、时间紧，因此航空货运代理公司的工作必须谨慎认真。

（三）空运当事人之间的责任划分

其责任划分如图 9－1 所示：

发货人 —发货→ 空运代理 —报送交付→ 航空公司 —航空运输→ 航空公司 —提交报关→ 空运代理 —交货→ 收货人

图 9－1 航空货运当事人之间的责任划分

航空货运代理公司通过航空公司将货物运至收货人，为收货人和发货人提供服务，是航空公司与收货人、发货人之间的桥梁。航空公司依靠航空货运代理公司接揽货物，增加航空货运量，并延伸航空公司的服务，二者职责分明，并存共茂。

第三节 航空运输方式

一、班机运输

班机运输是指在固定航线上定期航行的航班。一般航空公司都使用客、货混合型飞机，一方面搭载旅客，一方面又运送少量货物。但一些较大的航空公司在一些航线上开辟了定期的货运航班，使用全货机运输。

班机运输一般具有以下特点：

（1）班机由于固定航线、固定停靠港和定期开航，因此，国际空运货物多使用班机运输方式，以便安全、迅速地到达世界上各通航地点。

（2）便利收货人、发货人，可确切掌握货物起运和到达的时间，这对市场上急需的商品、鲜活易腐货物以及贵重商品的运送是非常有利的。

(3) 班机运输一般是客货混载，因此舱位有限，不能使大批量的货物及时出运，往往需要分期分批运输。这是班机运输的不足之处。

二、包机运输

包机运输是指航空公司按照约定的条件和费率，将整架飞机租给一个或若干个包机人①，从一个或几个航空站装运货物至指定目的地。包机运输适合大宗货物的运输，费率低于班机，但运送时间则比班机要长。包机运输方式可分为整包机和部分包机两类。

(一) 整包机

即包租整架飞机，指航空公司按照与租机人事先约定的条件及费用，将整架飞机租给包机人，从一个或几个航空港装运货物至目的地。

1. 包机人

包机人一般要在货物装运前一个月与航空公司联系，以便航空公司安排运载，并向起降机场以及有关政府部门申请、办理过境或入境的有关手续。

2. 包机的费用

包机的费用是一次一议，随国际市场供求行情的变化而变化。原则上，包机运费是按每一飞行公里的固定费率来核收，并按每一飞行公里费用的80%收取空放费。因此，大批量货物使用包机时，均要争取来回程都有货载，这样费用比较低。如果只使用单程，运费比较高。

(二) 部分包机

1. 部分包机的定义

由几家航空货运代理公司或发货人联合包租一架飞机，或者由航空公司把一架飞机的舱位分别出售给几家航空货运代理公司装载货物的运货方式，就是部分包机，用于托运不足一架整飞机，但是货量又比较大且贵重的货物运输。

2. 部分包机与班机的比较

(1) 部分包机时间比班机长。尽管部分包机有固定时间表，但往往因其他原因不能按时起飞。

(2) 各国政府为了保护本国航空公司的利益，常常对从事包机业务的外国航空公司实行各种限制。如把包机的活动范围限制在一个比较狭窄的区域；降落地点也受到限制，必须降落在非指定地点以外的其他地点时，一定要向当地政府有关部门申请，同意后才能降落（例如，需要办理申请入境、通过领空和降落地点等一系列手续）。

(三) 包机的优点

(1) 解决了班机舱位不足的矛盾。

(2) 货物全部由包机运出，节省时间与多次发货的手续。

(3) 弥补了没有直达航班的不足，且不用中转。

---

① 包机人指发货人或航空货运代理公司。

（4）减少了货损、货差或丢失的现象。

（5）在空运旺季缓解了航班紧张的状况。

（6）解决了海鲜、活动物的运输问题。

三、集中托运

（一）集中托运的概念

对于集中托运的货物，班机或包机运输的方式都可以采用。集中托运是指航空货运代理公司将若干批单独发运的货物，集中成一批向航空公司办理托运，填写一份总运单送至同一目的地，然后由其委托当地的代理人负责分发给各个实际收货人。这种托运方式可以降低运费，是航空货运代理的主要业务之一。

（二）集中托运的具体做法

第一步，将每一票货物分别制定航空运输分运单，即出具货运代理的运单（house airway bill，HAWB）。

第二步，将所有货物区分方向，按照目的地相同的同一国家、同一城市来集中，制定出航空公司的总运单（master airway bill，MAWB）。总运单的发货人和收货人均为航空货运代理公司。

第三步，打出该总运单项下的货运清单（manifest），即这一总运单有几个分运单，号码各是什么，其件数、重量各为多少等等。

第四步，把该总运单和货运清单作为一整票货物交给航空公司。一份总运单可视货物的具体情况附分运单（可以是一份分运单，也可以是多份分运单）。如：一份总运单内有10份分运单，说明这一总运单内有10票货，发给10个不同的收货人。

第五步，货物到达目的地站机场后，当地的货运代理公司作为总运单的收货人负责接货、分拨。按不同的分运单制定各自的报关单据并代理报关，为实际收货人办理有关接货和送货事宜。

第六步，实际收货人在分运单上签收以后，目的站货运代理公司以此向发货的货运代理公司反馈到货信息。

（三）集中托运的限制

（1）集中托运只适合办理普通货物，对于等级运价的货物，如贵重物品、危险品、活动物以及文物等，不能办理集中托运。

（2）目的地相同或临近的可以办理，如某一国家或地区，其他则不宜办理。例如，不能把去日本的货发到欧洲。

（四）集中托运的优点

1. 节省运费

航空货运代理公司的集中托运运价一般都低于航空协会的运价。发货人可得到低于其他航空公司的运价，从而节省费用。

2. 提供方便

将货物集中托运，可使货物到达航空公司到达地点以外的地方，从而延伸了航空公司的服务，方便了货主。

3. 提早结汇

发货人将货物交给航空货运代理公司以后，即可取得货物分运单。这时，发货人就可以持分运单到银行办理结汇了。

集中托运方式已在世界范围内普遍开展。目前，已形成了一个完善的、有效的服务系统。集中托运方式为促进国际贸易发展和国际科技文化交流，正在发挥着重要的作用。集中托运也已成为我国进出口货物的主要运输方式之一。

四、联运方式

陆空联运，是火车、飞机和卡车的联合运输方式，简称 TAT（train-air-truck），或火车、飞机的联合运输方式，简称 TA（train-air）。

我国空运的出口货物通常采用陆空联运方式。这是因为我国幅员辽阔，而国际航空港口岸主要有北京、上海、广州等。虽然省会城市和一些主要城市每天都有班机飞往上海、北京、广州，但班机所带的货量有限，费用比较高。如果采用国内包机，费用更高。因此在货量较大的情况下，往往采用陆运至航空口岸，再与国际航班衔接。由于汽车具有机动灵活的特点，在运送时间上更可掌握主动权，因此一般都采用 TAT 方式组织出运。

我国长江以南的外运分公司目前办理陆空联运的具体做法是：用火车、卡车或船将货物运至香港，利用香港航班多、到欧美国家运价低的条件（普通货物），把货物从香港运到目的地，或运到中转地。然后，通过当地代理，用卡车送到目的地。长江以北的公司多采用火车或卡车将货物送至北京、上海航空口岸出运。

陆空联运货物在香港的收转人为华厦空运有限公司。发运前，要事先与其联系，满足华厦空运有限公司对单证的要求，以便提前订舱。各地发货时，可使用外运公司的航空分运单，也可以使用承运货物收据。有关单据上要注明是转口货，并加盖陆空联运字样的标记，以加速周转和避免香港当局征税。

五、航空快运

航空快运，也称快件、速递、快递，是专门经营该项业务的航空货运代理公司，派专人以最快的速度，在货主、机场、客户之间运输和交接货物的运输服务业务。该项业务是国际上两个航空货运代理公司之间通过航空公司进行的。

1. 航空快运业务的形式

（1）机场到机场。

（2）门到门。

（3）派专人送货。

2. 航空快运业务的特点

（1）快捷、灵便。

（2）安全、可靠。

（3）送交有回音。

（4）查询快而且有结果。

3. 国际著名的快递公司

（1）UPS（美国联合包裹服务公司）。

1907年8月28日，UPS作为一家信使公司，成立于美国华盛顿西雅图，现在UPS的全球总部位于美国加利福尼亚州亚特兰大市。UPS如今已发展成为拥有360亿美元资产的大公司。作为世界上最大的快递承运商与包裹递送公司，UPS同时也是专业的运输、物流、资本与电子商务服务的领导性提供者，在世界上200多个国家和地区管理着物流、资金流与信息流，成为全球领先的供应链解决方案供应商。

UPS自身拥有200多架货运飞机，同时，还租用了300多架货运飞机，在全世界建立了1 700多个货运枢纽和配送中心，在200多个国家和地区建立了几万个快递中心。迅速是UPS的主要特点，它承诺国际快件3日到达，国内快件1小时取件和24小时内到达。它还提供网上文件跟踪查询、电话文件跟踪查询，同时，建立了EDI系统，服务质量非常高。

1988年，UPS与中国运输业拥有40多年业务经验的中国外运签署了服务协议。1996年5月，UPS同中国外运在北京建立了位于中国的合资企业。

（2）美国联邦快递公司。

美国联邦快递公司（FEDEX）成立于1971年，总部位于美国田纳西州的孟菲斯。公司最初叫FDX，2000年更名为FEDEX。全球有1 162个服务中心，能为211个国家和地区提供快速、可靠、及时的快递运输服务。联邦快递每个工作日运送的包裹超过330万个，其在全球拥有超过143 000名员工、43 000个投递点、671架飞机和4万多辆专用货车。美国本土业务占其总收入的76%左右，空运业务占83%。

1984年，联邦快递与中国外运签订了国际货代合同，开始进入中国国际快递市场，合同到期后，先与大通国际快递合作，后与中国大田集团合作。

现在联邦快递的发展战略是“全方位的服务，最广泛的选择”。近年来，联邦快递收购了以运输为主的多家公司，就是为了加强公司的整个物流体系，并通过旗下多家独立营运的附属公司提供综合供应链服务。

（3）DHL（敦豪）。

DHL于1969年在美国加利福尼亚州成立，总部设在布鲁塞尔。现由德国邮政全球网络（DPWN）拥有100%的股权。2003年德国邮政全球网络在整合敦豪环球快递、德国邮政欧洲快递（Euro Express）、丹沙（Danzas）的基础上，形成了一个统一的品牌——DHL。2005年9月，德国邮政收购了英国最大的物流企业——英运物流（Exel），一跃成为全球第一大航空、海运和合约物流公司。

DHL于1986年12月1日在北京与中国外运建立了合资公司——中外运敦豪国际航空快件有限公司。目前，该公司在国内拥有4个口岸作业中心和7个直航口岸作业中心，服务覆盖300多个城市。

（4）TNT。

TNT诞生于悉尼，1998年荷兰邮政并购了TNT私营快递公司之后，改名为TPG集团，TNT是它的子公司。但是，荷兰邮政从2006年起，在全球范围内以TNT作为统一品牌开展各种业务。

1988年5月27日，TNT与中国外运合资的中外运天地公司成立。

目前，TNT在中国的服务网络已覆盖了500个城市，拥有25个分支机构。1999年，TNT与中国邮政建立了长期合作关系，中国邮政EMS的邮件通过TNT的网络走向世界各地。

我国的速递业务由中国外运首开先河，随后邮电、民航等部门也纷纷开办。1984年1月，经工商局批准，中国外运集团的子公司“中国航空货运代理公司”成立。1985年，由经贸部批准，邮电部成立了速递局，并在工商局注册登记。商务部明文规定，此类速递公司均属货运代理业，与邮政局具有完全不同的业务范畴。它们的业务范畴与外运公司相同。在我国，开办速递公司需经商务部审批。

第四节　航空运单

航空运单（airway bill）简称A. W. B，是承运人与托运人之间缔结运输合同的文件，也是由承运人或其代理人出具的货物收据。但它不具有物权凭证的性质，既不能转证，也不能凭此提取货物。收货人提货须凭航空公司发出的提货通知单。

航空运单与海运提单有很大的不同，但与国际铁路运单相似。

一、航空运单的作用

1. 承运合同

航空运单一旦签发，即成为签署承运合同的书面证据，该承运合同必须由发货人或其代理人与承运人或其代理人签署后方能生效。如果代理既是承运人的代理，又是发货人的代理，就要在运单上签署两次。

2. 接收货物的证明

当发货人将货物发出后，承运人或其代理人将第一份运单的正本（original—for the shipper）交给发货人（即托运人），作为接受其货物的证明。

3. 运费账单

航空运单可作为运费账单和发票，因为它分别记载着属于收货人（或发货人）应负担的费用以及属于代理的费用。承运人将运单的第二份正本（original—for the issuing carrier）自己留存，作为收取运费的凭证。

4. 收货人核收货物的依据

第三份运单正本注明“original—for the consignee”，由航空公司随即交收货人，收货人据此核收货物。

5. 报关单据

在航空货物到达目的地后，报关时，航空运输单据是海关放行查验的基本单证。

6. 保险证书

如果承运人承办保险，而发货人又要求承运人代办保险，那么，航空运单即可用来作为保险证书。

7. 承运人内部业务的依据

航空运单是承运人在办理该运单项下货物的发货、转运、交付的依据，承运人根据运单上所记载的有关内容办理这些事项。

航空运单正本一式三份，副本至少 6 份。正本运单第一份交托运人作为货物收据，第二份由承运人留存，作为记账凭证，第三份则随货同行，到目的地后交给收货人作为接收货物的依据，三份正本分别用蓝色、绿色、粉红色纸张印成，以供识别。副本则分别发送给代理人，目的港，第一、第二、第三承运人作为收存和提货收据。除提货收据为黄色外，其余副本均为白色。运单上的号码，前三位数字是航空公司代号，例如，中国国际航空公司的代号为 999，后面为运单顺序号。

二、航空运单的分类

1. 航空主运单

凡由航空运输公司签发的航空运单，称为主运单，它是航空运输公司据以办理货物运输和交付的依据，是航空公司和托运人订立的运输合同。每一批航空运输的货物都有自己相对应的航空主运单。

2. 航空分运单

集中托运人在办理集中托运业务时，签发的航空运单称作航空分运单。航空分运单是作为集中托运人与托运人之间的货物运输合同。合同的双方是货主和集中托运人，货主与航空公司没有直接契约关系，也没有直接的货物交接关系。

三、航空运单的内容

各航空公司所使用的航空运单大多借鉴国际航空运输协会所推荐的标准格式，差别不大。所以，我们这里介绍这种标准格式，也称中性运单的填写。

（1）始发站机场。需填写国际航空运输协会统一制定的始发站机场或城市的三字代码，这一栏应该和第（9）栏一致。

1A：国际航空运输协会统一编制的航空公司代码，如中国国际航空公司的代码就是 999；

1B：运单号。

（2）发货人姓名、住址（shipper's name and address）。填写发货人姓名、住址、所在国家及联络方法。

（3）发货人账号。只在必要时填写。

（4）收货人姓名、住址（consignee's name and address）。应填写收货人姓名、住址、所在国家及联络方法。与海运提单不同，因为空运单不可转让，所以“凭指示”之类的字样不得出现。

（5）收货人账号。同第（3）栏一样，只在必要时填写。

（6）承运人代理的名称和所在城市（issuing carrier's agent name and city）。

（7）代理人的国际航空运输协会代号。

（8）代理人账号。

（9）始发站机场及所要求的航线（airport of departure and requested routing）。这里的始发站应与第（1）栏填写的内容一致。

（10）支付信息（accounting information）。此栏只有在采用特殊付款方式时才填写。

（11）11A（C、E）：去往（to）。分别填入第一（二、三）中转站机场的国际航空运输协会代码。

11B（D、F）：承运人（by）。分别填入第一（二、三）段运输的承运人。

（12）货币（currency）。填入 ISO 货币代码。

（13）收费代号。表明支付方式。

（14）运费及声明价值费（weight charge/valuation charge，WT/VAL）。此时可以有两种情况：预付（prepaid，PPD）或到付（collect，COLL）。如预付，在 14A 中填入“*”，否则填在 14B 中。需要注意的是，航空货物运输中的运费与声明价值费的支付方式必须一致，不能分别支付。

（15）其他费用（other）。也有预付和到付两种支付方式。

（16）运输声明价值（declared value for carriage）。在此栏填入发货人要求的用于运输的声明价值。如果发货人不要求声明价值，则填入“NVD”（no value declared）。

（17）海关声明价值（declared value for customs）。发货人在此栏填入对海关的声明价值，或者填入“NCV”（no customs valuation），表明没有声明价值。

（18）目的地机场（airport of destination）。填写最终目的地机场的全称。

（19）航班及日期（flight/date）。填入货物所搭乘航班及日期。

（20）保险金额（amount of insurance）。只有在航空公司提供代保险业务而客户也有此需要时才填写。

（21）操作信息（handling information）。一般填入承运人对货物处理的有关注意事项，如“shipper’s certification for live animals”（托运人提供活动物证明）等。

（22）22A～22L 项是货物运价和运费细节。

22A：货物件数和运价组成点（No. of Pieces RCP，rate combination point）。填入货物包装件数。如 10 包即填“10”。当需要组成比例运价或分段相加运价时，在此栏填入运价组成点机场的国际航空运输协会代码。

22B：毛重（gross weight）。填入货物总毛重。

22C：重量单位。可选择公斤（kg）或磅（lb）。

22D：运价等级（rate class）。针对不同的航空运价共有 6 种代码，它们是 M（minimum，起码运费）、C（specific commodity rates，特种运价）、S（surcharge，高于普通货物运价的等级货物运价）、R（reduced，低于普通货物运价的等级货物运价）、N（normal，45 公斤以下货物适用的普通货物运价）、Q（quantity，45 公斤以上货物适用的普通货物运价）。

22E：商品代码（commodity item no.）。在使用特种运价时，需要在此栏填写商品代码。

22F：计费重量（chargeable weight）。此栏填入航空公司据以计算运费的计费重量，该重量可以与货物毛重相同，也可以不同。

22G：运价（rate/charge）。填入该货物适用的费率。

22H：运费总额（total）。此栏数值应为起码运费值或者运价与计费重量两栏数值的乘积。

22I：货物的品名、数量，含尺码或体积（nature and quantity of goods inl. dimensions or volume）。货物的尺码应以厘米或英寸为单位，尺寸分别以货物最长、最宽、最高边为基础，体积则是上述三边的乘积，单位为立方厘米或立方英寸。

22J：该运单项下的货物总件数。

22K：该运单项下的货物总毛重。

22L：该运单项下的货物总运费。

（23）其他费用（other charges）。指除运费和声明价值费以外的其他费用。根据国际航空运输协会规则，各项费用分别用三个英文字母表示。其中前两个字母是某项费用的代码，如运单费表示为AW（airway bill fee）。第三个字母是C或A，分别表示费用应支付给承运人（carrier）或货运代理人（agent）。

（24）～（26）项分别记录运费、声明价值费和税款金额，有预付与到付两种方式。

（27）～（28）项分别记录需要付给货运代理人（due agent）和承运人（due carrier）的其他费用合计金额。

（29）需预付或到付的各种费用。

（30）预付、到付的总金额。

（31）发货人的签字。

（32）签单时间（日期）、地点、承运人或其代理人的签字。

（33）货币换算及目的地机场收费记录。

以上所有内容不一定要全部填入空运单，国际航空运输协会也并未反对在运单中写入其他所需内容。但这种标准化的单证对航空货运经营人提高工作效率，促进航空货运业向电子商务的方向迈进有着积极的意义。

第五节　航空货物运价和费用

在计算一笔航空货物运费时，要考虑三个因素：计费重量、有关的运价和费用、货物的声明价值。

一、计费重量

一架飞机所能装载的货物是受飞机的载重量和舱容限制的。重量大、体积小的货物，往往受飞机的载重量限制，而舱容可能装不满。结果就可能有多余的容积未被利用，而这时的航空公司已无法再装货。而轻泡货和体积大的货物，往往会有载重量未达额定限度，而舱容已满的情况。结果会产生多余的载重量（航空公司已无法再装货了）未能利用。

根据上述情况，航空公司规定在货物体积小、重量大的情况下，就将该批货物的实际毛重作为计算重量的标准；在货物体积大、重量小的情况下，就以该批货物的体积重量作为计费重量标准。

（一）实际重量

实际重量（actual weight）指一批货物包括包装在内的实际总重量，即货物毛重。用实际重量作为计量单位的是那些重量大而体积小的货物，如机械、金属零件等等。这些货物称为实重货。

当实际毛重用公斤表示时，计费重量的最小单位为 0.5 公斤，超过 0.5 公斤按 1 公斤计算。计费重量要根据每批货物的实际毛重与体积重量的比较来确定，1 公斤相当于 6 000 立方厘米或 366 立方英寸。

（二）体积重量

货物体积大、重量相对小的，称为轻泡货。凡重量 1 公斤、体积超过 6 000 立方厘米的，均为轻泡货。轻泡货以体积重量（measurement weight）作为计费重量。体积重量的计算方法是：

（1）分别测出货物的最长、最宽、最高的部分，尾数采用四舍五入法。三者相乘算出其体积。

（2）将体积折算成公斤。

（三）体积与重量的确定

确定计费重量的原则是：计费重量选择实际毛重和体积重量中较高的一个。因此，首先应计算出实际毛重和体积重量。例如，一批货物的实际毛重是 250 公斤，体积是 1 908 900 立方厘米，即可根据以下公式确定计费重量。

计费重量＝1 908 900 立方厘米/6 000 立方厘米≈318.2 公斤

（四）集中托运货物的计费重量

在做集中托运时，一批货物由几件不同的货物组成，有轻泡货，也有重货，其计费重量则采用整批货物的总毛重，或总的体积重量，按两者中较高的一个计算。

二、航空货物运价和费用的种类

（一）航空运价

承运人为运输货物，对规定的重量单位（或体积）收取的费用称为运价。仅指机场与机场间的空中费用，不包括承运人、代理人或机场收取的其他费用。货物的航空运价一般以始发地的本国货币公布，有的国家以美元计价。

（二）航空运费

航空运费是指航空公司将一票货物自始发地机场运至目的地机场所收取的航空运输费用。这一费用根据每票货物所使用的运价和货物的计费重量计算而得。

（三）航空运输区的划分

国际航空公司按国际航空运输协会所制定的三个区划费率收取国际航空运费。

1. 一区（TC1）

包括北美、中美、南美、格陵兰、百慕大和夏威夷群岛。

2. 二区（TC2）

由整个欧洲大陆（包括俄罗斯的欧洲部分）及毗邻岛屿，冰岛、亚速尔群岛，非洲大陆和毗邻岛屿，亚洲的伊朗及伊朗以西地区组成。二区也是和我们所熟知的政治地理区划差异最大的一个区，它主要有三个亚区：

（1）非洲区：含非洲大多数国家及地区，但北部非洲的摩洛哥、阿尔及利亚、突尼斯、埃及和苏丹不包括在内。

（2）欧洲区：包括欧洲国家和摩洛哥、阿尔及利亚、突尼斯三个非洲国家和土耳其（既包括欧洲部分，也包括亚洲部分），以及白俄罗斯、乌克兰、俄罗斯的欧洲部分。

（3）中东区：包括巴林、塞浦路斯、埃及、伊朗、伊拉克、以色列、约旦、科威特、黎巴嫩、阿曼、卡塔尔、沙特阿拉伯、苏丹、叙利亚、阿拉伯联合酋长国、也门等。

3. 三区（TC3）

由整个亚洲大陆及毗邻岛屿（已包括在二区的部分除外），澳大利亚、新西兰及毗邻岛屿，太平洋岛屿（已包括在一区的部分除外）组成。其中：

（1）南亚次大陆区：包括阿富汗、印度、巴基斯坦、斯里兰卡等南亚国家。

（2）东南亚区：包括中国（含香港、澳门、台湾）、东南亚诸国、蒙古、哈萨克斯坦、乌兹别克斯坦、吉尔吉斯斯坦、土库曼斯坦、塔吉克斯坦、密克罗尼西亚等群岛地区。

（3）西南太平洋洲区：包括澳大利亚、新西兰、所罗门群岛等。

（4）日本、朝鲜区：仅含日本、朝鲜和韩国。

（四）主要的航空货物运价

可以分为四类：

（1）一般货物运价。

（2）特种货物运价。

（3）货物的等级运价。

（4）集装箱货物运价。

三、起码运费

起码运费（minimum charges），是航空公司办理一批货物所能接受的最低运费，是航空公司在考虑办理即使很小的一批货物也会产生的固定费用后制定的。

如果承运人收取的运费低于起码运费，就不能弥补运送成本。因此，航空公司规定，无论所运送的货物适用哪一种航空运价，所计算出来的运费总额都不得低于起码运费。若计算出的数值低于起码运费，则以起码运费计收，另有规定者除外。

例：A至B点，普通货物4公斤，M级运费为37.5元，而45公斤以下的货物运价N级7.5元，求应收费用。

7.5×4=30（元），小于M级运费，此批货物应收运费37.5元。

在航空货运中，除以上介绍的四种公布的直达运价外，还有一种特殊的运价，即成组货物运价（unit load devices，ULD），适用于托盘或集装箱货物。

四、一般货物运价

（一）一般货物运价的定义及分类

一般货物运价（general cargo rates，GCR）是使用最为广泛的一种运价。当一批货物不能适用特种货物运价，也不属于等级货物时，就应该使用一般货物运价。

通常，各航空公司公布的一般货物运价，针对所承运货物数量的不同，运价的分类如下：

(1) 45 公斤（100 磅）以下，运价类别代号为 N（normal rate）。

(2) 45 公斤以上（含 45 公斤），运价类别代号为 Q（quantity rate）。

(3) 45 公斤以上的，可分为 100、200、250、300、500、1 000、2 000 公斤等多个收费重量分界点，但运价类别代号仍以 Q 表示。

（二）运费计算方法

货物运费一般是以货物的实际毛重或体积重量，乘以相应的重量等级运价得出的。但还要用据此得出的运费与其较高的重量等级分界点所计算出的运费相比，取其中较低者。

例如，PEK（北京）到 SXB（斯特拉斯堡）的运价分类如下：

N：18 元；Q：14.81 元；300 公斤，13.54 元；500 公斤，11.95 元。

普货一件 38 公斤从 PEK 运到 SXB，计算运费。

比较 18×38=684（元）和 14.81×45=666.45（元），取其低者，故该件货物可按 45 公斤以上运价算得的运费 666.45 元收取。

机械设备自 PEK 运至 SXB，毛重 450 公斤，计算运费。

比较 13.54×450=6 093（元）和 11.95×500=5 975（元），取其低者，故该件货物可按 500 公斤以上运价算得的运费 5 975 元收取。

五、特种货物运价

特种货物运价（specific commodity rates，SCR），通常是承运人根据在某一航线上经常运输某一种类货物的托运人的请求，或为促进某地区间某一种类货物的运输，经国际航空运输协会同意，所提供的优惠运价。

国际航空运输协会在公布特种货物运价时，将货物划分为以下类型：

0001～0999：食用动物和植物产品；

1000～1999：活动物和非食用动物及植物产品；

2000～2999：纺织品、纤维及其制品；

3000～3999：金属及其制品，但不包括机械、车辆和电器设备；

4000～4999：机械、车辆和电器设备；

5000～5999：非金属矿物质及其制品；

6000～6999：化工品及相关产品；

7000～7999：纸张、芦苇、橡胶和木材制品；

8000～8999：科学、精密仪器、器械及配件；

9000～9999：其他货物。

其中每一组又细分为 10 个小组，每个小组再细分。这样，几乎所有的商品都有一个对应的组号，公布特种货物运价时，只要指出本运价适用于哪一组货物就可以了。

因为承运人制定特种运价的初衷是使运价更具竞争力，吸引更多客户使用航空货运形式，使航空公司的运力得到更充分的利用，所以，特种货物运价比普通货物运价要低。因此，适用特种运价的货物，除了满足航线和货物种类的要求外，还必须达到承运人所规定的起码运量（如 100 公斤）。如果货量不足，而托运人又希望适用特种运价，那么货物的计费重量就要以所规定的最低运量（100 公斤）为准，该批货物的运费就是计费重量（在此是最低运量）与所适用的特种货物运价的乘积。

六、等级货物运价

等级货物运价（class rates or commodity classification rates，CCR），指适用于指定地区内部或地区之间的少数货物运输。通常表示为在普通货物运价的基础上，增加或减少一定的百分比。

适用等级货物运价的货物通常有：

（1）活动物、活动物的集装箱和笼子；

（2）贵重物品；

（3）尸体或骨灰；

（4）报纸、杂志、书籍、商品目录、盲人和聋哑人专用设备和书籍等出版物；

（5）作为货物托运的行李。

其中第（1）～（3）项，通常在普通货物运价的基础上，增加一定的百分比；第（4）～（5）项在普通货物运价的基础上，减少一定的百分比。

七、择优使用航空运价

选择运价的目的是为发货人提供最低的运价。在三种运价中使用指定商品运价计算出的运费，通常是比较低的。

例如，一批活热带鱼毛重 120 公斤，体积 0.504 立方米，从 A 点运到 B 点，计算运费。

三种运价的计算如下：

Q 级 GCR　　9.00 元×120＝1 080 元

等级 CCR　　16.7 元×120＝2 004 元

特种 SCR　　1 024（起码重量为 100 公斤）

　　7.59 元×120＝910.80 元

根据以上计算比较，这批活热带鱼的运费应按特种货物运价计算的运费收取。选择运价时，首先使用特种货物运价，其次是等级货物运价和一般货物运价。当然也有例外，当使用等级货物运价或一般货物运价所产生的运费低于特种货物运价时，那么，就可以使用等级货物运价或一般货物运价。

又例如，一箱编制机毛重 180 公斤，体积 1 立方米，从 A 点运至 B 点，计算运费。

三种运费的计算如下：

Q 级 GCR　　1.30 元×180＝234 元

等级 CCR　　不属于等级商品

特种 SCR　　4 787（起码重量为 1 000 公斤）

　　1.00 元×250＝250 元

根据计算比较，该箱编制机运费应按一般货物运价计算的运费收取。

八、有关航空运价的其他规定

(一) 各种不同的航空运价和费用的共同点

(1) 运价是指从一机场到另一机场，而且只适用于单一方向。

(2) 不包括其他额外费用，如提货、报关、接交和仓储费用等。

(3) 运价通常使用当地货币公布。

(4) 运价一般以公斤或磅为计算单位。

(5) 航空运单中的运价是出具运单之日所使用的运价。

(二) 声明价值(向承运人声明)费

与海运或铁路运输的承运人相似，航空承运人也要求将自己对货方的责任限制在一定的范围内，以限制经营风险。

在《华沙公约》中，对由于承运人自身的疏忽或故意行为造成的货物的灭失、损坏或延迟，规定了最高赔偿责任限额，这一金额一般理解为每公斤 20 美元或每磅 9.07 英镑或其他等值货币。

如果货物的价值超过了上述价值，即增加了承运人的责任，承运人要收取声明价值费。否则，即使出现更多的损失，承运人对超出的部分也不承担赔偿责任。

货物的声明价值是针对整件货物而言，不允许对货物的某部分声明价值。声明价值费的收取依据货物的实际毛重，计算公式为：

声明价值费=(货物价值－货物毛重×20 美元/公斤)×声明价值费费率

声明价值费的费率通常为 0.5%。大多数航空公司在规定声明价值费费率的同时，还要规定声明价值费的最低收费标准。如果根据上述公式计算出来的声明价值费低于航空公司的最低标准，则托运人要按照航空公司的最低标准缴纳声明价值费。

(三) 向海关声明价值

这种声明可能是任何金额的价值，但一般与所运货物的发票金额相符。如果发货人不愿意表明其货物的价值，而且出口国海关又可以接受此种情况，只需在运单上有关栏中填写无商业价值(no commercial value，N. C. V.)。

(四) 运费到付

承运人接受发货人的委托，在货物到达目的地后，把货物交收货人的同时，代为收回运单上规定的金额，称为运费到付。

运费到付的金额，由承运人或代理人填入运单“运费到付”(weight charge collect)栏内，在金额前填上相应的货币名称。

凡是运费到付的货物，承运人以运单上运费和声明价值费等费用总额的2%～5%向收货人收取运费到付服务费。各航空公司和地区的运费到付服务费不同。中国民航每票收取不低于 20 元人民币的服务费，此规定自 1981 年 10 月在全球范围内实施。

(五) 其他费用

包括地面运费(surface charges)、运单即制单费(air waybill fee)、中转手续费(transit charges)等等。

第六节　国际航空货物运输业务

中国外运是商务部所属各专业公司办理空运进出口货物的总代理，于20世纪60年代开办了航空货运业务。几十年来，承办了大批进出口货物，为加速、促进国内建设做出了应有的贡献，其服务已走上了世界专业化的道路。

一、进口货物运输业务的一般做法

（一）接受委托，备妥报关单据

各专业进出口公司将订购单或合同副本及其他所需单据，如进出口许可证、免税证明、订购卡片等，寄交中国外运以备报关时用。中国外运将这些资料存入电脑，并将信息通知其发货人所在国的货运代理公司。外国航空货运代理登门揽货，并承办发运工作。

（二）接收货物，申报海关

（1）外国货运代理公司将发货信息通知口岸外运公司。

（2）货物到达后，口岸外运公司从航空公司接收航空运单及随附文件，并检验货物，做到单证相符。如单证不符，则向航空公司交涉；如货物损坏，由航空公司出具货物破损记录，以备索赔。

（3）根据海关对进出口货物的要求，填制进出口货物报关单，随附必要的单据，如商业发票、装箱单、进出口许可证、免税证明、订购卡片等等。遇到有的货物单据缺乏，无法报关，中国外运要及时通知收货人邮寄，或请收货人自己处理报关，以免超过海关规定的报关时间，否则要缴纳海关滞纳金。

（4）按照收货人要求，代垫有关进口税、关税和运费。中国外运在交付货物后，向收货人收回代垫费用及垫款手续费。

（5）集中托运的货物用分运单报关，单票货物用航空运单报关。

（6）办理完海关手续后，通知收货人取货或接受委托送货上门。

（三）转运货物

到达口岸以外的城市的货物，需要办理转运手续的：

（1）可以在口岸所在地海关报关的货物，就地报关；须在最终目的地报关的货物，转运前要办监管手续，填制海关转运准单，与随附有关单据，交与海关做成关封，与货物同时转运。

（2）口岸外运公司与内地公司配合，选用合理的运输方式，及时、准确、安全地将货物转运至目的地，交收货人。内地公司经当地海关同意后，可派车辆承运海关监管货物。

（3）用国内民航转运内地的货物，按照民航国内货物运输的规定办理。

（四）注意事项

进口危险品货物，要单独、安全保管和存放，根据国家商检局、民航总局、国家计委、外经贸部1995年初联合颁布实施的《空运进出口危险货物包装检验管理办法（试行)》的规定办理。

二、出口货物运输

(一) 出口货物运输的范围

中国外运承办贸易合同项下的各类出口货物，成交样品，各驻华使领馆及商社的办公用品，专家、留学生的私人物品，来华展品的回运等业务。

(二) 一般做法

1. 接受发货人的委托，预定舱位

从发货人处取得必要的出口单据；安排运输工具取货，或由发货人送货到指定地点，并与单证认真核对。

2. 申报海关

(1) 报关单据一般为：商业发票、装箱单、商检证、出口货物报关单。有的商品则需要动植物检疫证书，或产地证、出口外汇核销单、外销合同等。

(2) 在海关验收完货物，在报关单上盖验收章后，集中托运人缮制航空分运单。

(3) 将收货人提供的货物随行单据订在运单后面。

(4) 将制作好的运单标签贴在每一件货物上。

(5) 持缮制完的航空运单到海关报关，放行。

(6) 将盖有海关放行章的运单与货物一齐交与航空公司，航空公司验收单、货无误后，在交接单上签字。

(7) 对于集中托运的货物，需要电传通知国外代理的内容包括：航班号、运单号、品名、件数、毛重、收货人等。

(三) 口岸外运公司与内地公司出口运输工作的衔接

(1) 内地公司提前将要发运货物的品名、件数、毛重及时间要求通知口岸公司，并制作分运单，与其他单据一起寄出，或与货同行交给口岸公司。

(2) 内地公司将货物按照规定的时间和地点运至口岸。

(3) 口岸公司设专人承接内地公司运交的货物。

(4) 口岸公司负责向航空公司订舱；通知内地公司航班号、运单号或总运单号。内地公司将航班号、运单号打在分运单上，将分运单交与发货人办理结汇。

对于单票发运的货物，口岸公司要打电话或通过电传等通知发运情况，并将运单正本及副本用挂号信寄交内地公司。

(四) 货物出口的运输

小批量样品等一般采用以集中托运为主的办法；对于批量较大的货物，则采用以单票发运为主的办法。

三、航空快运业务

(一) 航空快运业务的含义、形式和特点

航空快运业务 (air courier)，又称快递或速递业务，是专门经营该项业务的航空公

司，派专人用最快的速度，在货主—机场—用户之间传递急件的运输服务。

办理快运的手续与普通货物航空运输是一样的，都必须向航空公司托运货物，并凭航空运单作为交接货物的依据。所以，许多国家经营该项业务的公司，都隶属于航空公司。有一些快运公司是从航空公司派生出来的，同时，又有不少快运公司兼办普通的航空货运。

1. 航空快运业务的形式

航空快运业务主要有三种形式：

（1）从机场到机场。发货人在机场把货物交给航空公司，并马上通知收货人按时到目的地机场取货。

（2）门到门服务。由快递公司派人到发货人所在地取货，直接送到机场交航空公司，马上通知目的地快运公司按时取货，并交收货人。货送毕，立即将由收货人签字的回执交发货人，或向发货人电告货物交接时间及签收姓名等情况。

（3）派专人送货。由快运公司派人随机送货，直至货物安全送达收货人手中。

2. 航空快运业务的特点

（1）快捷、灵便。整个运输过程有专人负责，货物衔接时间大大缩短。

（2）安全、可靠。快运途中对货物的监管从未中断，从登门取货到送货上门，服务周到，并代办各种运输及报关手续，使货主有安全感。

（3）送交有回音。快运公司在接收和交接时均有签收，可以及时提供货物交接信息。

（4）查询快且有结果。快运公司大都配有各种通信设施，对快运货物的查询，能做到及时答复。

（二）航空快运业务与邮政业务的区别

（1）航空快运业务是以商业文件、资料、小件样品为主，办理国际航空快运业务是由国际货运或快运公司与航空公司配合完成的。

邮政业务是以私人信函、小包裹为主，办理国际邮政业务是由两个以上国家（地区）邮局之间的连续作业完成的。

航空快运公司大多是跨国公司，只有极少数采用代理制，因此，它的整个过程多在公司内部进行。

（2）航空快运业务提供的是桌到桌的服务，上桌取件，送件到桌，整个过程由电脑控制，可随时查询。

邮政业务都由邮局办理手续，因此，在运送过程中，受到不同国家邮政业务效率的影响，并且一旦丢失，难以查询。挂号信函是被动查询，一个局一个局地顺序查找，速度慢。

在国际上，邮政业务和快运业务是隶属不同国际组织管理的。世界各国的邮政都参加万国邮政联盟，而从事空运业务的快运公司，则隶属货运代理业，参加国际航空运输协会。

第七节　航空运输的变更与索赔

一、航空运输变更

航空运输货物在交运后和提取前，由于某种原因，托运人要求变更时，可提出变更申请。由托运人向航空公司出示航空运单，书面提出变更的目的地、收货人、中途停运或运回始发地的不同变更要求。对变更目的地的货物，如尚未发运，应按变更后的起讫地点重新计收运费；如已发运，则从已付运费中扣除。已起航的运费和其他费用，另按变更的起讫地点重新计费。如已运达目的地但尚未交付，则应重新计收原目的地至新目的地的运费。对中途停运，则从已付运费中扣除已运航的运费和其他费用。对运回始发地的变更，则应按始发地至变更运输地点之间的往返运费与已付运费比较，多退少补。

二、航运承运人的免责内容

航空运输承运人从货物收运起到交付止的整个航空运输期间，承担货物安全运输和及时到达目的地的责任。在此期间，如发生货物丢失、短少、变质、污染、损坏、延迟，对于所造成的损失，航空运输承运人要承担赔偿责任。但由下列原因造成的损失，承运人不负责任：

（1）不可抗力；

（2）货物本身的性质所引起的变质、减量、破损、毁灭；

（3）包装方法或容器质量不良，从外部无法发现者；

（4）包装完毕，包装外表无异状，而内件短少者；

（5）货物在运输途中的合理损耗；

（6）由托运人或收货人的过失所引起或助成的，承运人对所负责任的限额是货物的价值。如果托运人在交运时，曾特别声明货物运到后的价值，并交付了必要的附加费，则承运人应按声明价值负全额责任。

三、索赔的时效和手续

收货人在收受货物时没有提出异议，就被认为货物已完好交付。如果有损坏，收货人应在发现后，立即向承运人提出异议，最迟不超过收到货物后的 14 天。如果延迟交货，最迟也应在货物交由收货人支配之日起 21 天内提出异议，以上任何异议应在规定的期限内写在运输凭证上或另以书面形式提出，否则就不能再对承运人提起诉讼。

诉讼时效为两年，过期即丧失追溯权。向承运人索赔时，应填写《中国民航国际旅客、行李、货物索赔单》，该索赔单一式四份，并附上航空运单等证件。

案　例

新时代的航空运输

2020 年 1 月 24 日，除夕。原本计划在这一天将航空运力停航的顺丰，临时增开了两条航线，目的地都是武汉，一条始飞于深圳，另一条始飞于杭州。当日 12 时 05 分，从深圳起飞的航班顺利抵达武汉天河机场；两个半小时后，另一架飞机也于下午 2 时 30 分准时落地。

这是武汉正式封城后，国内首个“逆飞”武汉的航空公司，两架专机为武汉带来了 32 吨医疗防疫物资，主要是药品和口罩。顺丰此次飞行也被广大网友称作“2020 年最美逆飞”。

疫情全面爆发后，Airsavvi 专门针对武汉天河国际机场的航班进出港情况做了一个数据播报平台，从 1 月 25 日开始，每天更新一次，实时统计和展示各驰援航司的相关动态。

如图 1 所示，截至 2020 年 3 月 4 日，在各航司援汉航班总架次中，顺丰航空位列榜首，以 151 架次的航班量高居第一；排在第二位的是东方航空，总计 82 架次；第三位的是南方航空，总计 66 架次。如果算上 1 月 24 日最先“逆飞”的 2 个航班，顺丰航空直飞武汉的驰援航班量一共是 153 架次，比东方航空和南方航空加起来还要多。据顺丰公开披露的信息，截至 2 月 27 日，仅顺丰航空一家累计运输的防疫物资就达到了 3 508 吨。

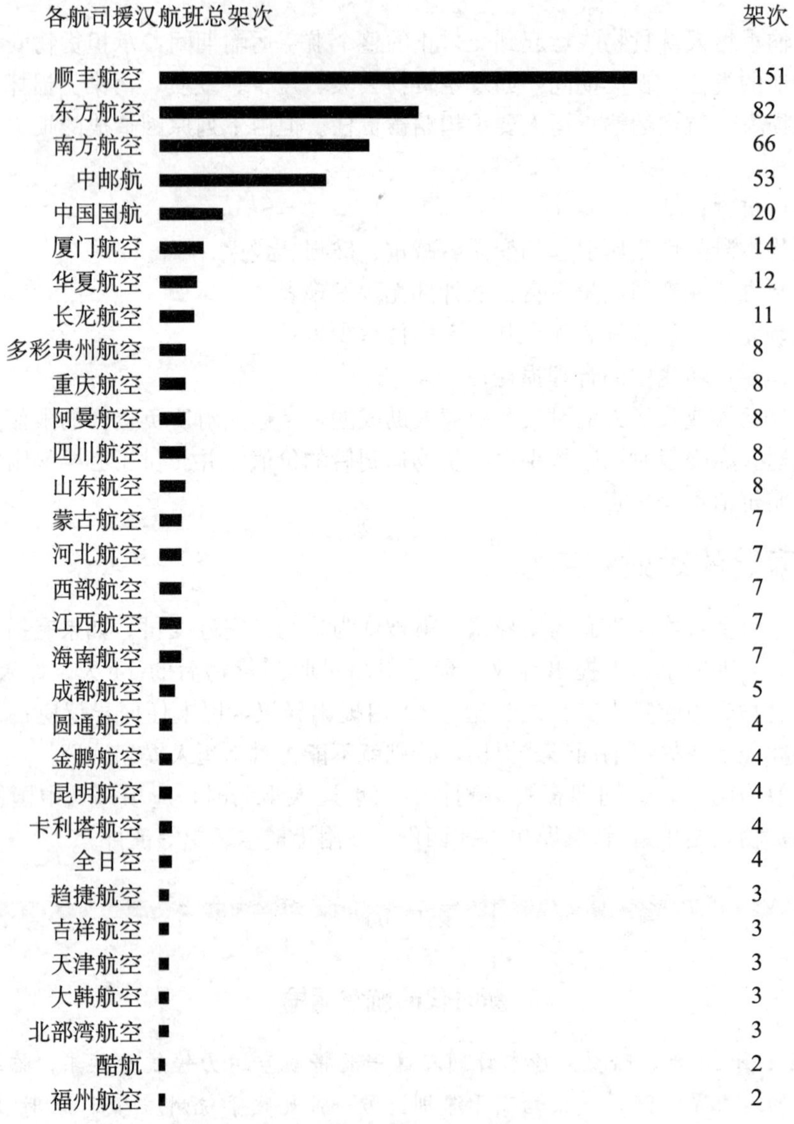

图 1　各航司援汉航班总架次

于顺丰航空而言，此次除了 58 架自有全货机以及数百次航班架次外，还有另一个更为机动灵活的战队——无人机。

2 月 12 日上午，一架小型无人机降落武汉金银潭医院，将 3.3 千克的医疗和防疫物资送到了医护人员手中。从基地起飞到医护人员签收，用时仅7分钟。

这是无人机首次出现在武汉上空，主要任务就是将相关紧急医疗物资第一时间投送至医院。负责执行该任务的顺丰速运湖北区将军路点部当天共安排了3架无人机，运输18架次（往返），总载重70千克，件数27件。

湖北顺丰相关负责人表示，该无人机系顺丰旗下自主研发的一款小型无人机，此前已经执行过多次应急救援任务，在部分地区甚至实现了常态化运营，可以说非常成熟。这次在疫区投放，一方面可以有效消除道路限行和小区封闭等因素的影响，降低配送时间，将紧急物资在最短的时间内送达指定地点；另一方面，无人机的配送可以有效避免配送人员与医务人员的面对面接触，避免交叉感染。

目前，顺丰已经在国内多个地区和省份取得了无人机运输牌照，更大规模的商业飞行也在尝试之中。所有这些动作的背后，是顺丰独有的“三段式空运网”——通过货机、陆运、大型无人机、小型无人机等一系列物流技术规划版图，形成由货机、大型无人机与小型无人机共同构建的“三段式空运网”，机动匹配并覆盖国家干线、城市干线及偏远地区最后一千米的运输需求，从而实现36小时快件通达全国。

2009年12月31日，顺丰航空启用首架自有全货机B-2899成功完成深圳至杭州的首航飞行，中国快递市场由此迎来首家民营快递航空——顺丰航空。2019年12月31日，顺丰航空实现安全运行十周年。自2009年12月31日开航至今，顺丰航空已安全飞行超33万小时，平稳运输货物逾250万吨，机队规模达58架，成为国内规模最大的全货机机队，全球通航城市与地区达65个。在“一带一路”倡议带来的发展契机下，基于运行实力的稳步提升，顺丰航空开始大力拓展特色包机业务，近年已结合市场需求陆续开发了国内直飞东南亚、南亚、中亚、欧洲的国际货运航线，如近年开通的“深圳—金奈”“深圳—德里”等国际航线，出口货物以电子消费品及工业设备为主，进口货物以电商包裹与普货为主，这对于活跃进出口贸易、加快中国品牌“出海”都具有积极的推动作用。

小 结

1. 国际航空货运的形式包括班机运输、包机运输、集中托运、联运方式和航空快运。

2. 航空运单与海运提单有很大的不同，但与国际铁路运单相似。航空运单可以分为航空主运单和航空分运单。

3. 航空运单的内容包括：(1) 始发站机场；(2) 发货人姓名、住址；(3) 发货人账号；(4) 收货人账号；(5) 代理人的国际航空运输协会代号；(6) 代理人账号；(7) 支付信息；(8) 货币；(9) 收费代号；(10) 运费及声明价值费；(11) 其他费用；(12) 运输声明价值；(13) 目的地机场；(14) 航班及日期；(15) 货物运价和运费细节；(16) 需预付或到付的各种费用；(17) 预付、到付的总金额；(18) 发货人的签字；(19) 签单时间（日期）、地点、承运人或其代理人的签字；(20) 货币换算及目的地机场收费记录。

4. 主要的航空货物运价有：一般货物运价、特种货物运价、货物等级运价等。

5. 进口货物运输程序：接受委托，备妥报关单据——接收货物，申报海关——转运货物。

6. 出口货物运输程序：确定出口货物运输范围——接受委托，预订舱位——申报海关——口岸外运公司与内地公司出口运输工作衔接——小批量样品采用集中托运，大批量以单票发运为主。

关键术语

航空站	航线	包机运输	集中托运
航空运输区	MAWB	UPS	FEDEX
DHL	EMS	陆空联运	TNT
航空快运	直达运价	起码运费	计费重量
实重货	轻泡货		

思考题

1. 国际航空运输有什么特点？
2. 国际航空运输有几种运输方式？各自的特点是什么？
3. 如果一批货物选择采用航空运输方式出口，该如何操作？
4. 指出信用证支付条件下，海运提单和航空运单结汇风险的不同。为什么空运时信用证支付仍存在钱财两空的风险？
5. 航空主运单与分运单的区别是什么？各起什么作用？
6. 航空快运业务的特点和作用是什么？如何办理？

第十章 国际集装箱运输

学习目标

- 了解我国集装箱运输的发展现状
- 掌握现行集装箱的种类和主要交接方式
- 熟知集装箱运输的五个关系方的作用
- 能够使用集装箱运输的出口、进口程序进行业务操作
- 掌握集装箱的五个主要单证的内容和填制方法
- 能够计算集装箱的内陆和海运运费

第一节 集装箱运输概述

集装箱运输（container transport），是以集装箱为集合包装和运输单位，进行货物运输的现代化运输方式，由最初的成组运输发展到托盘运输，最终形成集装箱运输。

成组运输是把分散的单件货物组合成为一个规格化、标准化的运输单位的运输。它适合机械化、自动化的操作。更重要的是，成组运输还包括各种运输方式之间连贯的成组运输。成组运输方式既适合铁路运输、公路运输、内河运输，也适合海上运输，以及港口车站装卸等，从而对加速货物周转、减少货损货差、节省人力物力、降低运输成本方面的增效十分明显。

成组运输的发展道路是漫长的。最初的成组运输是用网兜和绳索铁皮把几件货物捆扎成为一个运输单位，这是该运输方式的雏形。后来发展为把若干件货物堆装在一块垫板上作为一个运输单位。最后，在垫板运输的基础上，发展成为托盘运输。托盘运输不仅使运输单位增加，而且更适合机械操作。

在 20 世纪 50 年代，自动化的大生产开始应用于运输领域，产生了集装箱运输革命，

使标准化的成组运输方式发生了质的飞跃。可见，集装箱运输是成组运输的最高形态，而托盘运输则是成组运输和集装箱运输的一个中间发展环节。

一、集装箱运输的产生与发展

（一）世界集装箱运输的产生与发展

由于杂货种类繁多，包装形式不一，而每件货物的重量和体积相差又很大，因此，件杂货运输难以像石油、散货运输那样，采用大规模的机械化和自动化操作。为了提高件杂货的运输效率，唯一的方法是改革运输工艺。改革的途径，首先是使件杂货的货件标准化，于是就出现了使货物组成一个同一尺寸的标准货组的成组运输，并使成组货物在铁路、公路、水路等各种不同运输方式之间，不拆组地进行转移。

件杂货的成组运输始于网兜和托盘，后来发展了托盘船，实现了托盘化。伴随着运输生产的发展，集装箱逐渐代替了托盘，实现了现代运输的革命——运输集装箱化。

1956 年 4 月 26 日，美国泛大西洋轮船公司将一艘 T-2 型油轮“理想”号经过特别改装后，在甲板上装载了 58 个集装箱，由新泽西州纽约港的纽瓦克区驶往得克萨斯州的休斯敦进行海上试运。3 个月后，试运获得了巨大的成绩，平均每吨装卸费从原来的 5.83 美元降低到了 0.15 美元，仅为普通货船装卸费的 1/39。

泛大西洋轮船公司试运取得成功后，将 6 艘 C-2 型货轮改装成了带有箱格结构的全集装箱船，第一艘船的船名为“盖脱威城”（Gateway City）号。该船设有船用集装箱装卸桥，可装卸 8′×8.5′×35′[①]的集装箱 226 个，每箱总重 25 吨，航行于纽约—休斯敦。“盖脱威城”的首航，标志着世界集装箱运输时代的开始。

（二）我国集装箱运输的发展

起步晚、发展快，是我国集装箱运输发展的最大特点。

1973 年，中国外运首先成立了研究集装箱运输的专门小组，9 月与中原公司以及日本新和海运公司、日新仓库公司联合，在中日航线上开展小型集装箱试运。

1974 年 11 月，在天津—美加航线上，我国第一次进行国际标准集装箱试运；1978 年开通了上海—澳大利亚第一条国际集装箱海运班轮航线。

1979 年，广东—香港第一条公路集装箱运输线路开通，开展陆海联运。

1981 年，开始兴办经西伯利亚大陆桥的国际铁路集装箱运输。

1986 年，中远集团公司与铁道部签订了《国际集装箱海铁联运协议》；1988 年中国外运与铁道部运输局签订了《联办进出口集装箱运输协议书》。

目前，全球主要的班轮公司相继开辟了抵达中国的直达航线。中国港口近年来集装箱业务发展迅猛，全国港口国际集装箱吞吐量年增长速度超过 25%。

（三）集装箱航线的发展

当今世界班轮航线的集装箱化经历了四个阶段。

第一阶段：1966 年以前。这一阶段，主要是利用普通货船或油轮的甲板，稍加改装

---

① 8′×8.5′×35′即 8 英尺×8.5 英尺×35 英尺，下文中意思相同。

后进行捎带运输。其航线均为国内沿海航线，开展的地区为美国和澳大利亚沿岸。每次的运营规模也比较小。这是集装箱航线的最初时期。

第二阶段：1967—1970 年。1966 年海陆联运公司最先使用改装的全集装箱船“费尔兰德”（Fairland）号在北大西洋开辟了国际集装箱航线，该船的载箱量为 220TEU，主要航行于北美、西欧、日本、澳大利亚等地区的集装箱航线上，通常称为“北—北航线”。在这三四年中，投入营运的集装箱船舶由 33 艘发展到 160 艘，集装箱船的运量由 30 万 TEU 增加到 128 万 TEU。

第三阶段：20 世纪 70—80 年代初，开辟了发达国家与发展中国家之间的集装箱航线。例如，美国、日本、西欧至东亚、东南亚、南亚、中东、南美、东非、西非、东欧等航线，通常称为“北—南航线”。1973 年石油危机之前的时期，是国际标准箱位从 2 000TEU 进入 3 000TEU 的第三代集装箱船营运的时期，也是集装箱船高速化达到顶峰的时期。此间，日、德、英三国联营的三联集团（Trio Group），共投入了 17 艘大型集装箱船，完成了远东—欧洲航线的集装箱化。1971—1978 年间，世界集装箱航线迅速发展，集装箱船的数量和运量成倍增长。欧洲—北美太平洋沿岸发达国家的贸易航线基本上实现了集装箱化，远东—地中海航线也实现了集装箱化，整个世界班轮航线的集装箱化体制已具雏形。

1975 年以后，由 1973 年世界石油危机带动的中东石油贸易增长迅猛，各产油国的港口十分拥挤，集装箱运输作为解决中东各产油国港口拥挤的措施，趁势开辟了北美、欧洲和远东—中东的许多集装箱航线。20 世纪 80 年代初，集装箱运输在全球呈现出了遍地开花之势。各国船公司纷纷在非主要航线（发展中国家贸易航线）上开办集装箱运输业务，并开始筹建集装箱支线运输网。

第四阶段：1984 年至今，开辟了发展中国家和地区的集装箱航线，称为“南—南航线”；开拓了环球集装箱运输航线。环球航线分东、西两条线，都从东亚出发。东线：太平洋—巴拿马运河—大西洋—地中海—苏伊士运河—印度洋—太平洋；西线则反向而行。每 7 天对开一班，航次 80 天。与此同时，支线集装箱货运已形成了全球网络。

二、集装箱运输的概念和种类

（一）集装箱运输的概念

集装箱是一种货物运输设备，便于机械装卸，可长期反复使用，也称作“货柜”或“货箱”。实际上是一种流动的货舱，属于现代化的运输工具。作为运载的一种标志，集装箱在国际上营运，必须取得有关检验机构签发的货运证书。

1. 集装箱的定义

国际标准化组织（International Organization for Standardization，ISO），下属专管集装箱运输的第 104 技术委员会，于 1970 年为集装箱所下的定义为：能长期重复使用的；具有足够长度的；在运输途中转运时，可直接进行换装而不必动容器内的货物的运输方式；可进行快速装卸，又可以从一种运输工具直接、方便地换装到另一种运输工具上；便于货物的装满和卸空的运输方式；该箱体具有 1 立方米（35.31 立方英尺）以上的内部容积。

2. 集装箱的规格

国际货物运输中常见的集装箱规格尺寸可见表 10-1：

表 10-1　国际货物运输中常见的集装箱规格

规格	内径	容积
20′C	5.89m×2.35m×2.38m	ABT. 27CBM
40′C	11.9m×2.35m×2.38m	ABT. 58CBM
40′HC	11.9m×2.35m×2.69m	ABT. 67CBM
45′HC	13.35m×2.35m×2.68m	ABT. 72—75CBM

在集装箱运输中，以 20′集装箱作为国际标准箱，同时也是港口计算吞吐量和船舶大小的一个重要的度量单位。通常以 TEU（twenty-foot equivalent unit）表示，即 20 英尺。在统计不同型号的集装箱时，按集装箱的长度换算成 20 英尺单位加以计算。

（二）集装箱运输的种类

随着国际集装箱业务的发展，出现了不同尺寸、不同材料，以及不同用途的集装箱。

1. 按规格尺寸分

在集装箱运输初期，集装箱规格相当混乱，这不仅阻碍了集装箱的交换使用，同时也会影响运输工具的装载能力，降低装卸效率。为克服这些不足，使集装箱在国际上具有广泛的流通性，国际标准化组织制定并推荐了三个系列 13 种规格的集装箱标准方案。只要各国制造的集装箱的外部尺寸和载重量符合国际标准，即认为是国际标准集装箱。

现在海运中大量使用的是 20′箱和 40′箱，即上述标准第一系列中的 1C、1A 型。其中 20′箱载货限量 17.5 公吨，根据货物包装，集装箱容量一般为 24 立方米～25 立方米，最大达 33 立方米；40′箱限重为 30 公吨，箱内容积为 61 立方米～67 立方米，一般可装 50 立方米～54 立方米的货。20′箱被称为国际标准集装箱。

除标准集装箱外，国际上还存在许多非标准集装箱，目前，还存在提高标准箱高度及载重能力的趋势。美国国内有 8′6″×9′6″×53′的集装箱，在南加利福尼亚和美国中西部铁路卡车联运上使用。

2. 按制箱的材料分

（1）铝合金集装箱。这种集装箱美观、坚固、不易氧化腐蚀、维修费用低、箱体轻，但成本高。

（2）钢板集装箱。这种集装箱坚固耐用、制造成本较低，但易于氧化、外表需要涂料、维修费用高、箱体重，故装的重货比铝合金箱要少。

（3）纤维板集装箱。这种集装箱制造成本低、美观轻巧，但不够坚固、易于损坏，多数为货主自备箱，国际上极少使用。

（4）玻璃钢集装箱。这种集装箱美观坚固，但箱体重、成本高，应用不广泛。

3. 按用途分

（1）干货集装箱（dry container），又称杂货集装箱，是普通集装箱。适于装载各种干杂货，封闭型的比重最大。这种集装箱为最常用的标准集装箱，国际标准化组织建议使用的 13 种集装箱均为此类集装箱。

（2）冷藏集装箱（refrigerated container）。这种集装箱附有冷冻机，用于装载冷冻货物或冷藏货物。这种集装箱适于运输黄油、巧克力、冷冻鱼肉、炼乳、水果等物品。

（3）挂衣集装箱（dress hanger container）。这种集装箱内设吊挂服装的横杆和绳扣。

在装运时，经济效益显著，可以节省包装费和上架前熨烫以及拆箱的费用和时间。但是，其箱容利用率低（只有85%左右），装箱效率低，故发货人一般要支付一定数量的装箱补贴费用。

（4）开顶集装箱（open top container）。这种集装箱没有刚性箱顶，但有可折式顶梁支撑的帆布制成的顶棚，主要装载较高的大型货物和需要吊装的重货。

（5）框架式集装箱（flat rack container），指用于装载不适于干货集装箱或开顶集装箱装载的长大件、超重货、轻泡货、重型机械、钢管等设备的集装箱。

（6）罐式集装箱（tank container）。这种集装箱适于装载酒类、油类、化学品等液体货物。

此外，还有一些特种集装箱，在此不一一列举。

三、集装箱的运输工具及设备

集装箱可以借助于船舶、火车、汽车和飞机等运输工具来完成主要的运输任务。而在码头、车站、机场、仓库间的短途搬运通常由跨运车（straddle carrier）、铲车（fork lift）、拖斗和拖车（tractor and trailer chassis）、龙门吊（transtainer）及底盘车（chassis）等来完成。

铲车，又称叉车，是码头上广泛采用的一种搬运机械，主要用于搬运20′以下的小型集装箱内的装卸货物。

跨运车是一种有腿的、自身带动力的小型门式起重机，可以跨在集装箱上将其抓住而行走运送，主要用于在码头前沿、堆场、仓库之间往返运送集装箱，也可用于装卸汽车和拖车上的集装箱。

高架吊车亦称龙门吊，可滑行于铺设在码头前沿与泊位平行的轨道上，也有装胶轮不在轨道上行驶的。龙门吊适合堆高作业，一般可堆箱五层高。

底盘车是一种不带动力的设备。通常集装箱可直接装在底盘上，用牵引车牵引作业，比较灵活，适合门到门运输。不足之处是每一个小箱子带一台底盘车，不宜叠放，占地面积大。

四、集装箱运输的关系方

（1）实际承运人（container carrier）。指掌握运输工具，并参与集装箱运输的承运人。通常拥有大量的集装箱，以方便集装箱的周转、调拨、管理以及集装箱与车船机的衔接，包括轮船公司、铁路、公路、航空公司等。

（2）无船公共承运人（non-vessel operating common carrier，NVOCC）。专门经营集装货运的揽货、装箱、内陆运输及经营中转站或内陆站业务。

（3）集装箱租赁公司（container leasing company），是专门经营集装箱出租业务的企业。集装箱租赁对象主要是一些较小的运输公司、无船承运人及少数货主。常见的租赁方式有程租、期租、航区内租及包租等。

（4）集装箱码头（堆场）（container terminal operator，CY），指办理集装箱或空箱装卸、转运、保管、交接的部门。

（5）集装箱货运站（container freight station，CFS）。办理了拼货的交接、配箱积载后，将箱子送往集装箱堆场，并接受集装箱堆场交来的进口货箱，进行拆箱、理货、保管，最后分拨交给各收货人。

集装箱运输的其他关系方与传统运输业务相似，这里不再一一介绍。

五、交接方式

（一）按货物交接地点分

可分为以下九种：

（1）门到门（door to door）：从发货人工厂或仓库至收货人工厂或仓库。

（2）门到场（door to CY）：从发货人工厂或仓库至目的地或卸箱港的集装箱堆场。

（3）门到站（door to CFS）：从发货人工厂或仓库至目的地或卸箱港的集装箱货运站。

（4）场到门（CY to door）：从起运地或装箱港的集装箱堆场至收货人工厂或仓库。

（5）场到场（CY to CY）：从起运地或装箱港的集装箱堆场至目的地或卸箱港的集装箱堆场。

（6）场到站（CY to CFS）：从起运地或装箱港的集装箱堆场至目的地或卸箱港的集装箱货运站。

（7）站到门（CFS to door）：从起运地或装箱港的集装箱货运站至收货人工厂或仓库。

（8）站到场（CFS to CY）：从起运地或装箱港的集装箱货运站至目的地或卸箱港的集装箱堆场。

（9）站到站（CFS to CFS）：从起运地或装箱港的集装箱货运站至目的地或卸箱港的集装箱货运站。

（二）根据集装箱装箱数量和方式分

可分为整箱和拼箱两种。

1. 整箱

整箱（full container load，FCL）是指货方自行将货物装满整箱以后，以箱为单位托运的集装箱。通常在货主有足够货源装载一个或数个整箱时采用，除有些大的货主自己置备有集装箱外，一般都是向承运人或集装箱租赁公司租用一定的集装箱。空箱运到工厂或仓库后，在海关人员的监督下，货主把货装入箱内、加锁、铅封后交承运人并取得场站收据，最后凭收据换取提单或运单。整箱货运提单上，要加上“委托人装箱、计数并加铅封”的条款。

2. 拼箱

拼箱（less than container load，LCL）是指承运人（或代理人）接受货主托运的数量不足整箱的小票货运后，根据货物性质和目的地进行分类整理，把去往同一目的地的货，集中到一定数量拼装入箱。

由于同一个箱内有不同货主的货拼装在一起，所以叫拼箱。这种情况在货主托运数量不足装满整箱时采用。拼箱货的分类、整理、集中、装箱（拆箱）、交货等工作均在承运人码头集装箱货运站或内陆集装箱转运站进行。承运人要负担装箱和拆箱作业，费用向货方收取。

集装箱货运分为整箱和拼箱两种，因此在交接方式上也有所不同。纵观当前国际上的做法，大致有以下四类：

1. 整箱交，整箱接（FCL/FCL）

货主在工厂或仓库把装满货物后的整箱交给承运人，收货人在目的地同样整箱接货。换言之，承运人以整箱为单位负责交接。货物的装箱和拆箱均由货方负责。

2. 拼箱交，拆箱接（LCL/LCL）

货主将不足整箱的小票托运货物在集装箱货运站或内陆转运站交给承运人，由承运人负责拼箱和装箱（stuffing，vanning），并运到目的地货运站或内陆转运站，然后由承运人负责拆箱（unstuffing，devanning），拆箱后，收货人凭单接货。货物的装箱和拆箱均由承运人负责。

3. 整箱交，拆箱接（FCL/LCL）

货主在工厂或仓库，把装满货物后的整箱交给承运人，在目的地的集装箱货运站或内陆转运站，由承运人负责拆箱后，各收货人凭单接货。

4. 拼箱交，整箱接（LCL/FCL）

货主将不足整箱的小票托运货物在集装箱货运站或内陆转运站交给承运人，由承运人分类调整，把同一收货人的货集中拼装成整箱，运到目的地后，承运人以整箱交，收货人以整箱接。

上述各种交接方式中，整箱交，整箱接方式最能发挥集装箱的优越性。

此外，还有托盘运输。托盘也是目前最常见的一种方式，是一块有一定规格的平板，其上可堆放包、箱、捆等包装货，作为一个运输单元，以便使用机械搬运、装卸、堆放。托盘有一次性的，也有反复使用的。

第二节 集装箱运输业务

一、出口程序

1. 订舱

发货人根据贸易合同或信用证条款的规定，在货物托运前的一定时间内，填制好集装箱货物托运单，委托其代理或直接向船公司申请订舱。

2. 接受托运申请

船公司或其代理公司根据实际的运力、船线等具体情况，考虑发货人的具体要求。若接受申请，就着手编制订舱清单，然后分送集装箱码头 CY、CFS，以安排空箱及办理货运交接。

3. 发放空箱

通常由发货人到集装箱码头 CY 领取。

4. 拼箱货装箱

由货运站根据订舱清单和场站收据负责装箱，然后由装箱人编制集装箱装箱单。

5. 整箱货交接

由发货人自行负责装箱，并将已加海关封志的整箱货运到 CY。CY 根据订舱清单，核对场站收据及装箱单验收货物。

6. 集装箱的交接签证

CY 或 CFS 在验收货物/集装箱后，即在场站收据（D/R）上签字，并将签署后的 D/R 交还发货人。

7. 换取提单

发货人凭 D/R 向集装箱运输经营人或其代理换取提单，然后去银行办理结汇。

8. 装箱

集装箱装卸区将出运的箱子调整到集装箱码头前方的 CY，待船靠岸后，即可装船出运。

二、进口程序

1. 卸货准备

集装箱船装卸效率高，在港停留时间短。因此，船公司应及时通知各有关方面，在船抵目的地之前，备妥各种资料，并将单证寄送其在目的地的代理及其他有关方，以便做好接货准备。

2. 卸船拆箱

收货人向海关申请并允许放行后，方可卸船。一般集装箱货先堆放在 CY，然后将整箱货交给收货人；拼箱货先交给集装箱货运站进行拆箱分拨，然后通知收货人前来领取，也可凭收货人委托送货上门。

3. 付款交单

在一般信用证贸易方式下，收货人一接到收货通知，应及时向银行付清应付款项，取得有关单据。若已取得正本提单，可凭此去船公司换取提货单；否则可向船公司出具银行保函，凭保函和副本提单换取提货单。

4. 交货

CY 和 CFS 都应凭提货单放货。整箱货的交接在 CY 进行，同货箱一起提走，故同时要办理集装箱设备交接单手续；拼箱货交接在 CFS 进行。通常，堆场是承运人和收货人责任、费用划分的场所，故要求收货人结清所有有关费用，然后交接双方签署一份交货记录。

三、支线运输

支线运输也叫支线集中，由于集装箱朝着大型化方向发展，码头也逐渐专业化，为了缩短船货的在港时间，同时为了集中更多的货源以满足舱容的需要，在集装箱运输中产生了干线运输和支线运输，也就是以一个较大的港口为中心，其他港口的支线船将货物集中至该港，然后装上干线船。这种集装箱运输往往形成辐射状的运输网络系统。

使用支线运输后，干线船只挂靠几个主要的港口就可将该地区的货物转接到目的地，如太平洋航线，远东地区以香港、高雄、神户、横滨等港口为中心，中国、菲律宾以及东南亚地区只需用支线船将货物运送到上述几个港口，而干线船也只需挂靠上述港口，便可将远东出口到美国、加拿大的货物运送到目的地。这样，不仅可以减少航次费用，节约时间，还可使货物尽早抵达目的港。

支线运输是集装箱运输的发展和深化，它可以使船公司的服务深入到许多港口条件较差的国家和地区，从这些国家和地区获取资源，从而也可以解决这些国家和地区进出口货物的运输问题。

四、主要货运单证

集装箱货运单证不同于传统运输的货运单证，出口主要有装箱单、场站收据、集装箱提单、设备交接单、交（收）货记录。进口主要有收（发）货记录。

（一）装箱单

装箱单（container load plan，CLP）既是详细记载每箱货物的具体资料，又是向海关申报的必要单证，还是货、港、船三方交接货箱，船方编制船舶积载计划、制作舱单、装卸港（地）安排运输和拆箱作业不可缺少的资料。同时，也是商务索赔的依据。装箱单每箱一单，每单一式 10 份，各有各的用途。整箱货托运时此单由货主或货代填制，拼箱货托运时由货运站填制。无论由谁填制，所填内容必须与托运单上的相关内容一致。

装箱单制作以箱为单位，内容主要有：船名、航次、装货港、卸货港、收交货地点、集装箱号、规格、铅封号、场站收据号或提单号、发货人、通知人、货名、件数、包装种类、标志号码、重量、尺码、装箱日期、地点、驾驶员签收、CY/CFS 和装箱人签署等，并附有说明。如需检疫，要注明是否已检疫；如果是危险品，要注明危险品标志、分类、危规号；冷藏货或保温货要注明箱内的温度要求，所有内容必须逐项一一填明。

（二）场站收据

场站收据（dock receipt，D/R）一般由发货人或其代理编制，内容格式与提单基本一致。发货人根据船公司制定的格式填制，并随货一起运至集装箱码头或货运站，接收货物的人在收据上签字后交还给发货人，证明托运货物已收到。

场站收据的作用类似于传统运输中的大副收据，但两者又有不同，集装箱运输承运人或其代理委托场站签场站收据，意味着承运人的责任风险由传统运输中的“过船舷”延伸到“场站”，甚至是内陆站。而大副收据却是发货人向船公司或其代理换取提单的凭证。

（三）集装箱提单

集装箱提单（CTB/L）具有与传统运输中的提单相同的地位和作用。内容与海运提单略有不同，应分别注明收货地点、交货地点、集装箱号、铅封号。

集装箱运输货物的交接一般不在船边，所以场站收据换来的大都是备运提单，根据《跟单信用证统一惯例》，银行不接受备运提单，要将备运提单转化为已装船提单，必须在提单上打上船名及“已装船”批注，并经承运人（代理）签章。因此目前常见的用于集装箱运输的提单，须在正面明确表示“received in apparent good order and condition”，还要在正面下端设有“laden on board the vessel”装船备忘录栏，以便根据信用证的要求，在必要时将备运提单转化为已装船提单。

提单制作时，要注意数量填写方法。由发货人装箱的整箱货，提单上所列的货运件数（no. of containers or pkgs）应填集装箱数，同时将箱内所装总件数列在提单上，以免发生货损货差时，只以箱数作为理赔件数。

拼箱货件数的表示方法与传统运输相同，仅仅填上 CFS/CY、CFS/CFS 等交货方式，并在出口地货运站与其他货主的货物一起装入集装箱后，将装在集装箱内的货物的所有提单上，都打上同一个箱号和铅封号。

（四）设备交接单

设备交接单（equipment receipt）是集装箱所有人或租用人委托 CY、CFS、内陆站使用者（一般为驾驶员代表）之间交接集装箱及设备的凭证。设备包括底盘车、台车、冷藏装置、电动机等。

设备交接单是划分用箱人和租箱人责任、义务、权利的依据，也是集装箱货运索赔和理赔中不可缺少的重要单证之一，分出场、入场两种。通常，集装箱和设备的出、入场交接手续在大门口办理。出、入场时，CY 的工作人员与用箱人、运箱人共同检查设备交接单所列的内容并签字，此后这一单据才能作为划清双方责任的依据。

（五）交（收）货记录

交（收）货记录是承运人把货物交给收货人或其代理时，双方共同签署的证明货物已交付，以及该批货物交付时的情况的单证。

本记录通常在签发提单时交给收货人或其代理。在交接货物时，当事人应认真检查货物件数及外表状况，若发现任何损坏、短缺、灭失，都应在交货记录上列明，并由收货人和承运人以及所委托发货的 CY 和 CFS 的经营人共同签署。它是将来索赔的重要依据。在集装箱港至港运输中，船公司的责任从收货时起，至交货时止。

如果说场站收据是证明船公司责任开始的凭证，交（收）货记录则是证明船公司责任结束的依据。

五、集装箱货物积载

（一）积载前的准备工作

包括编制预备清单、调拨集装箱、装箱 24 小时前向海关申报。在取得海关批准后方可装箱，实行门对门作业点装箱时，还要接受海关监督。

装箱前必须实行理货制度，将货物归桩、堆放在盘上，核对计数，防止错装、混装、溢短装。装箱时应认真做好装箱记录。

（二）积载的一般规则

1. 不同货物的混装

干货、湿货不宜放在同一箱内，如难以避免，则干货在上，湿货在下；吸湿货物不能与湿货及易“出汗”货物同装等等。基本原则是：一箱货必须去同一卸货地，运输途中不会因混装而发生货损，同时，应尽可能降低重箱的重心。

2. 充分利用集装箱的容积和重量，同时也要考虑集装箱的强度限制

不论装的是什么货，都不得超过集装箱的限重。

3. 合理衬垫

避免货物之间的碰撞等导致的货损。

4. 加固捆扎

以防打开箱门时，货物倾倒。

5. 特种货物的配载

（1）重件。注意保持集装箱的平衡，适当搭配一些轻泡货，并借助垫板来调整最大负荷量。

（2）危险品。不同性能的危险品不能混装，亦不可混装普通货物，向外要有醒目的危险标记。

（3）冷藏货。对温度要求不同或气味要求不同的冷藏货物，绝对不配入一箱。对于一些去伊斯兰国家的集装箱，注意不要把猪肉与家禽、牛羊肉配一箱。

（4）其他。需做动植物检疫的货物，不能同普通货物同装，以免熏蒸时引起货损。

装箱完毕后，在海关的监督下，装箱人应立即关闭箱门，施加集装箱经营人的铅封。装箱人在箱门外表贴上集装箱箱贴，标明该箱内装载的货重、件数及该集装箱所配载的船名、卸货港等等。

第三节 集装箱运输费用

一、内陆运费

（一）拖车费

传统的卡车运输是以车的标准吨位按公里计算并计收运费的，计费单位是箱/公里。在往返线路上，重去空回，或空去重回的，收单程运费；往返距离不等的按远者计算；专程运送空箱的按单程计收费用。

通常集装箱拖车运费都定有一个基本运距，超过此运距的，可享受运费减成；达不到此运距的，实行运费加成。

（二）火车运费

目前，我国的铁路集装箱专用车很少，一般都用 50 吨或 60 吨车皮装运两个 20′箱或一个 40′箱，按 40 吨收取 9 号运费。用这种办法运集装箱，铁路部门每个车皮要少收 10 吨～20 吨的运费。前几年，我国进行过专用列车试验，结果表明其运费水平高于目前的 9 号运费，低于同区段的卡车运费。

（三）内河运费

内河主要指长江沙市下游的主要港口（武汉、九江、芜湖、南京、张家港和南通）。尽快建立内河集装箱运输网络，制定和完善运费体系是我们应当认真研究的问题。

（四）拼箱服务费

主要包括 CFS 到 CY 之间的空、重箱的运输、理货，CFS 内的搬运、分票、堆存、装拆箱以及签发场站收据、装箱单制作等各项费用。

CFS 一般按运费吨位作为收货单位。

（五）堆场服务费

堆场服务费，也称码头管理费。包括在装港 CY 接受来自货主或 CFS 的整箱货，以及堆存和搬运至装卸桥下的费用。多数船公司将这部分费用包括在海运运费中。CY 费用另行支付的（即不包含在运费中），都以运费吨为单位。

（六）集装箱机器设备使用费

当货主使用的集装箱及底盘车是由承运人提供时，就会发生这种费用。另外还包括集装箱从底盘车上吊上吊下的费用，以及延滞费。

二、集装箱海运运费

（一）件杂货基本费率加附加费

1. 基本费率

参照传统件杂货物运价，以运费吨为计算单位。多数航线上采用等级费率。

2. 附加费

除传统件杂货所收的常规附加费之外，还要加收一些与集装箱货物运输有关的附加费。

（1）集装箱附加费。在航线等级费率基础上增加的附加费。

（2）支线船附加费。常见于集装箱支线运输。

（二）包箱费率

以每个集装箱为计费单位。据中国远洋运输（集团）总公司使用的交通部《中国远洋货运运价本》，有以下三种包箱费率（box rate）。

1. FAK 包箱费率（freight for all kinds）

即对每一集装箱，不分货类统一收取的费率。

2. FCS 包箱费率（freight for class）

按不同货物等级制定的包箱费率。货物等级也是 1～20 级，但级差较小。一般低价货费率高于传统运输费率，高价货费率则低于传统运输费率；同一等级货物，实重货运价高于体积货运价。

3. FCB 包箱费率（freight for class basis）

既按不同货物等级或货类，又按计算标准制定的费率。同一级费率因计算标准不同，费率也不同。如 8～10 级、CY/CY 交接方式、20′集装箱货物，按重量计费为 1 500 美元，按尺码计费则为 1 450 美元。

（三）最低运费（minimum freight）

1. 规定最低运费等级

如中国远洋运输（集团）总公司规定以 7 级货为最低收费等级，低于 7 级货均按 7 级收费。

2. 规定最低运费吨

如远东航运公司规定，20′箱最低运费吨实重货为 17.5 吨，尺码货为 21.5 立方米，W/M 为 21.5 运费吨。

3. 规定最低箱载利用率

（四）最高运费（maximum freight）

1. 规定最高计费吨

如在货物体积超过集装箱通常载货容积时，仍按标准体积收费。若按等级包箱费率计费，而箱内货物等级不同时，则可免除较低货物等级的运费。

2. 规定最高计费等级

不高于该货物等级的货物，均以规定的最高计费等级收费。

（五）集装箱附加费

不论按上述（一）至（四）中哪种费率收费，集装箱运输都要加收附加费。例如，变更目的港附加费、变更交货方式附加费、重件附加费、港口附加费、选卸附加费等等。这些附加费可视为海运运费的组成部分。

三、运费节约途径

（1）低价货尽量不装箱运输，高价货则要争取使用集装箱运输。

（2）合理利用集装箱的装箱能力，轻泡货装大箱、实重货装小箱。

（3）改进货物包装。

第四节 集装箱运输管理

在集装箱运输中，集装箱随货物的移动而处于运动状态。同时，由于集装箱具有被反复使用的特性，因此，在集装箱运输高速发展的今天，集装箱的管理是一个十分引人注目的课题。

要较好地协调、整理集装箱的供需关系，首先，要对未来的用箱情况有一个估计，然后，在此基础上，合理组织箱源。通常集装箱的来源有三个方面：货主自备箱、租箱及经营人的箱子。

一、合理选箱与严格检查制度

（一）合理选箱

集装箱的种类、规格有许多，在实际使用中，应根据不同情况做出适当选择。

1. 根据货流情况选择

货量小的航线，选用规格小的集装箱。重货用小箱，轻泡货用大箱。

2. 考虑与国外船公司的合作关系

要使集装箱在全球范围内具有互换性，最好使用国际上广泛使用的标准集装箱。

3. 考虑集装箱的回空

在贸易国或地区之间货流不平衡的情况下，可采用折叠式集装箱。

（二）严格检查制度

1. 目测内容

（1）检查集装箱标志，防止用错箱。

（2）集装箱外部检查。检查外表有无破损、变形、破口或异样。

（3）集装箱内部检查，以便及时进行修补和清洗、干燥，然后方可装箱。

（4）对挂衣箱，应检查箱内设施是否完备、牢固、齐全。

2. 其他检查

凡装载食品的集装箱，需证明符合卫生条件；装载危险品的集装箱，需经港监培训的检查员确认符合国际海运危险货物规则标准，并监督装箱作业；对一些要求检疫的集装箱，要取得有关处理证明后方能载货。

二、跟踪管理

为了加快集装箱的周转，控制箱源，保证出口用箱，我们必须准确、及时地掌握集装箱的有关情况。目前，集装箱跟踪的手段主要有手工和计算机两种。

（一）手工管理

手工管理通常将集装箱的信息记在卡片上。这种管理需要花费大量的人力，检索速度较慢，适合小规模经营的 CY 和 CFS。

（二）计算机管理

计算机管理简化了原来复杂的手工流程。查询或制表时，只需键入某些条件，就可达到目的。

三、集装箱货物的检查和验收

（一）检查

（1）检查对象是集装箱本身。

（2）一般集装箱货物的包装都已简化，这就要求商品检验机构要认真对照合同的包装条款进行检验，并出具开箱件数检验和品质鉴定的证书，作为将来办理索赔事宜的依据。

（二）海关验收

海关验收包括对集装箱和集装箱货物的验收。

集装箱本身也是一种商品，我国每年都要进出口一定数量的集装箱。为了适应集装箱运输发展的需要，1974 年，我国就制定了《海关对进出口集装箱及所装货物监管试行办法》，后来又进行了多次补充。

海关对进出口集装箱货物的验收从原来的港口发展到内陆的装拆箱站。在内陆，凡有集装箱货运站的地方，均应设立海关分理处，以促进集装箱的发展。

小　结

1. 集装箱运输是以集装箱为集合包装和运输单位，进行货物运输的现代化运输方式。

2. 集装箱的种类：（1）按规格尺寸分：国际标准化组织制定并推荐了三个系列 13 种

规格的集装箱标准方案。现在海运中大量使用20′箱和40′箱，其中20′箱被称为国际标准集装箱。(2) 按制箱的材料分，可分为铝合金集装箱、钢板集装箱、纤维板集装箱、玻璃钢集装箱。(3) 按用途分，可分为干货集装箱、冷藏集装箱、挂衣集装箱、开顶集装箱、框架式集装箱、罐式集装箱。

3. 集装箱运输的关系方包括实际承运人、无船公共承运人、集装箱租赁公司、集装箱码头（堆场）和集装箱货运站。

4. 集装箱交接方式按货物交接地点分为9种，门到门、门到场、门到站、场到门、场到场、场到站、站到门、站到场和站到站；根据集装箱装箱数量和方式可分为整箱和拼箱。

5. 集装箱运输出口程序：订舱——接受托运申请——发放空箱——拼箱货装箱——整箱货交接——集装箱的交接签证——换取提单——装箱。

6. 集装箱运输进口程序：卸货准备——卸船拆箱——付款交单——交货。

7. 集装箱运输的主要货运单证：装箱单、场站收据、集装箱提单、设备交接单、交（收）货记录。

8. 集装箱运输费用包括内陆运费和海运运费两种。其中内陆运费包括：拖车费、火车运费、内河运费、拼箱服务费、堆场服务费和集装箱机器设备使用费。海运运费包括：件杂货费率加附加费、包箱费率、最低费率、最高费率和集装箱附加费。

关键术语

成组运输	托盘运输	集装箱	国际标准化组织（ISO）
整箱	拼箱	铲车	高架吊车
无船公共承运人	实际承运人	场到站	支线运输
集装箱提单（CTB/L）		装箱单（CLP）	设备交接单
拼箱服务费	堆场服务费	FCS包箱费率	FAK包箱费率
最低运费			

思考题

1. 按用途分，常用的集装箱有几类？
2. 常见的集装箱运输工具和设备有哪些？
3. 何谓无船公共承运人？该承运人主要经营什么业务？
4. CFS、CY各有什么作用？
5. 集装箱运输交接方式有哪几种？分别怎样表示？
6. 简述集装箱货物的出口程序。
7. 何谓场站收据？它与大副收据有什么不同？
8. 集装箱运输中提单上货物数量的填写应注意什么？为什么？
9. 简述集装箱货物积载的一般原则。
10. 集装箱内陆运费主要有哪几种？
11. 集装箱海运运费目前主要有哪两大类？各有什么特点？
12. 集装箱最低运费有哪几种规定方法？对进口拆箱转运的货物实行商检，意义何在？

第十一章 国际多式联合运输

学习目标

- 理解国际多式联运的定义
- 掌握国际多式联运经营人的性质和责任范围
- 熟知《联合国国际货物多式联运公约》的主要内容
- 掌握国际多式联运的经营特点
- 了解我国开办国际多式联运的现状
- 掌握适用于国际多式联运的国际惯例和贸易术语
- 会计算国际多式联运的运费

第一节 国际多式联运的基本概念

一、国际多式联运的定义及特征

1980 年 5 月，在联合国国际货物多式联运公约第二期会议上，一致通过了《联合国国际货物多式联运公约》。在这个公约中，对国际多式联运（international multimodal transport）做了如下定义："国际多式联合运输，是按照国际多式联运合同，以至少两种不同的运输方式，由多式联运经营人将货物从一国国境内接管货物的地点，运送至另一国国境内指定交货的地点。而那些为履行单一方式货物合同所规定的货物接送业务，则不应视为国际多式联运。"

在联合国贸易与发展会议秘书处提交的《多种方式联运使用的现代化运输技术》报告中，指出了多式联运的特征："多式联运经营人和发货人之间的合同关系性质，构成多式联运的特征。联运经营人以独立的法律实体，向发货人提供一种以上的运输方式运送货物的单一合同。”

根据以上两个国际惯例对国际多式联运的定义和解释，结合国际实际做法，可以概括出国际多式联运具有以下几个特征：

（1）国际多式联运必须使用全程的联运提单（combined transport bill of lading）；

（2）国际多式联运的经营人，对货主承担全程运输责任；

（3）国际多式联运的经营人，以单一费率向货主收取全程运费；

（4）必须是国际货物运输，而这种运输必须是采用两种以上不同的运输方式，衔接组成一个连贯的运输，来完成跨越国界的货物运输。

二、国际多式联运与一般联运的区别

（1）国际多式联运，是在两国之间使用至少两种不同的运输工具的联运，如果是同一种运输工具的联运，就不能称为多式联运。例如铁路转铁路、船转船的运输，只能称为国际铁路运输和海海联运，而不能称为国际多式联运。

（2）国际多式联运经营人，要承担全程运输责任，并且需要组织国际多种运输工具来完成运输任务。因此，实际上，国际多式联运的经营人，往往是在接受货主委托后，自己办理一部分业务，而将其余业务分包给别的承运人完成。但国际多式联运经营人的这种做法与单一运输不同，因为这些接受国际多式联运经营人委托的承运人，只是根据委托对联运的经营人负责，而不与原货主发生直接的委托关系。

因此，在国际多式联运的业务中，我们通常把多式联运的经营人称为“总承运人”，把承担分段运输的承运人称为“分承运人”，而一般的承运人只对其本身承运的区段负责。

（3）国际多式联运的出现，从根本上改变了传统运输的货物的交接界限。货物的交接地点突破了过去的“港到港”“车站到车站”的界限，而向两端延伸。

多式联运经营人接管货物的地点，可能在某个港口的货场，也可能在港口以外或某个内陆地点的货主工厂、仓库或集装箱货运站。因此，多式联运经营人承担的责任也由传统的“钩至钩”，扩大到“从货物被接收掌管时起，直到在指定的地点交货时止”的全程运输责任。不论货物丢失、损坏发生在哪一方，都可向多式联运经营人提出索赔要求。多式联运经营人都有责任查明情况，统一处理或赔偿。

三、国际多式联运的优越性

（一）手续简便

不论运输距离多远，运输环节多少，货主只需办理一次委托，支付一笔运费，取得一份联运提单，即可把货物从起点运到终点。一旦发生运输问题，也只需找一个总承运人，便可以处理问题。这对货主而言非常方便。

（二）安全可靠

国际多式联运以集装箱运输为主体，货物需经长途运输，多次装卸，但不需要将货物逐件翻动搬移，可以减少货损货差。同时，货物密封在集装箱内，可以防止污染和盗窃，从而安全可靠地完成全程运输。

（三）提早结汇

货物在启运地装上第一程运输工具后，托运人就可以取得多式联运的提单进行结汇了。例如，内地省市的一些出口商品，采用多式联运方式，货物在启运地装车后，即由外运公司签发联运提单。

（四）简化包装

国际多式联运使用集装箱运输，集装箱犹如外包装，从而内装的货物只需简易地包装。由于货物简化了包装，又可缩小体积与重量，最终的结果是可以减少运费支出。

（五）加快运送

使用国际多式联运，由于集装箱运输机械化程度高，运送装卸快，同时，货物从起运地至终点的各段运输，都由联运经营人同各段分承运人事先做好运输安排。加之经营人与承运人之间一般采取包干费率，各分承运人都会以最快的速度处理货物，以降低成本，增加利润。所以，货物可以迅速地从一个运输环节转换到另一个运输环节。国际多式联运的运输速度要比货主一段段地分别办理快得多。

在当前国际贸易竞争日趋激烈的情况下，外贸运输的商品要求速度快、破损少、费用低。国际多式联运正以其安全可靠、迅速及时，以及手续简便等优点，而在国际上被广泛采用，有着良好的发展前景。

四、经营国际多式联运的条件与要求

多式联运是一种先进的运输方式，要有现代化的生产手段和管理技术，才能适应工作需要，使其优越性得以发挥。

（一）建立与加强集装箱货运站的组织管理

国际多式联运的优点之一，是改变传统运输的交接概念，不再仅仅把港口火车站作为交接地点，而是延伸到港口火车站以外的地点进行交接。货主不需要到港口办理交货或提货。集装箱货运站即是接受货物装箱、拼箱或拆箱分拨的地方，具有货物交接、储存、中转的职能，在多式联运业务中起着重要的作用。因此，多式联运经营人必须建立与加强集装箱货运站，以便办理货物的交接和保管工作。同时要加强集装箱货运站的组织管理，降低费用，提高运输效率，保证货物的迅速流转。

集装箱货运站应当建在靠近公路线、铁路线和工业区的中心地带。同时，这个地区还应当能和海关、保险、商检等机构连接在一起，以便办理货物的报关、查验、装箱、拆箱以及分拨交接工作。

集装箱货运站还应根据业务情况，配备必要的机械设备，包括搬运和装卸集装箱的吊机、车辆，以及办理集装箱拆箱的各种工具，以适应工作需要。

（二）建立国内外联运网点

国际集装箱联运是跨国运输，不可能仅由一国或一家单干，需要国内外有关单位的共同合作才能进行有效的联合运输。因此，经营国际多式联运必须根据业务开展的需要，建立国内外业务的合作网。

1. 建立国外业务合作网

建立国外业务合作网主要有以下三种方式：

(1) 订立协议，建立业务代理关系。

这种方式要注意选择资信可靠的、有业务能力的货运公司签订协议。建立双方的业务代理关系，接受或委托对方作为分承运人，承担分段运输工作，并根据委托编制和寄送有关运输单证，签发或回收联运提单，提供货主信息，以及代办货物交接等工作。

这种合作关系双方各负盈亏，但也可以根据协议，双方对合作的业务分享盈利，分摊亏损。

(2) 在国外货运公司内入股，或同国外货运公司搞联营或合营。

遇到有业务时，双方仍可采取委托与被委托的形式，承担业务工作。这种方式实际上是入股一方参与了对方的经营，参与的程度根据入股多少决定。

由于对方经营能力的好坏直接影响到入股方的利益，故采用这种方式时，必须选择好的合作对象。

(3) 在国外设立自己的分支机构或子公司，独立承办自己的运输业务。

以上三种方式，采用较多的是第一种方式，而第二、三种方式大多被一些规模较大的货运公司采用。

2. 建立国内业务合作网

国际多式联运线长面广，在建立国外网点的同时，国内各省市间的运输网点也需建立。要开通运输渠道，否则外部搞起来了，但内部会卡壳。因此，建立国内跨地区的横向合作体制极为重要。

国内合作方式可以根据情况因地制宜，采取联营或委托等方式，通过双方签订协议，商定工作联系方法，明确双方的职责分工、收费标准，以及利益分配等问题，以便加强协作配合。

中国外运办理海、陆、空各种运输业务已有 40 多年的历史，除台湾外，在全国各省市、自治区和主要港口、国境站、航空港均有外运机构。它们拥有船舶、车辆、仓库等储运手段，这是开展国际多式联运十分有利的基础条件。现在的问题是，今后应进一步加强口岸与内地外运系统的合作，形成一个强有力的运输网，同时，要统一步调，一致对外，这样才能增强我国外贸物流业的综合竞争力。

(三) 制定多式联运单一费率

经营多式联运需要制定一个单一的联运包干费率。

由于多式联运环节多，同时，费率又是揽取业务的关键，所以，制定费率是一个较为复杂的问题，需要考虑各种因素，使制定的费率具有竞争力。联运费率因货物的交接地点和业务项目的不同而各异，但费用的构成基本相同，主要有：

运输成本＋经营管理费＋利润＝联运费率

1. 运输成本

按不同的交货条件和运输路线，有不同的计算方式。可分为：

(1) 国内段费用。

主要是内陆运输费、集装箱货运站和港口集装箱堆场费用等；包括空、重箱的拖运费，装卸车费，铁路或内河运输费，装挂箱费，堆存保管费，港务费，以及报关手续费等。

（2）海上段运输费用或国际铁路、空运费用。

（3）国外段费用。

国外段费用与国内段费用项目大体相同，但要计入国外代理的交接手续费，有的还要计算过境费用（经第三国转运）。此外，各国的国内运输规定不尽相同。

以上费用项目是按国际惯例的一般做法说明的，实际业务中，根据揽货需要又往往有所变动，例如，租用集装箱运输货物时，还需计算有关集装箱的租赁费用。因此，在具体计算费用时，也要根据情况增减费用项目。

2. 经营管理费

主要包括电讯、电报、水电、职工薪金以及生产设备折旧等营业开支费用，可分别摊入有关业务项目中作为运输成本。

3. 利润

从外部因素看，利润受竞争和运量多寡的影响；从内部因素看，利润受自身经营方针、工作难易以及同行业收费标准等因素的制约。因此，在制定费率和对外报价时应注意以下几点：

（1）要坚持“合理收费、薄利多运”的方针。开展多式联运的目的是搞活运输，促进外贸事业发展。因此，制定费率时，就应从降低运输成本出发。特别是在目前我国内陆集装箱运费偏高的情况下，在计算费用、对外报价时，国际多式联运方式更需贯彻“合理收费、薄利多运”的方针。

此外，在制定单一的包干费率时，要注意避免同一项重复计费，也不要对每一业务环节都打入利润。有的业务环节应打入利润，有的则可按成本，不计算利润，以免层层加入利润，抬高运费。

（2）采取单一费率方式。对外报价时，按照运输成本计算经营管理费和利润后，制定一个单一的包干费率报价。必要时可以列明所包括的主要工作项目，但不宜分列细目，对外报价。

（3）灵活运用运价。国际贸易中价格竞争日趋激烈，在揽货以及同国外分承运人磋商运价时，应注意采用灵活原则。国际上一般有以下几种灵活的做法：

第一，根据数量多寡给予优惠或回扣。

第二，根据不同地区给予回扣。例如，原苏联对经西伯利亚大陆桥去往挪威、罗马尼亚、希腊、保加利亚等国给予回扣，相反，对去往某些特定地区则不给回扣。

第三，根据不同的商品给予回扣。仍以原苏联对经西伯利亚大陆桥的运输为例，为了争取货源，对日本经西伯利亚大陆桥运输的电器制品、化学纤维、拖拉机、轮胎等货物均给予特殊回扣。

第四，根据双方合作关系给予优惠或回扣。回扣多少由双方商定，而不固定。有时为了揽货，往往把一部分回扣让给货主。

目前，中国外运的多式联运费率也实行根据数量多寡给予一定幅度的优惠。今后，为了争取货源、开拓业务，建议采用弹性运价。

第二节 国际多式联运经营人的性质和责任范围

一、多式联运经营人的性质

《联合国国际货物多式联运公约》对多式联运经营人所下的定义为："多式联运经营人，是指其本人或通过代表订立多式联运合同的任何人。他是事主而不是发货人的代理或代表，或参加多式联运的承运人的代理或代表，并且负有履行合同的责任。"即多式联运经营人不是发货人的代理人和代表，也不是参加联运的承运人的代理人或代表，而是一个具有法人资格的经济实体（法人）。对货主来说，它是承运人，但对分承运人来说，它又是货物的托运人，它既要与货主签订联运合同，又要与分承运人签订运输合同，所以，它具有双重身份。按照多式联运方式组织运输的经营人，是货物运输的总承运人，对货物负有全程运输责任。受其委托的承运人为分承运人。

国际上承办多式联运业务的，一般都是规模较大的货运公司或货运代理，它们拥有一定的运输手段——车辆、仓库，并与货主和各类运输公司都有密切的业务关系。国际上称这种企业为"无船公共承运人"（non-vessel operating common carrier，NVOCC）。在国外，这类公司必须向主管机关申请营业执照后，才能开展业务。

二、多式联运经营人的责任范围

国际多式联运经营人的责任期间，是从接收货物时起到交付货物时止，在此期间对货主负全程运输责任。根据多式联运责任的范围和赔偿限额，目前国际上有三种类型和做法：

（一）统一责任制

统一责任制（uniform liability system）就是多式联运经营人对货主负不分区段的统一原则责任。即货物发生丢失、损坏，无论发生在哪个区段，联运经营人都要按一个统一原则负责，并一律按一个约定的限额进行赔偿。但如果多式联运经营人已经尽了很大的努力仍无法避免或确定证明是货主的故意行为、过失造成的损坏、丢失，联运经营人可以免责。

统一责任制对联运经营人来说，责任负担较重。

（二）分段责任制

分段责任制（network liability system），又称网状责任制，是指多式联运经营人的责任范围，以各区段运输的原有责任为限。海上区段按《海牙规则》办理，铁路区段按《国际铁路货物运输公约》办理，公路区段按《国际公路货物运输合同公约》办理，航空区段按《华沙公约》办理。在上述公约不适用时，按相应的国内法规办理。赔偿限额也分别按各区段的国际公约、国际法规进行赔偿，对不明区段货物的隐蔽损失，或作为海上区段，按《海牙规则》办理，或按双方约定的一个原则办理。

（三）修正统一责任制

修正统一责任制（modified uniform liability system）是介于上述两种责任制之间的责任制，故又称混合责任制。也就是说，在责任制范围方面与统一责任制相同，而在赔偿限额方面则与分段责任制相同。

第三节 《联合国国际货物多式联运公约》

《联合国国际货物多式联运公约》（简称《公约》）是当今世界上第一个多式联运公约。1980年5月，在日内瓦召开的联合国国际货物多式联运公约第二次会议上，经参加会议的84个贸易与发展会议成员国一致通过。

《公约》包括总则、单据、多式联运经营人的赔偿责任、发货人的赔偿责任、索赔和诉讼、补充规定、海关事项和最后条款8个部分，共计40个条款，并有一个“有关国际货物多式联运的海关事项条款”的附件。

《公约》的主要内容如下：

1. 适用范围

《公约》各项规定，适用于两国境内各地之间的所有多式联运合同，只要合同中规定的联运经营人接管或交付货物的地点是在一个缔约国境内。

2. 多式联运的管理

各缔约国有权管理联运经营人和联运业务，包括采取措施的权利。如对多式联运经营人、托运人、托运人组织及各国主管当局之间的运输条件进行协商，特别是在引用新技术，开始新的运输业务之前进行协商，颁发多式联运经营人许可证；参加运输；为了本国的经济和商业利益所采取的一切其他措施。

3. 多式联运单据

可依发货人的要求，由接收货物的联运经营人签发可转让的或不可转让的多式联运单据。《公约》在第八条中逐项列举了单据的内容，但如果缺少其中一项或数项，并不影响其法律性质，只要单据能够证明多式联运合同和证明多式联运经营人接管货物，并负责按合同条款交付货物即可。

4. 联运经营人的赔偿责任

《公约》规定联运经营人的赔偿责任以过失责任制为基础。这种赔偿责任制度基本上保持了联运经营人的统一责任制，保证《公约》对各种运输方式联运统一适用。

5. 诉讼时效

根据《公约》有关国际多式联运诉讼的条款，如果在两年内没有提出诉讼或交付仲裁，即失去时效。时效期间自多式联运经营人交付货物或部分货物之日的次日算起。如果货物未交付，则自货物应当交付的最后一日的次日起算，原告可选择在所在国法律规定有权管辖的法院提起有关国际多式联运的诉讼。

第四节 国际多式联运的货运方法及货运交接

一、国际多式联运的货运方法

国际多式联运主要采用集装箱运输和成组运输，但也不限于此，国际多式联运也适用于非成组的件杂货及工程项目、二手设备的运输等等。当然，由于件杂货在运输环节的每个交接点都有货物装卸活动，所以一个单独的经营人很难负责处理全部业务并签发全球运输单证。因此，货物成组运输在国际多式联运中效果最好。而在多种成组运输方式中，集装箱运输方式最适合国际多式联运，因为它在全程运输过程中，无须对货物进行倒载、整理，便于从一种运输工具转移到另一种运输工具，从而能防止货损和偷窃。

二、国际多式联运的运输条件

国际多式联运实现了把海运、铁路、航空、汽车、江河运输连贯起来，提供了“门到门”运输的可能。但是，多式联运并不仅限于“门到门”，也可以是“门到港”“港到门”。

这里讲的“门”和“港”都是一个广义的概念。“门”可以是指发货人的工厂、仓库，也可以是指内地集装箱货运站；“港”可以是指海港，也可以是指河港、空港。

三、货物的交接地点与方式

国际多式联运的交接地点与交接方式，完全按照贸易合同或货主的要求而定，可以说五花八门、多种多样。但若以集装箱方式运输，它的货物交接地点在国际上是有一般规则的。下面以陆/海/陆的“门到门”运输为例进行说明。

（一）整箱/整箱（FCL/FCL）

发货人的“门”——装港 CY——卸港 CY——收货人的“门”，交接货物的地点均在发、收货人各自的仓库、工厂，装卸箱由发、收货人自理，即“门到门”（door to door）。

（二）整箱/拼箱（FCL/LCL）

发货人的“门”——装港 CY——卸港 CY——联运人 CFS→收货人（A/B）。接货地点在发货人的仓库、工厂。交货地点在联运人的 CFS。联运过程结束，即门到集装箱货运站（door to CFS），一般拆箱后，以散件方式由收货人自提，拆箱后将货物分别交出的工作称为拆箱分拨业务（distribution service）。

（三）拼箱/整箱（LCL/FCL）

发货人——联运人 CFS——装港 CY——卸港 CY——收货人的“门”。接货地点在联运人的 CFS，交货地点在收货人的仓库、工厂。

货物向 CFS 集中，一般由发货人自行安排，货交到 CFS 后，由联运人接货并装箱，联运过程开始，即集装箱货运站到门（CFS to door）。

这种在 CFS 拼箱的业务，称为拼箱集运业务（consolidation service）。

（四）拼箱/拼箱（LCL/LCL）

发货人 A/B——联运经营人 CFS——装港 CY——卸港 CY——联运人 CFS——收货人 A/B。交接货物均在联运人的 CFS，即站到站（CFS to CFS）。这种方式既包括拼箱集运业务，又包括拆箱分拨业务。

综上所述，按 2000 年《国际贸易术语解释通则》（INCOTERMS 2000）中的 FCA（free carrier）条款解释，整箱货物通常是指在发、收货人的工厂、仓库交接货物，即发货人把货物装上铁路车皮或公路卡车，其责任即告终止。多式联运经营人则负责把货运到收货人工厂或仓库的车上交货，不负责集装箱的装卸。

拼箱货物是在多式联运经营人的 CFS 交接货物。交接货物的条件一般为仓库交货，即多式联运经营人不负责卸、装车。国际上，集装箱运输货物的交接方式关系到联运的起止地点，以及责任的划分和费用构成。

上述方式是国际习惯做法。但是，在实际业务中，却往往有例外，如果虽然是整箱运输业务，而发货人不具有处理集装箱的设备和能力，则把装拆箱业务委托联运经营人在 CFS 办理；又如，一般搬迁物品的拼箱货物，货主多要求送货上门，直至室内，等等。多式联运经营人应努力按照货主的要求提供各种服务，而不能要求货主必须服从联运经营人的一定之规。只是在货主的要求有别于国际做法时，应按双方约定的条件，严格划分责任和负担，明确各有关方应承担的费用和责任。

第五节　国际多式联运单证

由于国际多式联运与单一运输方式不同，办理货物运输的单证和手续也有所不同。除按一般集装箱货物运输的做法办理外，在制单和单证流转等方面，应从信用证开始，注意是否与多式联运条件相符，及时、正确地缮制和递送单据，避免因某一环节脱节而失掉全盘。

一、关于信用证条款

多式联运项下的信用证条款，与其他运输方式项下的信用证条款相比，有以下三点变动：

（1）通过银行议付，不再使用船公司签发的清洁已装船提单，而是凭多式联运经营人或经他授权的人签发的联运提单（combined transport B/L）。

（2）由于多式联运一般都采用集装箱运输，除特殊情况外，信用证上应有装集装箱的条款。

（3）由银行转单改为联运经营人直寄收货人，目的是使收货人及其代理人及早取得装箱单证和报关时必备的商务单证，从而加快在目的港的提箱速度和交货速度。

信用证字句大体为："装箱单据（发票、装箱单、产地证、出口国海关发票等）应交由多式联运经营人，送给收货人或其代理。"在发货人递交上述单证后，有时出于结汇需要，联运经营人可以出具收到上述单证并已寄出的证明。

二、缮制海运提单及联运提单

由于国际多式联合运输多为门到门的运输，故货物在港口装船后，均应同时签发海运提单与联运提单。这是多式联运与单一海运的根本区别。

两种提单的缮制分述如下：

1. 海运提单的缮制

发货人为多式联运经营人，收货人及通知方一般为多式联运经营人的国外代理，海运提单由船公司代理签发。

2. 联运提单的缮制

联运提单上的收货人和发货人是实际的收、发货人。通知方则是目的港或最终交货地点收货人指定的代理人。提单上除列明装货港、卸货港外，还要列明收货地（place of receipt）、交货地（place of delivery）或最终目的地（final destination）、第一程运输工具（pre-carriage by），以及海运船名及航次等。联运提单需按信用证规定缮制，由多式联运经营人签发。

三、其他单据

其他单据一般是指信用证规定的船务单据和商务单据。

这些单据的份数也按信用证中的规定并由发货人提供。除将上述海运提单正本和多式联运提单正本分别递交多式联运经营人的国外代理和买方（收货人）外，还应将联运提单副本和海运提单副本，连同装箱单、发票、产地证明等单据，分别递交联运经营人的国外代理及买方。这些单证要在船抵达卸货港之前寄到代理和买方手中，以便国外代理办理货物转运，并将信息通知最终目的地的收货人。同时，也有利于收货人与其代理取得联系。

第六节　我国国际多式联运路线

现在，中国外运开办的国际多式联运路线主要有以下几条：

（1）中国—日本。

（2）中国—美国、加拿大。

（3）中国—西欧。

（4）中国—澳大利亚。

（5）中国—肯尼亚的蒙巴萨港—乌干达及卢旺达。

（6）中国—坦桑尼亚的达累斯萨拉姆港—赞比亚及布隆迪。

（7）中国—南非德班港—津巴布韦。

（8）中国—喀麦隆杜阿拉港—中非共和国。

（9）中国—贝宁科托努港—尼日尔。

（10）中国—多哥洛美—布基纳法索。

（11）中国—象牙海岸阿比让港—布基纳法索。

（12）中国—塞内加尔达喀尔港—马里。

（13）中国—摩洛哥。

（14）中国—西伯利亚—中东、欧洲。

（15）中国—朝鲜清津港—日本。

（16）中国—约旦亚喀巴—伊拉克。

（17）中国—印度加尔各答—尼泊尔。

国内方面，下列城市设有外运系统的集装箱货运站，可以办理集装箱多式联运。

（1）北京（东郊、三间房、小亮马桥）。
（2）上海（张华浜、江湾）。
（3）天津（新河、于家堡）。
（4）广东（黄埔、湛江、广州）。
（5）山东（青岛、烟台）。
（6）辽宁（大连南关岭、沈阳）。
（7）福建（福州、厦门）。
（8）湖北（武汉），湖南（醴陵），河南（郑州海棠寺）。
（9）河北（石家庄、唐山、秦皇岛）。
（10）浙江（杭州南星桥）。
（11）江苏（南京、张家港、南通）。
（12）四川（成都），重庆。
（13）吉林（长春孟家屯）。
（14）黑龙江（哈尔滨香坊）。
（15）内蒙古（满洲里、二连浩特、呼和浩特、集宁）。
（16）山西（太原）。
（17）陕西（西安）。

上述地点均可办理集装箱的装箱、拆箱和分拨业务，并可根据需要转运至其他地点。此外，还有一些地区，如甘肃、新疆、云南、贵州等某些地方，可以通过铁路或公路办理多式联运散件货物的接送工作。随着我国交通运输以及多式联运业务的发展，可以办理集装箱联运的地区将会迅速增多。

小 结

1. 国际多式联合运输，是按照国际多式联运合同，以至少两种不同的运输方式，由多式联运经营人，将货物从一国国境内接管货物的地点，运送至另一国国境内指定交货的地点。

2. 多式联运经营人，不是发货人的代理人或代表，也不是参加联运的承运人的代理人或代表，而是一个具有法人资格的经济实体。对货主来说，它是承运人，但对分承运人来说，它又是货物的托运人，它既要与货主签订联运合同，又要与分承运人签订运输合同，所以，它具有双重身份：既是货物运输的总承运人，面对真正的货主；又是托运人，面对分承运人。

3.《联合国国际货物多式联运公约》的主要内容包括：（1）适用范围；（2）多式联运的管理；（3）多式联运单据；（4）联运经营人的赔偿责任；（5）诉讼时效。

4. 国际多式联运与单一运输方式不同，办理货物运输的单证和手续也不同。除按一般集装箱货物运输的做法办理外，在制单和单证流转等方面，应从信用证开始。国际多式联运项下的信用证条款特点：通过银行议付，凭多式联运经营人或经他授权的人签发的联运提单；信用证上应有装集装箱的条款；由银行转单改为联运经营人直寄收货人。

5. 海运提单缮制：发货人为多式联运经营人，收货人及通知方一般为多式联运经营人的国外代理，海运提单由船公司代理签发。联运提单缮制：联运提单上的收货人和发货人是实际的收、发货人。通知方则是目的港或最终交货地点收货人指定的代理人。提单上除列明装货港、卸货港外，还要列明收货地、交货地或最终目的地、第一程运输工具以及海运船名及航次等。联运提单由多式联运经营人签发。

关键术语

《联合国国际货物多式联运公约》
国际多式联运
多式联运经营人
无船公共承运人（NVOCC）
统一责任制
分段责任制
修正统一责任制
整箱/整箱（FCL/FCL）
整箱/拼箱（FCL/LCL）
拼箱/整箱（LCL/FCL）
拼箱/拼箱（LCL/LCL）

思考题

1. 国际多式联运与一般联运的区别是什么？
2. 国际多式联运经营人的性质和责任范围是什么？
3. 《联合国国际货物多式联运公约》的主要内容是什么？
4. 国际多式联运的货运方法及交接地点有哪几种？为什么必须加以重视？
5. 国际多式联运有哪些优越性？
6. 简述中国外运开办国际多式联运的现状。
7. 适用于国际多式联运的国际贸易术语有哪些？

第十二章 国际货运保险概述

学习目标

- 了解保险的定义及起源
- 了解保险利益原则的含义、作用和主体，掌握保险利益原则在国际货物运输保险中的应用
- 了解最大诚信原则的含义，掌握最大诚信原则的主要内容
- 了解近因原则的含义，掌握近因原则的应用

第一节 运输保险的起源与发展

人类在长期同自然进行斗争的过程中，为了弥补自然灾害和意外事故所造成的损失，使生产和生活得以维持和有所保障，从上古时代起，在中外历史上都曾出现过各种形式的救灾后备。

根据史料记载，原始的保险思想和形式最初出现在西方。例如，公元前 4500 年，在从事金字塔修建的古埃及石匠中曾建立了一种互助组织，用参与者平时缴付的互助会费支付会员死后的丧葬费用。在古罗马时代的士兵中，存在过一种组织，用收取的会费作为士兵战死后付给其家属的抚恤费用。以上两种形式的救助，就是人寿保险最古老的形态。再如，公元前 2500 年，位于底格里斯河与幼发拉底河流域的巴比伦王国国王，曾命令僧侣、法老或村长等对其管辖境内的居民征收税金，用以救济火灾及其他天灾的受害者。这一做法与后来的财产保险原理很相似。以后，随着对外贸易的发展，大约在公元前 1792 年，巴比伦第六代国王汉穆拉比在位期间，巴比伦人的对外贸易运输队中曾采用过“马匹死亡救济法”。即如果运输队中某个人的马匹死亡，由运输队全体给予补偿。公元前 1000 年，

以色列国王所罗门曾对从事海外贸易的本国商人征收税金，作为对在海难中受难人员损失的补偿资金。“马匹死亡救济法”和“所罗门国王征收税金”的做法，构成了运输保险的原始形式。

在我国，古代的救灾后备一般采取实物的形式。根据《周礼》记载，从公元前11世纪的周朝开始，就已建有后备仓储的制度。书中所称“县都之委积，以待凶荒”，即指集粮储谷，以备荒年救灾之用。西汉宣帝时创建的“常平仓”，也是为了备荒赈恤。隋文帝五年（公元585年）所推行的由官府督导、民间自办的“义仓”，是根据贫富的不同，规定每户每秋交纳一石或一石以下的粟、麦，以备凶年赈恤救济之用。

我国古代除了储备粮谷建立实物后备，进行互助共济之外，还出现了运输保险的萌芽。在公元前3000年，我国长江流域的一些粮食商人，在运输中常采用“分舟运米”的办法，各自把所要运的粮米分装在同一航程的几艘运输船只上，以避免单船运输风险过于集中。这一做法体现了现代保险的“分散风险原理”。

无论是西方采取的资金后备形式，还是我国采取的物资后备形式，古今中外历史上所实行过的各种救灾后备都体现了互助共济的原始保险思想，蕴含了保险雏形。

一、海上保险起源

海上保险究竟起源于何时、何地，在保险学界有多种不同的看法，基本上可以归纳为两种不同的观点：一种认为起源于公元前2000年出现于地中海的共同海损分摊原则；另一种观点认为起源于公元前800年至公元前700年流行在古希腊雅典的“船舶抵押借款制度”。第一种观点强调的是损失的分摊，后一种观点强调的是损失的补偿。同现代的保险相比较，后者与现代的保险更为接近，因此，人们一般都把共同海损分摊原则视为“海上保险的萌芽”，而把船舶抵押借款称作“海上保险的初级形式”。

早在公元前2000年，地处欧亚要冲的地中海东岸的爱琴海沿岸城市，以及濒临小亚细亚半岛南岸的罗德岛已有广泛的海上贸易活动。但由于当时水平低下，航海工具简陋，抵御风浪的能力薄弱，船舶出海的风险很大。船舶一旦遭遇巨大风浪，为使船舶免遭倾覆，最有效的办法就是抛弃船上货物，以减轻船舶的载重量。为了使被抛弃的货物能从其他得益方获得补偿，在当时地中海航海商人中有一个共同遵守的原则，即“一人为大家，大家为一人”。这个原则后来被吸收到公元前916年在罗得岛上制定的《罗地安海商法》之中。该法明文规定：“凡因减轻船舶载重投弃放海的货物，如为全体利益而损失的，须由全体来分摊。”这就是使用至今的“共同海损”原则。时至今日，这个分摊原则仍为各国海商法所采用。

由于这个“全体分摊原则”最早体现了海上保险的分摊损失、互助共济的需求，因而被视为海上保险的萌芽。

公元前800年至公元前700年期间，船舶抵押借款已随着地中海海上运输的发展而在地中海的一些城市，特别是在古希腊的雅典流行开来。船舶抵押借款方式起源于船舶航行在外急需用款时，船长以船舶和船上的货物向当地商人抵押借款。借款的办法是：如果船舶安全到达目的地，本利均须偿还；如果船舶在中途沉没，债权即告消失。由于当时航海的风险很大，而且债主承担了船舶航行安全的风险，借款的利率大大高于普通借款。一般借款利率为6%，而船舶抵押借款的利率则高出一倍，达到12%。

从以上船舶抵押借款的办法中可以看出：如果船舶中途沉没，"债权即告消失"，意味着借款人所借支的款项无须偿还，此项借款实质上等于海上保险中预先支付的损失赔偿；船舶抵押借款利率高于一般借款的利率，其高出的部分实际上等于海上保险中的保险费用；在此借款中的借款人、贷款人以及用作抵押的船舶，实质上与海上保险中的被保险人、保险人以及保险标的物相同。由此可见，把船舶抵押借款称作海上保险的初级形式是不无道理的。

船舶在航行中亟须用款，船长除了可以用船舶作为抵押借款之外，也可以把船上所载货物包括在抵押品之内，或者单独以货物作为抵押，以货物抵押借款的办法与船舶抵押借款相同。

二、海上保险的发展

（一）资本主义生产方式促进了保险法的诞生

资本主义的产生和发展以及新大陆的发现，刺激了西欧各国对海上航线的探寻。15—16世纪新航线的开辟，使欧洲商人的贸易范围空前扩大，相应地，海上保险得以迅速发展，同时保险上的纠纷也相应增加。为了适应保险业务发展的需要，巴塞罗那、威尼斯、佛罗伦萨等地政府相继制定并颁布了海上保险法令、条例以及标准保单格式等立法。

美洲新大陆发现以后，贸易中心逐渐从地中海一带转移至大西洋沿岸。海上保险制度也自意大利经葡萄牙、西班牙各大城市传入荷兰、英国、法国以及北欧的一些城市。当时这些国家已处在世界市场的形成阶段。1556年西班牙国王颁布法令确定了保险经纪人制度；安特卫普于1563年也通过了法令规定海上保险及保单格式。这一法令及安特卫普交易所的习惯用法被欧洲各地的保险人广为采纳。

（二）英国海运保险市场

16世纪以前，英国的对外贸易和保险业均为外国商人所控制。1554年英国商人从国王那里获得特许，组织贸易公司垄断经营海外业务，从此对外贸易及海上保险开始由英国商人自己经营，海上保险的一些法令和制度也相继制定与建立。

17世纪的资产阶级革命为英国资本主义的发展扫清了道路，大规模的殖民掠夺使英国日后发展成为占有世界贸易和航运业垄断优势的殖民帝国，这为英国商人开拓世界性的海上保险业务提供了有利条件。为了加强巩固保险业在世界保险业中的竞争力，英国政府于1720年批准"皇家交易"及"伦敦"两家保险公司享有经营海上保险的独占权，其他公司或合伙组织均不得经营海上保险业务。

1871年在英国成立的劳合社，是由1688年爱德华·劳埃德所开设的咖啡馆演变发展而来的。劳合社不仅在英国保险业发展的历史上占有重要地位，也是目前世界上最大的保险垄断组织之一。劳合社本身不是保险公司，不直接承保业务，而是一个类似交易所的保险市场。20世纪90年代时，劳合社已经拥有会员（承保人）28 700个。承保的范围包括水险、非水险、航空保险、汽车保险等等，其中最具影响力的是海上保险业务。据统计，目前，全球远洋船舶的保险业务中，有80%直接或间接地同劳合社有关。另外，可以在劳合社保险市场投保的非水险的范围也非常广泛，除了不包括水险、寿险之外，凡是投保人享有可保利益的保险标的，几乎都可以在该市场获得承保。

1884 年英国伦敦经营海上保险业务的承保人成立了“伦敦保险人协会”的公会组织。这个组织在水险条款的标准化方面开展了大量工作。它所制定的保险条款（简称“协会条款”）在国际保险市场获得广泛应用。1906 年英国制定了《海上保险法》，该保险法是参照各国商业习惯和判例而制定的。长期以来，它对资本主义各国的保险立法有着深远的影响，直到现在仍然是世界上最具权威的一部海上保险立法。

三、中国保险业现状

我国保险事业的发展历史，可以分为性质截然不同的两个时期，即中华人民共和国成立之前的保险业和中华人民共和国成立后的保险业。

(一) 1949 年以前的保险业

在 19 世纪上半叶以前，我国根本没有现代形式的保险事业。现代保险业是随着英帝国主义者的入侵而进入中国的。1805 年英国商人在广州开设的“广州保险会社”是中国历史上第一家保险机构。1835 年，英国商人又在香港开设了“保安保险公司”。1856 年，第二次鸦片战争之后，除了英国之外，其他资本主义国家纷至沓来，中国沦为半殖民地半封建社会，成为帝国主义列强倾销商品、掠夺工业原料，以及输出资本的场所。此时，以英国商号为主的外国保险公司不但在数量上有所增加，而且在保险业务范围以及在保险费收入方面也迅速扩增。

为了反抗外国保险商对中国经济的掠夺，在当时新兴的民族资产阶级的强烈要求下，清政府下属的轮船招商局于 1885 年拨银 20 万两在上海创办了“仁和”“济和”两家保险公司，后来合并为“仁济和”保险公司，承保招商局所有的舰船、货栈以及货物运输保险业务。从此，中国有了自己的第一家民族资本保险公司。

第一次世界大战期间，因帝国主义国家之间忙于战争，暂时无暇顾及对中国的侵略，中国的民族工商业和金融保险业获得了一个发展机遇。到 20 世纪 30 年代，中国民族资本的保险公司发展到了 30 多家。我国民族资本的保险公司，虽然大多数是由私营公司投资创办，依靠银行的力量开展业务，但是，同外商保险公司相比，它们的力量仍极其薄弱，根本无法同帝国主义资本相抗衡，加之国民党政府对它们不予保护、不予支持，所以，那时中国保险市场由帝国主义列强主宰。民族保险公司在业务经营上完全听由帝国主义列强公司的摆布，它们所承保的业务大部分都分保给外商保险公司，仅有少量自留业务，同时分保的保险费率和保险条款均由外商制定。

抗战胜利后，上海成为中国保险业的中心。仅仅几年，太平洋战争爆发后被迫退出中国市场的外资保险公司又卷土重来。直到中华人民共和国成立前夕，在上海的 232 家保险公司中，外资公司达到 64 家。据粗略估计，这些外资保险公司仅在 1946—1949 年，便从中国攫取保险费 1 000 万美元以上。

(二) 中华人民共和国保险业的创立与发展

1949 年中华人民共和国成立后，我国政府对遗留下来的保险业进行了整顿和改造。

根据 1949 年 8 月第一次中央财经工作会议的决定，于同年 10 月 20 日成立了中国人民保险公司，从而统一了国内的保险市场。中国人民保险公司自成立伊始，就确定了它的基本任务，即“保障生产，促进物资交流，保护国家财产，提高劳动人民福利”。20 世纪 50 年代初，保险业处于大发展阶段，全国有职工 5 万人，分支机构 4 600 多个。在国民经济恢复时期，大力发展国内外业务，除实行国营企业财产强制保险外，还开办了运输保险、私营企业及公民财产保险、牲畜保险、棉花收获保险等，业务总收入超过 16 亿元。1949 年至 1959 年，十年间，支出赔款 2 300 多万元，上交国库 5 亿多元，积累保险公基金 4 亿多元，为我国国民经济恢复时期和第一个五年计划的建设做出了一定的贡献。

后来，由于学习苏联的保险，根据苏联的国营企业不参加保险的做法，错误地认为我国国营企业的保险是“公对公”“倒口袋”，在“大跃进”、人民公社的历史背景下，又更加错误地认为保险的作用已经消失。以上认识使得 1959 年全面停办了国内业务，只在国内各沿海大城市和主要港口设立了 56 个保险机构，职工削减到 400～500 人。

党的十一届三中全会后，为适应社会主义市场经济体制改革目标的需要，经国务院批准，1980 年 1 月 1 日正式恢复办理国内保险业务，同时大力开展涉外保险业务。从此，我国保险事业跨入了一个新的历史时期。

1990 年，按照我国 29 个行政单位计算（不包括台湾），已经建立了保险机构 3 060 个，保险从业人员 8 万余人。除境内保险机构外，中国人民保险公司还在香港、英国、新加坡等地设立了 40 多家境外机构；在美国、英国、日本、德国筹建了中国人民保险公司的代表处。1990 年，中国人民保险公司全产业的保险费收入已达 177.8 亿元，特别需要指出的是，1988 年后，我国批准成立了中国太平洋保险公司、中国平安保险集团。至此，多年以来我国保险业务一家垄断经营的局面被打破，多家竞争经营的局面已经形成。它标志着我国的保险事业伴随着经济体制的改革进程，向社会主义市场经济体制迈出了重要的一步。

目前，中国人民保险公司在国内业务方面已经开办了 120 多个险种，支付赔偿 100 多亿美元，这对帮助受灾企业和人民群众迅速恢复生产、重建家园、促进生产和商品经济的发展、稳定社会和安定人民生活发挥了积极作用。

涉外业务也随着经济形势的发展和对外开办业务的需要，增加了许多新的险种，有力地促进了对外经济贸易的发展，并为国家积累了一定数量的外汇资金。

在我国，保险业还属于新兴事业，随着经济体制改革的不断深入和社会生产力的进一步发展，人们对保险的需求会越来越多，保险将逐步渗透到社会的各个领域、部门和家庭，保险业在我国将会更加蓬勃地发展壮大。

第二节　保险基本原则

一、保险利益原则

保险利益（insurable interest，insured interest），又称可保利益或可保权益，是指投保人对保险标的具有法律上承认的利益。保险利益是一种利益关系，就财产保险而言，保险利益体现为投保人或被保险人的经济利益因保险标的的完好而存在，因保险标的的损毁而受损。例如，甲某拥有一辆汽车，如果发生车祸，汽车损坏，需要对汽车进行修理、支付费用，甲某必然会在经济上遭受损失，因而甲某对该车拥有保险利益。反之，如果甲某已经把汽车卖给了他人，此后又发生事故，导致汽车损坏，这并不会对甲某造成任何经济损失，因此甲某对该汽车不具有保险利益。就人身保险而言，保险利益体现为投保人的利益因被保险人的健在而得到保障，因被保险人的伤亡而受损。例如，乙某的收入是家庭的主要经济来源，于其妻而言，如果乙某身体健康，家庭的收入就能够得到保障；如果乙某不幸遭遇意外事故伤残或死亡，则必然会使家庭收入减少，支出增加，经济利益受损，因而乙某之妻对乙某具有保险利益。

保险利益和保险标的具有密切关系，但两者的性质并不相同。保险标的（subject matter insured）是指保险合同中载明的投保对象。例如，财产保险中的建筑物、原材料等有价物及相关利益，以及人的寿命和身体等等。而保险利益体现为投保人和保险标的之间的利益关系。保险标的因保险事故而致损毁或伤亡时，保险人赔偿或给付的是被保险人因此而遭受的经济损失，即被保险人对该保险标的所具有的保险利益而非保险标的本身，即保险合同真正保障的是保险利益。

（一）保险利益原则的作用

保险利益原则，是指在订立和履行保险合同的过程中，投保人或被保险人对保险标的应当具有保险利益。如果投保人或被保险人对保险标的不具有保险利益，保险合同无效。

现代保险制度起源于海上保险。在海上保险产生初期，航海还是一种冒险行为，曾出现过一些人将与自己毫无利益关系的船舶、货物作为保险标的投保，一旦船舶、货物因海事而受损，这些人就可以得到保险赔款。由于这种保险赔款并不是用于补偿被保险人的损失，而是投机者以少量的保险费支出获得大大超过保险费的不当收益，从而使保险成为一种赌博手段，与其补偿损失的职能相悖。为了制止这一现象，英国及其他各国的法律均规定，禁止订立不具有保险利益的保险合同，在保险业务活动中也逐渐形成了保险利益原则。规定保险业务必须遵循保险利益原则，其作用主要体现为以下几点：

1. 防止赌博行为

从保险利益原则的起源可知，遵循这一原则能有效地防止赌博行为的产生。保险利益原则规定，投保人或被保险人对保险标的必须具有保险利益才可订立有效的保险合同，换言之，若投保人或被保险人对保险标的不具有保险利益，则订立的保险合同无效，不能获得保险人的保险赔偿或给付。

2. 限制保险保障的最高额度

保险作为一种经济补偿制度，其宗旨是：补偿被保险人因保险事故发生而遭受的经济损失，但不允许被保险人通过保险而额外获利。保险利益是投保人或被保险人与保险标的之间的经济利益关系，具有经济价值。以其作为保险保障的最高限度，一方面能够使被保险人得到充分的补偿；另一方面又使其不会因保险而不当得利。由此可见，保险利益既为被保险人得到保险保障提供了客观依据，也为保险人提供保险补偿提供了客观依据，维护了保险的经济补偿职能。

3. 防止道德风险的发生

道德风险（moral hazard）又称道德危险，是指保险合同的当事人或关系人品行不端，为获得保险赔偿或保险金给付，故意促成保险事件发生的风险。

（二）保险利益的主体

保险利益的主体，是指对保险标的具有保险利益的人。对此，我国《保险法》第12条规定：人身保险的投保人在保险合同订立时，对被保险人应当具有保险利益。财产保险的被保险人在保险事故发生时，对保险标的应当具有保险利益。

由于财产保险合同的投保人与被保险人在绝大多数情况下是同一人，要求投保人具有保险利益，其实相当于要求被保险人具有保险利益，但如果投保人与被保险人分离，应理解为被保险人应对保险标的具有保险利益，因为财产保险合同保障的是被保险人因保险事故发生而遭受的经济损失，即被保险人才是享受保险合同利益的人。若被保险人对保险标的不具有保险利益，即并未因保险标的的损毁而遭受经济损失，显然保险合同无效，被保险人不能获得保险赔款。国外的保险立法一般都规定被保险人必须具有保险利益，如英国1906年《海上保险法》第6条第1款规定：在保险标的发生损失时，被保险人对保险标的必须具有保险利益，尽管在订立保险契约时他没有取得保险利益的必要。

（三）保险利益原则在国际货运保险中的应用

在国际贸易中，各国法律对货物所有权何时由卖方转移给买方的规定不尽相同，因而，在国际货运保险实践中，货物所有权并非保险利益的来源，承担货物灭失或损坏风险的一方才具有保险利益。因为不同的贸易术语对风险何时由卖方转移给买方有不同的规定，而风险转移的时间又决定了对货物保险利益转移的时间，因此货物自起运地卖方仓库运至目的地买方仓库的运输过程中，何方具有保险利益，享有在事故发生时向保险人索赔的权利，取决于买卖双方在贸易合同中所采用的贸易术语。下面分析国际商会制定的2000年《国际贸易术语解释通则》所解释的13种贸易术语的保险利益转移时间。

1. EXW

在这一术语下订立的贸易合同，卖方在其所在地或其他指定的地点（如工场、工厂或仓库等）将货物交给买方处置时，即完成交货。货物灭失或损坏的风险自交货时起由卖方转移给买方承担。因此，对货物的保险利益也于此时转移给买方。

2. FCA、CPT与CIP

采用FCA、CPT和CIP贸易术语订立的贸易合同，卖方将经过出口清关手续的货物在指定的地点交给买方指定的承运人（FCA术语）或自己指定的承运人（CPT及CIP术语），即完成交货。货物的风险自交货时起转移给买方承担，对货物的保险利益也于此时转移给买方。

在FCA和CPT术语项下，卖方没有办理国际货物保险的义务。如果买方事先已投保货运保险，若货物损失发生在承运人接管货物之前，由于买方不具有保险利益，则无权向保险人索赔；若货物损失发生在承运人接管货物之后，买方作为被保险人即可向保险人索赔货款。

在CIP术语项下，卖方负有订立保险合同，并支付保险费的义务。在卖方已经办理货运保险的情况下，若货物在运输途中发生损失，当损失发生在承运人接管货物之前时，卖方承担风险，具有对该货物的保险利益，可向保险人索赔货损；当损失发生在承运人接管货物之后时，买方承担风险，享有对该货物的保险利益。由于货运保单可通过卖方背书转让给买方，买方即可凭已转让的保险单向保险人索赔。

3. FAS

在此术语项下，卖方将已办理清关手续的货物运至指定的装运港的船边，即完成交货。货物损坏或灭失的风险于此时转移至买方，买方从受领货物那一刻起已具有保险利益，可通过办理国际货运保险转嫁风险。

4. FOB、CFR 与 CIF

采用 FOB、CFR、CIF 术语订立的贸易合同，当货物在指定的装运港越过船舷时，卖方即完成交货。从该点起买方必须承担货物灭失或损坏的一切风险，具有对货物的保险利益。这三个术语只适用于海洋和内河运输方式。

在 FOB 和 CFR 术语项下，卖方没有投保国际货运险的义务，买方应自己办理保险，以转嫁货运途中的风险。若货物的损失发生在装运港装船之前，由卖方承担风险；若卖方希望得到保险保障，它需要自行办理从起运港仓库至装船前这一段运输过程的保险。若货物损失发生在装船之后，且买方已投保国际货运险，则可向保险公司索赔货损。

在 CIF 术语下，规定卖方必须自付费用取得货物保险。卖方办理保险后，按照各国海洋运输保险的习惯做法，保险人承担责任的期限包括货物运离起运地发货人仓库至运达目的地收货人仓库的整个运输过程。因此，当货物在装运港越过船舷之前的运输途中发生损失时，卖方承担风险，有权向保险人索赔货损。若货物在装船之后发生损失，买方具有保险利益，可凭卖方提供的保险单向保险人索赔货损。

5. DAF、DES、DEQ、DDU 与 DDQ

根据 2000 年《国际贸易术语解释通则》的解释，DAF、DES、DEQ、DDU、DDQ 五种术语均属到达术语。DAF 为边境交货；DES 为目的港船上交货；DEQ 为目的港码头交货；DDU 为未完税交货；DDQ 为已完税交货。按上述术语达成的贸易合同，卖方交货时货物已完成国际运输，到达买方所在国，货物损坏和灭失的风险于交货时转移给买方，在此之前的风险由卖方承担，因此卖方应自负费用投保国际货运险。如损失发生在卖方交货之前，卖方享有保险利益，可向保险人索赔货损；如损失发生在卖方交货之后，买方享有保险利益，必须另行办理保险才能获得保险保障。

二、最大诚信原则

（一）最大诚信原则的含义

世界各国的立法均要求民事合同的各方当事人，在行使权利和履行义务时，遵循诚实信用原则，保险合同自然也不例外。我国《民法通则》第 4 条规定，民事活动应当遵循自愿、公平、等价有偿、诚实信用的原则。我国《保险法》第 4 条也规定，从事保险活动必须遵守法律、行政法规，尊重社会公德，不得损害社会公共利益。诚信就是诚实和守信用。诚实是指任何一方当事人对另一方当事人不得隐瞒、欺骗；守信用是指任何一方当事人都必须善意地、公平地、全面地按约定履行自己的义务。

所谓最大诚信原则，就是指保险合同双方当事人在订立和履行合同时，必须以最大的诚意履行约定义务，恪守承诺，互不欺骗，互不隐瞒。英国 1906 年《海上保险法》第 17 条规定：海上保险契约以最大诚信为基础。倘若任何一方不遵守最大诚信原则，另一方必须声明此项契约无效。

最大诚信原则最初起源于海上保险，现在已成为所有保险合同中各方需遵循的基本原则。为实现国际货物买卖，海上运输需要跨越国界，在不同国家之间进行，必然出现作为保险标的的船舶、货物与保险人所在之处相距甚远的情形。由于保险人对承保标的的实际情况往往一无所知，对承保的风险难以控制，只能根据投保人的申报内容判断风险程度，从而决定承保与否及保险费率的高低。而保险标的一般处于投保人的控制和掌握之下，投保人应当了解、熟悉保险标的的有关情况，因此，投保的告知是否真实、全面对保险人极为重要，最大诚信原则由此逐渐成为保险业务活动的基本原则之一。

（二）最大诚信原则的内容

最大诚信原则主要涉及三个方面的内容：告知、陈述和保证。由于告知与陈述的内容很相近，我国《海商法》和《保险法》都将两者合并，统称告知。

1. 告知

订立保险合同时，投保人和保险人都应向对方履行告知义务。要求保险人告知的意义在于，使投保人充分了解保险合同的内容，以决定是否投保。要求投保人告知的意义在于，使保险人充分了解保险标的的风险程度，以考虑决定是否同意承保以及确定保险费率。因此，告知义务应当在保险合同成立之前履行。

（1）告知的概念。

告知（disclosure），是指投保人在投保时，应把他所知道的有关保险标的的重要事实（material facts）全部告诉保险人，而且投保人所做的每次陈述都必须是真实的；换言之，投保人必须在诚信的基础上，做出关于事实的基本正确的陈述，或对他所信任和期望的事实做出反应。告知是投保人应尽的义务之一。

对重要事实的定义，英国 1906 年《海上保险法》第 18 条规定：凡能影响谨慎的保险人确定保险费的事项，或决定是否承保的事项，均为重要事实。由此可见，重要事实是指对保险人决定承保与否以及确定保险条件有影响的事项，即关系到保险风险大小的事实。例如，人身保险中被保险人的年龄、身体健康状况、既往病史等，船舶保险中船舶的船级、船龄等情况均为重要事实。

（2）告知的形式。

根据各国的法律传统和保险业发展水平的不同，国际上主要有两种制度：询问告知制度和无限告知制度。

①询问告知制度。

询问告知，是指投保人对保险人询问的问题做出如实回答，即已履行告知义务，若保险人没有询问，则投保人无须告知。在具体实务中，保险人询问的方式包括要求投保人填写投保单、告知书以及口头询问等。相应地，投保人只要逐项如实地填写投保单、告知书或做出口头回答，即已履行了告知义务。

现今大多数国家的保险立法适用的是询问告知制度。我国《保险法》第 16、17 条规定：订立保险合同，保险人应当向投保人说明保险合同的条款内容，并可以就保险标的或者被保险人的有关情况提出询问，投保人应当如实告知。这表明我国适用的是询问告知制度。

②无限告知制度。

无限告知，是指对告知的内容不做具体规定，投保人应主动将其所知的或应知的与保险标的危险状况有关的任何重要事实告知保险人，而且其所做的陈述必须与客观事实相符。

无限告知对投保人的要求较高。法国、比利时以及英美法系国家的保险立法均采用无限告知制度。如英国1906年《海上保险法》第18条规定：在契约订立时，被保险人应将他所知悉的各项重要事实告知保险人。我国海上保险的立法也规定采用无限告知制度，《海商法》第222条规定：合同订立前，被保险人应当将其知道的或者在通常业务中应当知道的有关影响保险人据以确定保险费率或者确定是否同意承保的重要情况，如实告知保险人。

在保险实务中，主动告知并不是任意由投保人、被保险人凭自己的判断和认识进行告知。保险人同样向投保人提供投保单，一般投保单中的各事项均被视为重要事项，投保人应如实告知。但应告知的事项不限于保险人的上述询问，如果有其他重要事项，投保人也应主动如实告知。

2. 保证

保证（warranty），是指保险人要求投保人或者被保险人对某一事项的作为或不作为、履行某项条件以及某种事态的存在或不存在等做出承诺。保证是针对投保人或被保险人的要求，保险人通过要求被保险人遵守某项或几项保证的内容以控制风险，确保保险标的及其周围环境处于良好的状态。保证的内容是保险合同的重要条款之一。

三、近因原则

近因（proximate cause）原则，是当保险标的发生损失时，确定对保险标的所受损失是否应予以赔偿的基本原则。

（一）近因原则含义

英国学者约翰·T. 斯蒂尔（John T. Steel）对近因做了如下定义：“近因是指引起一系列事件发生，由此出现某种后果的、能动的、起决定作用的因素；在这一因素作用的过程中，没有来自新的独立渠道的能动力量的介入。”

由以上对近因的定义可知，近因不是指时间上最接近的原因，而是指导致保险事故发生的最有效、最直接、最主要的，或起决定作用的原因。近因是一种起因，它与结果之间经历的时间可长可短，也可能引起一连串事故，只要中间没有新的力量打破或中断这一因果连锁关系，这一起因就是近因。所谓没有新的力量打破这一因果连锁关系，是指由起因至结果之间的每个事故都是先前事故的自然结果。

1906年英国颁布的《海上保险法》第55条第1款规定：根据本法规定，除保险单另有约定外，保险人对由其承保危险近因所致的任何损失，均负赔偿责任，但对非由其承保危险近因所致的任何损失，均不负赔偿责任。据此可知，近因原则可理解为导致损失的近因属于承保风险的，保险人应承担损失赔偿责任；近因不属于承保风险的，保险人不负赔偿责任。

（二）近因原则的应用

近因原则，是保险理赔中必须遵循的重要原则之一。在英美等国的保险法中，近因原则是一个十分复杂的，包括了很多具体规则的总原则，而且是不断发展变化的。在实践中，要从错综复杂的多个致损原因中确定何者为近因并不容易，这也是近因原则得以正确运用的关键。下面根据常见的几种不同情况分析如何确定损失的近因以及如何应用近因原则。

1. 单一原因致损

单一原因直接造成损失的情况比较多见，造成保险标的损失的原因相对比较简单，与其他事件没有紧密联系。如果没有延续的因果关系链，此时该单一的原因就是近因；若该原因属于保险单载明的承保原因或风险，保险人应承担赔偿责任。反之，若该原因不属于承保风险，保险人不负赔偿责任。例如，在船舶保险中，船舶因意外触礁而沉没，触礁即为船舶沉没致损的近因，由于触礁属于船舶保险承保的风险，故保险人对船舶沉没损失应予以赔偿。

2. 数个原因同时致损

数个原因同时发生作用，是指无法严格区分不同原因在发生时间上的先后顺序。由于各原因发生无先后之分，且对损害结果的形成均有直接的、有效的影响，原则上它们都是损失的近因。

当各个原因引起的损失结果可以划分时，保险人对所有承保危险引起的损失均需负责，但对不保风险和除外风险所致的损失不需负责。

当各个原因所致的损失无法划分时，保险人按下面两种情况处理：

（1）数个原因之中既有承保风险，又有非承保风险，保险人对全部损失予以负责，即承保风险优于非承保风险。

（2）数个原因中既有承保风险，又有除外风险，保险人对损失都不负责，即除外风险优于承保风险。例如，一幢大楼投保了火灾保险，在保单的除外责任中，列明地震除外。如果楼内厨房在做饭时不慎起火，几乎同时又发生了地震，地震引起电线走火，最终大楼被烧毁。由于导致火灾的原因中包括地震这一除外风险，而且，承保风险和除外风险导致的损失难以分清，对于楼房的损毁，保险公司不予负责。

3. 数个原因先后连续致损

有些情况下，两个或两个以上的危险事故连续发生作用造成损失；由于各原因依次发生，在时间上可进行明显的区分，而且前后因之间持续不断地存在因果关系，此时，最先发生并导致一连串事故的原因即为近因。

（1）前因为承保风险，即近因为承保风险，保险人应承担赔偿责任。

（2）前因为除外风险，即近因为除外风险，保险人不承担赔偿责任。

（3）前因为保单不保风险，而后引起的原因属保单承保风险，保险公司应承担赔偿责任。

（4）前因为保单不保风险，而后引起的原因属保单除外风险，保险公司不承担赔偿责任。

例如，袋装棉花投保我国保险条款海运平安险，在运输过程中船舶意外搁浅，船底裂缝，致使海水渗入，棉花受浸而致霉烂损失。虽然棉花的最终损失原因为霉烂，不属平安险的承保风险，但近因为搁浅，属于平安险的承保责任，故对此损失保险人应负责。

四、补偿原则

经济补偿是保险的基本职能，因而，损失补偿原则是保险的又一基本原则。

补偿原则（principle of indemnity），是指当保险标的发生保险事故遭受损失时，被保险人有权按照保险合同的约定得到充分的补偿；同时，保险补偿受到一定限制，赔偿金额不能超过规定的限额。

损失补偿原则体现了保险的宗旨，即一方面确保被保险人通过保险获得经济保障；另一方面又防止被保险人利用保险不当得利，从而有助于预防道德风险和保险欺诈，保证保险业健康、有序地发展。需要指出的是，补偿原则仅适用于补偿性的保险合同。

1. 补偿原则的基本内容

（1）以被保险人实际损失为限。

被保险财产受损后，保险人应按保险合同的规定承担赔偿责任，使被保险人在经济上恢复到未遭事故时的状况，但保险赔款不得超过被保险人实际所受到的经济损失。

补偿原则主要应用于财产保险中。在财产保险中，保险标的的实际损失通常是根据损失当时财产的实际价值确定的，即以损失当时财产的市场价为准，计算损失金额（定值保险和重置价值保险除外）。

例如，被保险人为自有房屋投保财产保险，保险金额 50 万元，在保险期内房屋遭遇火灾而被焚毁。如果经核定，损失当时该房屋完好的市场价为 40 万元，则被保险人所受到的经济损失为 40 万元，保险人只赔偿被保险人 40 万元。

（2）以保险金额为限。

保险金额是保险双方事先约定的、记载于保险单上的保险人承担赔偿责任的最高限额，因此，保险赔款不能超过保险金额，而只能低于或等于保险金额。如上例，被保险人为自有房屋投保 50 万元的财产保险，假设损失当时市场房价上涨，该房完好市价达 60 万元，此时虽然被保险人因房屋被焚毁而致经济损失 60 万元，但保险人最多只赔偿 50 万元，即该房屋的保险金额。

（3）以保险价值为限。

保险价值可以在订立保险合同时即已确定，也可以在保险标的发生保险事故后才予以确定。保险价值的金额因被保险人与保险人的不同约定而不同，双方可以约定以保险标的的重置价值作为保险价值，也可以约定以保险事故发生时保险标的的实际价值作为保险价值。我国《保险法》第 55 条规定：保险金额不得超过保险价值，超过保险价值的，超过部分无效。因而如果保险金额超过保险价值，即使保险标的发生全损，保险人的赔偿责任也只以保险价值为限，而不是以保险金额为限。例如，某一机动车辆保险合同规定，以投保时的新车购置金额为保险价值，投保的桑塔纳汽车保险价值为 12 万元，如果投保人以 15 万元作为保险金额，那么该车如果因保险事故而致全损，保险人只以 12 万元的保险价值为限计算赔偿，而不是以 15 万元的保险金额计算。

2. 损失赔偿方式

（1）比例赔偿方式。

比例赔偿，是指按保障程度，即保险金额与损失当时保险财产实际价值的比例计算赔偿金额。计算公式为：

$$\text{赔偿金额}=\text{损失金额}\times\frac{\text{保险金额}}{\text{损失当时保险标的实际价值}}$$

采用比例赔偿方式，保障程度越高，发生损失时被保险人所得的保险赔款就越接近实际损失金额，但只有当足额保险，即保障程度为 100%时，被保险人才能得到十足补偿，即保险赔偿金额等于损失金额。

（2）第一损失赔偿方式。

第一损失赔偿，是指当损失不超过保险金额时，按实际损失赔偿；当损失超过保险金额时，则按保险金额赔偿。计算公式为：

若损失金额＜保险金额，赔偿金额＝损失金额

若损失金额＞保险金额，赔偿金额＝保险金额

采用第一损失赔偿方式，在保险理论上是将保险财产的价值分为两部分：第一部分为保险金额以内的部分，这部分已投保，保险人对其按实际损失予以赔偿；第二部分为超过保险金额的部分，这部分未投保，故保险人对其损失不承担责任。由于保险人只对第一部分的损失承担赔偿责任，故称为第一损失赔偿方式。按此方式赔偿，只要损失不超过保险金额，被保险人即可得到十足补偿。

小 结

1. 保险是一种经济补偿制度。现代保险是人类经济发展到商品经济阶段后的产物。现代保险，首先是一个历史范畴，其次才是经济范畴。市场经济体制下，人们补偿灾害的方式有两种：一种是物质形态上的补偿，即通过建立物资后备对损失进行补偿；另一种是价值形态上的补偿，即建立资金后备对损失进行补偿。保险补偿损失是价值形态补偿的一种方式。

2. 运输保险主要是对货物运输过程当中因自然灾害、意外事故造成的商品、运输工具本身等损失而给予经济补偿的制度。其职能是由保险人通过集中被保险单位或个人按照保险合同或法律规定缴纳的保险费，建立保险基金。按照保险合同的规定，支付被保险财产约定标的遭遇保险事故后的经济损失，用以保障货物的顺畅到达和运输事业的发展。

3. 原始的保险思想和形式最初出现在西方。我国古代的储备粮谷建立实物后备以进行互助共济的实践，已蕴含了保险的雏形。

国际保险市场一般都把共同海损分摊的原则视为“海上保险的萌芽”，而把船舶抵押借款称作“海上保险的初级形式”。14 世纪以后，保险在西欧各国的商人中风行，现代化的保险业务逐渐形成。15—16 世纪新航线的开辟，使欧洲商人的贸易范围空前扩大。相应地，海上保险得以迅速发展。美洲新大陆发现以后，贸易中心逐渐从地中海一带转移至大西洋沿岸。国际保险中心也在伦敦形成。

4. 保险利益原则是保险的基本原则之一，它强调保险利益在保险合同的订立和履行过程中的重要性。保险利益必须是合法的、确定的。在财产保险中，保险利益还必须具有经济价值。坚持保险利益原则，可以防止赌博和道德风险，还可以限制保险赔偿的最高额度。国际贸易的贸易合同中采用的贸易术语决定了保险利益的转移时间。财产保险要求被保险人在保险事故发生时必须对保险标的具有保险利益，否则保险人对损失不予赔偿。

5. 最大诚信原则要求保险双方在合同签订和履行过程中均应本着最大的诚意履行自己的义务，互不欺骗和隐瞒。对被保险人而言，在投保时应如实告知、正确陈述有关保险标的的重要事实，在合同成立后，如果出现风险增加的情形，应及时通知保险人。被保险

人在保险期限内应始终遵循做出的保证，不得违反。被保险人违反最大诚信原则，保险人有权解除合同。对保险人而言，应向被保险人说明保险合同的条款内容，尤其应明确说明其责任免除条款的内容，否则该条款不产生效力。

6. 近因原则是保险人处理赔案、决定赔偿与否时所运用的重要原则，保险人只对近因属于承保责任的损失予以赔偿。当造成损失的原因有多个时，确定它们之间的关系，找出导致损失的近因是正确运用近因原则的关键。坚持近因原则有利于正确地判定损失事故的责任归属，维护合同双方的合法权益。

7. 损失补偿原则是保险人计算保险赔偿金额时所运用的重要原则。其基本含义是：当保险事故发生时，被保险人有权按照保险合同的约定得到充分的赔偿，但同时赔偿金额受到限制，被保险人不能由此而额外获利。损失补偿原则仅适用于补偿性的保险合同。

关键术语

运输保险	保险标的	保险利益	保险利益原则
最大诚信原则	告知	保证	近因原则
补偿原则			

思考题

1. 国际货物运输保险在我国对外贸易中的作用表现在哪些方面？
2. 为什么进出口货物的运输都必须投买保险？
3. 为什么把“共同海损分摊”作为海洋运输保险的起源？
4. 保险利益原则的意义是什么？
5. 在国际货物运输实践中，不同的贸易条件下，货物的风险和可保利益是如何转移的？
6. 什么是最大诚信和最大诚信原则？
7. 什么是近因和近因原则？在实践中，如何应用近因原则？
8. 什么是补偿原则？

第十三章 海洋运输货物保险保障的范围

学习目标

- 认识海洋运输货物保险保障风险的分类
- 掌握狭义海上风险、外来风险的含义
- 掌握全部损失和部分损失的含义
- 理解海洋运输货物保险保障费用的分类
- 掌握实际全损与推定全损的区别
- 掌握单独海损和共同海损的区别

地球表面五分之三是海域，因而，国际贸易产生的货物运输，绝大部分是通过海洋运输完成的。

海洋运输方式较空运，虽然耗费时间长，但是，海洋运输的运费大大低于空运的运费。所以，贸易双方大多选择海洋运输方式。相对于空运和陆上运输（铁路运输、公路运输），海洋运输方式具有价格低廉的优势。然而，海洋货物运输很容易遭受各种海上风险的侵袭和威胁，从而导致货物和船舶的灭失或损害，以及与货物灭失或损害相关联的一些费用。

海洋运输保险是以货物和船舶作为保险标的，把货物和船舶在运输中可能遭受的风险、损失及费用作为保障范围的一种运输保险。

第一节　海洋运输货物保险保障的风险

海洋运输货物保险所承保的风险包括广义风险和狭义风险两大类。

广义的海上风险，泛指航海时所发生的一切风险。根据英国 1906 年颁布的《海上保险法》第 3 条第 2 款的规定，海上风险，是指因航海所致或航海时发生的风险，例如海难、火灾、战争、海盗、抢劫、盗窃、捕获、禁止以及君王和人民的扣押、抛弃、船员的故意行为以及其他类似风险，或在保险合同中注明的其他风险，例如火灾、战争等并非海上固有的风险。

一、狭义的海上风险

狭义的海上风险（perils of sea），是指海上偶然发生的自然灾害和意外事故。而对于经常发生的事件或必然事件，例如海上的一般风浪作用，并不包括在内。按照海上风险发生的性质，可以分为自然灾害风险和意外事故风险两大类。

（一）自然灾害风险

自然灾害（natural calamity）一般是指不以人的意志为转移的自然界的力量所引起的灾害。它是客观存在的、人力无法抗拒的灾害事故，是保险人承保的主要风险。

在海洋货物运输保险业务中，自然灾害非所有一切由自然界力量引起的灾害。按照我国 1981 年 1 月 1 日修订的《海洋运输货物保险条款》的规定，“自然灾害”仅指恶劣气候、雷电、海啸、地震、洪水及其他人力不可抗拒的灾害等。而 1982 年 1 月 1 日开始实施的英国《协会货物保险条款》规定：属于自然灾害性质的风险有雷电、地震或火山爆发、浪击落海以及海水、湖水、河水进入船舶、驳船、运输工具、集装箱、大型海运箱或储存处所等。

把我国的《海洋运输货物保险条款》以及英国的《协会货物保险条款》归纳起来，自然灾害风险主要包括：

（1）恶劣气候。指海上的飓风（八级以上的风）、大浪（三米以上的浪）引起的船体颠簸，并由此造成船体、船舶及其设备的损坏；或者因此而引起的船上所载货物的相互挤压、碰撞所导致的货物的破碎、渗漏、凹瘪等损失。

（2）雷电（lightning）。雷电是一种自然现象，指发生在积雨云中的放电和雷鸣，作为海上风险之一，它是指货物在海上或陆上运输过程中由雷电所直接造成的，或者由雷电引起的火灾造成的货物的灭失和损害。

（3）海啸（tsunami）。海啸是指海底地震、火山活动、海岸地壳变异或特大海洋风暴等引起的海水强烈震动而产生巨大浪潮，因此导致船舶、货物被淹没、冲击或摧毁。

（4）地震（earthquake）。地震是指由于地壳发生急剧的自然变化，使地面发生震动、坍塌、地陷、地裂等造成的保险货物的损失。

（5）火山爆发（volcanic eruption）。火山爆发是指由于火山活动产生的地震及喷发的火山岩灰造成的保险货物的损失。

（6）洪水（flood）。洪水是指因江河泛滥、山洪暴发、湖水上岸及倒灌，或暴雨积水致使保险货物遭受泡损、淹没、冲散等损失。

（7）其他人力不可抗拒的灾害。通常包括浪击落海（washing overboard）和海水、湖水、河水进入船舶、驳船、运输工具、集装箱、大型海运箱或储存处所（entry of sea，lake or river water into vessel craft，hold，conveyance，container，lift-van or place of storage）。

（二）意外事故风险

意外事故（accident），是指人或物体遭受外来的、突然的、非意料之中的事故，比如船舶触礁、碰撞、沉没、飞机坠落、货物起火爆炸等。

海上保险所承保的意外事故，并不是泛指海上发生的所有意外事故。根据我国 1981 年 1 月 1 日修订的《海洋运输货物保险条款》的规定，意外事故是指运输工具搁浅、触礁、沉没、互撞、与流冰或其他物体碰撞以及失火、爆炸等。根据英国伦敦保险协会 1982 年修订的《协会货物保险条款》，除了船舶、驳船的触礁、搁浅、沉没、倾覆、火灾、爆炸等属于意外事故外，陆上运输工具的倾覆或出轨也属意外事故的范畴。由此可以看出，海上货物运输保险所承保的意外事故，也不仅指在海上发生的意外事故。现将主要意外事故的含义分别说明如下：

（1）搁浅（stranding）。搁浅是指船舶在航行中，由于意外与水下障碍物，包括海滩、礁石等紧密接触，持续一段时间失去进退自由的状态。构成海上保险中的搁浅，必须具备两个条件：第一，搁浅必须是意外发生的。第二，搁浅必须造成船底紧密搁置在障碍物上，持续一段时间处于静止状态，不能一擦而过。

（2）触礁（striking a reef）。触礁是指船体触及水中的岩礁或其他障碍物而造成的意外事故。

（3）沉没（sunk）。沉没是指船舶在航行中或停泊时，船体全部沉入水中而失去航行能力的状态。

（4）碰撞（collision）。碰撞是指载货船舶同水以外的物体，如码头、船舶、灯塔、流冰等，发生猛力接触，因此造成船上货物的损失。如果发生碰撞的是两艘船舶，则碰撞不仅会带来船体及货物的损失，还会产生碰撞的责任损失。

（5）失踪（missing）。失踪是指船舶在海上航行，失去联络超过合理期限的一种情况。所谓“合理期限”是一个事实问题，各个国家根据各自的情况，分别制定了一定的期限为合理期限。在我国，这一期限为两个月。被保险船舶一旦宣告失踪，除非能够证明失踪是因战争风险导致的，否则均由保险人当作海上风险损失负责赔偿。

（6）倾覆（capsized）。倾覆是指船舶在航行中，遭受自然灾害或意外事故导致船体翻倒或倾斜，失去正常状态，非经施救不能继续航行，由此造成的保险货物的损失。

（7）火灾（fire）。火灾是指由于意外、偶然发生的燃烧失去控制，蔓延扩大而造成的船、货的损失。海上货物运输保险不论是直接被火烧毁、烧焦、烧裂，还是间接被火熏黑、灼热或为救火而致损失，均属火灾风险。

造成火灾的原因很多，可能是自然界的原因，如雷电、地震引起船货火灾，也可能是货物受海水浸湿温热而致起火，还可能是船长、船员在航行中的过失引起火灾，此外还可能由于工作人员操作不当引起火灾，如电焊引起火灾。由上述原因及其他不明原因所致的火灾损失，保险人均负赔偿责任。但是，由于货物固有瑕疵或不适当情况下运送引起的货物自燃，则不属于保险人的承保责任范围。

（8）爆炸（explosion）。爆炸是指物体内部发生急剧的分解或燃烧，迸发出大量气体和热力，致使物体本身及其周围的物体遭受猛烈破坏的现象。在海上运输过程中，船上的设备，如锅炉有可能发生爆炸致使船货损失；货物自身因气候温度变化的影响产生化学作用引起爆炸而受损。

(9) 投弃 (jettison)。投弃也称抛货，是指当船舶及其承载的货物均处于紧急危险性情况下，船长为了保全船舶与货物的共同安全，故意将船上部分货物或设备投弃海中所造成的损失。按照伦敦保险协会 1963 年《协会货物保险条款》的规定，投弃仅指共同海损行为的投弃，不包括非共同海损行为的投弃。但是 1982 年《协会货物保险条款》已经取消了这一限制，规定凡因投弃造成的损失，保险人都予以赔偿，而不论其是否为共同海损的行为所致。

(10) 船长和船员的恶意行为 (barratry of master and mariner)。这是指船长或船员背着船东或货主故意损害船东或货主利益的一种恶意行为，如丢弃船舶、纵火焚烧、凿漏船体，违法走私造成船舶被扣押或没收等等。

(11) 陆上运输工具倾覆 (overturning of land conveyance)。陆上运输工具倾覆是指在陆地上行驶的汽车、卡车等运输工具因发生意外而翻倒、倾斜所导致的车祸损失事故。

二、外来风险

外来风险，是指海上风险以外的其他外来原因造成的风险。外来风险责任一般可分为一般外来风险和特殊外来风险。

(一) 一般外来风险

一般外来风险，是指货物在运输途中遭遇意外的外来因素导致的事故。通常包括以下风险：

(1) 偷窃 (theft，pilferage)。偷窃，指整件货物或包装内一部分货物被人暗中窃取，不包括公开的攻击性的劫夺。

(2) 提货不着 (short-delivery & non-delivery)。提货不着是指货物在运输途中由于不明原因被遗失，造成货物未能运抵目的地，或运抵目的地发现整件短少，没能交付给收货人的损失。

(3) 渗漏 (leakage)。渗漏是指流质或半流质的物质容器的破漏引起的损失，以及用液体储运的货物，如湿肠衣，液体渗漏而使肠衣发生质腐等损失。

(4) 短量 (shortage in weight)。短量是指被保险货物在运输途中或货物到达目的地发现包装内货物数量短少或散装货物重量短缺。

(5) 碰损 (clash)。碰损是指金属和金属制品等货物在运输途中因震动、颠簸、碰撞、受压等而造成的凹瘪、变形。

(6) 破碎 (breakage)。破碎主要是指易碎物品在运输途中因搬运、装卸不慎以及震动、颠簸、碰撞、受压等造成的货物本身破碎和破裂。

(7) 钩损 (hook damage)。钩损主要是指袋装、捆装货物在装卸、搬运过程中因使用手钩、吊钩操作不当而致货物的损失。

(8) 淡水雨淋 (fresh water and rain damage)。淡水雨淋是指直接由淡水、雨水以及冰雪融化造成货物的水渍损失。

(9) 生锈 (rust)。生锈是金属或金属制品的一种氧化过程，海运货物保险中承保的生锈，是指货物在装运时无生锈现象，在保险期内生锈造成的货物损失。

（10）沾污（contamination）。货物的沾污是指，货物同其他物质接触而受污染，如布匹、纸张、食物、服装等被油类或带色的物质污染造成的损失。

（11）受潮受热（sweating & heating）。指由于气温骤变或船舱上的通风设备失灵，船舱内水汽凝结，引起发潮发热导致货物的损失。

（12）串味（taint of odour）。指被保险货物受到其他带异味货物的影响，引起串味，失去了原味。例如，茶叶和樟脑丸放在一起，会使茶叶吸收樟脑丸的气味而失去了饮用价值。

（二）特殊外来风险

特殊外来风险，是指除一般外来风险以外的其他外来原因导致的风险，往往是与政治、军事、社会动荡、国家政策法令以及行政措施等有关的风险。常见的特殊外来风险主要有战争风险（war risk）、罢工风险（strikes risk）、交货不到风险、拒收风险（rejection risk）等。

第二节　海洋运输货物保险保障的损失

货物在运输途中，会因遭遇各类灾害事故而受损。由海上风险和外来风险所造成的损失，称为海上损失。根据国际保险市场上的一般解释，凡与海上运输相关联的海陆连接运输过程中发生的损失，也属于海上损失的范畴。海上损失按照损失程度的大小划分，可以分为全部损失和部分损失。

一、全部损失

全部损失（total loss），简称“全损”，是指整批保险货物全部灭失或视同全部灭失的损害。根据全损情况的不同，又可分为实际全损和推定全损。

（一）实际全损

实际全损（actual total loss），也称绝对全损。

我国《海商法》第245条规定：保险标的发生保险事故后灭失，或者受到严重损坏完全失去原有形体、效用，或者不能再归被保险人所拥有的，为实际全损。由此可见，构成实际全损的情况有以下四种：

（1）保险标的完全灭失。例如，船只遭遇海难后沉没，货物同时沉入海底。

（2）被保险人对保险标的失去所有权，并且无法挽回。例如，船只被海盗劫走等。虽然船、货本身并未遭到损毁，但被保险人已失去了这些财产，无法复得。

（3）保险标的遭到严重损害，已失去原有商业价值或原有用途。例如，茶叶经水泡后，虽没有灭失，仍旧是茶叶，但已不能饮用，失去了商业价值。

（4）船舶失踪达到一定时间仍无音讯。我国《海商法》第248条规定，船舶失踪达2个月的，可按实际全损处理。

保险标的遭受了实际全损后，被保险人可按其投保金额，获得保险人全部损失的赔偿。

（二）推定全损

1. 推定全损的界定

推定全损（constructive total loss），又称商业全损。

我国《海商法》第246条规定：船舶发生保险事故后，认为实际全损已经不可避免，或者为避免发生实际全损所需支付的费用超过保险价值的，为推定全损。货物发生保险事故后，认为实际全损已经不可避免，或者为避免发生实际全损所需支付的费用与继续将货物运抵目的地的费用之和超过保险价值的，为推定全损。

根据上述法律规定，判断货物的推定全损有两个相互独立的标准：实际全损不可避免；为避免实际全损，所需支付的费用和续运费用之和超过保险标的的价值。

在保险实务中，构成推定全损的情况有以下四种：

（1）保险标的在海上运输中遭遇保险事故之后，虽然尚未达到灭失的状态，但据估计完全灭失将是不可避免的。

（2）保险标的遭受保险事故之后，被保险人丧失了对保险标的的所有权，而收回这一所有权所花费用估计要超过收回后保险标的的价值。

（3）保险货物受损后，其修理和续运到原定目的地的费用，估计要超过货物的保险价值或在目的地的完好价值。

（4）被保险船舶受损后，其修理或者救助费用分别或两项费用之和将超过船舶的保险价值。

2. 推定全损的损失赔偿

在推定全损的情况下，被保险人可以获得部分损失的赔偿，也可获得全部损失的赔偿。被保险人如果想获得全部损失的赔偿，必须无条件地把保险标的委付给保险人。

委付（abandonment），就是指保险标的处于推定全损状态时，被保险人向保险人发出通知，表示愿意将本保险承保的被保险人对保险标的的全部权利和义务转让给保险人，而要求保险人对全部损失给予赔偿的一种行为。我国《海商法》第249条规定：保险标的发生推定全损，被保险人要求保险人按照全部损失赔偿的，应当向保险人委付保险标的。保险人可以接受委付，也可以不接受委付，但是应在合理的时间内将接受委付或者不接受委付的决定通知被保险人。委付不得附带任何条件。委付一经保险人接受，不得撤回。《海商法》第250条又规定：保险人接受委付的，被保险人对委付财产的全部权利和义务转移给保险人。

二、部分损失

我国《海商法》第247条规定：不属于实际全损和推定全损的损失，为部分损失。按照损失的性质，部分损失（partial loss）可以分为单独海损和共同海损。

（一）单独海损

1. 单独海损的定义

单独海损（particular average），是指在海上运输中，由保单承保风险直接导致的船舶或货物本身的部分损失。例如，载货船舶海运途中突遇暴风雨，海水灌进船舱，致使舱内一批服装遭水浸泡受损而贬值20%，该损失就属于这批服装货主的单独海损，与其他货主和船东均无关。在 1982 年修订的伦敦保险协会《协会货物保险条款》中，已经不再使用“单独海损”这一术语，但在实际业务中，它仍被用来表示除共同海损以外的一切部分意外损失。

2. 构成单独海损的条件

(1) 必须是意外的、偶然的以及承保风险直接导致的保险标的本身受损；

(2) 必须是船方、货方或者其他利益方单方面所遭受的损失，而不涉及他方的损失；

(3) 单独海损仅指保险标的本身的损失，而不包括由此引起的费用损失。

3. 单独海损的赔偿方式

(1) 单独海损绝对不予赔偿。

(2) 除某些特定风险所造成的单独海损外，单独海损不予赔偿。我国海运货物保险的平安险条款对单独海损的赔偿规定，属于这种情况。

(3) 单独海损赔偿，但单独海损未达到约定的金额或百分比时不赔，已达到约定的金额或百分比的单独海损全部予以赔偿。

(4) 单独海损赔偿，但保险人只对超过约定金额或百分比的那部分单独海损予以赔偿，没有超过约定金额或百分比的那部分单独海损不予赔偿。

(5) 不加任何特殊限制，凡是单独海损均予赔偿。

(二) 共同海损

1. 共同海损的定义

我国《海商法》第 193 条规定：共同海损，是指在同一海上航程中，船舶、货物和其他财产遭遇共同危险，为了共同安全，有意地合理地采取措施所直接造成的特殊牺牲、支付的特殊费用。

共同海损（general average）包括两个部分：共同海损牺牲和共同海损费用。共同海损牺牲，是指共同海损行为导致的船舶、货物等本身的损失；共同海损费用，是指为采取共同海损行为而支付的费用。遭受共同海损牺牲的一方以及共同海损费用的支付方都有权向其他利益方请求按比例分摊损失，这就是共同海损分摊。

2. 构成共同海损的条件

(1) 导致共同海损的危险必须是真实存在的、危及船舶与货物共同安全的危险。

(2) 共同海损的措施必须是为了解除船货的共同危险，人为地、有意识地采取的合理措施。

(3) 共同海损的牺牲必须是特殊的，费用必须是额外支付的。

(4) 共同海损的损失必须是共同海损措施的直接、合理的后果。

(5) 共同海损行为必须是最终有效的。

3. 共同海损的分摊

共同海损成立后，为了船舶、货物等的共同安全所做的共同海损牺牲和费用必须由各受益方按照最后获救的价值按比例分摊，这种分摊成为共同海损分摊。这是共同海损形成的基础，也是处理共同海损由来已久的原则。

根据我国《海商法》第 199 条规定，船舶、货物和运费的共同海损分摊价值分别依照下列规定确定：

（1）船舶共同海损分摊价值，按照船舶在航程终止时的完好价值，减去不属于共同海损的损失金额计算，或者按照船舶在航程终止时的实际价值，加上共同海损牺牲的金额计算。

（2）货物共同海损分摊价值，按照货物在装船时的价值加保险费加运费，减去不属于共同海损的损失金额和承运人承担风险的运费计算。货物在抵达目的港以前出售的，按照出售净得金额，加上共同海损牺牲的金额计算。旅客的行李和私人物品，不分摊共同海损。

（3）运费共同海损分摊价值，按照承运人承担风险并于航程终止时有权收取的运费，减去为取得该项运费而在共同海损事故发生后，为完成本航程所支付的营运费用，加上共同海损的牺牲金额计算。

共同海损案件是由海损理算师处理的。世界各海运国家对共同海损的理算，都有自己的原则和规定，我国于 1975 年 1 月 1 日公布并开始实施《中国国际贸易促进委员会共同海损理算暂行规则》，简称《北京理算规则》。该理算规则共有八条，包括个人海损的范围、原则、金额计算，共同海损分摊、利息、手续费，共同海损担保、时限等内容。目前，国际上普遍采用的共同海损理算规则是 1974 年及 1990 年的《约克-安特卫普规则》，它虽然不具有法律强制力，但已为国际航运界、贸易界和保险界广泛接受，在提单和运输货物保险单中普遍订有共同海损按该规则理算，凡与该规则相抵触的法律和惯例，均视为无效的规定。

第三节 海洋运输货物保险保障的费用

海上风险除了可能造成保险标的的损失，还会带来大量的费用支出。保险人负责赔偿的费用主要有施救费用、救助费用、续运费用和额外费用。

一、施救费用

施救费用（sue and labour expenses），是指当保险标的遭遇保险责任范围内的灾害事故时，被保险人或其代理人、雇佣人员和受理人等采取措施抢救保险标的，以避免损失扩大而支出的合理费用。这样既可以减少社会物质财富的无谓损失，又可以减少赔款支出，保险人应予以鼓励并承担施救费用的赔偿责任。目前，我国和国际上的大部分保险条款都规定，施救费用可以在赔付保险标的的一个保额以外的限度内负责。我国《海商法》第 240 条规定：被保险人为防止或者减少根据合同可以得到赔偿的损失而支出的必要的合理费用，为确定保险事故的性质、程度而支出的检验、估价的合理费用，以及为执行保险人的特别通知而支出的费用，应当由保险人在保险标的损失赔偿之外另行支付。保险人对前款规定的费用的支付，以相当于保险金额的数额为限。保险金额低于保险价值的，除合同另有约定外，保险人应当按照保险金额与保险价值的比例，支付本条规定的费用。

根据上述法律规定，海上保险中的施救费用必须按照下列条件处理：

（1）对保险标的进行施救的必须是被保险人或其代理人或受让人，其目的是减少保险标的遭受的损失。

（2）施救费用包括为防止或者减少保险标的受损而支出的费用，为确定保险事故的性质、程度而支出的检验、估价的费用以及为执行保险人的特别通知而支出的费用。

（3）施救费用的支出必须是必要的、合理的，否则保险人不予赔偿。

（4）施救费用的赔偿在保险标的的损失赔偿之外以另一个保险金额为限。

（5）保险标的遭受的损失必须是保单承保风险造成的。

二、救助费用

救助费用（salvage charge），是指被保险货物在遭遇到承保范围内的灾害事故时，由保险人和被保险人以外的第三者采取救助措施并获成功，由被救方付给救助人的一种报酬。在各国保险协会或保险公司的保险条款中，一般都列有保险人对救助费用负赔偿责任的规定。救助费用往往是共同海损费用的一种。

在海上救助中，救助人与被救助人为明确双方的权利和义务，一般都在救助开始之前或在救助过程中订立救助合同，主要有两种：

（1）雇佣性救助合同。

雇佣性救助合同的特点是，不论救助是否有效，均按约定的费率（固定金额、工作时间）付给救助费用；同时，救助工作在遇难船的指挥之下进行。

（2）“无效果、无报酬”救助合同。

“无效果、无报酬”救助合同的特点是，救助费用是在救助完成之后，根据救助效果、获救财产价值、救助工作危险程度和技术水平，以及救助工作时间和耗费的费用等，通过协商或仲裁来确定，如果救助没有效果，便不付给报酬。救助人为了保证其在救助之后获得报酬，一般都要求被救助方提供担保，对未提供担保的被救财产，救助人享有留置权。

长期以来，在国际海上救助中普遍采用的救助合同格式是英国的以“无效果、无报酬”为原则的劳合社救助合同标准格式。进入 21 世纪以来，海上石油运输量持续增长，石油运输中出现的灾难造成海洋的严重污染。为了保护海洋环境，劳合社在其 1980 年的救助合同格式中，对“无效果、无报酬”的原则做了修订，并且做了一些例外的规定：对于遇难油轮，救助人只要没有过失，即使救助无效，也可以获得合理报酬。在我国，中国国际贸易促进委员会也制定有“海上救助契约格式”，这个格式最初所采用的也是“无效果、无报酬”原则，21 世纪以来，联系我国海洋运输量的迅猛增长，并结合劳合社救助合同标准格式的修订，对“无效果、无报酬”原则做出了补充说明。

保险人对救助费用的赔偿责任，与保险标的本身的赔偿责任加起来，不能超过保险金额，而是要按保险金额占被保险标的价值的比例承担赔偿责任。这一点与保险人对施救费用所负的赔偿责任是有区别的。

三、续运费用

续运费用（forwarding charge），是指因保单承保风险引起的被保险货物的运输，在非保单载明的目的地港口或地方终止时，保险人对被保险货物的卸货费用、仓储费用以及继续运往保单载明的目的地港口的费用等额外费用。

四、额外费用

额外费用（extra charge）是指为了证明损失索赔的成立而支付的费用。包括保险标的受损后，对其进行检验、查勘、公证、理算或拍卖受损货物等支付的费用。一般只有在索赔成立时，保险人才对额外费用负赔偿责任，但如果公证、查勘等是由保险人授权进行的，不论索赔是否成立，保险人仍需承担该项额外费用。

小　结

1. 海洋运输货物保险保障风险分为海上风险和外来风险。

狭义的海上风险又可以分为自然灾害和意外事故两种。自然灾害，一般是指不以人的意志为转移的自然界的力量所引起的灾害，比如恶劣气候、雷电、海啸、地震、洪水及其他人力不可抗拒的灾害等。意外事故是指人或物体遭受外来的、突然的、非意料之中的事故，比如船舶触礁、碰撞、沉没、飞机坠落、货物起火爆炸等。外来风险是指海上风险以外的其他外来原因造成的风险。外来风险责任一般可分为一般外来风险和特殊外来风险。一般外来风险包括偷窃、提货不着、渗漏、短量等。特殊外来风险主要有战争、罢工、交货不到、拒收等。

2. 海洋运输货物保险保障的损失按照损失程度的大小划分，可以分为全部损失和部分损失。全部损失又可分为实际全损和推定全损。部分损失又可分为单独海损和共同海损。共同海损包括两个组成部分——共同海损牺牲和共同海损费用。共同海损分摊是共同海损形成的基础，也是由来已久处理共同海损的原则。

3. 海洋运输货物保险保障的费用主要有施救费用、救助费用、续运费用和额外费用。信用保险是指为被保险人（债权人）提供一种保障，以规避由于买方（债务人）无力偿还债务，或由于政治事件而引起的损失。各国政府利用信用保险提高出口竞争力，促进经济发展，保障充分就业，维护市场秩序，实现国家外交、外贸和产业政策目标。

补充知识

中国信保，即中国出口信用保险公司，2001 年 12 月 18 日经国务院批准成立，是我国唯一承办政策性信用保险业务的金融机构。该公司通过政策性出口信用保险手段，支持货物、技术和服务等出口，积极开拓海外市场，为企业提供收汇风险保障，促进国民经济的健康发展。

中国信保的业务范围包括：中长期出口信用保险业务；海外投资保险业务；短期出口信用保险业务；国内信用保险业务；与出口信用保险相关的信用担保业务和再保险业务；应收账款管理等出口信用保险服务及信息咨询业务；保险资金运用业务；经批准的其他业务。

关键术语

海上风险	全部损失	部分损失	自然灾害
意外事故	外来风险	推定全损	单独海损

委付　　　　　　共同海损分摊　　　　施救费用　　　　　续运费用

思考题

1. 什么是海上风险？
2. 海上风险由哪些内容组成？
3. 什么是外来风险？外来风险包括哪些主要内容？
4. 单独海损和共同海损有什么区别？
5. 什么是实际全损？构成实际全损的情况主要有哪些？
6. 什么是委付？委付有哪些应该注意的问题？

第十四章 海洋运输货物保险条款

学习目标

- 掌握中国海洋运输货物保险基本险的保险责任范围、除外责任
- 认识海洋运输被保险人的义务及其赔偿处理
- 了解中国海洋运输货物保险附加险的内容
- 了解ICC(A) 条款、ICC(B) 条款、ICC(C) 条款的主要内容

第一节　中国海洋运输货物保险基本条款

中国人民保险公司依据中华人民共和国保险事业的发展进程，从1956年起陆续制定了各种涉外保险业务条款，总称为《中国保险条款》(China Insurance Clause，CIC)。

1956年制定的《中国保险条款》主要是参照国际保险市场的习惯做法，文字结构也保留了国际保险条款的形式。1972年，中国人民保险公司对《中国保险条款》进行了彻底的修订，无论是保险条款的结构组织还是文字表述，都密切联系我国的实际情况。此后又于1976年、1981年进行了两次修订。其中，1981年1月1日开始实施的《中国保险条款》最终确立了中国人民保险公司海洋运输货物保险条款在国际海上保险中的地位。

由于我国海洋运输货物保险条款先于我国合同法、海商法、保险法，随着中国市场经济的改革，世界经济一体化的发展，以及国际海商法（国际惯例）的调整、修改，中国人民保险公司于2009年推出了新的《运输货物保险条款》，作为2009年修订实施的《中国保险条款》的重要组成部分，包括海运、陆运、空运及邮包运输四种运输方式的货物保险条款，以及适用以上各种运输方式货物保险的附加险条款。

在四种国际货物运输方式中，海运货物保险的险种最多。实务中可分为基本险、附加

险和专门险三大类。每一大类险别又包含责任范围、除外范围、责任起讫、被保险人义务、赔偿处理、索赔期限等内容。

一、海运货物保险基本险

我国海洋运输货物保险险别，按照能否单独投保来划分，可以分为基本险和附加险两大类。

基本险又称主险，是可以单独投保的险别，不必依附于其他险别项下。基本险承保的主要是自然灾害和意外事故所造成的货物损失或费用。与国际保险市场的习惯做法一样，我国海洋运输货物保险的基本险分为平安险、水渍险和一切险三种。这三种基本险别的承保责任，在中国人民财产保险公司2009年修订的《海洋运输货物保险条款》中的“责任范围”一节内分别做了具体规定。《海洋运输货物保险条款》共分六节，除第一节为“责任范围”外，其余五节依次名为“除外责任”、“责任起讫”、“被保险人义务”、“赔偿处理”及“索赔期限”。后五节的内容是三种基本险的共同内容，适用于平安险、水渍险及一切险。投保人可以根据需要选择其中任何一种险别投保。当被保险货物遭受损失时，保险人按照保险单载明的投保险别所规定的责任范围负责赔偿。

平安险、水渍险和一切险的称谓，源自中华人民共和国成立之前我国海上保险市场的叫法，其内容则是参照伦敦保险协会1963年《协会货物保险条款》制定的。险别的英文名称也来自伦敦保险协会条款。

（一）基本险的责任范围

1. 平安险的责任范围

平安险（free from particular average，FPA），其英文原文的含义是“单独海损不赔”，即保险人只负责赔偿保险标的发生的全损。但随着国际保险界对平安险条款的不断修订与补充，目前平安险的责任范围已远远超过全损险的责任范围。“平安险”一词是我国保险业的习惯叫法，沿用已久，在三个基本险种中承保的责任范围最小。根据中国人民财产保险公司《海洋运输货物保险条款》，平安险的承保责任范围包括以下八个方面：

（1）被保险货物在运输途中由恶劣气候、雷电、海啸、地震、洪水等自然灾害造成整批货物的实际全损或推定全损。被保险货物用驳船运往或远离海轮的，每一驳船所装的货物可视为一个整批。

（2）由运输工具搁浅、触礁、沉没、互撞、与流冰或其他物体碰撞以及失火、爆炸意外事故造成货物的全部或部分损失。

（3）在运输工具已经发生搁浅、触礁、沉没、焚毁意外事故的情况下，货物在此前后又在海上遭受恶劣气候、雷电、海啸等自然灾害所造成的部分损失。

（4）在装卸或转运时由一件或数件整件货物落海造成的全部或部分损失。

（5）被保险人对遭受承保责任内危险的货物采取抢救、防止或减少货损的措施而支付的合理费用，但以不超过该批被救货物的保险金额为限。

（6）运输工具遭遇海难后，在避难港由卸货所引起的损失以及在中途港、避难港由于卸货、存仓以及运送货物所产生的特别费用。

（7）共同海损的牺牲、分摊和救助费用。

(8) 运输契约订有“船舶互撞责任”条款时，根据该条款规定应由货方偿还船方的损失。

从上述平安险责任范围的内容可以看出，“平安险”的叫法十分笼统，容易使人误解为保险人承保货物安全到达，对于运输途中发生的所有风险损失均予负责。至于“单独海损不赔”的叫法，虽然较“平安险”的叫法明确一些，但仍然会使人产生误解，认为所造成的单独海损不赔，而对于因搁浅、触礁等意外事故所造成的单独海损仍然负责赔偿。不仅如此，如果在运输途中运输工具发生过搁浅、触礁、沉没、焚毁的意外事故，则不论在事故发生之前还是之后，由自然灾害所造成的单独海损，同样予以负责。这个险别无论是称为“平安险”还是“单独海损不赔”，都不能十分确切地反映出其责任范围的真正含义。正是由于平安险的承保责任范围有限，在保险实务中，平安险一般适用于大宗、低值、粗糙的货物，例如废钢铁、木材、矿砂等。

2. 水渍险的责任范围

水渍险（with particular average，WA 或 WPA）也是我国保险业沿用已久的名称，其英文原文的含义是“负责单独海损”。它的责任范围比平安险广泛，包括以下两大部分：

(1) 平安险所承保的全部责任。

(2) 被保险货物在运输途中，由恶劣气候、雷电、海啸、地震、洪水等自然灾害所造成的部分损失。

对水渍险与平安险的承保责任加以比较，可以发现水渍险与平安险的差异不大。被保险货物如果因承保风险造成全部损失，无论是水渍险还是平安险，保险人都是要负赔偿责任的，只有在发生部分损失的情况下，两者才有所不同：水渍险对不论是因自然灾害，还是因意外事故所造成的部分损失，均予负责；平安险对由意外事故所造成的部分损失负责，对由自然灾害所造成的部分损失一般不予负责，但在运输过程中，若运输工具曾经发生过搁浅、触礁、沉没、焚毁的情况，即使是自然灾害所造成的损失，平安险也予负责。

从上述水渍险的具体承保责任范围也可以看出，这个险别的中英文名称，即“水渍险”与“负责单独海损”，同样没有能够明确地反映出它所承保的责任范围的真正含义，并且也容易使人产生误解。实际上，这个险别的责任范围包括了由海上风险（自然灾害或意外事故）所造成的全部损失和部分损失，并不是仅对货物遭受海水水渍的损失负责，也不是仅对单独海损负责，但是对外来原因造成的损失不予负责。因此，在保险实务中，水渍险一般适用于不大可能由于其本身特性或外部环境变化而造成品质变化损失的货物，例如小五金工具、旧汽车或旧机械、化工原料等。

3. 一切险

一切险（all risk）是三个基本险中责任范围最广的险别。

根据现行《海洋运输货物保险条款》的规定，一切险除包括平安险和水渍险的各项责任外，还包括被保险货物在运输途中由外来原因所造成的全部或部分损失。这里的“外来原因”并非运输途中的一切外来风险，而是指一般外来风险，并不负责由特别外来风险造成的损失。对于一些不可避免的、必然发生的风险所造成的损失，如货物的内在缺陷和自然损耗所致损失，以及运输延迟、战争、罢工等所致损失，保险人均不负赔偿责任。但是，总的来说，一切险是平安险、水渍险和一般附加险的总和。

由于一切险提供的保障范围较为全面，所以，在保险实务中，适用于各类货物，特别是那些价值较高、可能遭受损失因素较多的货物，例如纺织品、工艺品、精密仪器等。

（二）基本险的除外责任

除外责任（exclusion），是指保险人列明不负赔偿责任的风险范围，即保险人列明的不予承保的损失和费用。

保险条款中对除外责任做出规定，主要是为了分清保险人、被保险人、发货人和承运人等有关方面对损失或费用应负的责任，进一步明确保险人的责任范围。我国《海洋运输货物保险条款》列明以下五项出险情况保险人责任除外：

（1）被保险人的故意行为或过失所造成的损失。

（2）属于发货人责任所引起的损失。

（3）在保险责任开始前，被保险货物已存在的品质不良或数量短差所造成的损失。

（4）被保险货物的自然损耗、本质缺陷、特性以及市价跌落、运输延迟所造成的损失或费用。

（5）海洋运输货物战争险条款，及货物运输罢工险条款规定的责任范围和除外责任。

（三）基本险的责任起讫

保险的责任起讫，又称保险期间或保险期限（duration of insurance），是指保险人承担责任的起讫时限。

在海运货物保险中，由于是对特定航程中货物的保险，因而保险责任起讫除了指具体的开始与终止日期外，还指保险责任在什么情况下可称为开始或终止。同国际保险市场的习惯做法一样，我国海运货物保险基本险的责任起讫以运输过程为限，保险实务中通常被称为“仓至仓”原则。

“仓至仓”（warehouse to warehouse，W/W）原则，是海运货物保险责任起讫的基本原则，它规定了保险人承担责任的起讫地点，也就是保险人对保险货物的责任自被保险货物远离保险单载明的起运地发货人仓库或储存处所开始运输时生效，包括正常运输过程中的海上、陆上、内河和驳船运输在内，直到该项货物运抵保险单载明的目的地收货人的最后仓库或储存处所或被保险人用作分配、分派或非正常运输的其他储存处所为止。

根据我国《海洋运输货物保险条款》第 3 节“责任起讫”的规定，保险责任的起讫时限可分为正常运输和非正常运输两种情况：

1. 正常运输情况下，保险责任的起讫时限

正常运输，是指将货物从保险单载明的起运地发货人仓库或储存处所至目的地收货人的最后仓库或储存处所或被保险人用作分配、分派或非正常运输的其他储存处所，整个航程所需要的正常运输。包括正常的运输工具（汽车、火车、内河船舶、海轮等）、按正常的航线行驶并停靠港口以及途中正常的延迟和转船。例如，一批保险货物从发货人仓库起运，先装卡车后装火车，最后在起运港装海轮，当货物在卡车卸货于铁路仓库等待装火车时，铁路仓库失火，货物被毁，保险人对此损失将负赔偿责任，因为货物损失发生在正常运输过程中。

如果货物从发货人仓库起运，先装卡车运往打包厂加工整理打包，若打包厂失火，货物被毁，保险人将不负任何赔偿责任，因为货物在加工厂储存加工期间，不属正常运输

范围。

在正常运输情况下，保险责任的起讫是按“仓至仓”原则办理的。但在实际业务中，经常发生保险货物卸离海轮后，在运至保险单所载明的收货人仓库之前，需要在卸货港存放一段时间。为满足被保险人的需要，保险人对这段时间仍提供保险保障，但最长时间不能超过60天。若届满60天货物仍未进入收货人仓库，保险责任也将终止。

若在60天内货物进入收货人仓库，保险责任即在进入仓库时终止。其责任终止具体有以下几种情况：

（1）以卸货港为目的地，被保险人提货后，运到自己的仓库时，保险责任即行终止。

（2）以卸货港为目的地，被保险人提货后并不将货物运往自己的仓库，而是将货物进行分配、分派或分散转运，保险责任从开始分配、分派或转运时终止。

（3）以内陆为目的地，从向船方提货后运到内陆目的地的被保险人仓库时，保险责任即行终止。此后如果被保险人将货物出售或分配，保险人不再承担责任。

（4）以内陆为目的地，如果被保险货物在运抵内陆目的地时，先行存入某一仓库，然后又将该批货物分成几批继续运往内陆目的地另外几个仓库，包括保险单所载目的地，在这种情况下，则以先行存入的某一仓库作为被保险人的最后仓库，保险责任在进入该仓库时即终止，而不管其中是否有部分货物最终运到了保险单所载明的内陆目的地仓库。

上述几种情况，均以被保险货物卸离海轮后60天为限，并以先发生者为准。

2. 非正常运输情况下，保险责任的起讫时限

非正常运输，是指被保险货物在运输中，由于被保险人无法控制的运输延迟、船舶绕道、被迫卸货、重新装载、转载或承运人行使运输合同赋予的权限所做的任何航海上的变更或终止运输合同，致使被保险货物运抵非保险单所载明的目的地等非正常情况。

根据我国《海洋运输货物保险条款》第3节第2条的规定，在海上运输过程中，如果出现被保险人无法控制的非正常运输情形，保险责任将按下列规定办理：

（1）当出现由于被保险人无法控制的运输延迟、绕道、被迫卸货、重新装载、转载或承运人运用运输契约赋予的权限所做的任何航海上的变更时，在被保险人及时将获知的情况通知保险人并在必要时加缴一定保险费的情况下，保险人可继续承担责任。在此期间，保险合同继续有效。

（2）在被保险人无法控制的情况下，保险货物如在运抵保险单载明的目的地之前，运输契约在其他港口或地方终止时，在被保险人立即通知保险人并在必要时加缴一定保险费的条件下，保险合同继续有效，直至货物在卸载港口或地方卖出去以及送交之时为止。但是，最长时间不能超过货物在卸载港全部卸离海轮后满60天。

这两种情况保险期限的终止，应以先发生者为准。

（四）基本险中被保险人的义务

保险人与被保险人签订保险合同后，双方在享有权利的同时，均需按合同规定履行各自的义务。保险人在收取保险费以后，应当承担货物因发生保险事故而遭受的损失的赔偿责任。与此对应，被保险人为获得保险赔偿，必须履行保险合同中规定的有关义务和支付保险费，如被保险人未恪尽职守履行其义务，影响了保险人的利益，对被保险货物的有关损失，保险人将有权拒绝赔偿。

按照我国《海洋运输货物保险条款》的规定，被保险人应承担的义务主要有以下几个方面：

（1）当被保险货物运抵保险单所载明的目的港（地）以后，被保险人应及时提货。当发现被保险货物遭受任何损失时，应立即向保险单上所载明的检验、理赔代理人申请检验，如发现被保险货物整件短少或有明显残损痕迹，应立即向承运人、受托人或有关当局（海关、港务当局等）索取货损货差证明。如果货损货差是由于承运人、受托人或其他有关方面的责任造成的，应以书面方式向其提出索赔，必要时还须取得延长时效的认证。

（2）被保险货物遭受保险责任内的损失时，被保险人应迅速采取合理的抢救措施，防止或减少货物损失的进一步扩大。被保险人的此项措施，不应视为放弃委付的表示。

（3）如遇航程变更或发现保险单所载明的货物、船名或航程等内容有遗漏或错误时，被保险人应在获悉后立即通知保险人，并在必要时加缴一定的保险费，保险则继续有效。

（4）若被保险货物遭受损失，被保险人向保险人索赔时，必须提供下列单证：保险单正本、提单、发票、装箱单、磅码单、货损货差证明、检验报告及索赔清单等。如涉及第三者责任，被保险人还须提供向责任方追偿的有关函电及其他必要单证或文件。

（5）被保险人在获悉有关运输契约中“船舶互撞责任”条款的实际责任后，应及时通知保险人。

（五）赔偿处理

保险人收到被保险人的赔偿请求后，应当及时就是否属于保险责任做出核定，并将核定结果通知被保险人。情形复杂的，保险人在收到被保险人的赔偿请求并提供理赔所需资料后 30 日内未能核定保险责任的，保险人与被保险人根据实际情形商议合理期间，保险人在商定的期间内做出核定结果并通知被保险人。对属于保险责任的，在与被保险人达成有关赔偿金额的协议后 10 日内，履行赔偿义务。

（六）基本险的索赔期限

保险索赔期限（time of validity of a claim），又称保险索赔时效，是指被保险货物发生保险责任范围的风险造成损失时，被保险人向保险人提出索赔的有效期限。

我国《海洋运输货物保险条款》第 6 节规定，保险索赔时效从保险事故发生之日起起算，最多不超过两年。

值得注意的是，如果货损属于保险责任范围，又涉及船方或其他第三者责任方的索赔，被保险人必须在有关责任方规定的有效期限内办理索赔。否则，因被保险人疏忽或其他原因逾期而丧失向有关责任方索赔的权益时，应由被保险人自己承担责任，保险人不予赔偿。例如，按照《海牙规则》或我国《海商法》的规定，收货人向承运人索赔的期限规定为交货之日起四年内有效。被保险人必须在这个期限到达之前向保险人提出索赔，或者要求承运人延长索赔时效，以便保险人在支付赔款之后能向承运人行使代位追偿的权利。如果被保险人没有做到这一点，保险人便不负赔偿责任。货损的共同海损分摊责任，要等待共同海损理算完成以后才能确定。被保险人向保险人索赔货物的共同海损分摊的诉讼时效，应适用于我国《海商法》第 263 条关于共同海损分摊请求权的时效规定，即时效为一年，从共同海损理算结束之日起计算。

二、海运货物保险附加险

国际贸易货物在运输过程中可能遭遇到的风险和损失，除了前面基本险所承保的由自然灾害和意外事故所造成的风险损失之外，往往还有其他许多外来原因所引起的风险损失。为了满足投保人的需要，保险人在基本险条款之外又制定了各种附加险条款。

附加险是基本险的扩大和补充，不能单独投保，必须在投保主险（基本险的一种）的基础上加保。加保的附加险可以是一种或几种，由被保险人根据需要选择确定。加保附加险时，被保险人需支付一定的保险费，由保险人在保险单上注明加保某一附加险，该附加险的条款即作为基本险别的附加条款。附加险按照承保的风险不同，分为一般附加险、特别附加险和特殊附加险三类。

（一）一般附加险

一般附加险（general additional risks）负责赔偿一般外来风险所致的损失。由于一般附加险包括在一切险中，所以，如已投保了一切险，则无须加保一般附加险。

我国《海洋运输货物保险条款》规定的一般附加险有以下几种：

1. 偷窃、提货不着险

偷窃、提货不着险（theft，pilferage and non-delivery clause，TPND）主要承保在保险有效期内被保险货物被偷走或窃取以及货物抵达目的地后整件未交的损失。

偷窃是指暗中进行的偷摸、窃取行为，不包括使用暴力手段的公开劫夺。提货不着是指货物的全部或整件未能在目的地交付收货人。但本险别并非对任何原因所致的提货不着均予负责，例如货物在中途被作为危险品扣押，被保险人并不能据此险别获得赔偿。

在这一险别下，为了便于确定责任，对于偷窃的损失，被保险人必须在及时提货后10天之内申请检验；对于整件提货不着，被保险人必须向责任方、海关或有关当局取得证明。保险人为限制其承保责任，有时还在本条款下附贴“海关检验条款”或“码头检验条款”，将保险责任期限提前到目的地海关或最后卸货码头时终止。

2. 淡水雨淋险

淡水雨淋险（fresh water and/or rain damage clause，FWRD），承保被保险货物直接由淡水、雨淋、冰雪融化所造成的损失。淡水包括船上淡水舱、水管漏水和舱汗等。淡水是与海水相对而言的，由于海水所致的损失一般都包括在平安险或水渍险的承保范围内，不需要另保附加险。被保险人发现货物遭受淡水雨淋的损失时，必须在提货后10天内申请检验，否则保险公司不负赔偿责任。申请检验货物的淡水雨淋险时，通常货物的包装外部应有雨水或淡水痕迹，或有其他适当证明。

3. 短量险

短量险（shortage clause）承保被保险货物在运输过程中因数量短少和重量短缺的损失。

如果是包装货物，必须以包装是否破裂、裂口、脱线等异常现象为依据判断是否由外来原因造成短量；如果是散装货物，则往往以装船重量和卸船重量的差额作为短量的依据。

至于运输途中的政策损耗，并不属于短量险的责任范围，必须事先扣除。因此双方往往在保险单中约定一个免赔额，保险人仅赔付超过免赔额部分的损失。例如保险合同规定，散装大米的免赔率为 2%，则保险人只对超过总重量 2%以上的短量予以赔偿。对某些大量的不合理短少现象，被保险人必须提供被保险货物装船前的重量证明。

4. 混杂、沾污险

混杂、沾污险（intermixture and contamination clause）承保两类损失：

一是被保险货物在运输过程中，因混进杂质而致的损失。例如矿砂、矿石等因混进了泥土、草屑等使其质量受到影响；加装过矿砂的干货舱没有清扫干净，以致另一航程运送黄豆时导致砂石混入豆中，造成黄豆杂质过多而只能降价出售，或为清除杂质必须支付一笔费用，保险人对此贬值损失或清理费用予以赔偿。

二是承保货物在运输途中受其他货物沾污所致的损失。例如布匹、纸张、食物、服装等被油类或带色物质污染而造成的经济损失等。在实际业务中，干货舱不清洁以及油舱的附着物是造成大宗散货混杂或沾污的主要原因。

5. 渗漏险

渗漏险（leakage clause）承保两类损失：

一是承保流质、半流质及油类货物在运输过程中，因容器损坏而引起的渗漏损失。例如，装在铁桶中的汽油由于铁桶破裂而漏出桶外造成的损失。

二是承保用液体储藏的货物因液体的渗漏而引起的货物腐烂、变质等损失。例如，装在坛中的酱菜由于坛子破裂，酱菜汁渗漏而变质导致的损失。

6. 碰损、破碎险

碰损、破碎险（clash and breakage clause）承保货物在运输过程中，因震动、碰撞、受压造成的碰损和破碎损失。

碰损主要是对金属和金属制品的货物，例如机器、搪瓷等，在运输过程中因震动、受压、碰击等原因造成货物本身凹瘪、脱瓷、脱漆、划痕、破裂和断裂等。

破碎主要是指易碎货物如玻璃、玻璃制品、陶瓷制品、大理石、玉制工艺品等在运输过程中因震动、挤压、撞击、颠簸等外来原因造成货物的破碎。

7. 串味险

串味险（taint of odor clause）承保货物在运输过程中，因受其他异味货物的影响造成的串味的损失。例如，食品、饮料、香料、中药材、化妆品原料等在运输过程中与樟脑堆放在一起，樟脑味串及上述货物造成损失。但这种串味损失如果和配载不当直接有关，则船方负有责任，应向其追偿。

8. 受潮受热险

受潮受热险（sweat and heating clause）承保货物在运输过程中，气温突然变化或船上通风设备失灵，使船舱内的水汽凝结而引起货物发潮或发热所造成的霉烂、变质等损失。例如，船舶经过炎热潮湿的赤道地带，船舱内的谷物霉烂导致的损失，被保险人可向保险人索赔，但同时，被保险人须负举证之责，证明货物是由于外界原因而非本身缺陷致损。

9. 钩损险

钩损险（hook damage clause）承保袋装、捆装货物在装卸或搬运过程中，由于装卸或搬运人员操作不当，使用钩子将包装钩坏或直接钩及货物而造成的损失。在实际业务中，袋装水泥、粮食及捆装货物、纸张等货物均可能遭受此类损失，一般应加保钩损险。

10. 包装破裂险

包装破裂险（breakage of packing clause）承保货物在运输过程中，因装卸或搬运不慎，使外包装破裂造成短少、沾污等导致的损失。

对于在运输过程中，为了续运安全需要而产生的修补包装、调换包装所支付的费用，也予负责。

11. 锈损险

锈损险（rust clause）承保金属或金属制品在运输过程中，因各种外来原因导致生锈造成的损失。

由于有些裸装的金属板、块、条、管等货物以及习惯装在舱面的体积庞大的钢铁制品等在运输过程中难免发生锈损，而且与装运前的锈损难以分开，因而保险人对此类货物一般不愿接受锈损险的投保。

（二）特别附加险

特别附加险（special additional risks）与一般附加险一样，都不能独立投保，必须附加于基本险项下。但是特别附加险不包括在一切险的责任范围内，不属于一切险的责任范畴。特别附加险所承保的风险，往往与政治、国家行政措施、政策法令、航运贸易习惯等因素有关。我国海运货物保险中承保的特别附加险主要有以下 6 种：

1. 交货不到险

交货不到险（failure to deliver clause）承保货物装上船后，不论任何原因，从预定抵达目的地日期开始满 6 个月后仍未运到目的地交货的损失。

“交货不到”与一般附加险中的“提货不着”不同，它并不是承运人的原因，而是某些政治因素引起的。例如，由于运输途中被中途国政府当局禁运，被保险货物被迫在中途卸货导致货主收不到货而造成损失。保险人在承保这种险别时，一般都要求被保险人首先获得一切进口许可证件并办妥有关进口手续，以免日后因无进口许可证等原因，被拒绝进口而造成交货不到。

另外，凡提货不着险及战争险应该负责的损失，交货不到险不予负责。由于交货不到，很可能被保险货物并未实际遭受全损，因此，保险人在按全损赔付时，特别要求被保险人将货物的全部权益转移给自己。

2. 进口关税险

进口关税险（import duty clause）承保货物由于遭受保险事故，但被保险人仍需按完好货物价值缴纳进口关税所造成的损失。

各国政府对在运输途中受到损失的进口货物，在对其征收进口税时的政策并不相同。有的国家规定，受损货物可按货物受损后的实际价值减免关税；有的国家规定，要区别货损发生在进口前还是进口后，前者可以减免关税，后者则不能；还有的国家规定，不论货物抵达目的港是否完好，一律按发票上载明的货物价值或海关估价征收关税。进口关税险，就是承保货物不论是进口前还是进口后发生损失，按进口国法律规定，仍需按完好货物价值纳税而致的关税损失。在这一险别下，如果被保险货物发生保险责任范围内的损失，而被保险人仍需按货物的完好状态完税时，保险人即对该受损部分货物所交纳的关税负赔偿责任。

附加进口关税的保险金额应根据可能缴纳的税款来确定，通常是由被保险人根据进口国进口关税的税率制定，因此，应与货物保险金额分开，一般是按照发票金额的若干加成进行保险。这个保险金额应在保险单上另行载明，将来发生损失时在该保险额度内赔偿，不能和基本险的保额相互串用。被保险人索赔关税损失时，必须提交关税证明。

3. 舱面险

舱面险（on deck clause）承保载于舱面的货物因遭受保险事故而致的损失以及抛弃和浪击落海而致的损失。

海运货物一般都是装在轮船舱内的，保险人承保的海洋运输货物险，在制定货物运输险的责任范围和费率时，都是以舱内运输作为考虑基础的。因此，对于货物装载舱面所发生的损失，保险人不负赔偿责任。

但是，有些货物由于体积大、有毒性、有污染性或者易燃易爆等，根据航运习惯必须装载在舱面上。舱面险就是为了对这类货物的损失进行经济补偿而设立的附加险别。由于货物装载舱面极易受损，遭受水湿雨淋等情况更是司空见惯。保险人为了避免承保的责任过大，通常只接受在平安险的基础上加保舱面险，而不愿接受在一切险的基础上加保舱面险。加保舱面险，保险人除了对原来承保的险别范围负责外，还对货物被抛弃或被风浪冲击落水的损失负责。

注意，对载于集装箱船甲板上的封闭式集装箱货物，一般订有“货物可能装于舱面”的集装箱货物提单。这种“货物可能装于舱面”的集装箱海运提单，目前在国际贸易中已被普遍接受。银行在办理结汇时，已把这种提单视同清洁提单而予受理。所以，在目前的保险业务中，保险人也已经把集装箱舱面货物视同舱内货物承保。

4. 拒收险

拒收险（rejection clause）承保货物在进口时由于各种原因，被进口国的政府和有关当局（如海关、动植物检疫局）拒绝进口或没收所造成的损失。保险人的赔偿金额为被拒绝进口或没收货物的保险价值。其前提条件是，被保险人保证货物备有一切必需的有效进口许可文件，而且货物的生产、质量、包装和商品检验符合产地国和进口国的有关规定。

在运输过程中，如果被保险货物在起运后尚未抵达目的港时，进口国宣布禁运或禁止进口，则保险人只负责赔偿将货物运回出口国或转口到其他目的地而增加的运费，但最多不能超过该批货物的保险价值。如果货物在起运前进口国即已宣布禁运或禁止进口，那么保险人不负任何赔偿责任。

投保拒收险的货物主要是食品、饮料、药品等与人体健康有关的货物。世界上大多数国家对进口这类货物都规定有卫生检验标准，如果违反进口国所规定的标准，就会被拒绝进口或者没收，甚至被销毁。由于市价跌落，或记载错误，商标或标记错误，贸易合同或其他文件发生错误或遗漏等原因造成买方拒绝进口或没收，不属于拒收险的承保责任。

5. 黄曲霉素险

黄曲霉素险（aflatoxin clause）承保在保险责任有效期内，在进口港或进口地经当地卫生当局检验，证明黄曲霉素的含量超过进口国对该霉素的限制标准，因而被拒绝进口、没收或强制改变用途的损失。

黄曲霉素是一种致癌毒素，发霉的花生、油菜籽、大米等一般都含有这种毒素。各国卫生当局对这种毒素的含量都有严格的限值标准。如果某种进口粮食作物的黄曲霉素含量超过限值标准，就会被拒绝进口，或者被没收，或者被强制改变用途。黄曲霉素险就是承保由此所造成损失的险别。

6. 出口货物到香港（包括九龙）或澳门存仓火险责任扩展条款

出口货物到香港（包括九龙）或澳门存仓火险责任扩展条款［fire risks extension clause（for storage of cargo at destination Hong Kong，including Kowloon or Macao），F. R. E. C］专门适用于出口到港澳地区且在港澳的银行办理押汇的出口运输货物。它承保货物抵达香港或澳门卸离运输工具后，直接存放于保单载明的过户银行指定的仓库时发生火险造成的损失。

中国内地出口到港澳地区的货物，有些是向中国内地在港澳地区的银行办理押汇。在货主向银行还清贷款之前，货物的权益属于银行，因而在这些货物的保险单上注明过户给放款银行。如果保险货物抵达目的地后，货主尚未还款，往往就将其存放在过户银行指定的仓库中。为了使货物在存仓期间如果发生火灾能得到赔偿，特别附加这一险别。这一险别的保险期限，是从货物运入过户银行指定的仓库时开始，直到过户银行解除货物权益或运输责任终止时计算满 30 天为止。

（三）特殊附加险

特殊附加险（specific additional risks）与特别附加险一样，不能独立投保，只有在投保海运货物保险基本险的基础上，才能加保特殊附加险。特殊附加险主要承保海运货物战争险和货物运输罢工险。

1. 海运货物战争险

海运货物战争险（ocean marine cargo war risks clause）承保被保险货物由于战争、类似战争行为、武装冲突或海盗行为造成的直接损失。而对于承保风险所引起的保险货物的间接损失，保险人概不赔偿。

海运货物战争险的承保责任范围包括：

（1）直接由于战争、类似战争行为和敌对行为、武装冲突或海盗劫掠等所造成的运输货物的损失；

（2）由上述原因引起的捕获、拘留、扣留、禁止、扣押所造成的运输货物的损失；

（3）各种常规武器，包括水雷、鱼雷、炸弹等所造成的运输货物的损失；

（4）由本险责任范围所引起的共同海损牺牲、分摊和救助费用。

海运货物战争险对由于敌对行为使用原子或热核制造的武器，导致被保险货物的损失和费用不负责任；对由执政者、当权者或其他武装集团的扣押、扣留引起的承保航程的丧失和挫折提出的索赔也不负责任。

海运货物战争险的责任起讫同海运货物基本险有所不同，它承保责任的起讫不是“仓至仓”，而是以“水上危险”为限，即以货物装上保险单所载明的起运港的海轮或驳船开始，到卸离保险单所载明的目的港的海轮或驳船为止。如果被保险货物不卸离海轮或驳船，保险责任期限以海轮到达目的港的当日午夜起算 15 天为止。如果货物需在中途港转船，不论货物是否卸载，保险责任均以海轮到达该港或卸货地点的当日午夜起算满 15 天为止。只有在此期限内装上续运海轮，保险责任才继续有效。

在国际保险市场上，战争险条款中一般都有一个“注销条款”。我国海运货物战争险条款亦规定，保险人和被保险人均有权在本保险生效前向对方发出注销本保险的通知，在通知发出后七天期满时，该通知生效。

2. 货物运输罢工险

货物运输罢工险（cargo strike clause）承保货物由于罢工者、被迫停工工人或参加工潮、暴动、民众斗争的人员的行为，或任何人的恶意行为所造成的直接损失和上述行动或行为所引起的共同海损的牺牲、分摊和救助费用。罢工险负责的损失都必须是直接损失，对于间接损失是不负责的。因此，凡在罢工期间由于劳动力短缺，或无法使用劳动力所造成的被保险货物的损失，或由此所造成的费用损失，保险人均不予负责。例如，由于罢工缺少劳动力搬运货物，致使货物堆积在码头遭受雨水淋湿的损失，或因港口工人罢工无法在原定港口卸货，改运其他港口卸货而增加运输费用的损失等，保险人均不负赔偿责任。

罢工险对保险责任起讫的规定与海运货物基本险一样，采取“仓至仓”的原则，即保险人对货物从卖方仓库到买方仓库的整个运输期间负责。

按照国际保险市场的习惯做法，被保险货物如已投保战争险，在加保罢工险时，一般不再加收保险费。若仅要求加保罢工险，则按战争险费率缴付保险费。

以上各种特别附加险和特殊附加险，可供投保人在投保了任意一种基本险（平安险、水渍险和一切险）的基础上选择加保。

三、海运货物保险专门险

海运货物保险专门险，是根据海洋运输货物的特性而承保的专门险别，可以单独投保。

（一）海洋运输冷藏货物保险条款

海洋运输冷藏货物保险条款［ocean marine insurance clause（frozen products）］是根据冷藏货物的特性专门设立的。一些需要冷藏运输的鲜货，如鱼、虾、肉类、蔬菜以及水果等，为了保持新鲜程度，运输时一般都须经过特别处理后装入轮船冷藏舱内，根据其特点保持不同的冷藏温度。但是，有时由于灾害事故和外来风险可能使冷藏机器失灵造成鲜货腐烂或损失，为了弥补这种损失，得到全面保障，习惯上投保海洋运输冷藏货物保险。

1. 海洋运输冷藏货物保险的险别

（1）冷藏险（risks for frozen products）。

本险别的责任范围除负责由于冷藏机器停止工作连续达 24 小时以上所造成的货物腐烂的损失外，其他赔偿责任与水渍险相同。此处的冷藏机器包括载运货物的冷藏车、冷藏集装箱及冷藏船上的制冷设备。冷藏险可单独投保。

（2）冷藏一切险（all risks for frozen products）。

本险别的责任范围更广，除包括冷藏险的各项责任以外，还负责赔偿被保险货物在运输中由于外来原因所造成的鲜货腐烂或损失。这与海洋运输货物保险条款中一切险的责任范围区别不大。冷藏一切险也可以单独投保。

2. 海洋运输冷藏货物保险的除外责任

海洋运输冷藏货物保险的除外责任，除上述海洋运输货物基本险的除外责任外，还针对冷藏货物保险的特点增加了两项，对以下两项所造成的损失不负赔偿责任：

（1）被保险鲜货在运输过程中的任何阶段，因未存放在有冷藏设备的仓库或运输工具中，或辅助运输工具没有隔温设备所造成的鲜货腐烂和损失。

（2）被保险鲜货在保险责任开始时，因未保持良好状态，包括整理加工和包装不妥、冷冻不合规及肉食骨头变质所引起的鲜货腐烂和损失。

3. 海洋运输冷藏货物保险的责任起讫

海洋运输冷藏货物保险的责任起讫与海洋运输货物基本险的责任起讫基本相同。不过海洋运输冷藏货物保险条款根据冷藏货物的特点做了一定变化，具体表现在：

（1）货物到达保险单载明的最后目的港后，须在 30 天内卸离海轮，否则保险责任终止。

（2）货物全部卸离海轮并存入冷藏仓库，保险人负责货物卸离海轮后 10 天的风险。但在上述期限内，货物一经移出冷藏仓库，保险责任即告终止。

（3）货物全部卸离海轮后不存入冷藏仓库，保险责任至卸离海轮即告终止。

关于被保险人的义务和索赔时效与《海洋运输货物保险条款》的规定相同。

（二）海洋运输散装桐油保险条款

海洋运输散装桐油保险条款［ocean marine insurance clause（woodoil bulk)］是根据散装桐油的特点而专门设立的，可以单独投保。桐油作为油漆的重要原料，是我国大宗出口商品之一。桐油因自身的特性，在运输过程中容易受到污染、变质等损失。为此，它需要不同于一般货物保险的责任保障。海洋运输散装桐油保险条款就是为了为桐油提供全面保障而制定的。

1. 海洋运输散装桐油保险的责任范围

海洋运输散装桐油保险的责任范围，除了与海洋运输货物基本险的责任范围相同的以外，还包括以下三个方面：

（1）不论任何原因所致被保险桐油的短少、渗漏超过保险单规定的免赔率（以每个油舱作为计算单位）的损失。

（2）不论任何原因所致被保险桐油的沾污或变质损失。

（3）被保险人对遭受承保责任危险的桐油采取抢险、防止或缺少货损的措施而支付的合理费用，但以不超过该批被救桐油的保险金额为限。

2. 海洋运输散装桐油保险的责任起讫

海洋运输散装桐油保险的责任起讫，与海运基本险的保险期限基本一致，也是按“仓至仓”条款负责。其具体内容是：

（1）自被保险桐油运离保险单所载明的起运港的岸上油库或盛装容器开始运输时生效，在整个运输过程中继续有效，直至安全交至保险单所载明目的地的岸上油库时为止。但若桐油不及时卸离海轮或未交至岸上油库，则最长保险期限以海轮达到目的港后 15 天为限。

（2）在非正常运输情况下，被保险桐油运到非保险单所载明目的港时，应在到达该港口 15 天内卸离海轮，在卸离海轮后满 15 天责任终止。如在 15 天内货物在该地出售，则保险责任以交货时为止。

（3）被保险桐油在上述非正常运输情况下，如在 15 天内继续运往保险单所载原目的地或其他目的地时，保险责任则按上述条款的规定终止。

3. 特别约定

由于桐油是易受污染和变质的货物，因此，保险人针对保险标的的特性，在接受承保时向被保险人提出了一些特别约定：

（1）散装桐油在装运港装船前须经过抽样化验，被保险人必须取得下列检验证书：检验人出具的表明油舱清洁的合格证书；检验人对桐油装船后的容量或重量以及温度进行详细检验并出具的证书；检验人对装船桐油的品质进行抽样化验，证明在装运时确无沾污、变质或"培他"（桐油损失专门名词）等迹象后出具的合格证书。

（2）被保险人的桐油如因非正常运输情况必须在非目的港卸船，在卸船前必须对其品质进行鉴定，并取得证书；对接收所卸桐油的油驳、岸上油库或其他盛装容器，以及重新装载桐油的船舶油舱，也都须由当地合格检验人进行检验并取得相应的证书。

（3）被保险桐油运抵保险单所载明的目的港后，被保险人必须在卸船前通知保险单所指定的检验、理赔代理人，由该代理人指定的检验人进行检验，以确定卸船时油舱中的温度、容量、重量等，并由该代理人指定的合格化验师一次或数次抽样化验，出具确定当时品质状况的证书。若抵达港口后由驳船驳运，那么油驳在装油前也必须经检验人检验出证。

除上述规定外，海洋运输散装桐油保险条款中所规定的除外责任、被保险人义务与索赔期限等，与《海洋运输货物保险条款》的规定相同。

另外，在我国货物运输保险中，还有一种被称为"买方利益险"［contingency insurance clause（cover seller's interest only)］的险别。这种险别不同于一般的货物运输保险，是供我国出口企业在采用托收方式，并按 FOB 或 CFR 条件出口时，出口企业没有投保货物运输基本险，为了保障自身在货物运输途中遇到事故时，买方不付账赎单而遭受的损失所设立的。

第二节　伦敦保险协会海洋运输货物保险条款

英国是近代世界海上保险的中心，在国际海上贸易航运和保险业中占有很重要的地位。英国劳合社的 S. G. 保险单的说明规则被英国 1906 年《海上保险法》列为附则，后来逐渐成为国际海上保险单的范本。1912 年，伦敦保险协会的技术与条款委员会（Technical and Clause Committee）制定了《协会货物保险条款》(Institute Cargo Clause，ICC)，对沿用已久的 S. G. 保险单的内容进行了修改和补充，以加贴的形式附于保险单背面。后经过多次修改，于 1963 年形成了一套完整的海上运输货物保险标准条款，即 ICC 旧条款。该条款包括平安险、水渍险和一切险三套条款，我国现行的《海洋运输货物保险条款》正是参照该条款而制定的。但 ICC 旧条款仍然是与 S. G. 保险单配合使用。为了适应国际航运和贸易的发展，伦敦保险协会在1981年对1963年条款做出重大修改，并于1982年1月1日起开始在伦敦保险市场使用，旧的《协会货物保险条款》和劳合社S.G.保险单已于1983年3月31日起在伦敦保险市场停止使用，从1983年4月1日起，开始强制性要求使用新的海上保险单格式和新的《协会货物保险条款》(ICC 1982)，新保险单本身不能单独使用，必须与新条款同时使用才能构成一份完整的保险合同。最近一次修订完成于2008年，并于2009年1月1日生效，即ICC 2009，这次修改主要是对ICC 1982进行了一些完善和改进，做出了一些对被保险人更加有利的规定，同时也进行了一些文字上的修改，使条款更加符合时代的要求，含义也更加清楚。长期以来，《协会货物保险条款》在国际保险市场上应用十分广泛，据统计，在全世界范围内大约有三分之二的国家都采用《协会货物保险条款》。

一、《协会货物保险条款》的特点

(一) 1982年《协会货物保险条款》的特点

同1963年《协会货物保险条款》相比，伦敦保险协会1982年《协会货物保险条款》无论是在结构上还是在内容上，都有非常重大的变化。

1. 1982年《协会货物保险条款》的结构统一，体系完整

1982年《协会货物保险条款》的各种险别条款，除了作为附加险的"恶意损害险条款"之外，均包括八项内容，即承保范围(risks covered)、除外责任(exclusions)、保险期间(duration)、索赔(claims)、保险受益(benefit of insurance)、减少损失(minimizing losses)、避免延迟(avoidance delay)及法律与惯例(law and practice)。在上述八项内容中，除了前三项之外，其他五项在ICC(A)、ICC(B)、ICC(C)以及战争险和罢工险中都是完全相同的。由于战争险和罢工险也完整地包括了上述八项内容，因而也可以独立投保，无须作为特殊附加险加保于基本险中。

1963年的协会条款有14条，1982年的协会条款有19条，增加了保险利益条款、续运费用条款、增值条款、放弃条款和英国法律与惯例条例，内容更加全面，体系更加完整。

2. 1982年《协会货物保险条款》的主要险别采用英文字母A、B、C命名

1982年《协会货物保险条款》取消了1963年《协会货物保险条款》"单独海损不赔"、"负责单独海损"及"一切险"的名称，而代之以"协会货物保险条款A"[ICC(A)]、"协会货物保险条款B"[ICC(B)]及"协会货物保险条款C"[ICC(C)]。这一改变克服了1963年《协会货物保险条款》的名称与内容不一致，易使人们产生误解的弊端。另外，1982年《协会货物保险条款》A、B、C都取消了免赔额(率)的规定。

尽管1982年《协会货物保险条款》中的A、B、C险与1963年《协会货物保险条款》的险别有相似之处，但不能将1982年《协会货物保险条款》视为1963年《协会货物保险条款》的翻版，它们之间在许多方面都有所不同。例如，与"单独海损不赔"比较，C险的责任范围更加确切明了，但责任范围小于前者；与"负责单独海损"比较，B险不受S.G.保险单附注条款的限制，而是允许被保险人根据具体情况与保险人洽谈保险条件；一切险与A险相比，虽然在实际保障方面没有实质区别，但是，1982年《协会货物保险

条款》把海盗行为从战争风险中剔除出来，这样A险对海盗行为所导致的损失，应负赔偿责任。

3. 1982年《协会货物保险条款》的承保责任采用“列明风险”和“一切风险减除外责任”两种方式

除了个别险以外，1982年《协会货物保险条款》均采用“列明风险”和“一切风险减除外责任”的方式表示保险人的承保责任。例如，ICC(A)条款就是采用“一切风险减除外责任”的方式，即除了“除外责任”项下所列风险保险人不予负责外，其他风险均予负责。ICC(B)和ICC(C)条款以及战争险与罢工险则采用“列明风险”的方式，即在条款的开头就把保险人所承保的风险一一列出。

4. 1982年《协会货物保险条款》取消了“全部损失”与“部分损失”的划分

1982年《协会货物保险条款》对保险人承保的风险损失，不再做全部损失与部分损失的划分。按照1982年《协会货物保险条款》，凡属承保责任范围内的损失，不论是全部损失还是部分损失，保险人均负赔偿责任；反之，凡不属承保责任范围内的损失，保险人不予负责。这一改变简化了对保险人承保责任的规定，使各种险别的承保责任范围比较明确，减少了不同险别的承保责任范围相互交叉重复的现象。

5. 1982年《协会货物保险条款》中险别的差距扩大，险别的划分变得容易

1963年《协会货物保险条款》中“单独海损不赔”与“负责单独海损”的差距较小，极易混淆；而1982年《协会货物保险条款》中的ICC(A)、ICC(B)及ICC(C)险别的差距较大，且容易划分。

（二）2009年《协会货物保险条款》的特点

伦敦保险协会2009年的《协会货物保险条款》，与1982年《协会货物保险条款》相比，仍然采用同样的归类方式，即ICC(A)、ICC(B)和ICC(C)条款，每类条款均包括八项内容，共19个条款。虽然新条款没有做出革命性的更改，不过还是有一些值得关注的新变化。

1. 新条款删除了某些表达不全面的副标题，避免由于歧义产生误解

1982年《协会货物保险条款》除外条款中分别有四个副标题，即普通除外条款、不适航不适运除外条款、战争除外条款和罢工除外条款，并不能完全准确地表述出副标题下所有具体列明的事项，2009年《协会货物保险条款》将这些副标题全部删除，直接以除外条款4、除外条款5、除外条款6和除外条款7命名。

2. 新条款替换了某些不合时宜的用词，文字更为规范和准确

2009年《协会货物保险条款》将以前的一些措辞古老、有时候容易产生争议的词语表达规范化，如将“shipowner（船东）”改为“carrier（承运人）”，符合当前船舶拥有人和实际营运人分离的现状。再如将“承保人（underwriter）”改为“保险人（insurer）”，“雇员”由“servant”变为“employee”，“货物（goods or cargo）”改为“保险标的（subject matter insured）”等，用词更为准确，同时不会影响到保险合同双方的实质性权利和义务。

3. 新条款对保险合同双方的责任划分更加明确，更注重保护被保险人的利益

2009年《协会货物保险条款》对一些术语进行了更明确的解释，比如在普通除外条

款中对包装适当进行了详细解释，以法律条款进行了明示规定，缩小了关于包装的除外责任。在不适航不适运除外条款中，增加了对善意第三方的规定，适应了当前在交易中进行单证转让时受让人对之前的交易不了解的情况。在运输条款中扩大了保险责任期间，将原本的"仓至仓"条款延伸至包括卖方仓库的装货过程和买方仓库的卸货过程。在航程改变条款中，对续保的实际操作说明得更加清楚，并且增加了一个条款，专门针对"鬼船"[①]，使得被保险人及其雇员在不知情的情况下仍然可以得到赔偿。2009 年《协会货物保险条款》所做出的以上这些改变对被保险人更为有利。

二、《协会货物保险条款》的主要内容

(一) ICC(A) 条款的主要内容

1. 承保风险

该部分内容包括三个条款，即风险条款、共同海损条款和双方有责碰撞条款。

从承保范围看，ICC(A) 条款主要承保海上风险和一般外来风险，责任范围广泛。在风险条款中，ICC(A) 条款改变了以往"列明风险"的方式，采用"一切险减除外责任"的方式，声明承保一切风险造成的损失，对约定和法定的除外事项，在除外责任部分全部予以列明；对于未列入除外责任项下的损失，保险人均予负责。此处风险造成的损失是指保险标的的实际损失或损害，而不包括保险标的的纯经济损失，即使引起经济损失的原因属于承保风险，例如因运输延迟所造成的市价跌落而导致的损失，保险人就不予负责。

共同海损条款是对英国 1906 年《海上保险法》有关共同海损和救助费用规定的补充，明确了共同海损理算或救助费用确定应该适用的法律。根据该条款，保险人不仅赔偿保险货物本身遭受的共同海损牺牲，还包括保险货物应承担的共同海损分摊或救助费用分摊。

对根据运输合同中"船舶互撞责任"条款规定的由被保险人承担比例责任的部分，保险人也予以负责。

2. 除外责任

ICC(A) 条款的除外责任，包括法定除外责任和约定除外责任两大类，内容全面详尽，条理清晰，分为普通除外责任、不适航不适运除外责任、战争除外责任和罢工除外责任四个条款。[②]

所有的除外责任不仅适用于保险标的的损失和损害，而且适用于有关费用。

(1) 普通除外责任。

本保险对以下各项不予承保：

1) 可归因于被保险人故意不法行为所造成的损失、损害或费用。

---

① 鬼船 (phantom ship)，是指那些具有"影子"身份的船舶。这些船向注册当局登记的各种资料都是假的，包括它的原名、吨位、体积和船东的身份。一旦货物装到鬼船上，这批货连同承运的船只不久就会消失得无影无踪，货主很难查到船的真正身份，谁是真正的船东，货被卸在哪里，卖给了谁，以及船员到底是谁。

② 正如上文所说，由于 2009 年《协会货物保险条款》将 1982 年《协会货物保险条款》除外条款中的四个副标题（普通除外条款、不适航不适运除外条款、战争除外条款和罢工除外条款）删除，直接以除外条款 4、除外条款 5、除外条款 6、除外条款 7 命名，但是其基本内容未做改动，此处为叙述方便，仍以 1982 年《协会货物保险条款》中的除外责任条款名称进行叙述。

2）保险标的的自然渗漏、重量或容量的自然损耗或自然磨损造成的损失。

3）保险标的包装或准备不足或不当造成的损失、损害或费用。

4）保险标的的固有缺陷及特性所引起的损失、损害或费用。

5）直接由于延迟包括承保风险引起的延迟所造成的损失、损害或费用。

6）由于船舶所有人、经理人、承租人或经营人破产或经济困境产生的损失或费用。

7）由于使用任何原子或核裂变和（或）聚变或其他类反应或放射性作用或放射性物质的战争武器产生的损失、损害或费用。

（2）不适航不适运除外责任（unseaworthiness and unfitness exclusion clause）。

1）若起因于船舶或驳船不适航，船舶、驳船、运输工具、集装箱或托盘对保险标的的安全运输不适合，而且保险标的装于其上时，被保险人或其雇员对此种不适航或不适运有私谋所造成的损失、损害或费用，保险人不予负责。

2）保险人放弃载运保险标的到目的港的船舶不得违反默示适航或适运保证；除非被保险人或其雇员对此种不适航或不适运有私谋。

（3）战争除外责任（war exclusion clause）。

对下列原因造成的损失、损害或费用，保险人不予负责：

1）战争、内战、革命、造反、叛乱或由此引起的内乱或交战方之间的任何敌对行为。

2）捕获、扣押、扣留、拘禁、羁押（海盗除外）和这种行为引起的后果或进行这种行为的企图。

3）被遗弃的水雷、鱼雷、炸弹或其他被废弃的战争武器。

战争除外责任规定对战争行为、敌对行为以及由此引起的捕获、禁制或扣押等造成的损失后果和战争武器所致的损失不予负责。其中需要注意海盗风险在战争除外责任中被明确剔除，这说明在协会条款中，海盗风险属于一般的外来风险而非战争风险，故应该是ICC(A）条款的承保风险，由此引起的损失保险人负责赔偿。而我国保险条款仍然将海盗风险放在货物战争险中予以承保。

（4）罢工除外责任（strikes exclusion clause）。

对下列原因造成的损失、损害和费用，本保险不予负责：

1）罢工者、被迫停工工人或参加工潮、暴动或民变人员造成的。

2）罢工、被迫停工、工潮、暴动或民变引起的。

3）任何恐怖分子或任何由于政治动机采取行为的人员造成的。

3．保险期限

在ICC(A）条款中，对保险期限的规定包括三个条款，分别是运输条款、运输合同终止条款和航程变更条款。

（1）运输条款（transit clause）。

该条款规定了保险责任的开始、持续和终止的条件。和我国的《海洋运输货物保险条款》基本一致，均以“仓至仓”为限。但在ICC(A）条款中，如果发生被保险人无法控制的延误、绕航、被迫卸载、重装或转运及船东或租船人因行使运输合同所赋予的自由权而变更航程时，本保险仍继续有效，并且不受被保险人及时通知这一条件的限制。这一点和我国《海洋运输货物保险条款》不同，我国的条款规定，如果出现上述情况，被保险人应该立即通知保险人，并在必要时加缴保险费。

（2）运输合同终止条款（termination of carriage clause）。

该条款规定，在被保险人无法控制的情况下，运输合同在其载明的目的地以外的港口或地点终止，或在上述运输条款项下规定交货前运输即终止，本保险也同时终止，除非被保险人迅速通知保险人并要求继续承保，同时加缴保费，则本保险可继续有效。该条款的规定和我国《海洋运输货物保险条款》的规定是一致的。

（3）航程变更条款（change of voyage clause）。

该条款规定，本保险开始生效后，如被保险人事后变更目的地，在被保险人及时通知保险人并另行缴费的条件下本保险继续有效。该条款允许被保险人在及时通知保险人并另行缴费的前提下变更目的地。而我国的《海洋运输货物保险条款》规定，若航程有所变更，被保险人应在获悉后立即通知保险人，并在必要时加缴保险费，保险继续有效。显然，这一规定与《协会货物保险条款》是有区别的。

4. 索赔

被保险人在保险标的发生事故而向保险人索赔时，适用以下四个条款：

（1）保险利益条款。

1）发生损失时，被保险人对保险标的必须具有保险利益，否则不能获得保险赔偿。

2）除非另有规定，被保险人有权获得在保险期间发生的承保损失的赔偿，尽管该损失发生在本保险合同订立之前，除非当时被保险人知道该项损失而保险人不知道。

（2）续运费用条款（forwarding charges clause）。

该条款规定，由于承保责任范围内的风险导致运输在非保险单载明的港口或处所终止时，保险人应赔偿由此产生的卸货、存仓以及续运保险标的至保险单载明目的地而产生的合理的额外费用，但不包括由被保险人或其雇员的错误、疏忽、破产或经济困境而引起的费用。本条款的规定也不适用于共同海损或救助费用，并应受前述除外责任的限制。

（3）推定全损条款（constructive total loss clause）。

该条款重申了推定全损的概念，即规定如果由于实际全损看来不可避免，或因为恢复、整理和续运保险标的到保险目的地的费用会超过其抵达目的地的价值，经过委付，被保险人可得到推定全损赔偿。

（4）增值条款。

增值条款规定，如果被保险人在本保险项下的承保货物投保了增值保险，则该货物的约定价值，将被视为增至本保险与其他全部增值保险的保险金额的总和，而本保险项下的责任将按其保险金额占全部保险金额的比例而定。该条款是货物在投保增值保险的情况下，对有关赔偿问题的规定。

如果本保险是增值保险，则必须适用下列条款：货物的约定价值将被视为等于原来保险与全部由被保险人安排承保同样损失增值保险的保险金额的总和，而本保险项下的责任将按其保险金额占全部保险金额的比例而定。索赔时，被保险人必须提供所有其他保险的保险金额的证明给保险人。

5. 保险受益条款

该条款规定，本保险的利益，承运人或其他保管人不得享受。

保险受益条款也包含在1982年《协会货物保险条款》中，是一个使用了很多年的标准保险条款。2009年《协会货物保险条款》原封不动地予以保留。之所以这么规定，是为了避免承运人或其他保管人因有保险存在而享有保险利益，并以此摆脱对货损、货差或迟延交货的责任，从而使保险人丧失代位追偿权。

6. 减少损失条款

减少损失条款明确了被保险人应负的义务。

根据本条款规定，被保险人及其雇员和代理人对保险项下的索赔，应负以下义务：为避免或减轻损失而采取合理措施；保证保留及行使对承运人、保管人或其他第三者的权利，即保护保险人的代位追偿权。保险人除赔偿保险项下的各项损失外，还补偿为履行义务而支付的适当及合理的开支，并且保险人对施救费用的赔偿独立于对保险标的的赔偿。

此外，还有一条弃权条款。根据该条款规定，被保险人或保险人对保险标的采取的施救、保护或恢复的各项措施，不得视为放弃或接受委付或者影响双方权益。弃权条款的含义十分清楚，主要是与保险受益条款相对应，一方面鼓励施救，另一方面不得将施救措施视作放弃或接受委付。

7. 避免迟延

根据合理、迅速处置条款的规定，被保险人在其所能控制的一切情况下，应合理、迅速处置，这是保险的必要条件。

8. 法律与惯例

本条款规定保险适用英国法律和惯例，明确《协会货物保险条款》受英国法律和惯例管辖。在所有与新的海上保险单格式配套使用的《协会货物保险条款》中，都有这样一个“英国法律与惯例条款”。

（二）ICC(B) 条款的主要内容

1. 承保风险

ICC(B) 条款承保的责任范围比 ICC(A) 条款小。

ICC(B) 采用列明风险的方式，将所保的风险逐一罗列，对因下述原因所致的保险标的的损失和损害负责赔偿：

（1）火灾或爆炸；

（2）船舶或驳船搁浅、擦浅、沉没或倾覆；

（3）陆上运输工具倾覆或出轨；

（4）船舶、驳船或运输工具与水以外的任何外界物体碰撞或接触；

（5）在避难港卸货；

（6）地震、火山爆发或闪电；

（7）共同海损牺牲；

（8）抛弃和浪击落海；

（9）海水、湖水或河水进入船舶、驳船、船舱、运输工具、集装箱、托盘或储存处所；

（10）货物在装卸时落水或坠落而造成的整件货物的全部损失。

此外，保险人还承保共同海损分摊和救助费用，但导致共同海损的原因必须不是本保险所除外的风险。

由此可见，ICC(B) 条款主要承保自然灾害和意外事故所致的损失，同时还承保共同海损的牺牲、分摊和救助费用。

和我国《海洋运输货物保险条款》中的水渍险相比，ICC(B) 条款具有以下三个特点：首先，明确地将承保范围扩大到陆上，对发生在保险期内的陆上运输工具的意外倾覆、出轨予以负责。其次，根据 ICC(B) 条款，货物在运输途中或陆上储存期间若被海水、湖水或河水浸湿，只要发生在保险期内，均可获赔，而不必具体确定由于何种风险所致。最后，ICC(B) 条款仅承保货物在装卸过程中，由于跌落造成的整件货物的全部损失。这与水渍险的规定有所区别。

2. 除外责任

ICC(B) 条款的除外责任和 ICC(A) 条款大致相同，但有两点不同：

(1) 在"普通除外责任"条款中，增加了"由于任何个人或数个人的错误行为，对保险标的或其组成部分故意损坏或破坏，保险人不负责任"的规定。这意味着在 ICC(B) 条款中，保险人不但对被保险人蓄意不法行为所致的损失不负责任，对任何其他人的故意非法行为所致损失也不负责任。

(2) 在"战争险除外责任"条款中，ICC(B) 条款规定，"捕获、拘押、扣留、禁止以及此种行为的后果或这方面的企图"造成的损失、损害或费用不予承保。在 ICC(A) 条款中，增加了"海盗行为除外"，明确地将海盗风险从除外责任中剔除，即将海盗风险作为承保风险，而 ICC(B) 条款并未将海盗风险作为除外风险，但也没有列入承保风险。由于 ICC(B) 条款采取列明风险的方法确定承保风险，所以按照 ICC(B) 条款的规定，保险人对海盗风险不予负责。

3. 其他内容

ICC(B) 条款关于保险期限、索赔、被保险人义务的规定和其他内容在字面上均与 ICC(A) 条款相同。

(三) ICC(C) 条款的主要内容

ICC(C) 条款是 A、B、C 三种条款中保险人责任范围最小的条款。ICC(C) 条款的承保风险也是采用逐一列明的方式。

1. 承保风险

保险人对下列原因造成的保险标的的损失负责：

(1) 火灾或爆炸；

(2) 船舶或驳船搁浅、擦浅、沉没或倾覆；

(3) 陆上运输工具倾覆或出轨；

(4) 船舶、驳船或其他运输工具与水以外的任何外界物体碰撞或接触；

(5) 在避难港卸货；

(6) 共同海损牺牲；

(7) 抛弃。

此外，保险人对非除外风险所致的共同海损分摊和救助费用负责赔偿。

由此可见，ICC(C) 条款的承保范围比 ICC(B) 条款更小，主要承保意外事故所致的损失以及共同海损和救助费用，对于自然灾害造成的损失，全部不予负责。和我国海运货物保险条款中的平安险相比，ICC(C) 条款的承保风险显然较小。

2. 其他内容

ICC(C) 条款关于除外责任、保险期限、索赔、被保险人义务的规定和其他内容在字面上与 ICC(B) 条款完全一致。

三、协会货物其他保险条款

(一)《协会货物战争险条款》

1982 年 1 月 1 日开始使用的《协会货物战争险条款》[Institute War Clause (Cargo)] 由 8 个部分组成，共 14 个条款，结构完整，可以单独投保。下面主要介绍承保风险、除外责任和保险期间三部分内容。

1. 承保风险

协会海运货物战争险主要承保由于下列原因造成的保险标的损失：

(1) 由于战争、内战、革命、叛乱、造反或由此引起的内乱，或由交战方做出的或针对交战方做出的任何敌对行为所造成的损失或费用。

(2) 由于上述承保风险引起的捕获、拘留、扣留、禁止或扣押及其后果，或任何进行这种行为的有关企图。

(3) 遗弃的水雷、鱼雷、炸弹或其他遗弃的战争武器。

此外，还负责承保根据运输合同或有关的法律和惯例，所理算或决定的共同海损及救助费用。但上述共同海损和救助费用仅限于为了避免承保危险，或避免有关本条款项下的承保危险所致的损失。

2. 除外责任

在除外责任方面，《协会货物战争险条款》与协会货物 ICC(A) 条款的“普通除外责任”及“不适航不适运除外责任”基本相同。

(1) 在“普通除外责任”中，战争险条款增加了“航程挫折条款”，规定由于战争原因造成航程中止，货物未能运达保险单所规定的目的地而引起的间接损失，保险人不负赔偿责任。也就是说，保险人对货物本身没有受损，但由于航程受阻或海上的损失而引起的货物的索赔不予负责。正是由于有了这个条款，保险人对于所有因战争原因导致航程挫折而引起的保险标的的间接损失都不赔偿，因而《协会货物战争险条款》中也就没有续运费用条款。另外，对由于敌对行为使用原子武器等所致的灭失或损害，不负赔偿责任。但此处将核战争武器使用的除外责任限于“敌对性”使用。换言之，《协会货物战争险条款》承保核战争武器的非敌对性使用（如试验）而造成的保险标的的损失。

(2) 战争险条款的“不适航不适运除外责任”和 ICC(A) 条款中的有关规定完全一致。

3. 保险期间

《协会货物战争险条款》的保险期间涉及“运输条款”和“航程变更条款”。其中航程变更条款的内容与 ICC(A)、ICC(B)、ICC(C) 保险条款是一致的，而运输条款的内容变化较大。综合起来，协会战争险关于保险期间的规定主要包括以下几个方面：

(1) 责任起讫以“水上危险”为限，即保险责任自货物装上海轮时开始，直到卸离海轮时终止，若货物未及时卸离海轮，以海轮到达最后港口或卸货港当日午夜起满 15 天为限，保险责任终止；如果在中途港转运，也以到港 15 天为限。

(2) 当保险责任中途终止时，如果货物继续运往保险单载明的目的地，通过支付保险人所要求的额外保险费，自续运开始后，保险单可以重新恢复效力。

(3) 对于在装货港码头与海轮之间，以及在海轮与卸货港码头之间需经驳船转运的货物，保险人仅对已装在驳船上的、由于驳船触及水雷或遗弃鱼雷而致损失的货物负赔偿责任。同时，除非另有协议，保险人对从海轮上卸入驳船的货物的承保期限为 60 天。

(4) 协会的该条规定与我国海运货物战争险的规定有很大的区别。按照我国条款的规定，保险人在海运战争险中对装在驳船上的驳运货物所承担的保险责任及保险期限，与装在海轮上的货物所承担的保险责任及保险期限是相同的。

(二)《协会货物罢工险条款》

1982 年 1 月 1 日开始使用的《协会货物罢工险条款》[Institute Strike Clause (Cargo)] 也是由 8 个部分组成，共 14 个条款，结构完整，可以单独投保。在实践中，通常将战争险和罢工险一起承保，收取一笔额外的保险费。

1. 承保风险

协会海运货物罢工险的承保风险，同我国海运货物罢工险一样，也仅负责由于罢工等风险所直接造成的保险标的的物质损失，而不负责由于罢工等风险所产生的费用或间接损失。协会海运货物罢工险对承保风险的规定如下：

(1) 罢工者、被迫停工工人或参与工潮、暴动或民变人员所造成的损失；

(2) 任何恐怖分子或任何出于政治目的采取行为的人引起的灭失或损害。

此外，协会海运货物罢工险还负责为了避免以上承保风险所造成的共同海损和救助费用。

2. 除外责任

罢工险的除外责任包括“普通除外责任”及“不适航不适运除外责任”，与 ICC(A) 条款规定的除外责任及战争险条款的除外责任基本相同，但由于罢工险只负责承保风险直接造成的损失，对于下列损失与费用，保险人不负赔偿责任：

(1) 由于罢工、停工、工潮、暴动和民变等造成劳动力缺乏、缺少或扣押引起的损失或费用；

(2) 由于航程挫折而引起的损失；

(3) 由于战争、内战、革命、叛乱、造反或由此引起的内乱，或由交战方做出的或针对交战方做出的任何敌对行为所造成的损失或费用。

(三) 协会货物附加险条款介绍

1.《协会货物恶意损害险条款》

《协会货物恶意损害险条款》(Institute Malicious Damage Clause) 于 1983 年 8 月 1 日开始使用。它是新的《协会货物保险条款》的附加险条款。作为补充性的协会条款，它没有完整的结构，不能单独投保，而是供双方当事人在基本条款的基础上加保使用。

协会货物恶意损害险承保的是被保险人以外的其他人（如船长、船员等）的故意破坏行动所致被保险货物的灭失或损害。但是，恶意损害如果出于有某种政治动机的人的行动，便不属于本险别的承保风险，但可以在罢工险条款中得到保障。

恶意损害的风险除了在ICC(A)条款中被列为承保风险之外，在ICC(B)及ICC(C)中，被保险人以外的任何其他人的恶意行为所致的损失均属于除外责任。因此，在投保ICC(B)及ICC(C)时，如果被保险人需要对这种风险得到保险保障，就须另行加保恶意损害险。

2.《协会偷窃、提货不着险条款》

以被保险人支付附加保险费为前提，保险人同意承保由偷窃或整件货物提货不着所造成的保险标的的损失或损害。同《协会货物恶意损害险条款》一样，投保一切险的被保险人无须投保《协会偷窃、提货不着险条款》（Institute Theft，Pilferage and Non-delivery Clause）。

（四）协会特种货物保险条款介绍

冷冻食品、煤炭、散装油和橡胶等商品，由于性质特殊或运送方式不同于一般货物，若采用普通的货物运输保险条款，往往无法全面保障货物在运输途中遭遇的风险，或是由于责任不明确引起保险合同双方的争议。

因此，伦敦保险协会在ICC(A)、ICC(B)、ICC(C)条款的基础上，对特种货物的海上运输保险，制定了适应该种货物特别需要的保险条款。下面主要介绍三种协会特种货物保险条款。

1.《协会冷冻食品条款》

冷冻食品有严格的冷藏温度要求，在运输途中，除可能因遭遇一般的海上风险而致损失外，温度的变化也是影响冷冻食品品质的主要原因。由于与其他冷冻食品相比，冷冻畜肉要求更低的冷藏温度，需另设专门的冻肉保险条款，因而冷冻食品条款不适用于冻肉的保险。《协会冷冻食品条款》（Institute Frozen Food Clause）包括19条，其结构与ICC(A)、ICC(B)、ICC(C)条款完全一致，在内容上主要表现为承保风险、除外责任和保险期间有所区别。

冷冻食品（冻肉除外）保险包括A条款和C条款两套条款，这两套条款于1982年1月1日开始使用，并且均于1986年1月1日重新修订。

下面主要介绍冷冻食品A条款不同于ICC(A)条款的部分。

(1) 风险条款。

和ICC(A)条款相比，除包括一般风险导致的非温度变化引起的保险标的的损失外，协会冷冻食品A条款中增加了由于制冷机器故障造成停止运行不少于连续24小时而使温度变化引起的保险标的的损失。此外，对于因发生火灾、爆炸及船舶搁浅、沉没、碰撞等意外事故，导致温度变化引起的保险标的的损失，保险人也予以负责。

(2) 除外责任条款。

和ICC(A)条款相比，新增了“由于被保险人或其雇员没有采取合理的预防措施保证保险标的保存在冷库，或在合适时，适当隔离和冷藏的处所所引起的损失、损害和费用”。强调被保险人在其可以控制的范围内，对照料货物不能有过失。另外还规定，任何索赔如果未在保险责任终止后 30 天内通知保险人，保险人有权拒赔。这主要是为了防止损失的扩大。因此，被保险人应在收货后尽快确定货物品质是否良好。

（3）保险期间。

和 ICC(A) 条款相比，主要区别在于：保险责任自货物从保险单载明的冷库装上运输工具开始运送即为开始，而不是在远离仓库起责任才开始。保险责任终止的时间约束为保险标的在最后卸离港全部卸离海轮后的 5 天，而非 ICC(A) 条款中规定的 60 天。

（4）特别注意事项。

本条款是在 1986 年 1 月 1 日协会修订条款时增加的。该条款明确规定："本保险不承保禁运或进口国政府或其职权部门所造成的损失、损害和费用，但并不排除本保险承保的风险引起的、发生在此种禁运、拒收、禁止或滞留之前的保险标的的损失或损害。"这意味着本险别不包括拒收险，对由于保险货物属于禁运品或不符合卫生检疫标准等原因，被进口地当局拒收、禁止或滞留的损失，保险人不负责任。

协会冷冻食品 C 条款的内容和 ICC(C) 条款相似。

2.《协会散装油条款》

《协会散装油条款》(Institute Bulk Oil Clause)，是 1983 年 2 月 1 日协会新增的针对油类货物的特种货物运输保险条款，和 ICC(B) 条款相比，增加了"理算条款"，使总条款增加为 20 条。下面介绍其与 ICC(B) 条款不同的内容。

（1）风险条款。

和 ICC(B) 条款相比，从字面上看，用"保险标的的损失或沾污"代替了"保险标的的损失或损害"；从内容上看，增加承保了三种与油类运输密切相关的风险：

1）在装货、转运或卸货时连接管道的渗漏。连接管道，是指装卸时连接岸上油罐和船舱的管道。仅承保在装卸或转运过程中发生的连接管道渗漏造成的货物损失。

2）船长、高级船员或普通船员在抽吸货物、压载水或燃油方面的疏忽。

3）恶劣气候影响造成的保险标的的沾污。

（2）除外责任条款。

和 ICC(B) 条款相比，本险别没有将"包装不足"和"除被保险人以外的其他人的故意损害或损坏"造成的保险标的的损失列入除外事项。

（3）保险期间。

本险别规定，保险人的责任起讫从货物已装船而离开保险单载明的起运地岸上油罐开始，至卸入保险单载明的目的地岸上油罐或油驳时终止。本保险不承保由陆上运输工具运送的风险，岸上油罐必须全部由管道直接与船舱相连。此外，责任起讫终止的最长时间为船舶抵达目的港时起满 30 天。如果在中途发生运输终止的情况，本保险续保的最长期限也是 30 天。

（4）理算条款。

本条款规定了保险货物的渗漏或短卸索赔的理算原则，是专为液体散装油类货物设立的，其目的是尽可能减少由于记录装船数量和卸船数量的文件缺乏直接的可比性和测量液态货物数量的困难所引起的"纸面损失"(paper loss)。

3.《协会木材贸易联合会条款》

《协会木材贸易联合会条款》(Institute Timber Trade Federation Clause) 是在 ICC(A)

和 ICC(C) 条款的基础上修订的，包括 19 条。主要区别在于承保风险条款和运输条款的规定。

（1）风险条款。

由于木材很可能放在甲板上运输，因此本条款包括两种情况下的承保风险：

1）当货物装载于甲板上时，承保风险以 ICC(C) 条款为基础，另外还承保浪击落水、偷窃或提货不着以及恶意行为风险，但不承保 ICC(C) 所承保的陆上运输工具倾覆或出轨的风险以及驳船搁浅、擦浅、沉没、倾覆或碰撞、碰损风险。

2）当货物未装于甲板时，承保风险以 ICC(A) 条款为准，即承保除外风险以外的一切风险。由于装在甲板上的木材被海浪打入水中是经常发生的损失，木材还可能不明原因地丢失，这些损失均可通过本险别予以承保。

（2）保险期间。

本保险的责任自被保险货物在林场、仓库工厂、堆场或库房等任何地点装上陆上或水上运输工具或起漂，向海轮发送时开始。这条规定充分考虑了木材贸易运输的实际情况，不管木材以何种方式运输，也不管木材从什么地方发运，只要木材为装上海轮而发运，保险责任就开始。

保险责任终止有三种情况：

1）在最后目的地交付收货人或被保险人。

2）交付到被保险人用作非正常储存的仓库或储存处所。

3）在最后卸货港卸离海轮时起满 60 天。

以三者中先发生者为准。

小 结

1. 本章介绍的是中国海洋运输货物保险基本条款和伦敦保险协会海洋运输货物保险条款的基本内容。

2. 我国现行的《运输货物保险条款》，是中国人民保险公司于 2009 年修订实施的《中国保险条款》的重要组成部分，包括海洋、陆上、航空及邮包四种运输方式的货物保险条款，以及可以适用于以上各种运输方式货物保险的附加条款。

海运货物保险的险种最多，习惯上分为基本险、附加险和专门险三大类。

3. 我国海洋运输货物保险的基本险分平安险、水渍险和一切险三种。

基本险又称主险，所承保的主要是“自然灾害”和“意外事故”所造成的货物损失或费用，可以单独投保。在三种基本险别中，平安险的承保责任最小；水渍险在平安险的基础上还承保恶劣气候、雷电、海啸、地震、洪水等自然灾害所造成的部分损失；一切险的承保责任范围最大，是平安险、水渍险和一般附加险的总和。

4. 我国《海洋运输货物保险条款》中，规定了基本险的责任范围、除外责任、责任起讫、被保险人的义务、赔偿处理和索赔期限。

在责任起讫中一般采取“仓至仓”原则。

5. 我国海洋运输货物保险的附加险是基本险的扩大和补充，不能单独投保。

附加险按照承保的风险不同，分为一般附加险、特别附加险和特殊附加险三类。一般附加险负责赔偿一般外来风险所致的损失，包括偷窃、提货不着险，淡水雨淋险，短量险等11种险别。特别附加险所承保的风险，往往同政治、国家行政措施、政策法令、航运贸易习惯等因素相关，包括提货不着险、进口关税险等6种险别。特殊附加险主要承保海运货物战争险和货物运输罢工险。

6. 我国海洋运输货物保险的专门险，是根据海洋运输货物的特性而承保的专门险别，可以单独投保。目前经常采用的有海洋运输冷藏货物保险条款和海洋运输散装桐油保险条款。

7. 伦敦保险协会海洋运输货物保险条款划时代的一次重大修订完成于1981年，并自1982年1月1日起在伦敦保险市场使用。1963年《协会货物保险条款》和劳合社保险单已于1983年3月31日起在伦敦保险市场停止使用。海洋运输货物保险条款最近一次修订则完成于2008年，并于2009年1月1日生效。

8. 伦敦保险协会海洋运输货物保险条款主要包括A、B、C三个条款。从承保范围看，ICC(A)条款主要承保海上风险和一般外来风险，责任范围最大，其承保风险采用“一切风险减除外责任”的方式。ICC(B)、ICC(C)条款的承保风险都采取“列明风险”的方式，ICC(C)条款的承保责任范围最小。ICC(A)、ICC(B)、ICC(C)条款的除外责任、保险期限、索赔、被保险人义务的规定和其他内容基本一致。

9. 伦敦保险协会货物运输的其他保险条款有《协会货物战争险条款》《协会货物罢工险条款》《协会货物恶意损害险条款》《协会冷冻食品条款》等。

关键术语

基本险	附加险	平安险	水渍险
一切险	索赔期限	一般附加险	特殊附加险
“仓至仓”原则	正常运输	非正常运输	船舶互撞责任条款

思考题

1. 中国人民财产保险公司海运货物保险的平安险、水渍险和一切险的承保范围有什么区别？

2. 中国人民财产保险公司海运货物保险的一般附加险、特别附加险和特殊附加险分别包括哪些险别？

3. 如何正确把握“仓至仓”条款？

4. 英国伦敦保险协会2009年《协会货物保险条款》与1982年《协会货物保险条款》相比，有哪些变化？

5. 英国伦敦保险协会ICC(A)条款的主要内容有哪些？

6. 英国伦敦保险协会ICC(A)条款、ICC(B)条款和ICC(C)条款承保的风险有什么不同？

7. 请对中、英两国海运货物保险条款做一简单比较。

第十五章 其他运输方式货物保险

学习目标

- 掌握我国陆上运输货物保险的陆运险和陆运一切险的承保责任范围、责任起讫、保险期限和索赔时效
- 了解陆运冷藏货物险和陆运货物战争险的主要内容

第一节　陆上运输货物保险

陆上运输货物保险始于 19 世纪末期，自第一次世界大战爆发后得到较快发展。目前，在欧洲、非洲和拉丁美洲内陆国家，通过陆上运输方式运送国际贸易货物所占的比重相当大。我国对周边国家的进出口货物，基本上也是通过铁路运送的，对东欧国家的进出口货物采用铁路运输的比重也很大，对港澳地区除少数采用海运外，大多采用铁路运输，还有部分货物是利用汽车通过公路运输的。

与海洋货物运输可能遭受的风险不同，陆上货物运输的风险有其自身的特点。较常见的陆上货物运输的风险有：车辆碰撞、倾覆或出轨，公路、铁路坍塌，桥梁折断，道路损坏以及火灾、爆炸等意外事故；雷电、洪水、暴风雨、地震、火山爆发、霜雪冰雹等自然灾害。此外，海上运输时可能发生的偷窃、短量、破损、渗漏、战争、罢工等外来原因所造成的风险，陆上运输时也同样存在。但是，陆上运输一般不涉及海上运输时可能产生的共同海损问题，而且，按照保险业的习惯，陆上运输货物保险业务只要因发生承保责任范围内风险所致的损失，一般都予赔偿，不再区分全部损失和部分损失。这就决定了陆上运输货物保险的基本险别与海上运输货物保险的险别是不同的。

陆上运输主要包括铁路运输和公路运输两种，其运输工具主要是火车和汽车。国际上

保险公司对于采用人力车和牲口驮运等落后工具运输货物的风险一般不予承保。我国现行的陆上运输货物险条款也明确规定以火车、汽车为限。

根据 1981 年 1 月 1 日中国人民保险公司的《陆上运输货物保险条款》，陆上运输货物保险的基本险别分为陆运险和陆运一切险两种。此外，还有适用于陆运冷藏货物的专门保险——陆上运输冷藏货物险，其性质也属于基本险。在附加险中，除仅适用于火车运输的陆上运输货物战争险（火车）条款外，海运货物保险中的附加险在陆运货物保险中也均适用。

一、陆运险与陆运一切险

（一）承保责任范围

陆运险（overland transportation risks）的承保责任范围与《海洋运输货物保险条款》中的“水渍险”或协会货物保险 B 条款相似。保险人负责赔偿被保险货物在运输途中遭受暴风、雷电、洪水、地震等自然灾害；或由于运输工具遭受碰撞、倾覆、出轨；或在驳运过程中因驳运工具搁浅、触礁、沉没、碰撞；或由于遭受隧道坍塌、崖崩或失火、爆炸等意外事故，所造成的全部或部分损失。此外，被保险人对遭受承保责任范围内危险的货物采取抢救、防止或减少货损的措施而支付的合理费用，保险人也负责赔偿，但以不超过该批被救货物的保险金额为限。

陆运一切险（overland transportation all risks）的承保责任范围与海上运输货物保险条款中的“一切险”或协会货物保险 A 条款相似。保险人除承担上述陆运险的赔偿责任外，还负责赔偿被保险货物在运输途中由于外来风险（如偷窃、短量、渗漏、碰损等）所造成的全部或部分损失。

以上责任范围均适用于火车和汽车运输，并以此为限。

陆运险与陆运一切险的除外责任与海洋运输货物险的除外责任基本相同。

（二）责任起讫

陆上运输货物保险的责任起讫也采用“仓至仓”责任条款。保险人负责自被保险货物运离保险单所载明的起运地仓库或储存处所开始运输时生效，包括正常运输过程中的陆上以及与其有关的水上驳运在内，直至该项货物运达保险单所载目的地收货人的最后仓库或储存处所或被保险人用作分配、分派的其他储存处所为止。如未运抵上述仓库或储存处所，则以被保险货物运抵最后卸载的车站满 60 天为止。陆上运输货物险的索赔时效为：从被保险货物在最后目的地车站全部卸离车辆后起算，最多不超过 2 年。

二、陆上运输冷藏货物险

（一）承保责任范围

陆上运输冷藏货物险［overland transportation insurance（frozen products）］，是陆上运输货物险中的一种专门保险。其主要责任范围，除负责赔偿陆运险所列举的自然灾害和意外事故所造成的全部或部分损失外，还负责赔偿由于冷藏机器或隔温设备在运输途中损坏，所造成的被保险货物解冻溶化而腐烂、衰败的损失。但对于因战争、工人罢工或运输延迟而造成的被保险货物的腐烂或损失，以及被保险冷藏货物在保险责任开始时未能保持良好状况，整理、包装不妥或冷冻不合规格所造成的损失除外。一般的除外责任条款也适用于陆上运输冷藏货物险。

（二）保险期限

陆上运输冷藏货物险的责任自被保险货物运离保险单所载起运地点的冷藏仓库，装入运送工具开始运输时生效，包括正常陆运以及与其有关的水上驳运在内，直至货物到达目的地收货人仓库为止。但是保险责任的最长有效期限，以被保险货物到达目的地车站后10天为限。（中国人民财产保险公司的该项保险条款还规定：装货的任何运输工具，必须有相应的冷藏设备或隔温设备；或供应和储存足够的冰块使车厢内始终保持适当的温度，保证被保险冷藏货物不致因溶化而腐烂，直至目的地收货人仓库为止。）

陆上运输冷藏货物险的索赔时效为：从被保险货物在最后目的地全部卸离车辆后起计算，最多不超过2年。

三、陆上运输货物战争险

陆上运输货物战争险（overland transportation cargo war risks），是陆上运输货物险的一种附加险，只有在投保了陆运险或陆运一切险的基础上，经过投保人与保险人协商方可加保。对于这种陆上运输货物战争险，国外私营保险公司大都是不保的。我国为适应外贸业务需要，保险公司接受加保，但目前仅限于火车运输，若使用汽车运输则不能加保。加保陆上运输货物战争险须另行缴付一定的保险费。

加保陆上运输货物战争险后，保险人负责赔偿在火车运输途中由于战争、类似战争行为或敌对行为、武装冲突所致的损失，以及各种常规武器包括地雷、炸弹所致的损失。但是，由于敌对行为使用原子或热核武器所致的损失和费用，以及根据执政者、当权者或其他武装集团的扣押、拘留引起的承保运程的丧失和挫折而造成的损失除外。

陆上运输货物战争险的责任起讫与海运战争险相似，以货物置于运输工具时为限。即自被保险货物装上保险单所载起运地的火车时开始，到卸离保险单所载目的地火车时为止。如果被保险货物不卸离火车，则以火车到达目的地的当日午夜起计算满48小时为止；如在运输中途转车，则不论货物在当地卸载与否，保险责任均以火车到达该中途站的当日午夜起计算满10天为止。如货物在此期限内重新装车续运，仍恢复有效。但需指出，如运输契约在保险单所载目的地以外的地点终止时，该地即视作本保险单所载目的地，在货物卸离该地火车时为止；如不卸离火车，则保险责任以火车到达该地当日午夜起计算满48小时为止。

陆上运输货物保险的附加险，除战争险外，还可加保罢工险。陆上运输货物罢工险的承保责任范围与海洋运输货物罢工险的责任范围相同。在投保战争险的前提下，加保罢工险不另收费。如仅要求加保罢工险，则按战争险费率收费。

第二节　航空运输货物保险

航空运输货物保险，是承保以飞机装载的航空运输货物的一种保险。利用飞机运输国际贸易货物始于20世纪初。初期的空运货物主要是一些军用品和部分邮件等，而且运量很小。1929年在荷兰海牙成立了国际航空协会，开始推动航空工业和航空货运的发展，特别是在第二次世界大战以后，利用航空运送进出口货物的需要日益迫切，使航空运输在国际贸易货运中的重要性日益显著，占整个国际贸易货运量的比重也迅速增大。

航空运输发展较晚，与此相适应的航空运输货物保险业务历史也不长；迄今尚未形成一个完整、独立的体系。伦敦保险协会直至1965年，才对实际业务中的航空运输货物一切险制定了一份比较完整的《协会航空运输货物一切险条款》[Institute Air Cargo Clause（All Risks)]，1982年起改称为《协会航空运输货物险条款》（Institute Air Cargo Clause）。此外，伦敦保险协会还另行制定了《协会航空运输货物战争险条款》[Institute War Clause（Air Cargo)]及《协会航空运输货物罢工险条款》[Institute Strikes Clause（Air Cargo)]，以供保险界采用。目前，国际保险市场上的保险人在接受投保航空运输险时，多采用上述条款。

我国现行的航空运输货物保险条款的险别及其承保责任范围，是参考了国际市场上的通行做法，特别是参照了伦敦保险协会上述条款的基本内容制定的。我国现行的航空运输货物保险的基本险别，有航空运输险和航空运输一切险两种。另有一种航空运输货物战争险是航空运输货物保险的附加险条款。此外，海洋运输货物保险中的附加险别，也可在航空运输货物保险中有选择地使用。现将我国航空货物运输险的险别及其责任范围做一介绍。

一、航空运输险和航空运输一切险

（一）承保的责任范围

航空运输险（air transportation risks）的承保责任范围与海洋运输货物保险条款中的“水渍险”和协会货物保险B条款大致相同。保险人负责赔偿被保险货物在运输途中遭受雷电、火灾、爆炸或由于飞机遭遇恶劣气候或其他危难事故而被抛弃，或由于飞机遭受碰撞、倾覆、坠落或失踪等自然灾害和意外事故所造成的全部或部分损失。

航空运输一切险（air transportation all risks）的承保责任范围除包括上述航空运输险的全部责任外，保险公司还负责赔偿被保险货物由于被偷、短少等外来原因所造成的全部或部分损失。

航空运输险和航空运输一切险的除外责任与海洋运输货物险的除外责任基本相同。

（二）保险期限

航空运输货物险两种基本险的保险责任也采用“仓至仓”条款，但与海洋运输货物险的“仓至仓”责任条款有所区别。

（1）如货物运达保险单所载明的目的地而未运抵保险单所载明的收货人仓库或储存处所，则以被保险货物在最后卸载地卸离飞机后满30天为止。如在上述30天内被保险货物需转送到非保险单所载明的目的地时，则以该项货物开始转运时终止。

（2）由于被保险人无法控制的运输延迟、绕道、被迫卸货、重新装载、转运或承运人运用运输契约赋予的权限所做的任何航行上的变更或终止运输契约，致使被保险货物运到非保险单所载的目的地时，在被保险人及时将获知的情况通知保险人并在必要时加缴保险费的情况下，本保险单继续有效，保险责任按下述规定终止：

1）被保险货物如在非保险单所载的目的地出售，保险责任至交货时为止。但不论任何情况，均以被保险货物在卸载地卸离飞机后满 30 天为止。

2）被保险货物在上述 30 天期限内继续运往保险单所载的目的地或其他目的地时，保险责任仍按上述规定，即在保险单所载的目的地或其他目的地卸离飞机后，满 30 天终止。

二、航空运输货物战争险

航空运输货物战争险（air transportation cargo war risks），是航空运输货物险的一种附加险。只有在投保了航空运输险或航空运输一切险的基础上，经过投保人与保险人协商方可加保。加保时须另加付一定的保险费。加保航空运输货物战争险后，保险人承担赔偿在航空运输中由于战争、类似战争行为、敌对行为或武装冲突，以及各种常规武器和炸弹所造成的货物的损失，但不包括因使用原子或热核武器所造成的损失。

航空运输货物战争险的保险责任期限，是自被保险货物装上保险单所载明的起运地的飞机时开始，直到卸离保险单所载的目的地飞机时为止。如果被保险货物不卸离飞机，则以飞机到达目的地当日午夜起计算满 15 天为止；如果被保险货物需在中途转运，则保险责任以飞机到达转运地的当日午夜起计算满 15 天为止；一旦装上续运的飞机，保险责任恢复有效。

航空运输货物保险的附加险，除战争险外，还可加保罢工险。与海运、陆运险相同，在投保战争险的前提下，加保罢工险不另收费。如仅要求加保罢工险，则按战争险费率收费。

航空运输罢工险的责任范围与海洋运输罢工险的责任范围相同。

第三节　邮包运输货物保险

邮政包裹运输是一种比较简便的运输方式，近年来，国家间采用邮包递送货样或少量质轻价高的货品逐渐增多。但是，邮包运输一般须经由海、陆、空辗转运送，在运送过程中遭遇自然灾害和意外事故而导致损失的可能性很大。为此，寄件人必然寻求发生损失后能得到补偿的办法。这种补偿办法主要有：向邮政机构进行邮政包裹保价和向保险人办理投保邮政包裹运输险两种方式。

一、邮政包裹保价

邮政包裹保价，是邮政机构自办的运输货物保险业务。根据万国邮政联盟于 1979 年在里约热内卢召开的大会所通过的《邮政包裹协定》，以及我国国家邮政局的有关规定，以下几点应予以注意：

（一）保价金额

各国邮政机构有权限制它的最高保价金额，但不得少于 5 000 金法郎，或在本国内的保价限额少于 5 000 金法郎时，采用国内保价限额。实际上，目前参加该协定的国家，除少数规定不足 1 000 金法郎，个别为 5 000 金法郎外，一般均为 1 000 金法郎。根据 2006

年12月我国邮政局修订的《国际邮件处理规则》，规定最高保价金额为人民币10 000元，相当于876金法郎。在采取不同保价限额的各国邮政机构间，各方均应以最低限额为准。对与寄达国邮政另有双边协定的，则以协定规定的限额为准。

寄件人申报保价金额，不得超过包裹内件的实际价值，但可以借包裹内件部分价值申报保价金额。申报保价金额超过包裹实际价值的，遭受损失时，超过部分邮政机构不予补偿。

(二) 办理保价包裹手续

保价包裹只限在设有海关的邮局交寄，办理交寄手续时，须先查看寄达国（地区）是否办理此项业务，一般限于参加《邮政包裹协定》的成员国，但参加的成员国也不一定都办理保价业务，如非该协定成员国，则要查看是否与我国政府订立邮政包裹双边协定，及协定是否规定承办保价包裹业务。我国邮政局备有《通达保价包裹的国家表》，可供查阅。该表除列有通达保价包裹的国家外，还列有各国最高保价限额和可否按航空方式寄递的内容。保价包裹除需交付普通包裹资费或按航空交寄的航空包裹资费外，还需加缴保价费和保价手续费。

由于保价包裹在寄递过程中遗失或受损时，邮政机构有按保价金额赔偿的责任，所以，保价金额类似于向保险人投保时的保险金额，保价费则类似于向保险人投保时交付的保险费。

利用邮政包裹寄递物品虽可通过保价得到保障，但保价包裹由于存在以下限制，还不能全部满足寄件人的安全保障要求：有的国家或地区无保价邮包业务，保价有最高限额，而贵重物品包裹的实际价值，往往超过保价最高限额，邮政机构对损失赔偿大都有一定限制。如我国《国际邮件处理规则》规定：由于自然灾害和邮局不可抗力的事故造成的或致使档案损毁，无法加以追查，而又没有其他证据确定责任的，邮局不负赔偿责任。因此，在使用保价包裹不能满足寄件人需要时，寄件人就要向保险人投保邮政包裹运输险。

二、邮政包裹保险

邮政包裹保险（parcel post insurance)，是保险人承保的邮政包裹在运送途中，因自然灾害、意外事故或外来风险所造成包裹内物件的损失。由于邮包的运送可能同时涉及海、陆、空三种运输方式，因此，保险人在确定承保责任范围时，必须要同时考虑这三种运输方式可能出险的因素。

邮政包裹保险，也经常使用海洋运输货物保险单加贴邮包险条款的做法。各国保险公司所使用的险别和确定承保责任范围的保险条款也不尽相同，比较常见的是沿袭海洋运输货物保险的“平安险”、“水渍险”与“一切险”的险别名称，但具体条款与海洋运输货物保险的同名险别不完全一致。英国伦敦保险协会至今只对邮政包裹战争险专门制定了《协会战争险条款（邮包）》[Institute War Clauses (Sending By Post)]，而未制定邮递货物保险的标准条款。

在我国，中国人民财产保险公司参照国际上的通行做法，结合我国邮政包裹业务的实际情况，制定了较为完备的邮政包裹保险条款。具体可分为邮包保险和邮包战争险两种，前者为基本险，后者为附加险。

（一）邮包保险

这是邮政包裹保险中最主要的一种。在具体险别上，有邮包险和邮包一切险两种。在办理邮政包裹保险时，必须先保其中的一种。

1. 邮包险的责任范围

邮包险（parcel post risks）的承保责任范围，是负责赔偿被保险邮包在运输途中由于恶劣气候、雷电、海啸、地震、洪水、自然灾害或由于运输工具搁浅、触礁、沉没、碰撞、出轨、倾覆、坠落、失踪，或由于失火和爆炸等意外事故造成的全部或部分损失。另外，还负责被保险人对遭受承保责任范围内危险的货物采取抢救、防止或减少货损的措施而支付的合理费用，但以不超过该批被救货物的保险金额为限。

2. 邮包一切险的责任范围

邮包一切险（parcel post all risks）的承保责任范围除包括上述邮包险的全部责任外，还负责被保险邮包在运输途中由于一般外来原因所致的全部或部分损失。

但是，在这两种险别中，保险人对因战争、敌对行为、类似战争行为、武装冲突、海盗行为、工人罢工所造成的损失；直接由于运输延迟，或被保险物品本质上的缺陷，或自然损耗所造成的损失；属于寄件人责任和被保险邮包在保险责任开始前，已存在的品质不良或数量短差所造成的损失；被保险人的故意行为或过失所造成的损失，不负赔偿责任。

邮包险和邮包一切险的保险责任，是自被保险邮包离开保险单所载起运地点即寄件人的处所，运往邮局时开始生效，直至被保险邮包运达保险单所载明的目的地，邮局发出通知书给收件人当日午夜起计算满 15 天为止，但在此期限内邮包一经递交至收件人的处所，保险责任即行终止。

（二）邮包战争险

邮包战争险（parcel post war risks），是邮政包裹保险的一种附加险，只有在投保了邮包险或邮包一切险的基础上，经过投保人与保险人协商，方可加保。加保邮包战争险须另支付保险费。

加保邮包战争险后，保险人负责赔偿在邮包运输过程中，由于战争、类似战争行为、敌对行为、武装冲突、海盗行为以及各种常规武器包括水雷、鱼雷、炸弹所造成的损失。此外，保险人还负责赔偿被保险人对遭受以上承保责任范围内危险的物品，采取抢救、防止或减少损失的措施而支付的合理费用。但保险人不承担因使用原子弹或热核制造的武器所造成的损失的赔偿。

邮包战争险的保险责任，是被保险邮包经邮政机构收讫后，自储存处所开始运送时生效，直至该项邮包运达保险单所载明的目的地邮政机构，送交收货人为止。

邮包附加险，除战争险外，还有罢工险。在投保战争险的前提下，加保罢工险不另收费。如仅要求加保罢工险，则按战争险费率收费。邮包罢工险的责任范围与海洋运输罢工险的责任范围相同。

小 结

1. 在国际货物运输中，除了海洋运输方式以外，还有陆上运输、航空运输、邮政包裹运输等方式。陆上、航空、邮包等的保险业务也迅速发展。

2. 陆上货物运输保险主要有陆运险、陆运一切险、陆上运输冷藏货物险和陆上运输货物战争险。

3. 我国现行的航空货物运输保险分为航空运输险和航空运输一切险。

4. 我国现行的邮政包裹保险可分为邮包保险和邮包战争险。邮包保险又分为邮包险和邮包一切险，是基本险，邮包战争险是附加险。

关键术语

陆运险 陆运一切险 陆上运输冷藏货物险 陆上运输
货物战争险 航空运输险 航空运输一切险 航空运输
邮包险 邮包一切险 邮包战争险

思考题

1. 我国陆上货物运输保险包括哪些基本险别？这些险别的保险责任范围有什么不同？
2. 我国航空运输货物保险包括哪些基本险别？
3. 伦敦保险协会航空运输货物保险包括哪些基本险别？
4. 简述我国邮包险和邮包一切险的责任范围和责任起讫。

第十六章

国际货物运输保险的投保和承保

学习目标

- 了解常用的价格术语和投保的各方面内容
- 掌握国际货物运输保险的投保环节：选择投保险别、选择合适的保险人、确定保险金额、填写保险单、确定投保方式
- 了解国际贸易合同中的保险条款
- 掌握承保工作中保险单的缮制、批改和转让
- 掌握中国人民财产保险公司的出口货物保险费率的内容
- 掌握保险金额的计算公式和保险费的计算公式

第一节　国际货物运输保险投保实务

国际货物运输保险的投保，是指投保人向保险人提出申请，表达订立保险合同的意愿，并将自己所面临的风险和投保要求告知保险人。投保是拟订保险合同的开始，是整个承保工作的基础。一般来说，投保工作分两个方面：一是投保人的要约或询价，二是保险人的承诺或对此询价提出包括保险条件和费率的要约，也就是申请投保和接受投保。因此，需要保险人与被保险人双方共同做好工作。

一、贸易的价格条件

在国际贸易中，货价由货物本身的成本、运费和保险费三个部分组成。运输和保险是由买方还是由卖方办理，由不同的价格条件决定。价格条件不同，投保的方面也不一样，与保险的关系也有差别。因而在实际操作中，进出口货物从卖方仓库到装运港，从装运港

到目的港，从目的港到收货人仓库的全程运输中，所面临的运输风险应由卖方还是买方向保险人购买货物运输保险，是由买卖双方在买卖合同中选用的贸易术语决定的。下面根据2000年《国际贸易术语解释通则》，将一些常用的价格术语以及有关买卖双方办理货运保险的责任规定介绍如下。

（一）FOB价格术语及投保责任

FOB价格，即船上交货价格，又称离岸价。买卖双方以FOB价格术语签订贸易合同，则卖方应按照合同规定的货物品质、数量、包装备妥货物，在规定的时间内，将货物装上买方指派的海轮。货物一经装上海轮，卖方就履行了合同，此后有关货物的一切责任、费用和风险一概由买方承担。采用FOB价格条件，货物在指定的装运港越过船舷之前损坏或灭失的一切风险由卖方承担，因此，货物的海上运输保险应由买方办理。该术语仅适用于海运和内河运输。

（二）CFR价格术语及投保责任

CFR价格，即成本加运费价，意思是货价中包括运费在内，但不包括保险费。买卖双方以CFR价格术语签订贸易合同，则卖方应按照合同规定的货物品质、数量、包装备妥货物，并负责租船、订舱，在规定的时间内，将货物装上船舶。货物在装运港越过船舷之前损坏或灭失的风险由卖方承担，货物在装运港越过船舷之后损坏或灭失的风险，以及由于各种事件造成的任何额外费用，由买方承担。因此，采用CFR价格条件，货物的海上运输保险应由买方办理，卖方必须注意及时发出装运通知，以避免不必要的损失。该术语仅适用于海运和内河运输。

（三）CIF价格术语及投保责任

CIF价格，即成本加保险费加运费价，又称到岸价格。买卖双方以CIF价格术语签订贸易合同，则卖方应按照合同规定的货物品质、数量、包装备妥货物，并负责租船、订舱，在规定的时间内，将货物装上船舶，并由卖方负责在装运港越过船舷以前货物损坏或灭失的一切风险，货物越过船舷后损坏或灭失的风险及由于各种事件造成的任何额外费用即由卖方转移到买方。可见，这种价格对货物风险的转移，与前面的FOB价格和CFR价格都是一样的，但保险是由卖方办理并由其承担保险费用。

采用CIF价格条件，货物在装运港装船前的保险及货物在装运港装船后的保险，均由卖方办理。货物在装运港越过船舷后的保险，是由卖方代买方办理的。但是，CIF术语只要求卖方投保最低限度的保险险别，如买方需要更高的保险险别，则需要与卖方明确地达成协议，或者自行做出额外的保险安排。因此，到岸价格中的保险不能包括一切要求，只能提供基本的保险保障，否则会大大提高货物的单价，或者大大降低卖方的利润，甚至可能会造成卖方无利可图。该术语仅适用于海运和内河运输。

（四）FCA价格术语及投保责任

FCA，即货交承运人（……指定地点），是指卖方只要将货物在指定的地点交给由买方指定的承运人，并办理了出口清关手续，即完成交货。在交货以前，卖方承担货物灭失或损坏的一切风险，交货后风险由买方承担。该术语可用于各种运输方式，包括多式联运。

（五）CPT 价格术语及投保责任

CPT，即运费付至（……指定目的地），是指卖方向指定的承运人发货，但卖方还必须支付将货物运至目的地的运费。其风险转移与 FCA 不同，即由买方承担交货之后的一切风险和其他费用。该术语可用于各种运输方式，包括多式联运。

（六）CIP 价格术语及投保责任

CIP，即运费和保险费付至（……指定目的地），指卖方向指定的承运人交货，但卖方还必须支付将货物运至目的地的运费，即买方承担卖方交货后的一切风险和额外费用。但是按照 CIP 价格术语，卖方还必须办理买方货物在运输途中灭失或损坏风险的保险。因此，由卖方订立保险合同并支付保险费。该术语可用于各种运输方式，包括多式联运。

二、选择投保险别

买卖双方根据价格术语，确定了办理投保的责任后，接下来就是选择适当的保险险别。保险人承担的保险责任以险别为依据，在不同的险别下，保险人承保的责任范围各不相同，其保险费率也不相同。如在我国海运货物保险的三种主险中，平安险的责任范围最小，水渍险次之，一切险的责任范围最大。与此相对应，平安险的费率最低，一切险的费率最高，两者之间的费率有时相差几十倍。投保人在选择险别时，应根据实际情况全面衡量，既要使货物得到充分保障，又要尽量节约保险费支出，降低成本。

在国际货物运输保险中，选择何种险别，一般应综合考虑下列因素：

（一）货物的性质和特点

不同性质和特点的货物，在运输途中可能遭受的风险和发生的损失往往有很大的差别。因此，投保人在投保时应充分考虑货物的性质和特点，选择适当的险别。例如，粮谷类商品（粮食、豆类、饲料）的特点是含有水分，经过长途运输，可能会因水分蒸发造成短量；在运输途中如果通风设备不良，船舱中湿气过大，可能导致发霉。对于此类商品，海运时一般可以在投保水渍险的基础上加保短量险和受潮受热险，或者投保一切险；陆运时则需投保陆运一切险，或在陆运险的基础上加保短量险。对于家用电器等商品，由于在运输途中易受碰损和被盗，一般应在水渍险或平安险的基础上加保碰损险和偷窃、提货不着险或者投保一切险。对于某些大宗货物（如原煤、天然橡胶）以及某些特殊货物（如冷藏货物），需要按不同货物的特点选择保险人提供的特定的或专门的保险条款进行投保，以求能够获得充分保障。但是，在投保一般海运货物保险的条件下，除非另有特别约定，对于货物的内在缺陷所致的损失或费用以及运输途中的自然损耗，保险人不予负责。

（二）货物的包装

货物的包装对货物的安全运输具有重要作用，货物的包装方式会直接影响到货物的完好情况。有些货物在运输及装卸转运过程中，常因包装破损造成质量或数量上的损失。例如，袋装大米可能因在装卸时使用吊钩而使外包装破裂，大米漏出而致损。因此，在办理投保和选择险别时，对货物包装在运输过程中可能发生的损坏及其对货物可能造成的损害应加以考虑。在采用集装箱运输时，货物在运输途中遭遇各类风险而致损失的可能性相对较小，但也可能因集装箱本身未清理干净而使货物沾污受损，或是箱内货物堆放不妥而致运输途中出现碰损、混杂等损失，往往需要在平安险或水渍险的基础上加保碰损、破碎险或混杂、沾污险。但是，对于包装不良或由于包装不适应国际贸易运输的一般要求而导致的货物遭受损失，属于发货人的责任，保险人一般不予负责。

（三）货物的用途与价值

货物的用途与货物投保的险别也有关系。一般而言，食品、化妆品及药品等与人的身体、生命息息相关的商品，由于其用途的特殊性，一旦发生污染或变质损失，就会丧失全部使用价值。因此，在投保时应尽量考虑能得到充分、全面的保障。例如，茶叶在运输途中一旦被海水浸湿或吸收异味即无法饮用，失去使用价值，所以应当投保一切险。

价值的高低对投保险别也有影响。对于古玩、古画、金银、珠宝及贵重工艺品之类的商品，由于其价值昂贵，而且一旦损坏对其价值影响很大，所以应投保一切险，以获得全面的保障。而对于矿石、矿砂等建材类商品，因其价值低廉，也不易受损，故海运一般仅需在平安险的基础上加保短量险即可，陆运险则可投保陆运险并加保短量险。

（四）运输方式和运输工具

货物采用不同的运输方式和不同的运输工具进行运输，途中可能遭遇的风险并不相同，可供选择的险别也因而各不相同。例如，根据我国货物运输保险条款，货物采用的运输方式不同，其适用的保险险别也不同。海运保险的主险包括一切险、水渍险和平安险，陆运险的主险则包括陆运一切险和陆运险。此外还有航空和邮包保险的险别等。所以应根据不同的运输方式选择适用的保险险别。

货物在运输途中面临的风险与运输工具本身的性能也有密切的关系。例如，在海运货物保险中，运输船舶的建造年份、吨位、船上设备等对船舶的适航性有重要影响，因此，载货船舶的情况是货物保险人考虑的一项重要的风险因素。一般的惯例是：船龄在 15 年以上的为老船，用这样的船运输货物，保险人要适当加收费用；对于船舶的载重吨在 1 000 吨以下的小型船运输货物，保险人也要适当加收费用。

（五）运输路线及船舶停靠港口（车站）

就运输路线而言，一般来说，运输路线越长，所需的运输时间越长，货物在运输途中可能遭遇的风险就越多；反之，运输路线越短，货物可能遭受的风险就越少。例如，从上海港海运一批大米到韩国，由于航程较短，大米在途中发霉的可能性很小。但如果目的地为英国利物浦，航程较长，大米在运输途中很可能因气候变化、船舱通风设备不畅等原因导致受潮受热而发霉。另外，运输途中经过的区域的地理位置、气候状况及政治形势等也会对货物的安全运输产生影响。此外，在政局动荡不定，或在已经发生战争的海域航行，货物遭受意外损失的可能性自然增大。

同时，货物在运输途中停靠的港口（车站）不同，所带来的货物的风险也不同。由于不同停靠港口（车站）在设备、装卸能力以及安全设施、管理水平、治安状况等方面有很大差异，进出口货物在港口装卸时发生货损货差的情况也就不同。投保人在投保时，应事先了解装卸地及中转地港口（车站）的情况，根据需要决定是否加保必要的险别。例如，货物出口到经常下雨的地区，就应加保淡水雨淋险。

（六）运输季节

货物运输季节不同，也会给运输货物带来不同的风险和损失。例如，载货船舶冬季在北纬 60 度以北航行，极易发生与流动冰山碰撞的风险；夏季装运粮食、果品，极易出现发霉腐烂或生虫的现象，而冬季运送橡胶制品，货物可能出现冻裂损坏等。因此，投保人应根据不同季节的气候特点选择险别。

三、选择合适的保险人

投保人无论是通过保险经纪人、保险代理人间接购买保险，还是直接从保险公司购买保险，选择保险人都是十分重要的。对投保人而言，选择保险人时主要应考虑以下因素：

1. 保险公司的经济实力和经营的稳定性

保险公司履行对投保人的承诺，是以其经济实力和经营的稳定性为基础的。一般而言，经济实力雄厚的保险公司，经营比较稳健，其履行承诺的保证也比较大。

2. 保险商品的价格是否合理

保险商品的价格就是费率，费率的高低决定了保费的多少。价格虽然不是选择保险的唯一因素，却是重要因素。因为投保人在投保时，也要考虑到经济效益，以节省不必要的保费支出，故投保人会选择费率合理的保险公司。

3. 保险公司的理赔情况

保险公司处理索赔是否公平、及时，也是选择保险人的一个重要条件。这需要投保人在投保时做好市场调研，对各个保险公司的理赔情况比较了解。在此基础上选择保险公司，才能在真正发生损失时，及时、公正地获得经济补偿。

4. 保险公司提供的服务

投保前，投保人需要做很多有关保单的咨询，保险人或其代理人是否能够给予全面的、客观的回答；投保后，投保人或被保险人的一些合理需要能否得到满足；保险标的发生损失后，保险理赔是否迅速、合理等等，这些都是保险公司服务水平、态度的表现。保险公司的服务直接关系保险的质量，因而也是投保人选择保险人应考虑的因素。

四、保险金额的确定

保险金额，是被保险人对保险标的的实际投保金额，是保险人承担保险责任的标准，以及计收保险费的基础。在被保险货物发生保险责任范围内的损失时，保险金额就是保险人赔偿的最高限额。因此，投保人投保货物运输保险时，一般应按保险价值向保险人申报保险金额。保险金额原则上应与保险价值相等，但实际上也常出现不一致的情况。保险金额与保险价值相等称为足额保险（full insurance），被保险人申报的保险金额小于保险价值，就是不足额保险（under insurance）。我国《海商法》第 238 条对此有专门规定。被保险人申报的保险金额大于保险价值，就是超额保险（over insurance）。在此情况下，超额部分一般无效，保险人只按照保险价值赔付。

（一）保险金额的构成要素

在我国的外贸实践中，目前采用 FOB、CFR、CIF、FCA、CPT 和 CIP 这六种贸易术语的买卖合同居多，而在国际货物运输保险中，保险金额一般是以 CIF 或 CIP 发票金额加一成（即加成率为 10%）计算的。被保险人在货物发生损失时，不仅货价的损失、已经支出的运费和保险费能获得补偿，而且被保险人所支出的其他费用（开证费、电报费、借款利息、税款等）及预期利润也能获得补偿。关于保险加成率，在《跟单信用证统一惯例》（简称《UCP 500》）和2000年《国际贸易术语解释通则》中都规定，最低保险金额为货物的CIF或CIP价格加10%，如果以其他四种贸易术语成交，则应先折算成CIF或CIP价格再加成。当然，保险加成率10%并不是一成不变的。保险人和被保险人可以根据不同的货物、不同地区进口价格与当地市价之间的不同差价、不同的经营费用和预期利润水平，约定不同的加成率。如果国外商人要求将保险加成率提高到20%或30%，则保费的差额部分应由国外买方负担。如果国外买方要求的加成率超过30%，在签订贸易合同时不能贸然接受，应事先征得保险公司的同意，以防止加成过高，保险金额过大，造成一些不良后果。

（二）保险金额的计算

1. 已知CIF价格和加成率，计算保险金额

保险金额＝CIF价格×(1＋保险加成率)

例如，CIF价格为105美元，加成率为10%时：

保险金额＝105×(1＋10%)＝115.5（美元）

2. 已知CFR价格、保险费率和加成率，计算保险金额

保险金额是以CIF价格为基础计算的。如果对外报价为CFR价格，而国外买方要求改报CIF价格，或者在CFR合同项下，卖方代买方办理投保，保险金额都不能以CFR价格为基础直接加上保险费来计算，而应先把CFR价格转化为CIF价格，再加成计算保险金额。从CFR价格换算为CIF价格时，应利用下列公式：

$$\text{CIF 价}=\frac{\text{CFR}}{1-\text{保险费率}\times(1+\text{保险加成率})}$$

例如，某公司出口一批商品到美国某港口，原报CFR美国东海岸某港口，CFR价为20 000美元，现进口商来电要求改报CIF价格，目的地不变，并按CIF价加成10%，投保海运一切险及战争险。假设运至美国东海岸的该项货物海运一切险的保险费率为0.8%，战争险的保险费率为0.05%，应按如下方法计算保险金额：

改报CIF价格是：

$$\text{CIF 价}=\frac{20\ 000}{1-(0.8\%+0.05\%)\times(1+10\%)}=20\ 188.76\ (\text{美元})$$

保险金额＝20 188.76×(1＋10%)＝22 207.64（美元）

五、投保手续

选择了保险险别及保险人之后，投保人应办理具体的投保手续。投保人向保险人投保，是一种签订契约的法律行为。在我国，无论是在进口还是在出口业务中，投保货物运输保险时，投保人通常以书面方式做出投保要约，即填写《货物运输保险投保单》，经保险人在投保单上签章承诺，或是出立保险单，保险双方即确立了合同关系。

（一）投保单的填写

从保险合同的成立来看，投保人填写的投保单是保险合同成立的要约。投保单是投保人对保险标的有关事实的告知和陈述，保险公司的承保人员在对投保人填写的投保单上的

内容进行了详细的审核后，据以签发正式的保险单，并确定保险费。投保单的法律效力表现在保险合同生效后，投保单将作为保险合同不可分割的组成部分。因此，投保单的填写必须准确、真实。中国人民财产保险公司的《进出口货物运输保险投保单》填写的具体内容主要有以下几项：

1. 被保险人名称

被保险人是保险合同保障的对象，应按照可保利益的实际有关人填写，如系买方或卖方投保的，则分别写上其名称。当以CIF或CIP条件出口时，应由出口方以投保人的身份办理保险，出口方应以本人作为被保险人，当货物在起运港越过船舷或交付承运人接管之前发生损失时，风险由出口方承担，出口方可以向保险人索赔。一旦货物越过船舷，或交承运人接收后，出口方只需根据信用证或其他文件的要求在保险单上签字背书，即可将保险单转让给进口方或指定的第三方（如银行）。如果以FOB、FCA、FCR、CPT条件成交，则由进口方自行办理国际货运保险，投保人与被保险人一般均为进口方。保险责任从货物越过船舷，或从卖方交付给买方，买方对货物享有可保利益之时开始，出口方承担的货物在起运港越过船舷或货交承运人接收之前的风险，可通过投保国内短途货运险予以保障。

2. 标记

投保单上的标记，应与提单上所载的标记符号一致，特别要同刷在货物外包装上的实际标记符号相同，以免在发生理赔案件时，引起检验、核赔、确定责任上的混乱。

3. 包装数量

对货物的包装方式（如箱、袋、桶、捆等等），以及数量均需书写清楚。如果一次投保有数种不同的包装，可以以“件”为单位。散装货物应填写散装重量（...M/T in bulk）。如果采用集装箱，应予以注明。

4. 货物名称

应填写被保险货物的具体类别、名称，例如棉布、袜子、玻璃器皿等，一般不要笼统地写纺织品、百货或杂货等大类，以便保险人确定适用的保险费率。

5. 保险价值

只有在定值保险单下才填写。保险价值的多少，由保险人与投保人共同商定。

6. 保险金额

保险金额一般是按照发票的CIF价格加上一定的成数计算，加成率一般为10%，也可以根据实际情况加二成（20%）或三成（30%）不等。如果发票价格为FOB、FCA或CFR、CPT，应将运费、保险费加上以后，再加成计算保险金额。保险金额的货币名称要与发票一致。

7. 船名或装运工具

如果采用船舶运输，应写明具体的船名，中途需要转船的，如果已知第二程船，应打上船名；如果第二程船名未知，则只需打上转船字样（with transshipment）。装箱运输应打明container shipment。如果采用火车或航空运输，最好注明火车班次和班机航次。如果采用多式联运方式，应写明联运方式，例如空陆联运或海空联运等。如果是大宗货物，发货人租船时为减少运输费用而可能租用老龄船。由于保险公司对船龄超过15年的船舶所载货物的运输保险要加收保险费，投保人应事先在投保时予以说明。

8. 开航日期

有确切日期的，填写×月×日或注明“按照提单”（as per B/L）；无确切日期的，可填写“约于×月×日”。

9. 提单或运单号码

提单或运单的号码要填写清楚，以备保险公司核对。

10. 航程或路程

应写明“自×港（地）到×港（地）”。如果到达目的地的路线有两条以上，应写明“自×经×到×”。

11. 航次、航班

应写明船舶航行的航班、航次。

12. 发票号码和合同号码

这一项确定了保险保障的贸易货物的具体批号，主要是为了便于发生索赔时进行核对。按照我国目前的贸易实践，出口货物一般只需填写该批货物的发票号码，进口货物则填写贸易合同号码。

13. 承保险别

写明投保人需要投保的险别名称，还应注明采用何种保险条款。如果对保险条款有特殊要求的，也要在这一栏内注明，以便保险人考虑接受与否。

14. 赔款地点

通常在保险目的地支付赔款。如果被保险人要求在目的地以外的地方赔款，应在此栏注明。

15. 投保日期

投保日期应该是船舶开航或运输工具开行之前的日期。

16. 投保人签章及企业名称、电话、地址

这一项填写投保人的名称、地址等具体信息。

（二）填写投保单的注意事项

1. 投保时所申报的情况必须属实

保险是建立在最大诚信原则基础之上的合同关系，保险人对投保人的投保是否接受或按什么费率承保，主要是以投保人所申报的情况为依据来确定的。因此，投保人在办理投保时，应当将有关被保险货物的重要事项（包括货物的名称、装载的工具以及包装的性质等）向保险人做真实的申报和正确的陈述。根据最大诚信原则，如果所报事项不真实或隐瞒真实事项，保险人有权解除合同或不负赔偿责任，且不必退还保险费。如果投保人因过失而未如实申报重要事实，保险人也可以酌情做出解除保险合同或加收保费的决定。

2. 投保单的内容必须与贸易合同及信用证上的有关规定一致

由于保险单是以投保单为依据签发的，如果投保人不按贸易合同的规定填写投保单，保险人据此出具的保险单就会与贸易合同的规定不符，收货人可以拒绝接受这种保险单。在信用证支付方式下，投保单的内容还应符合信用证的有关规定，否则保险人所签发的保险单也会因“单证不符”而遭到银行的拒收。

在实际业务中，如果出现买方开来的信用证中有关保险的规定，与贸易合同中的保险条款不一致，卖方应根据实际情况妥善处理，以保证贸易合同的正常履行和及时收汇。下面是几种常见的信用证和贸易合同的保险条款不一致的情形及投保时的处理方法：

（1）来证规定的承保范围过大或要求特殊，保险人不能接受的。如信用证要求承保不论任何原因的损失，这显然超越了保险所能保障的范围，此时应该及时通知买方按照买卖合同的规定修改信用证。

（2）来证规定的保险责任范围大于贸易合同规定，但保险人可以接受的。如贸易合同中订明险别为一切险，而来证却要求投保一切险加保战争险，出现这种情况时，卖方可以通过和买方协商，按一切险加战争险投保，两者之间的保费差额可由卖方另行向买方收取。

（3）来证所列保险条款和贸易合同中的保险条款虽然保险责任相同，但在用词、编排上有所不同，或来证对保险责任做了进一步解释。如贸易合同中规定投保一切险，来证却在写明一切险的基础上专门列出要保“偷窃、提货不着险，包装破裂险”等，由于这些一般附加险已经包括在一切险责任范围内，故可按照信用证的文字在投保单及保险单上加列，以达到“单证一致”的要求。

（4）来证要求的保险责任小于贸易合同的规定。如贸易合同规定投保协会货物保险 A 条款和战争险，信用证却只要求投保协会货物保险 A 条款，此时卖方应先按信用证所列险别投保协会货物保险 A 条款出单议付，另外再补保战争险，将战争险保单另行寄给客户。

（5）来证要求采用国外条款。如贸易合同规定按我国海运保险条款投保，而信用证却要求按伦敦保险协会条款投保。此时，卖方原则上可接受，如果合同规定投保一切险的，相应改为协会货物保险 A 条款；合同规定投保水渍险的，可改为协会货物保险 B 条款；合同规定投保平安险的，可改为协会货物保险 C 条款，但应注意提交的保险单所载险别名称必须与信用证的规定一致。

3. 尽可能投保到内陆目的地

在国际贸易中，买方的收货地点往往是在内陆，而海上运输中常用的贸易术语规定，只将货物运送到目的港。在实际业务中，有很多损失在港口是无法发现的，只有在货物运达收货人的内陆目的地仓库经检验后才能确定，如只保到目的港，就会对损失责任的确定造成困难。因此，为解决收货人的实际需要并避免纠纷，以保到内陆目的地为宜。目前在保险实务中，我国保险公司一般都同意国内的投保人将货运保险保到国外内陆目的地，酌情加收一定费用。

4. 特殊要求的处理

在出口业务中，如果进口方对保险有特殊要求，例如加保某些特殊险，或要求保险加成率过高等，出口方应事先征得保险公司同意，方可接受进口方的要求。

六、投保方式

（一）进口货物的投保方式

我国的进口货物，除 CIF 合同应由国外卖方办理保险外，FOB、FCA、CFR 或 CPT 等合同项下的进口货物，均须由国内买方办理投保。投保的方式有以下两种：

1. 订立预约保险合同

在我国的实际保险业务中，为了简化保险手续，并防止进口货物在国外装运后因信息传送不及时而发生来不及办理投保等情况，各经营进口业务的公司与中国人民财产保险公司会签订预约保险合同。《海运进口货物运输预约保险合同》全文共12条，并有2个附件。其中规定：各进出口公司成交的从国外海运进口至国内的全部贸易货物，凡贸易合同规定是由我国进口公司办理保险的，都属于预约保险合同范围之内，保险公司对合同范围内的货物，负有自动承保的责任；在合同范围内进口货物如有需要在国外保险者，各有关公司应事先将贸易合同内容通知保险公司，以免重复保险。

按照《海运进口货物运输预约保险合同》的规定，与保险公司签有预约保险协议的各进口公司，对每批进口货物无须逐笔办理投保，也无须填制投保单，而以国外卖方装船通知副本或进口货物结算凭单副本代替投保单，每10天向保险公司汇交一次办理投保。装船通知或结算凭单的内容包括：船名、货物名称和数量、开航日期及航线、货价和价格条件、订货合同号等。每批货物的保险金额均以CIF进口价为准，不另加成。

《海运进口货物运输预约保险合同》除了上述内容外，还对保险金额及保险费的计算、保险公司的保险责任、被保险人的索赔手续和期限以及保险公司的赔款支付等，做了相应的规定。

2. 逐笔办理投保

这种投保方式适用于不经常有货物进口的单位。采用这种投保方式时，货主必须在接到国外的发货通知后，立即向保险公司申请办理海运货物保险的手续，即填写投保单，并立即缴纳保险费。保险人根据投保单签发保险单。根据我国《海商法》的规定，被保险人应当在合同订立之后立即支付保险费，在被保险人支付保险费之前，保险人可以拒绝签发保险单。

（二）出口货物投保的方式

按CIF、CIP价格成交的出口货物，货运保险由卖方办理投保。按我国保险公司的有关规定，出口货物的投保一般需逐笔填写投保单，向保险公司提出书面投保申请，投保单经保险公司接受后，由保险公司签发保险单。如果时间急促，也可采用口头或电话的方式向保险公司申请投保，如获允许，保险也可生效，但随后一定要补填投保单。为了简化单证，在实际业务中，对于长期客户，保险公司还可以同意投保人不单独填写投保单，而利用出口公司现成的发票副本代替投保单，但发票副本必须将投保单上所规定的内容补填齐全。

七、国际贸易合同中的保险条款

保险条款是国际贸易合同中不可缺少的内容，买卖双方应在贸易合同中明确规定保险由谁办理，保险费由谁承担，按什么保险条款，投保哪些险别，保险金额如何确定等内容，以便明确买卖双方各自的责任，避免出现纠纷。如果买卖合同的一方有特殊要求，也要事先在贸易合同中约定。下面列举一些常见的保险条文。

（一）有关保险险别的条文

1. 商定投保平安险（F. P. A.）

“由卖方按发票金额×%投保平安险”。

“Insurance to be effected by the sellers for ×% of invoice value against F. P. A.”

2. 商定投保水渍险（W. A.）

“由卖方按发票金额×%投保水渍险”。

“Insurance to be effected by the sellers for ×% of invoice value against W. A.”

3. 商定投保一切险

“由卖方按发票金额×%投保一切险”。

“Insurance to be effected by the sellers for ×% of invoice value against all risks.”

4. 商定加保附加险

“由卖方按发票金额×%投保平安险/水渍险加保×险”。

“Insurance to be effected by the sellers for ×% of invoice value against F. P. A./W. A. including × risk.”

5. 商定投保陆运险

“由卖方按发票金额×%投保陆上运输险（×险）”。

“Insurance to be effected by the sellers for ×% of invoice value against overland transportation risks (× risk).”

6. 商定投保空运险

“由卖方按发票金额×%投保航空运输险（×险）”。

“Insurance to be effected by the sellers for ×% of invoice value against air transportation risks (× risk).”

7. 商定投保邮包险

“由卖方按发票金额×%投保邮包险（×险）”。

“Insurance to be effected by the sellers for ×% of invoice value against parcel post risks (× risk).”

（二）有关保险期限的条文

1. 要求延长目的港保险期限

“由卖方按发票金额×%投保×险，包括目的港 90 天期限”。

“Insurance to be effected by the sellers for ×% of invoice value against × risk including 90 days at the port of destination.”

2. 要求保险责任延长到内陆最后目的地

“由卖方按发票金额×%投保×险，保险责任到×（内陆地名）为止”。

“Insurance to be effected by the sellers for ×% of invoice value against × risk up to ×.”

（三）有特殊约定的条文

1. 保险订有免赔率

“……投保×险，免赔率为×%”。

“...against × risks in excess of ×%.”

2. 保险不包括途耗

“……投保×险，但不包括途耗”。

“...against × risks but excluding natural loss.”

3. 按 CFR 或者 FOB 价格条件成交，但保险由买方委托卖方办理

"保险由买方委托卖方按发票金额×%代为投保×险，保险费由买方负担"。

"Insurance to be effected by the sellers on behalf of the buyers for ×% of invoice value against × risks, premium to be for buyers' account."

4. 要求按国外条款承保

"保险由卖方按发票金额的110%投保海运保险，按伦敦保险协会A条款负责"。

"Insurance to be effected by seller for 110% of invoice value covering marine risks, as per Institute Cargo Clause (A), dated 1/1/1982."

第二节　国际货物运输保险承保实务

在国际货物运输保险实务中，保险人在接受投保人的投保申请后，应及时出立投保单，并确定投保人应缴纳的保险费。承保工作质量的好坏，关系到保险合同能否顺利履行。一般来讲，承保工作包括保险公司将一笔业务承揽下来要做的全部工作，例如风险因素的评估、保险单的缮制、费率的确定、危险的控制与分散等。

一、保险单的缮制、批改和转让

(一) 保险单的缮制

保险单是保险公司根据投保人提供的投保单的内容而制作的。因此，保险人在接受投保后，所缮制的保险单内容应与投保单一致，以满足投保人对保险的要求。

保险单一般均应包括下列事项：

1. 保险公司名称

保险单最上方均事先印就保险公司的名称，如"中国人民财产保险公司"。

2. 保险单名称

如海运货物保险单的名称为"海洋货物运输保险单"(marine cargo insurance policy)。

3. 保险单号次 (policy No.)

这是保险公司按出单顺序对每张保险单进行的编号。

4. 被保险人的名称 (the insured)

被保险人俗称"抬头"。按投保单中的内容填写，比如信用证规定被保险人为某银行或某公司，保险单抬头应直接打上该银行或公司的名称。保险单可由被保险人背书转让。

5. 发票号与唛头 (invoice No. & marks)

填写发票号码，一般还应将发票上所标的唛头打上。如果唛头较复杂，可只填写发票号码。

6. 包装及数量 (quantity)

按投保单打制。包装货物应打明包装方式，如"袋"(bags)、"箱"(cases) 等。有两种或两种以上包装方式时，应打上"包装件"(packages)。有时需打明重量，散装货也要注明。

7. 保险货物项目（description of goods）

一般按投保单打制，应与发票相符。

8. 保险金额（amount insured）

根据投保单中金额填写，小数点后的尾数一律进为整数，大小写金额必须一致。

9. 保费（premium）

一般只打“按照约定”（as arranged），但若信用证要求标明保费及费率，则应打上具体保费金额和保险费率。

10. 装载运输工具（per conveyance S. S.）

如在海洋运输中按投保单上的记载打上船名和航次。若船名未知，打“to be declared”。

11. 开航日期（sailing on or ABT.）

一般打上“按所附提单”（as per B/L），表明以提单为准，或打上具体时间。

12. 运输起讫地（from…to…）

按投保单填写。如果中途转船，则须打明转船字样。

13. 承保险别（conditions）

此栏具体载明保险公司承担的保险责任，要求全面、详细而准确，根据投保单上的要求制定。

14. 保险公司在目的地的检验、理赔代理人名称及详细地址、电话号码等内容

检验代理人和理赔代理人可能是同一人，也可能不是同一人，应在保险单中注明。如果最后目的地没有保险公司检验代理人，应规定可由当地合格的代理人检验。

15. 赔款偿付地点（claim payment at/in）

一般以目的地为赔款偿付地，不能把国家名称作为赔付地点。若投保人要求在目的地以外的某一具体地点付款，如属于贸易需要或商人的正当要求，一般应予接受。

16. 保单签发日期（date）

应不迟于运输单据日期，因为银行不接受迟于运输单据日期的保单。实务中一般以投保单上的日期为保单签发日期。

17. 保险公司代表签名（general manager）

（二）保险单的批改

保险单在签发后，在保险单有效期内，其内容一般不宜更改。但在实际业务中，由于种种原因，投保人在向保险公司申报时陈述错误或遗漏，是难以完全避免的。在此情况下，如不及时变更或修改，被保险人的利益就可能受到影响，甚至导致保险合同失效。此外，保险货物在运输途中，也可能遇到某些意外情况，如承运人根据运输合同所赋予的权力改变航行路线、变更目的地、临时挂靠非预定港口或转船等，这些新变化也要求对原保险单内容及时进行变更或修改，以便保险标的获得与新的情况相适应的保险保障。

保险单内容的变更或修改，往往会影响到保险人的承保责任范围及其承担的风险。投保人或被保险人如果需要对保险单内容进行变更和修改，应以书面形式向保险人申请批改。通常只要不超过保险条款规定允许的内容，保险人都会接受。如果涉及扩大承保责任或增加保险金额，一般也是可以的，但必须在被保险人不知有损失事故发生的情况下，在

抵达目的地之前申请办理，并需加缴一定的保费。

保险人批改保险单一般采用签发批单（endorsement）的方式进行。此项工作可以由保险人自己办理，也可以由保险人授权设在国外港口的代理人办理。保险人或其代理人所签发的批单，一般应贴在原保险单上，构成原保险单的一个组成部分，对双方当事人均有约束力。批改的内容如与保险合同有抵触的，应以批单为准。

（三）保险单的转让

保险单的转让，是指保险单持有人将保险单所赋予的要求损失赔偿的权利以及相应的诉讼权转让给受让人。因而，保险单的转让即保险单权利的转让。这种权利的转让与保险货物本身所有权的转让是两种不同的法律行为。买卖双方交接货物，转移货物所有权，并不能自动转移保险单的权利。

根据各国海上保险法律，关于保险单的转让一般有以下规定：

（1）海运货物保险单可以不经保险人的同意而自由转让；船舶保险单则必须征得保险人的同意才能转让。

（2）海上保险单的转让，必须在保险标的所有权转移之前或转移的同时进行，如果所有权已经转移，事后再办理保险单的转让，则转让是无效的。

（3）在海上保险单办理转让时，无论损失是否发生，只要被保险人对保险标的仍然具有可保利益，保险单均可有效转让。

（4）保险单的受让人只能享有与原被保险人在保险单下享有的相同权利并承担相同的义务。

（5）保险单转让后，受让人有权以自己的名义向保险人进行诉讼，保险人也有权如同对待原被保险人一样，对保险合同项下引起的责任进行辩护。

（6）保险单的转让，可以采取由被保险人在保险单上背书或其他习惯方式进行。按照习惯做法，采用空白背书方式转让的保险单，可以自由转让；采用记名背书方式转让的保险单，则只有被背书人才能成为保险单权利的受让人。

二、保险费的计算

（一）保险费的计算公式

投保人投保时，需向保险人缴纳一定数额的保险费，这是保险合同生效的重要前提条件。保险费是保险人经营业务的基本收入，是保险基金的来源，也是被保险人从保险人获得损失赔偿权利所付的对价。保险金额是根据保险价值确定的，在不超过保险价值的前提下，可由保险人和投保人约定。在实践中，通常是由投保人根据货物的合同价经加成后，经保险人同意确定的。而保险费率即保险价格，是保险人为承担约定的保险赔付责任而向投保人收取保费的标准。

保险费是以投保货物的保险金额为基础，按一定的保险费率计算出来的，其计算公式为：

保险费＝保险金额×保险费率

如果按照CIF加成投保，则上式可改为：

保险费＝CIF价格×(1＋保险加成率)×保险费率

例如，中国工艺品进出口公司出口手工艺品10箱，CIF价为人民币300 000元，投保海运水渍险，加保战争险，保险费率为4.28%，买方要求按发票加一成投保，应缴付多少保险费？

保险费＝300 000×110%×4.28%＝14 124（元）

（二）保险费率的确定

保险费率，是保险人以保险标的的风险大小、损失率高低、经营费用多少等为依据，根据商品性质和包装、目的地、运输方式、航程远近、航行路线以及不同的投保险别所制定的保险价格。货运保险的保险费率通常是由保险人根据损失赔付概率，运用大数法则，综合营运成本制定的。保险费率的制定不能偏高，也不能偏低。费率定得太高，会使保险人在市场上缺乏竞争力，定得太低，又会影响到保险人对灾害事故的偿付能力，影响业务的正常运行。此外，由于国际货物运输保险承保的是国际贸易的货物，所以还应注意国际因素，使保险费率水平能适应国际市场的行情，以增强自身在国际市场上的竞争力，而且应使保险费率水平能为国际再保险人接受，以便保险人在需要时通过国际范围内的再保险使承保风险得以分散和转移。

我国的进出口货物保险费率是根据我国货物运输的实际货损情况，并参照国际保险市场的费率水平制定的。中国人民财产保险公司的出口货物保险费率包括以下几项：

1. 一般货物费率

一般货物费率适用于所有的出口货物。海运的一般货物费率按基本险别，即平安险、水渍险和一切险分为三种，每种险别又按目的地所在洲、国家的不同而确定相应的费率。所有出口货物均需按该表所列费率标准计收保险费，这是被保险人必须支付的基本保险费率标准。海运保险的一般货物费率表样式如下：

大洲	险别目的地	平安险	水渍险	一切险
亚洲	日本	×	×	×
欧洲	意大利	×	×	×
非洲	埃及	×	×	×

2. 指明货物加费费率

指明货物加费费率是针对某些易损货物加收的一种附加费率。这些货物在运输途中极易由于外来风险引起短少、破碎和腐烂等损失，损失率较高，所以保险人把这些货物专门列出来，并称此类货物为“指明货物”。指明货物的加费费率是按照货物大类分类的，凡属于指明货物加费费率项中的货物，无论使用何种运输方式，如果投保一切险，在计算保险费率时，均需在一般货物费率的基础上，再按此项加费规定加收保险费。例如，对海运运往英国的日用陶瓷投保一切险，一般货物一切险费率为0.6%，指明货物加费费率为3%，则应按3.6%计收保险费。指明货物加费费率表样式如下：

商品名称	加费费率	备注
散装、袋装粮食、籽类、豆类	×	扣短量免赔率×%
花生仁、果	×	

备注栏主要是对某些易损货物规定一定的免赔率。免赔率是指保险人对于保险货物在

运输途中发生的货损货差，在一定比率内不承担赔偿责任，也就是说，保险人仅对高于免赔率部分的货物损失负责。

3. 货物运输战争险、罢工险费率

战争险或罢工险的费率与基本险费率相比是很特殊的，它实际上仅规定了战争险费率，而且不管采用何种运输方式，不按货物的分类，费率均相等。战争险、罢工险一起投保时，只按战争险费率计收，罢工险不另加费。如只投保罢工险，则按战争险费率计收。在没有战争爆发的情况下，战争险费率较低，但保险人对其承保的战争风险，可以根据不同时间、不同地区的战争风险和罢工风险的实际情况，以及国际形势的变化随时调整战争险的费率。

4. 其他规定

这一部分内容主要是对没有包含在上述三项之内的某些特殊情况的规定，诸如投保一般附加险、特别附加险、内陆运输扩展责任保险等规定的收费标准，以及某些情况下减费的规定等。具体有以下几项：

(1) 一般附加险费率。如果加保的附加险是该货物在运输过程中可能遭受的最主要的外来风险，则加保的一般附加险按指明货物加费费率计收。

(2) 特别附加险费率。这是指对除一切险之外的附加特殊险别的加费规定。特别附加险费率根据加保的附加险的险别而定。

(3) 舱面险加费。舱面货一般在平安险或水渍险的基础上加保舱面险，费率按主险的50%计收。如果在一切险的基础上加保舱面险，按一切险费率100%加收舱面险费率。

(4) 内陆运输加费。当保险起运地或目的地在海运港口以外的内陆时，投保一切险视具体情况加收一定的费率。如果投保平安险或水渍险，并不加费。

(5) 延长保险期限加费。当货运保险期限终止后还要求延长保险期限的，根据延长的时间加收一定的费率。

(6) 转运加费。运输途中发生转船、转车或转机时，按具体风险损失情况决定是否加费。

(7) 免赔率增减计算。凡指明货物表内规定有免赔率的，如果投保人要求降低或提高免赔率，应按一定的标准加收或减收保险费。

(8) 贵重物品保险计算。保险货物已向承运人声明价值并支付从价运费的，视为贵重物品，按费率表的规定给予折扣优待。但战争、罢工险不享受这种优待。

目前，中国人民财产保险公司的进口货物费率表有三种：《特约费率表》、《进口货物费率表》和《特价费率表》。

《特约费率表》适用于同中国人民财产保险公司签订有预约保险合同的各进出口公司进口货物保险费的计算。这种费率表对每一大类商品只订一个费率，不分国家和地区，实质是一种优惠的平均费率，而且保险人根据每次运输货物的金额及预定保险费率，每月结算一次应缴保险费。

《进口货物费率表》适用于没有与中国人民财产保险公司订有预约保险合同的其他单位进口货物保险费的计算。这种货物费率表又分为一般货物费率和特价费率两种。一般货物费率是按照不同的运输方式，分地区、分险别制定的费率。特价费率是对一些指定的商品投保一切险时采用的费率。

小　结

1. 国际货物运输保险的投保，是指投保人向保险人提出申请，表达订立保险合同的意愿，并将自己所面临的风险和投保的要求告知保险人。投保是拟订保险合同的开始，是整个承保工作的基础。

2. 在国际贸易中，货价由货物本身的成本、运费和保险费三个部分组成。运输和保险是由买方还是由卖方办理，由不同的价格条件决定。价格条件不同，投保的方面也不一样，与保险的关系也有差别。常用的价格术语有 FOB、FCA、CFR、CPT、CIF、CIP 等。

3. 在实践中，国际货物运输保险的投保包括以下几个环节：选择投保险别、选择合适的保险人、确定保险金额、正确填写投保单等。

4. 国际货物运输保险的承保是保险人与被保险人签订保险合同的过程。保险人在接受投保人的投保申请后，应及时出立投保单，并确定投保人应缴纳的保险费。承保工作质量的好坏，关系到保险合同能否顺利履行。一般来讲，承保工作包括风险因素的评估、保险单的缮制、费率的确定、危险的控制与分散等。

5. 保险金额的计算公式：

$$\text{保险金额}=\text{CIF 价格}\times(1+\text{保险加成率})$$

$$\text{保险金额}=\frac{\text{CFR 价}}{1-\text{保险费率}\times(1+\text{保险加成率})}\times(1+\text{保险加成率})$$

6. 保险费的计算公式：

$$\text{保险费}=\text{保险金额}\times\text{保险费率}$$

关键术语

贸易的价格条件	FOB 价格	FCA 价格	CFR 价格
CPT 价格	CIF 价格	CIP 价格	保险金额
加成投保	投保单	保险单的缮制	保险单的批改
保险单的转让	一般货物费率	指明货物加费费率	特约费率
特价费率			

思考题

1. 在不同的贸易价格术语条件下，投保责任有什么不同？
2. 在国际货物运输保险中，投保人在选择投保险别的时候需要考虑哪些因素？
3. 什么是保险金额？保险金额的计算公式是什么？
4. 投保人在填写投保单时，应该注意哪些问题？
5. 在国际货物运输保险中，保险人的承保工作包括哪些主要环节？
6. 保险费的计算公式是什么？我国出口货物费率包括哪些内容？

第十七章 国际货物运输保险的索赔与理赔

学习目标

- 了解保险索赔的含义；掌握国际货物运输保险中索赔的主要内容
- 掌握保险索赔的程序；掌握被保险人需要提交的索赔单证；了解索赔工作应注意的问题；了解索赔的时效
- 了解保险理赔的含义；掌握国际货物运输保险中理赔的主要内容
- 掌握运输货物损失的主要原因；掌握责任审定的主要内容；掌握不同类型赔偿金额的计算公式

被保险货物遭受损失后，对货物遭受的承保范围内的损失进行赔偿是国际货物运输保险的基本职能。赔偿作为一种法律关系，其内容包括索赔和理赔。索赔是指货物运输保险合同关系中遭受损失的一方，根据合同的规定向另一方提出损失补偿的要求；理赔是指负赔偿责任的一方，根据合同的规定向对方履行补偿的义务。

第一节　国际货物运输保险的索赔

保险索赔，是指具有索赔请求权的人（一般是被保险人），根据保险合同的有关规定，向保险公司正式提出要求赔偿损失的申请。索赔时，被保险人对保险标的必须具有保险利益。以海运为例，若以 CIF 条件成交，货物的损失如果发生在起运港装上海轮之前的运输途中，应由卖方向保险公司索赔；如果货物的损失发生在装上海轮之后，根据保险利益原则的规定，应由买方向保险公司索赔。

一、索赔程序

被保险人索赔时的程序可以分为以下几步。

（一）损失通知

被保险人一经获悉或发现保险标的遭受损失，应立即通知保险公司。被保险人获知货损一般有两种情况：

（1）货物在运输途中因运输工具遭遇意外事故，例如卡车倾覆、船舶触礁等而受损。由于在这种情况下货损情况往往比较严重，被保险人通常在事发后很快就能知悉。

（2）货物在起运前后虽然因各种原因而受损，但由于损失程度较轻或从外表无法察觉，直到货物运抵目的港，被保险人在提货时，甚至进入收货人最后仓库时才发现。

不管属于何种情况，一旦获悉被保险货物受损，被保险人就应立即向保险人或其指定的代理人发出损失通知。保险人或其指定的代理人接到损失通知后，一方面，对货物提出施救意见并及时对货物进行施救，避免损失扩大；另一方面，尽快对货物的损失进行检验，核定损失责任，查核发货人或承运人的责任等，以免因时间过长而导致货物损失原因难以查清，责任无法确定而使处理产生困难，甚至发生争议。因此，被保险人若没有及时进行损失通知，保险人有权拒绝理赔。

（二）申请检验

被保险人在向保险人或其代理人发出损失通知的同时，也应向其申请货物检验。各国保险人对货物的损失通知和申请检验均有严格的时间限制，我国的保险公司一般要求申请检验的时间最迟不能超过保险责任终止后 10 天。当然，如果是因为被保险人无法控制的原因导致申请检验时间超过了规定的期限，保险人应根据实际情况予以受理。

被保险人在申请检验时，应注意以下几点：

1. 向谁申请检验

在出口运输货物保险单中，一般都指明了保险公司在目的港、目的地的检验代理人的名称和地址。发生货损后，被保险人应采取就近原则，向保险单指定的代理人申请检验。目前，中国人民财产保险公司在世界各地有 400 多家具有核赔权的代理人。值得注意的是，在我国出口货物运输保险中，由国外代理人或者其他公证机构出立的检验报告都应视作一种公证证明，但并不最后决定保险责任。因此，在检验报告中往往注明本检验报告并不影响保险公司的权利，也就是说，是否赔偿还取决于保险公司。

对于进口运输货物保险，当货物在运抵目的地发现有损失时，一般由保险人或其代理人和被保险人进行联合检验，共同查明损失的原因，确定损失金额以及责任归属。如果货损情况非常复杂，则应申请由出入境检验检疫部门或保险公估进行检验，出具联检报告。

2. 可以不申请检验的情况

对整件短少的货物，如果短少是在目的港将货物卸下海轮时发现的，被保险人应向承运人索取溢短证明；如果短少是货物在卸离海轮以后、提货以前发现的，被保险人应向有关港口当局或装卸公司索取溢短证明。在这种情况下，溢短证明即可作为损失的依据报告。此外，如果货损轻微，损失金额很小，检验费用可能超过保险货物损失的金额。从经济上考虑，保险人往往不要求被保险人申请检验。

(三)向承运人等有关方面提出索赔

被保险人或其代理人在提货时,发现货物的包装有明显的受损痕迹,或者整件短少,或者散装货物已经残损,除向保险公司报损、申请检验外,还应该立即向承运方、受托人以及海关、港务当局索取货损货差证明,包括记录货物损失情况并由承运人签字的理货报告、由装卸部门签字的货运记录等。按照运输契约等有关规定,如果不在当时提出索赔,等于收货人承认提货时货物完好,可能会影响事后的索赔工作。保险公司对丧失追偿权利部分的损失,可以拒绝赔偿。

根据我国《海商法》第 81 条的规定,承运人向收货人交付货物时,收货人未将货物灭失或损坏的情况书面通知承运人的,此项交付视为承运人已经按照运输单证的记载交付以及货物状况良好的初步证据。货物灭失或损坏的情况非显而易见的,在货物交付的次日起连续 7 日内,集装箱货物交货的次日起连续 15 日内,收货人未提交货物残损书面通知的,此项交付同样视为承运人已经按照运输单据的记载交付以及货物状况良好的初步证据。如果货物交付时,收货人已经会同承运人对货物进行了联合检验,则无需就查明的灭失或损坏情况提交书面通知。由此可见,如果收货人未能在上述条款规定的期限内及时向有关责任方索取损失证明或进行损失通知,可能会导致责任方推卸责任,最终亦会影响被保险人向保险人的索赔权。

根据我国《海洋运输货物保险条款》的规定,被保险人向保险人索赔的时效为货物卸离海轮之日起两年,而其向有关责任方索赔的时效往往少于两年,如我国《海商法》规定,向承运人索赔的时效为货物卸离海轮之日起一年;交通运输部规定,向港务部门索赔的时效为其编制货运记录次日起 180 天。因此,被保险人应在规定的索赔期限内向责任方提出索赔,以维护自己的索赔权,否则如果过了索赔时效未向责任方提出索赔而丧失了索赔权,进而损害保险人代位追偿权的行使,保险人会相应扣减赔偿额或是拒赔,使被保险人遭受损失。我国《海商法》和《保险法》均规定,被保险人未经保险人同意而放弃向第三方要求赔偿的权利,或者由于过失致使保险人不能行使追偿权利的,保险人可以相应扣减保险赔款甚至拒赔。

因此,及时向责任方进行追偿,维护保险人代位追偿权的行使是被保险人应履行的一项重要义务。

(四)提交索赔单证

被保险人在向保险公司或者其代理人提请赔偿时,应提交索赔必需的各种单证。按照我国货物运输保险条款的规定,被保险人在索赔时,应提供保险单正本、提单、发票、装箱单、磅码单、货损货差证明、检验报告及索赔清单。如果涉及第三者责任,还须提供向责任方追偿的有关函电及其他必要的单证或文件。

1. 保险单或保险凭证正本

这是向保险公司索赔的基本证件,是保险合同的书面证明。保险单中规定的保险人的责任范围及保险金额等内容是确定保险人赔偿与否及赔偿金额的直接依据。

2. 运输凭证

运输凭证(transportation document)是承运人在接收货物后出立的,包括海运提单、公路运单、铁路运单、航空运单和邮寄单等运输单证。运输凭证证明被保险货物承运的状况，如承运的件数、运输的路线、交运时货物的状态等，以确定受损货物是否在保险期限，以及在保险责任开始前的货物情况。

3. 发票

发票（invoice）是计算保险赔款时的数额依据。保险人还可以通过核对发票与保险单及提单的内容是否相符，来审核保险利益的限额。

4. 装箱单、磅码单

装箱单（packing list）、磅码单（weight memo）证明被保险货物装运时的件数和重要的细节，是保险人据以核对损失数量的依据。

5. 货损货差证明

货损货差证明（certificate of loss or damage），是在承运人所签发的提单是清洁的，而所交的货物有残损或短少的情况下，要求承运人签发的文件。它既是被保险人和保险人索赔的证明，又是日后向承运方追偿的根据。特别是整件短少的，更应要求承运方签具短缺证明。

6. 检验报告

检验报告（survey report），是检验机构出具的货物质量和数量的检验单据，是证明损失原因、损失程度、损失金额、残余物资的价值以及受损货物处理经过的证明，是保险人据以核定保险责任及确定赔偿金额的重要文件。检验报告可以由第三方公证、检验机关出具，也可以由保险公司及其代理人出具。一般来说，出口货物往往由保险代理人或检验人出具，进口货物由保险公司或其代理机构与收货人联合出具。

7. 海事报告

当船舶在航行途中遭遇海事时，船长须在航行日志中进行记录，同时申明船方不承担因此而造成的损失。海事报告记录了船舶在遭遇海上风险时发生的各种损失及承运人采取的各种措施，对确定货物的损失原因和保险公司确定海事责任直接有关。碰到一些与海难有关的损失较大的案件，保险公司要求提供此种证件。

8. 索赔清单

索赔清单，是被保险人提交的要求保险人赔偿的详细清单，主要列明索赔的金额和计算依据，以及有关费用的项目和用途等。

此外，保险人还可以根据损失情况及理赔需要，要求被保险人提供与确认保险事故性质和损失程度有关的证明和资料。所有这些证明和资料是被保险人索赔的依据。保险人是否承担损失赔偿责任，除根据现场调查搜集的资料外，主要是依据这些证明和单据进行判断。

二、索赔工作应注意的问题

被保险人向保险人提出索赔，应注意以下几个问题：

(1) 提出索赔的人必须是在保险标的发生损失时，对保险标的具有保险利益的人。根据保险利益原则，损失发生时，只有对保险标的具有保险利益的人，才能向保险公司提出索赔请求。因此，损失发生时对保险标的不具有保险利益的人提出索赔无效。

(2) 保险标的的损失必须是保险单承保风险造成的保险责任范围内的损失，保险公司才履行损失赔偿责任。这一规定是根据近因原则确定的。因此，若保险标的的损失不是以保险承保风险为近因造成的，保险公司无须赔偿。

(3) 对受损货物应积极采取措施进行施救和整理。被保险货物受损后，作为货方的被保险人，除了应立即向保险人或其指定的代理人发出损失通知申请检验之外，还应对货物提出施救意见并及时对货物进行施救，避免损失扩大。在我国，无论是进口货物还是国内运输的货物，受损后原则上施救、整理都应由货方自行处理。我国《海商法》第236条规定，一旦保险事故发生，被保险人收到保险人发出的有关采取防止或者减少损失的合理措施的特别通知的，应当按照保险人通知的要求处理，如果被保险人没有采取必要的措施防止损失扩大，则这部分继续扩大的损失，保险人不负赔偿责任。被保险人为此而支付的合理费用，可以从保险人的赔款中获得补偿。

(4) 对受损货物的转售、修理、改变用途等，由被保险人负责处理。在我国，无论是进口货物还是国内运输的货物，受损后原则上都是由被保险人（货方）自行处理。被保险人在对受损货物进行转售、修理、改变用途等工作之前，必须通知保险人，或征得保险人的同意。

(5) 如果涉及第三者责任，虽然赔款一般先由保险人赔付，但被保险人应首先向责任方提出索赔，以保留追偿权利。如果损失涉及承运人、港口或车站等第三者责任，被保险人还应提交向承运人等第三者责任方请求赔偿的函电等文件的留底或复印件，以证明被保险人确已履行了其应该办理的追偿手续，即维护了保险人的代位追偿权。有时还要申请延长索赔时效。

此外，在保险索赔中，被保险人还必须根据保险合同的规定履行应尽的合同义务，才能获得保险赔偿。

三、索赔时效

被保险人向保险人就保险单项下的损失提出索赔时，必须在保险单规定的索赔时效内提出索赔要求。

索赔时效，即索赔的有效期。它是保险法确认的索赔权利得以行使的时间限制，索赔权利超过法定期限不行使，即归于消灭。

以海运货物保险为例，我国《海商法》第264条规定：根据海上保险合同向保险人要求保险赔偿的请求权，时效期间为两年，自保险事故发生之日起计算。第266条规定：在时效期间的最后六个月内，因不可抗力或其他障碍不能行使请求权的，时效中止。自中止时效的原因消除之日起，时效期间继续计算。第267条规定：时效因请求人提起诉讼、提交仲裁或者被请求人同意履行义务而中断。但是请求人撤回起诉、撤回仲裁或者起诉被裁定驳回的，时效不中断。

第二节 国际货物运输保险的理赔

保险理赔，是指保险人在接到被保险人的损失通知后，通过对损失的检验和必要的调查研究，确定损失的原因、损失的程度，并对责任归属进行审定，最后计算保险赔款金额并给付赔款的一系列过程。

一、确定损失原因

损失的原因对保险公司核定责任至关重要。损失发生后，只从损失现象看，还无法确定责任的归属。根据近因原则，保险人只对近因属于承保风险而导致的损失予以负责。在实际事故中，货物损失的情况多种多样，造成损失的原因也十分复杂，因而首先需要从若干致损原因中找出损失的近因，然后才能确定损失是否属于保险责任。

（一）分析损失原因

分析损失原因是一件复杂而细致的工作，作为一个理赔工作人员要善于分析，从繁杂的现象中找出导致损失的主要原因，在分析货损原因时，经常碰到的是导致损失的原因不止一个，这就需要分别加以掌握。

（1）只有一个单独的损失原因，这一原因如果属于保险责任范围，应予赔偿，反之则不赔偿。

例如，货物在运输途中遭雨淋损失，加保淡水雨淋险应该负责，只保水渍险就不负责。

（2）造成损失的原因同时有几个，几个原因都属于承保责任范围，应予赔偿，反之则不赔偿。

例如，货物在运输途中同时遭受雨淋和海水损失，投保了一切险应予负责；遭到串味和沾污的损失，只保平安险的，就不负责。几个原因中有的属于承保责任，有的不属于承保责任，如果损失能划分，保险公司只负责承保的那部分损失；如果损失无法划分，保险公司可以完全不负责。例如，棉花在运输途中遭受海水水渍斑损、钩损的，如果已保水渍险，且水渍斑损与钩损的损害后果可以从价值上加以划分，保险公司只赔水渍部分损失，不赔钩损部分损失。反之，棉布遭钩损严重，水渍斑损相对较轻微，定损时只能从钩损估计出赔值，水渍斑损已无法估出，保险公司就都不赔付。

（3）损失原因前后是自然联系的，如果前后的损失原因都是保险责任内的，保险公司应予负责。

比如，五金商品投保了一切险，先遭受雨淋浸损，后又碰到海水泡湿，结果发生严重锈蚀，如果前面的损因都属于承保范围，应予赔偿。如果前面的损因属于保险责任，后面的损因不属于保险责任，但后面的损因是前面的损因导致的必然后果，保险公司对损失应予负责。又比如，包装食品投保了水渍险，先遭受海水浸湿外包装受潮，后发生霉变损失，霉变是海水打湿外包装、水汽侵入造成的结果，保险公司应予负责。反之，如果前面的损因不属于保险责任，后面的损因属于保险责任，由于后面的损因是前面损因导致的必然结果，故保险公司对损失不予负责。

（二）运输货物损失的主要原因

1. 水渍损失

采用海运方式时，货物经常会碰到水渍损失。造成水渍损失的原因有海水、淡水和舱汗三种。

（1）海水水渍损失。

这种损失往往是由于船舶遭遇海事而引起的，如恶劣气候使海水灌入船舱导致货物受损。这种情况船长在海事报告或航行日志中都要加以记录，必要时可向船方索取这方面资料作为证明。有时货物遭受水渍，并不都有海水入舱记录，而在检验时发现有盐分，往往是因为海运货物受含有盐分空气的侵袭；或者是因为货物本质的反应，有些含有钠离子或氯离子（含盐质）的货物如皮革绒毛等，都不属于保险责任。

（2）淡水水渍损失。

这种损失可能是因为货物在装卸驳运时碰到雨淋、河水溅激，还可能因为船上淡水管破裂，淡水外溢等引起的，应按照承保险别确定责任。如果投保了一切险，保险人都应负责。

（3）舱汗水渍损失。

这种损失往往是由于货物在海洋运输途中遭遇恶劣气候，关闭通风筒，致使舱内水汽凝结成汗珠影响货物引起的。一般来说，受损货物的外包装表面有汗潮迹象。在这种情况下，如果投保了一切险，保险人就应负责。

2. 偷窃及短少损失

包装货整件短少的原因主要有以下几种情况：

（1）货物在运输途中发生共同海损而被抛弃；

（2）货物在运输途中被人整件窃走；

（3）货物在装卸时整件坠落。

包装货出现包装内数量短少，如果外包装有打开过的迹象，比如包装被挖破，箱板经重钉，一般是偷窃所致，还可能由于运输途中外包装自然破裂导致货物散失短缺。

散装货重量或数量短少，可能属于自然损耗，也可能是被窃，或是由于装卸时撒落所致。值得注意的是，如果同一船舱或车厢中有多个货主的同一种散货分运几个不同的港口，可能由于先卸货的货主多卸或者先卸的货物没有扣途耗，导致最后卸货时货物短量，这需要根据提单条款的规定，向前面的货主追索。

3. 碰损及破碎损失

造成这一损失的原因，主要有以下几种情况：

（1）装卸不慎。由于装卸操作粗鲁或者未按操作规程作业。

（2）运输工具颠震。轮船、火车、汽车剧烈震动、颠簸。

（3）包装不妥。包装的材料不符合要求，如箱板过薄、内垫衬托材料不当，以及包装技术欠佳等。船方在装货时若发现包装明显不好，都要在提单上批注“包装不妥”字样，以免除共责。对于因包装不妥造成的损失，保险公司是不负责的。

（4）装载不妥。船方没有按习惯配载，如重货压在轻货上引起损失，对此船方是有责任的。

（5）海事引起。海洋运输中船舶在运输途中遭遇风浪，船身发生剧烈颠簸引起舱内货物碰击，这是自然灾害引起的，如果保了水渍险，保险人就应负责。

4. 钩损及沾污损失

用布、麻、化学纤维袋盛装，或者以上述材料捆装的货物易发生钩损。货物污染，有的是在码头、甲板装卸时碰沾泥水等脏物造成的，有的是堆存在仓库、船舱内与其他物资接触碰脏的，情况不一。如果在装载配舱时违反习惯因而污染货物，属于船方装载不妥，应向船方追偿。

此外，货物在运输途中还可能遭受火灾损失、串味损失等等，均需要根据实际情况确定损失原因。

二、责任审定

在确定了损失原因之后，理赔进入审定保险责任阶段。保险人应根据保险条款中的保险险别以及保险期限等规定，确定损失是否属于保险责任。

（一）险别责任的审定

每一份保险单都明确规定所承保的险别，包括基本险和附加险，以及使用的保险条款。保险人应以保险条款为依据，确定损失是否属于保险责任。例如，运输货物按照我国《海洋运输货物保险条款》投保平安险，如果根据检验结果及被保险人提交的《海事声明书》，可确定因船舶在运输途中遇台风导致货物部分被水浸湿，据保险条款规定可知，货物因恶劣气候而致的部分损失不属于平安险的承保责任，故保险人会拒赔。在附加险的责任审定时，保险人也会根据保险条款的内容掌握责任的界定。

（二）保险期限的审定

保险期限的审定，主要是审查损失是否发生在保险有效期限内，这是审核赔付的重要环节。保险人在审定保险期限时，一般要注重以下几点：

1. 查看保险单中被保险人的名称

保险的有效与否，是受保险利益制约的。同一张保险单，起运地相同，但如果保险单上被保险人的抬头不一样，保险有效期也会因之而异。例如，在海洋运输中，假如抬头为卖方，则保险责任从发货人仓库货物运离仓库时开始；如果抬头为买方，则保险责任要从货物越过船舷时开始。因为被保险人为卖方，货物在发货人仓库时，他即具有保险利益；反之，被保险人为买方，则其保险利益要从货物的风险归他承担时才能开始。

2. 审查货物的损失是否发生在正常运输过程中

按照正常的航程、航线行驶并停靠港口、车站的属于正常运输，这是货物运输保险期限原来应该负责的范围。在审核赔案时，保险人要按照仓至仓条款的范围来掌握。非正常运输，是指在运输过程中碰到一些特殊情况，没有按照正常的航程、航线行驶或停靠港口、车站。如货物在原目的港以外的某个港口卸下，发生运输契约中止、绕道、被迫卸货、重新装载、转载等情况，一般会增加保险人承担的风险。但这些情况的发生往往不是被保险人所能控制的，所以保险人应予负责。但一般在保险条款中规定，若发生非正常运输情况，被保险人应及时通知保险人，并在必要时加缴保费。

3. 注意保险单中的责任起讫地点

保险责任从货物运离保险单载明的起运地发货人仓库时开始生效。例如，货物搬离仓库放到停放在外面的卡车上，卡车失火，保险人应该负责。又如，在采用海洋运输时，有时货物在目的港卸下后，还需转运至内陆目的地，如果保险单中载明的目的地为港口所在地，则内陆运输发生的损失不在保险期限内，保险人无须负责。

4. 注意具体的期限限制

保险单中如果没有特别载明，海运时货物在目的港卸离海轮满 60 天，陆运时货物运抵最后卸载的车站满 60 天，空运时货物在最后卸离地卸离飞机满 30 天，保险责任即终止。但如果被保险人要求延长保险期限，保险人已在保险单中予以确认的，则应按保险单的规定办理。

（三）被保险人义务的审定

由于保险合同是最大诚信合同，所以被保险人应履行合同中规定的告知、保证义务，否则保险人可以拒赔甚至解除保险合同。

（1）被保险人对保险标的及相关重要事实的告知必须是真实的，如果被保险人为了少付保险费或为了让保险人接受其投保申请等原因而故意隐瞒重要事实，保险人一旦获悉实情，即可解除保险合同，并且对发生的损失均不负责。

（2）被保险人如果做了保证，则应自始至终遵守其所做的承诺，一旦违反合同中的保证条款，保险人即有权解除保险合同，但对保险人在违反保证之前发生的保险事故损失，保险人应予以负责。

（3）如果在合同有效期间，保险货物的危险程度增加，被保险人应及时通知保险人。

（4）保险人还应审定被保险人在事故发生后是否尽力采取措施，防止损失扩大，否则，保险人对扩大的损失部分有权拒赔。

如果涉及第三者责任，保险人还要审定被保险人是否及时向责任方进行追偿，获取有关证明，有效地维护保险人代位追偿权的行使。如果被保险人放弃向第三者要求赔偿的权利，或因被保险人的过错而使保险人丧失代位追偿权，保险人可以扣减保险赔款甚至拒付赔款。

三、赔偿金额的计算

保险货物发生事故后，如果确定损失属于保险责任，保险人应当及时向被保险人进行经济补偿。我国《保险法》第 23 条和第 25 条明确规定，保险人收到赔偿请求后，应当及时核定，如属保险责任，应在与被保险人达成保险赔偿协议后 10 日内，支付保险赔款，否则保险人应当赔偿被保险人或受益人因此受到的损失。如果案情较复杂，保险人自收到赔偿请求及有关资料 60 天内不能确定赔偿金额的，应当根据已有证明和资料可以确定的最低数额先予支付，等到最终确定赔款金额后，再支付相应的差额。

（一）货物损失的赔付

国际货物运输保险一般采用定值保险方式，一旦发生损失，保险人以保险金额为限，计算保险赔款。

1. 全部损失

如果货物发生实际全损，或发生推定全损时被保险人进行委付，保险人也接受委付，只要保险金额不超过约定的保险价值，保险人应按保险金额给予全额赔偿，而不管损失当时货物的完好市价是多少。如果货物尚有残值，则归保险人所有。

2. 部分损失

如果货物因保险事故遭受部分损失，则须按损失的程度或数量确定损失比例，然后计算保险赔款。

（1）数量（重量）短少。

计算公式为：

$$保险赔款=保险金额\times\frac{损失数量（重量）}{保险货物总数量（重量）}$$

例如，出口棉纱10包，每包400公斤，已按照我国《海洋运输货物保险条款》投保海运一切险，保险金额人民币10 000元，运至目的地卸货时发现数袋短少，共计短缺1 400公斤，则：

$$保险赔款=10\,000\times\frac{1\,400}{400\times10}=3\,500（元）$$

（2）质量损失。

计算公式为：

$$保险赔款=保险金额\times\frac{货物完好价值-货物受损后价值}{货物完好价值}$$

完好价值和受损后的价值，一般以货物运抵目的地检验时的市场价格为准。如受损货物在中途处理不再运往目的地，则可以处理地的市场价格为准。处理地或目的地的市场价格，一般是指当地的批发价格。

例如，出口丝绸一批，按照我国《海洋运输货物保险条款》投保海运一切险，保险金额人民币10 000元，在运输途中遭风浪袭击，丝绸被水浸湿，于是在途中降价出售，得货款7 500元，该批货物目的地的完好价值为人民币15 000元，则：

$$保险赔款=10\,000\times\frac{15\,000-7\,500}{15\,000}=5\,000（元）$$

需要注意的是，货物完好价值和货物受损后价值必须是同一地点的市场价，否则因为货物在世界各地的市场价格并不一定相同，会导致两者之间缺乏可比性。在实际业务中，如果难以确定当地市价，经协议也可按发票价值计算，计算公式为：

$$保险赔款=保险金额\times\frac{按发票价值计算的损失额}{发票金额}$$

例如，出口的确良100匹，发票金额人民币100 000元，保险金额人民币120 000元，损失10匹，按发票计算损失金额为人民币10 000元。

$$保险赔款=120\,000\times\frac{10\,000}{100\,000}=12\,000（元）$$

（3）规定有免赔率的货物损失。

对于易碎、易损、易耗货物的保险，保险公司往往规定有免赔率。免赔率是指保险人对某些保险标的规定一定限度内的损失免除赔偿责任的比率。免赔率的高低由各保险公司根据商品种类的不同而定，我国保险公司采用的是绝对免赔率，即无论货物损失程度如何，对于免赔额度内的损失，保险公司均不予负责。

例如，出口散装黄豆一批，共500公吨，从上海运往横滨，按我国《海洋运输货物保险条款》投保海运一切险，保险金额为50万美元，保险合同规定扣短量免赔率2%。到目的地经检验发现黄豆短卸12公吨。保险公司应如何赔付？

计算如下：

$$受损率=\frac{12}{500}\times100\%=2.4\%$$

保险赔款＝500 000×(2.4％－2％)＝2 000（美元）

（4）修复时的赔偿。

如果货物遭遇损失后，需要进行修复以维持原状，此时对合理的修理恢复费用，保险人一般在保险金额内予以赔偿。鉴于国外市价高于出口货价，而人工劳务费也比较昂贵，因此修理费用比较高。对此，一般不能按国内情况衡量。例如，出口芬兰钢琴一架，按我国《海洋运输货物保险条款》投保海运一切险，保险金额为 2 000 欧元，运至目的地时发现钢琴琴键、琴盖破损，在当地修理费支出达 1 200 欧元。保险人经审查，认为这一修理费合理，即应赔付 1 200 欧元。

3. 共同海损

如果发生共同海损，无论投保何种险别，保险人对共同海损的牺牲和费用都负责赔偿。

对保险货物的共同海损的牺牲，由保险人先按实际损失予以赔付，然后参与共同海损的分摊，摊回部分归保险人所有。被保险人可以提前得到保险赔偿，而且不受共同海损分摊价值的影响。

如果保险货物本身没有发生共同海损牺牲，但需要承担共同海损费用或其他地方的共同海损牺牲的分摊，一般先由保险人出具共同海损担保函，待分摊完毕后，保险人对分摊金额予以赔付。由于共同海损分摊价值和保险金额不一定相等，故保险人的赔偿金额有所调整。我国《海商法》第 241 条规定，保险金额低于共同海损分摊价值的，保险人按照保险金额和共同海损分摊价值的比例赔偿共同海损分摊。

4. 连续损失

连续损失，是指货物在保险期内发生几次保险事故造成的损失。我国《海商法》第 239 条规定，保险标的在保险期内发生几次保险事故所造成的损失，即使损失金额的总和超过保险金额，保险人也应当赔偿。但是对发生部分损失后未经修复又发生全部损失的，保险人按照全部损失赔偿。

（二）费用的赔付

一旦发生保险事故，除了货物的损失，往往还需支付各项费用，以避免损失扩大，或用来处理损余物，或继续完成航程，或用来对货物进行检验。这些费用包括施救费用、救助费用、续运费用、检验费用、出售费用以及理算费用等。

对于上述费用的支出，保险人赔付的原则是：如果货物损失属于保险责任，则对费用的支出予以赔付，否则保险人可以拒赔。根据我国《海商法》第 240 条规定，被保险人为防止或减少根据合同可以得到赔偿的损失而支出的必要的合理费用，为确定保险事故的性质、程度而支出的检验、估计的合理费用，以及为执行保险人的特别通知而支出的费用，应当由保险人在保险标的损失赔偿之外另行支付。保险人对上述费用的支付以相当于保险金额的数额为限。

对救助费用的赔偿，当救助费用可作为共同海损费用向保险人索赔时，如前所述，适用于我国《海商法》第 241 条的规定，由保险人赔偿其分摊额，保险金额低于共同海损分摊价值的，保险人按照保险金额和共同海损分摊价值的比例赔偿共同海损分摊。在其他情况下，根据货物运输保险条款的规定，保险人应对救助费用予以赔偿，但救助费用的赔偿和保险货物本身的损失赔偿之和不能超过保险金额。

续运费用是指船舶遭遇海难后，在中途港、避难港由于卸货、存仓以及运送货物产生的费用。各国货运条款均将这部分费用列入承保责任，由保险人负责赔偿。

出售费用则应作为货物损失的一部分，如果被保险人在对受损货物进行处理时支付了出售费用，一般只要在保险金额限度内，均可加入损失之内，由保险人补偿。出售费用和保险货物本身的损失赔偿之和不能超过保险金额。计算公式为：

$$保险赔款=保险金额\times\frac{货物损失的价值+出售费用}{货物完好价值}$$

四、处理损余，行使代位追偿权

根据我国《保险法》第59条的规定，保险事故发生后，保险人已支付了全部保险金额，并且保险金额等于保险价值的，受损标的的全部权利归于保险人；保险金额低于保险价值的，保险人按照保险金额与保险价值的比例取得受损标的的部分权利。除了保险标的物质形态完全灭失外，若受损标的仍有残值，则在实际处理赔案中，通常将损余物资估价，冲减赔款数额，然后将损余物资的所有权交给被保险人，必要时损余物资也可归保险公司处理。保险人处理损余物资一般坚持物尽其用的原则。

此外，根据保险的补偿原则，我国《保险法》第60条对代位追偿也做了规定：因第三者对保险标的的损害而造成保险事故的，保险人自向被保险人赔偿保险金之日起，在赔偿金额范围内，代位行使被保险人对第三者请求赔偿的权利。在国际货运保险中，通常表现为保险人代被保险人向承运人、船东、港务局、车站等第三者请求赔偿。

小结

1. 国际货物运输保险的基本职能是对货物遭受的承保范围内的损失进行赔偿。赔偿作为一种法律关系，其内容包括索赔和理赔，两者可以说是一个问题的两个方面。

2. 保险索赔，是指具有索赔请求权的人（一般是被保险人），根据保险合同有关规定向保险公司正式提出要求赔偿损失的申请。索赔时，被保险人对保险标的必须具有保险利益。

3. 国际货物运输保险中的索赔应包括的主要内容有：被保险人获悉或发现保险标的遭受损失后，立即通知保险公司，并及时申请检验；被保险人或其代理人及时向承运人等有关责任方进行追偿，维护保险人代位追偿权的行使；货物受损后，被保险人要对货物采取必要的施救、整理措施，防止损失扩大；被保险人索赔时，要向保险人提交保险单、货损货差证明、检验报告等必要的索赔单证等。

4. 保险理赔是指保险人在接到被保险人的损失通知后，通过对损失的检验和必要的调查研究，确定损失的原因、损失的程度，并对责任归属进行审定，最后计算保险赔款金额并给付赔款的一系列过程。

5. 国际货物运输保险中的理赔包括的主要内容有：确定损失原因；根据保险条款中的保险险别以及保险期限等规定，确定损失是否属于保险责任；根据货物的损失及支出的费用计算赔偿金额并及时赔付；处理损余，行使代位追偿权等。

关键术语

索赔	理赔	损失通知	索赔清单
货损货差证明	索赔时效	检验报告	原残
溢短证明	连续损失	免赔率	

思考题

1. 货物发生损失后，被保险人如何进行索赔？索赔时提交的单证主要包括哪些？
2. 货物发生损失后，被保险人进行索赔的时候应该注意哪些问题？
3. 什么是保险理赔？理赔包括哪些环节？
4. 在实践中，导致货物在运输途中损失的原因主要有哪几种情况？
5. 对保险货物的数量损失和质量损失，应该如何计算赔偿金额？
6. 我国《海商法》对船舶、货物以及运费的共同海损牺牲和分摊是如何规定的？

主要参考书目

1. 严启明，韩艺萌．国际货物运输．北京：对外贸易教育出版社，1994.

2. 中国对外贸易运输总公司，对外经贸大学《外贸运输基础知识与实务》编写组．外贸运输基础知识与实务．北京：对外贸易教育出版社，1989.

3. 姚新超．国际贸易运输．北京：对外经济贸易大学出版社，2003.

4. 对外经济贸易大学国际经贸学院运输系．国际货物运输实务．北京：对外经济贸易大学出版社，1999.

5. 刘福麟．外贸企业运输岗位培训教程．上海：同济大学出版社，1992.

6. 李育良，池娟．国际货物运输与保险．北京：清华大学出版社，2005.

7. 黄敬阳．国际货物运输保险．北京：对外经济贸易大学出版社，2005.

8. 鲁丹萍．国际货物运输与保险．杭州：浙江大学出版社，2004.

9. 中华人民共和国商务部国际贸易经济合作研究院．中国对外经济贸易白皮书．北京：中信出版社，2003，2004.

10. 关税与贸易协定上海研究中心．乌拉圭回合谈判最终文件草案．北京：中国对外经济贸易出版社，1993.

11. 汪尧田，周汉民．关税与贸易总协定总论．北京：中国对外经济贸易出版社，1992.

12. 孙家庆．国际货运代理．大连：东北财经大学出版社，2003.

13. 魏润泉．货物运输保险理论与实务．北京：中国财政经济出版社，1991.

14. 吴百福．国际货运风险与保险．北京：对外经济贸易大学出版社，2002.

15. 顾寒梅，张华．国际货物运输保险理论与实务．北京：中国物资出版社，2005.

16. 姚新超．国际贸易保险．北京：对外经济贸易大学出版社，2002.

17. 徐家骅，等．物流运输管理实务．北京：清华大学出版社、北京交通大学出版社，2006.

18. 王智强，等．新编国际代理实务．北京：对外经济贸易大学出版社，2005.

互联网资源

1. 中华人民共和国商务部，http：//www. mofcom. gov. cn/。
2. 中华人民共和国国家统计局，http：//www. stats. gov. cn/。
3. 中国世界贸易组织研究会，http：//cwto. mofcom. gov. cn/。
4. 中国外运，http：//www. sinotrans. com/。
5. 国务院发展研究中心信息网，http：//www. drcnet. com. cn/。
6. 中国远洋海运集团，http：//www. coscoshipping. com/。
7. 民航资源网，http：//www. carnoc. com/。
8. 中国交通网，http：//www. zgjt. org/。

图书在版编目（CIP）数据

国际货物运输与保险/栗丽主编. --6版. --北京：中国人民大学出版社，2020.9
经济管理类课程教材. 国际贸易系列
ISBN 978-7-300-28503-0

Ⅰ.①国… Ⅱ.①栗… Ⅲ.①国际货运－高等学校－教材 ②国际货运－交通运输保险－高等学校－教材 Ⅳ.①F511.41 ②F840.632

中国版本图书馆CIP数据核字（2020）第165522号

对外经济贸易大学国际贸易教材编写组
经济管理类课程教材·国际贸易系列
国际货物运输与保险（第六版）
主　编　栗　丽
副主编　周　迎
主　审　薛荣久
Guoji Huowu Yunshu yu Baoxian

出版发行	中国人民大学出版社		
社　　址	北京中关村大街31号	**邮政编码**	100080
电　　话	010－62511242（总编室）		010－62511770（质管部）
	010－82501766（邮购部）		010－62514148（门市部）
	010－62515195（发行公司）		010－62515275（盗版举报）
网　　址	http://www.crup.com.cn		
经　　销	新华书店		
印　　刷	北京昌联印刷有限公司	**版　　次**	2007年6月第1版
规　　格	185 mm×260 mm　16开本		2020年9月第6版
印　　张	19.5	**印　　次**	2021年5月第2次印刷
字　　数	454 000	**定　　价**	48.00元

教学支持说明

1. 教辅资源获取方式

为秉承中国人民大学出版社对教材类产品一贯的教学支持，我们将向采纳本书作为教材的教师免费提供丰富的教辅资源。您可直接到中国人民大学出版社官网的教师服务中心注册下载——http：//www.crup.com.cn/Teacher。

如遇到注册、搜索等技术问题，可咨询网页右下角在线 QQ 客服，周一到周五工作时间有专人负责处理。

注册成为我社教师会员后，您可长期根据您所属的课程类别申请纸质样书、电子样书和教辅资源，自行完成免费下载。您也可登录我社官网的“教师服务中心”，我们经常举办赠送纸质样书、赠送电子样书、线上直播、资源下载、全国各专业培训及会议信息共享等网上教材进校园活动，期待您的积极参与！

2. 赠送“经管之家”论坛币

经管之家（http：//www.jg.com.cn）于 2003 年成立，致力于推动经济学科的进步，传播优秀教育资源，做最好的经管教育，目前已经发展成国内最大的经济、管理、金融、统计类在线教育平台，也是国内最活跃和最具影响力的经济类网站。

为了更好地服务于教学一线的任课教师，凡使用中国人民大学出版社经济分社教材的教师，注册成为我社教师会员后，可填写以下信息调查表，发送电子邮件或者邮寄或者传真给我们，我们将会向您赠送经管之家论坛币 200 个。

教师信息表
姓名：
学校：
论坛 ID：
教授课程：
使用教材：
论坛识别码：pinggu_com_1501511_8899768

3. 高校教师可加入下述学科教师 QQ 交流群，获取更多教学服务

经济类教师交流群：一群：140105952（已满），或二群：809471792

财政金融教师交流群：一群：182073309（已满），或二群：766895628

国际贸易教师交流群：162921240

税收教师交流群：119667851

4. 购书联系方式

网上书店咨询电话：010－82501766

邮购咨询电话：010－62515351

团购咨询电话：010－62513136

中国人民大学出版社经济分社

地址：北京市海淀区中关村大街甲 59 号文化大厦 1506 室　100872

电话：010－62513572　010－62515803

传真：010－62514775

E-mail：jjfs@crup.com.cn